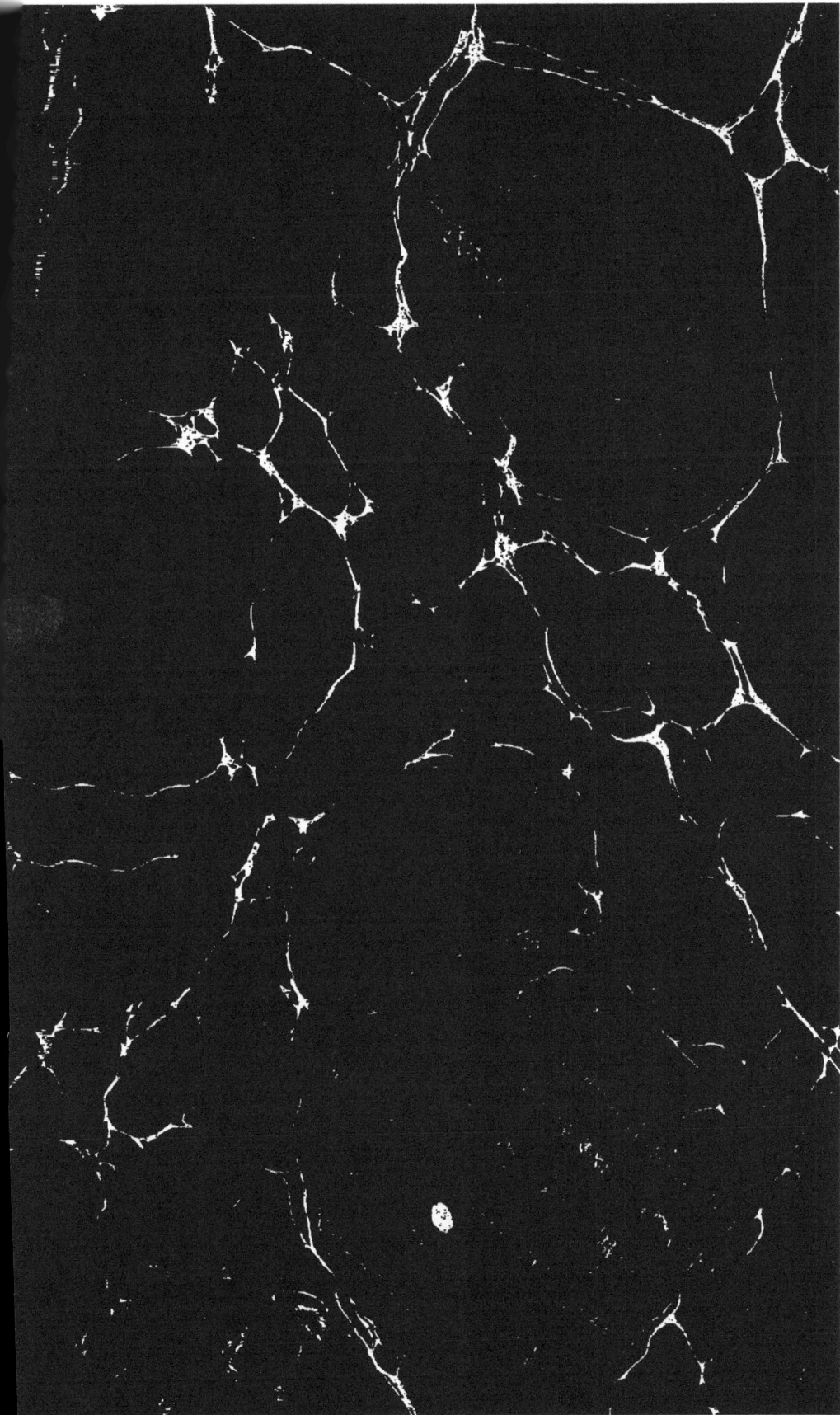

LE

VRAI VOLTAIRE

L'HOMME ET LE PENSEUR

J'en reviens toujours à me rendre le secret témoignage que je n'ai rien fait ontre l'honnête homme et cela me sert beaucoup à supporter mes chagrins.

(A Mlle DUNOYER, 1713.)

Nous sommes bons, on abuse de notre bonté, mais ne nous corrigeons pas.

(A THIRIOT, 1736.)

Le plus beau privilége de l'humanité, c'est de pouvoir faire du bien.

(A HELVÉTIUS, 1739.)

Vous me demanderez peut-être, mes divins anges, pourquoi je m'intéresse si fort à ce Calas qu'on a roué, c'est que je suis homme...

(A D'ARGENTAL, 1762.)

Quelle plus belle vengeance à prendre de la sottise et de la persécution que de les éclairer.

(A HELVÉTIUS, 1764.)

Je ne connais de véritables grands hommes que ceux qui ont rendu de grands services au genre humain.

(A THIRIOT, 1768.)

Il faut combattre jusqu'au dernier moment la nature et la fortune, et ne jamais désespérer de rien jusqu'à ce que l'on soit mort.

(A D'ARGENTAL, août 1777.)

Oubliez, encore une fois, les ingrats et ne vous souvenez que des cœurs recon-naissants.

(A THIBOUVILLE, janvier 1778.)

Le mourant ressuscite en apprenant cette grande nouvelle, il voit que le roi est le défenseur de la justice; il mourra content.

(A LALLY-TOLLENDAL, 26 mai 1778.)

J'ai fait un peu de bien, c'est mon meilleur ouvrage.

Imprimerie L. Toinon et Ce, à Saint-Germain.

LE VRAI

VOLTAIRE

L'HOMME ET LE PENSEUR

PAR

ÉDOUARD DE POMPÉRY

PARIS

AGENCE GÉNÉRALE DE LIBRAIRIE

10, RUE DE LA BOURSE, 10

—

1867

LE

VRAI VOLTAIRE

L'HOMME ET LE PENSEUR

VUE D'ENSEMBLE SUR L'HOMME ET SON OEUVRE

INTRODUCTION

I

Je suis homme et rien de ce qui touche les hommes ne m'est étranger. A nul mieux qu'à Voltaire ne va cette noble devise ; en deux mots elle nous dit quelle fût la maîtresse force de son cœur et d'où jaillissait la souveraine clarté de son esprit, comme elle caractérise d'un seul trait la grandeur de l'âme humaine. Ce livre a pour objet de montrer, pièces en main, que Voltaire fut bien l'homme de Térence; en second lieu de sonder le cœur de la France et de savoir si la grande nation, au bout de cent ans, fera pour honorer la mémoire de Voltaire, l'équivalent de ce que la parvulissime république de Genève a fait pour perpétuer celle de J.-J. Rousseau.

L'aspect le plus remarquable de l'auteur du *Dictionnaire philosophique* et du sauveur de Calas, est celui sous lequel il est le moins connu. Pour la plupart des lecteurs, le poëte facile, léger et badin, l'écrivain spirituel, alerte, beau rieur, jettent une ombre sur l'âme splendidement humaine du philosophe ; le critique incisif, le polémiste infatigable, cachent le penseur. Voltaire est célèbre à bon droit comme poëte, histo-

rien, conteur, auteur dramatique, etc., mais ce qu'il y
a de meilleur et de plus grand en lui, c'est l'homme.

Aussi, n'est-ce pas sans motifs que Condorcet a écrit,
huit ans après la mort de Voltaire, qu'il avait été
plus admiré que connu. Pour le gros du public, voltairien n'est-il pas synonime de sceptique ? La vérité
c'est que Voltaire fut religieux à la façon de Socrate et
de Marc Aurèle ; si bien qu'il porta dans l'esprit de
Diderot la peine de son déisme, presque jusqu'à la fin
de sa vie ! Voltaire a été non-seulement l'homme de
raison mais encore l'homme de foi de son siècle.

Quelques-uns des aspects de Voltaire ont perdu de
leur valeur, quant à l'homme il grandira d'âge en âge
dans l'équitable postérité. Car, si la raison finit toujours par avoir raison, les hommes, à la longue, mettent dans leur ciel ceux qui les ont le plus aimés et
le mieux servis. Voltaire a été grand aux yeux de nos
pères, il est naturel qu'il paraisse plus grand encore
aux héritiers de 89. A l'œuvre on connaît l'artisan ; et
Voltaire restera le plus puissant et le plus habile promoteur de cette révolution, que l'humanité comptera
un jour au nombre de ses époques climatériques.

Au point de vue des destinées humaines, ce n'est
pas outrepasser la mesure que de dire : la Révolution
française (il est juste de lui conserver ce titre), peut être
comparée à ce que serait pour la terre un mouvement
évolutif de son axe. Par la révolution le vieux monde fut
désorbité et la société s'établit sur de nouvelles bases.
Nos neveux le comprendront encore mieux que nous et
feront une large place dans leur Panthéon à celui qui
a pu dire justement :

J'ai fait plus en mon temps que Luther et Calvin.

Si l'on doit juger de la valeur morale d'un homme
par les preuves constantes et efficaces de son amour de

la justice et de ses semblables, nul peut-être ne pourrait le disputer à Voltaire. Pendant plus de soixante
ans et sans se démentir un seul jour, son âme brûla
de la flamme sacrée. Une gloire vaillamment conquise,
une fortune considérable, loin d'endormir son activité,
accrurent ses forces et centuplèrent son action pour
le bien. Ni la persécution, ni les maladies, ni la vieillesse ne purent le faire faiblir. Comme il l'écrit de son
lit, *pupître des gens de quatre-vingts ans*, à la duchesse
d'Enville, tous les jours, il se jette aux pieds de
quelqu'un au nom de l'humanité, *pour l'affaire qui
occupe actuellement sa vieille tête et son jeune cœur*. Ah! certes
personne n'a plus aimé ses semblables que Voltaire et
ne l'a mieux prouvé par tous les actes de sa longue
existence. Nous avons à cœur de mettre en pleine lumière cette vérité : Voltaire fait plus d'honneur au
genre humain par la noblesse de ses sentiments que
par l'universalité de son génie. Grand homme de bien,
l'amour de la justice et de l'humanité fut la source de
son génie et la cause de son action sur le monde. C'est par
là, surtout, qu'il mérite de vivre à jamais dans la postérité.

II

Quand parut Voltaire, un fait considérable s'était
produit dans le monde. Les beaux-arts, les lettres et
le théâtre avaient jeté un éclat incomparable sur le
siècle de Louis XIV. Cette vive lumière, rayonnant sur
la France et l'Europe, était une première initiation, et
Voltaire apprécia admirablement son importance. La
ville et la cour étaient devenues quelque peu lettrées
et policées. On ne pensait guère, on ne savait presque
rien, mais on était éveillé et l'on s'intéressait aux choses

de l'intelligence. C'était beaucoup; maintenant il fallait semer dans ce terrain préparé, il fallait agrandir la sphère très-bornée encore des esprits cultivés. Descartes, Gassendi, Spinoza, Leibnitz, Pascal, Malebranche, Bayle, n'étaient lus que par un petit nombre de personnes, entendus par moins encore. Fontenelle par la *Pluralité des Mondes*, Montesquieu par les *Lettres persannes*, 1721, avaient fait un pas heureux dans une carrière nouvelle.

Mais, en présence de l'ignorance générale, du débordement de la régence, réagissant contre la compression dure et inintelligente des dernières années de Louis XIV, la tâche s'imposait, immense, lourde, formidable. Tout était à faire dans l'ordre philosophique, politique, économique. Les lois civiles et criminelles, les finances, les administrations publiques, il fallait tout refondre. La vieille machine de l'État était usée et ressemblait à celle de Marly.

Qui pouvait porter le poids d'une telle œuvre, sinon un homme doué d'un génie particulier? Il ne suffisait pas qu'il fût savant, artiste, poëte, capable de réussir dans tous les genres, il fallait qu'il fût homme du monde, aimable, plein de tact et de souplesse, propre à séduire et à se faire accepter de ceux-là seuls qui pouvaient l'entendre et contre lesquels la partie se jouait en définitive. Il fallait encore une activité infatigable et une prodigieuse puissance de travail, le sens pratique le plus droit et le plus délié, enfin une âme très-haute et très-bienveillante, le cœur le plus généreux et le plus enthousiaste.

Cet homme fut Voltaire. Sans doute il n'eut pas d'abord pleine conscience de sa mission, Il marcha vaillamment, héroïquement à son but, poussé par une force invincible et secrète, la force qui anime les hommes destinés à agir sur leurs semblables dans de vastes proportions et pour les plus grands desseins de la Providence. Penseur et homme d'action, d'une raison très-ferme et d'une vibrante sensibilité, rien ne lui manquait, car il ne pouvait manquer à son rôle nécessaire.

Nul apôtre ne fut plus sincèrement animé que Voltaire, des sentiments que 89 devait formuler à la clarté de ses foudres. Je ne vois nulle part un démocrate plus net et plus radical. Mais Voltaire est un révolutionnaire par en haut. Il connaît trop la misère et l'ignorance des peuples, il a trop gémi de leurs fratricides tueries civiles et religieuses, il a trop horreur de la guerre et de ses ravages, pour ne pas chercher le salut des nations par la lumière, en s'adressant à ceux qui doivent ou peuvent la posséder. C'est pour l'humanité, c'est pour le peuple qu'il travaille, mais c'est à ses guides et à ses chefs qu'il s'adresse.

Aussi, parfois réprouve-t-il ceux qui, combattant à ses côtés, s'égarent hors de la voie droite. Là est la cause de son dissentiment avec Rousseau. Jean-Jacques, en politique, d'Holbach, Helvétius en philosophie lui paraissent des Erostrates. Ils nuisent à la bonne cause, et il en souffre profondément.

Lorsqu'on va au fond des choses, il est manifeste que Voltaire a raison. Sans une lumière nouvelle, sans une évolution de l'esprit, aucune réforme n'est possible, et les mouvements des peuples ne produisent que désordres et anarchie. Mais il faut avouer aussi que l'aveuglement et la démoralisation de ceux, qui de droit ou de fait marchent à la tête des peuples, sont quelquefois tellement irrémédiables, que les réformes ne peuvent s'accomplir et renouveler la société que par de violentes secousses et des crises aussi terribles qu'elles sont salutaires.

Or, parmi ceux qui préparent les foudres et chargent ces mines mystérieuses, à leur insu et à l'insu de tous, il y a les têtes mal faites et les âmes malsaines; il y a encore les esprits exaltés et les cœurs affolés par la souffrance. Ces derniers aussi ont une œuvre nécessaire à accomplir et ce fut la mission des *extrêmes* de Voltaire, dont les plus notables sont Jean-Jacques et Diderot.

III

On ne se rend jamais bien compte des efforts que nécessite un mouvement décisif dans la marche des sociétés humaines. Il y faut des martyrs, des héros, des génies, des hommes d'action, des fanatiques, des fous, des monstres, une accumulation prodigieuse de forces de diverse nature. C'est une genèse formidable. Les volcans y sont nécessaires, pour que surgissent à travers le dur granit des terres plus fécondes, pour que de ces races primitives sorte une humanité nouvelle.

En esquissant ici le rôle de Diderot et de Jean-Jacques, nous apprécierons mieux la grandeur de celui de Voltaire, grandeur que nous mettrons hors de toute contestation.

Homme de sensation et de sentiment comme Jean-Jacques, Diderot se distingue de lui par la virilité de son caractère. Robuste, actif, bienveillant, sans vanité prédominante, le mâle génie de Diderot n'est point personnel comme celui de Jean-Jacques. Expansif, ouvert, s'intéressant à tout, aimant tout, les hommes et les choses, les arts et les lettres, ne haïssant que le mal qui accable l'espèce humaine et déchire son cœur, Diderot fut l'Hercule de l'*Encyclopédie*, le boute en train et le boute-feu du xviiie siècle.

Dans sa vaillante audace, il se rue contre le passé.

Rien ne l'arrête, ni Dieu, ni diable, car, à tout prix il
faut vaincre le mal qui dévore le genre humain. C'est
bien de gémir et de se plaindre, de rire et d'éclairer,
mais il est plus pressant d'abattre, de détruire, de
confondre les éléments pourris de cet affreux désordre
social. A l'œuvre! à l'œuvre! Et Denis Diderot, le fils
de l'honnête et sévère coutelier de Langres, retrousse
ses manches, prend sa plume fougueuse et brûle le
papier au service de la grande cause.

C'est un savant; il s'est plongé dans les mathématiques et les sciences naturelles, il connaît les arts et
l'industrie; il s'est fait artiste avec les artistes, ouvrier
avec les ouvriers, car il veut parler de tout et à tout le
monde. Cet homme est une encyclopédie vivante. Il
s'arme de sa parole enfiévrée, intarissable, bondissante
et pleine d'éclairs. Diderot est né orateur et, d'après
tous ses contemporains, ses écrits ne sont qu'un pâle
reflet de sa parole inspirée et sympathique. Diderot
est partout, car il est généreux et prodigue de lui-
même; il ne s'appartient pas, il est à tous ceux qui ont
besoin de lui. On le trouve dans son cabinet de travail
toujours ouvert et où le premier venu lui vole son
temps, au théâtre et au café, dans les salons, dans la
rue, et encore au donjon de Vincennes, où il demeura
au secret près d'un mois.

Dans ce mouvement désordonné, il ne peut tempé-
rer ses instincts et ses sentiments par sa haute intelligence. Sa raison est emportée par l'orage intérieur.
Elle jette de puissants et vifs éclairs, mais elle sombre parfois au milieu de ce terrible combat. En un si
grand péril, il n'a pas le temps de songer au gouver-
nail et de regarder la boussole.

C'est la théocratie, c'est l'oppression de la pensée,
c'est la négation de la liberté qui ont fait le passé. Il
faut donc couper dans sa racine la cause du mal. La

tolérance ne suffit pas au philosophe; il faut précipiter du ciel ce Dieu malfaisant, auteur du mal et tyran de l'humanité. A bas Jupiter et Jéhovah ! que l'homme se reconnaisse, qu'il se fasse fort et puissant par la science, par l'art, par l'industrie, par la paix et l'accord avec ses semblables, et il n'y aura plus de mal sur la terre.

A l'œuvre! à l'œuvre! et alors Diderot enflammera d'Holbach, Helvétius, Raynal et Saint-Lambert, et poussera à l'assaut du vieil Olympe ou du paradis biblique tous ces soldats, qu'il anime de son souffle de Titan révolté.

Tandis que Jean-Jacques s'enivre de sentiment et de spiritualisme, lui, Diderot veut faire table rase de toutes les antiques conceptions, qui ont pesé sur l'âme humaine et, pour être plus sûr d'atteindre le but, il niera Dieu et le diable. Dans son délire, il sera le génie de la destruction et proclamera l'athéisme. Il est bien près de dire, comme on l'a fait de nos jours, *Dieu, c'est le mal*, donc point de Dieu. L'ancienne vertu, c'est le vice et le crime, donc point de vertu. Que l'homme, livré aux seules et saintes inspirations de la nature, déposées dans son cœur, soit le dieu de la terre, le protecteur et l'ami de l'homme. Nous aurons alors, l'ordre, le bien, la vérité et la vertu faite pour l'homme, secourable et bienfaisante à l'homme.

Voilà Diderot : au lieu d'aller à l'extrême de J.-J., qui niera la science, l'art et l'industrie, qui niera la société, il embrassera courageusement l'autre extrême et niera Dieu.

Rousseau, que nous apprécierons dans un chapitre à part, Rousseau devint, avec sa monomanie sentimentale, le ferment de la Révolution. Ses livres ne furent pas seulement sur la table du Comité de salut public, comme le dit Louis Blanc. Ils exaltèrent la France et la jetèrent hors de ses gonds. Par lui, la vertu fut mise à l'ordre du jour. Rome et Sparte, vues à travers le mirage de son éloquence, furent embrassées comme un idéal de sublime vertu et de courage surhumain. Chacun voulut être un Fabricius, un Scévola, un Léonidas, un Caton, un Brutus. Il y en eut assurément de fort plats et de très-ridicules, de monstrueux et d'insensés; mais l'éloquent rêveur n'enflamma pas seulement des âmes vulgaires ou médiocres, il toucha les plus hautes et les plus fortes, les plus pures et les plus nobles. Qu'il nous suffise de rappeler ici le nom de Mme Roland, héroïne digne de Plutarque. La plus énergique surexcitation était nécessaire, non pas seulement pour déraciner en France le passé, mais pour le combattre dans l'Europe coalisée.

Un effort aussi gigantesque ne pouvait être produit que par une exaltation hors de toute mesure. Jean-Jacques fut l'inconscient et sombre inspirateur de cette époque formidable. Il engendra les fanatiques de la Révolution, comme d'autres ont fait les fanatiques de tous les grands mouvements religieux et politiques. Et il faut en convenir, jamais fanatisme ne fut plus nécessaire et ne coopéra à plus haute mission. Le fanatisme des Croisés, celui des Hussites, le fanatisme des Ligueurs et des Têtes rondes de Cromwel, celui des Ottomans, qui firent verser plus de sang et causèrent cent fois plus de crimes, ne peuvent être comparés au patriotique et terrible fanatisme de nos pères de 93.

Voltaire avait préparé l'œuvre de 89 et 91, que la France, on pouvait raisonnablement l'espérer, était en puissance de réaliser chez elle et pour elle. Mais une destinée plus haute et plus difficile était imposée à ce *premier soldat de Dieu*. La Révolution française devait avoir un caractère universel, parce que la France ressemble à l'homme de Térence, elle a le sentiment de l'humanité. Et c'est aussi pour cela que Voltaire est la

plus complète et la plus lumineuse personnification du
génie de la France. Donc, après l'insuccès de l'évolution
pacifique, tentée par Turgot et les Encyclopédistes, 89,
ce premier acte du grand drame devait forcément conduire au second, par la résistance aveugle du pouvoir et
la corruption profonde de ses éléments. 91 et 92, en
présence de la coalition européenne, impliquaient fatalement 93, ce troisième acte, le plus tragique de tous,
mais aussi nécessaire que les deux premiers. L'âme ardente et malade de Rousseau enfiévra celles de cette
époque, époque horrible comme un cataclysme et salutaire comme une crise suprême. Fils des Croisés, fils
des Ligueurs et des traîtres assassins de la Saint-Barthélemy, fils de 93, hélas! il faut bien l'avouer, nous sommes tous plus ou moins les fils de ces fanatiques et
nous devons avoir une égale horreur de leurs crimes.
Mais on ne peut disconvenir que, de tous ces fanatiques,
nos pères de 93 sont encore ceux qui ont versé le
moins de sang et ceux dont la fureur a eu les conséquences les plus évidemment utiles. Courbons la tête
au souvenir de toutes ces atrocités, et bénissons la Révolution, car son triomphe fut le salut de la France et
poussa violemment l'humanité dans une voie de régé-
nération.

Si le noble vieillard de Ferney, qui avait tant souffert des oppressions et de la misère de ses semblables,
les portant toujours dans son cœur magnanime, si le
noble vieillard pouvait contempler aujourd'hui le monde
renouvelé par la Révolution, qu'il serait ému, consolé,
enthousiasmé! Et si, en présence de telles conquêtes,
on lui montrait le large fleuve de sang, nul doute qu'il
ne le passât, en frémissant d'horreur, mais en sentant
grandir sa foi dans la Providence et dans l'humanité.

On oublie trop, qu'à part Fontenelle et Montesquieu,
Voltaire était de vingt ans environ plus âgé que tous

les philosophes du XVIIIe siècle. Diderot, d'Alembert, J.-J. Rousseau, entre autres, furent nourris des productions de Voltaire. *La Henriade*, publiée frauduleusement dès 1723, par Desfontaines, tolérée ou permise quelques années plus tard, était dans toutes les mains. Si l'on peut contester aujourd'hui sa valeur poétique, il est impossible de méconnaître la valeur de l'œuvre, au point de vue des idées et des sentiments. Partout brillent la tolérance faisant pâlir la superstition et le fanatisme, la raison substituée à la tradition et à l'autorité, l'amour de la patrie placé au-dessus des intérêts des partis et des grands, la liberté adorée comme la vertu, l'humanité préconisée comme une religion.

Voltaire, par ses luttes incessantes au théâtre, à la cour et à la ville, toujours persécuté, calomnié, deux fois embastillé, souvent exilé, interdit et brûlé dans ses livres, attirait forcément l'attention publique. Ses relations nombreuses et considérables ajoutaient encore à la notoriété de sa personne. De bonne heure, Voltaire était devenu un point de mire, une mode, une sorte de personnage nécessaire. Il n'était pas seulement connu des lettrés et des gens du monde. Son énergique vitalité avait dépassé ces premiers cercles pour rayonner au grand jour. Que fait Voltaire? Où est Voltaire? Assurément ces vers, cette prose, ces lettres sont de lui. Ces questions étaient dans toutes les bouches.

Il est donc vrai de dire que la première génération des *fils de Voltaire* date de la seconde moitié de son siècle et ce n'est pas sans motifs que tous l'appelaient notre patriarche. Jean-Jacques reconnaît formellement sa filiation, en ce passage des *Confessions* : « Rien de ce » qu'écrivait Voltaire ne nous échappait. Le goût que » je pris à ces lectures m'inspira le désir d'écrire avec » élégance et d'imiter le beau coloris de cet auteur, » dont j'étais enchanté. Quelque temps après paru-

» rent ses *Lettres philosophiques*. Quoiqu'elles ne soient » pas son meilleur ouvrage, ce fut celui qui m'attira le » plus vers l'étude. » (C., livre V.)

Non-seulement Voltaire fut le soleil de cette pléiade de penseurs et de pionniers de la Révolution, mais c'est lui qui leur prépara des lecteurs et leur fit un public capable et désireux de les lire, de les comprendre et de les soutenir. Sans Voltaire, ils eussent parlé à des sourds et dans le vide. C'est encore à Voltaire qu'on doit, en dehors de l'opinion de la cour, la formation d'une opinion publique, dont la force croissante arri- vait à tout dominer. On peut affirmer d'une manière générale que, dans le xviiie siècle, il n'y a guère d'idée courante qui ne vienne de lui ; de même, il n'y a pas un homme dans les lettres, les arts et les sciences qui ne soit allé à lui comme à son chef, à son initiateur. Vol- taire est omni-présent ; il apparaît comme la grande âme de son époque.

Il y aurait plus que de l'injustice et de l'ingratitude à méconnaître cette influence fondamentale de Voltaire, il y aurait ignorance.

Si ce grand homme fit les Encyclopédistes et leurs lecteurs, s'il rallia à la philosophie et à l'humanité les hautes classes en France et en Europe, c'est encore lui qui rendit, pour tous, l'ignorance honteuse, les préju- gés ridicules, la superstition détestable et le fanatisme odieux.

Lors de son voyage en France, 1768, quand le roi de Danemark disait, à Versailles, que l'auteur du siècle de Louis XIV *lui avait appris à penser*, il exprimait, dans ce fait particulier, un fait très-général, vrai pour les grands comme pour les petits.

L'action de Voltaire fut si profonde et si universelle qu'elle prépara les voies aux déclamations éloquentes et folles de Rousseau, qui avait dit : « Il y a vingt à pa-

» rier contre un qu'un gentilhomme a pour père un
» fripon, » et qui jetait, dans l'*Émile*, des phrases comme
celle-ci : « Le peuple se montre tel qu'il est et n'est pas
» aimable; mais il faut bien que les gens du monde se
» déguisent; s'ils se montraient tels qu'ils sont, ils fe-
» raient horreur. »

Malgré leur violence, les protestations de Jean-Jacques furent lues avec enthousiasme, et lui-même trouva
l'accueil le plus sympathique chez les plus grands seigneurs : le maréchal et la maréchale de Luxembourg,
le prince de Conti, la comtesse de Boufflers, les mar-
quises de Créqui et de Mirepoix, la duchesse de Por-
tland, milord Keith, le duc et la duchesse de Saxe-
Gotha, le prince de Wittemberg, le duc de Graffton, etc.
Il fut pensionné à deux reprises par le roi d'Angleterre
et protégé par Frédéric II. Sans doute, le talent de
l'écrivain, l'évidence de ses bons sentiments, sa chaleureuse éloquence furent pour beaucoup dans ce résultat. Mais qui ne voit qu'un tel engouement eût été
impossible, si les esprits n'y avaient été préparés aussi
bien que les cœurs,

Ce n'est pas sans bonnes raisons que la Constituante,
fille de Voltaire, lui décerna les honneurs du Panthéon;
et ce n'est pas non plus sans motifs que, trois ans plus
tard, la Convention, fille de Rousseau, rendit à ses restes le même hommage. Chacun de ces grands hommes
fut glorifié comme il devait l'être : Voltaire, par l'Assemblée nationale qui fit le 14 juillet et la déclaration
des Droits de l'homme; Rousseau, par la Convention
mutilée et furieuse, terrorisée et terrifiante, telle enfin
que le voulait là crise suprême de la Révolution.

IV

La grande figure de Voltaire est encore méconnue et couverte d'un voile. Beaucoup ne voient en lui qu'un bourgeois, que dis-je ? un bourgeois qui s'est faufilé dans la noblesse par vanité, et qui est devenu par sa fortune une sorte de grand seigneur de contrebande. On le regarde comme l'apôtre de l'individualisme et de la raison par opposition à Rousseau, qui serait le martyr du sentiment et de la fraternité. On a considéré comme deux contraires la raison qui divise, et le sentiment qui réunit.

Cette classification est fausse autant que l'appréciation est injuste; et l'opposition de la raison et du sentiment est une folie.

Il est clair que l'homme est une unité indécomposable et qu'*à priori* il y a plus que de la témérité à déclarer qu'il est animé par des forces contraires. En outre, on ne prend pas garde que la raison dans l'individu a un côté impersonnel par lequel elle participe de l'unité de l'espèce. L'évidence est la même pour toutes les intelligences. Deux et deux font quatre, deux quantités égales à une troisième sont égales entre elles, le tout est plus grand que sa partie; il n'y a pas deux manières d'entendre ces vérités. On est ou on n'est pas raisonnable selon qu'on les entend ou qu'on les repousse. Le génie de chaque individu peut ajouter au trésor commun d'autres vérités que l'ignorance contestera d'abord violemment, mais le jour où la lumière est faite, ces vérités deviennent communes, incontestables, tout autant que les axiomes cités précédemment.

Le côté impersonnel et commun de la raison est aussi positif que l'est son côté personnel en chaque individu de l'espèce. Voilà qui est indéniable.

Il en est de même du sentiment, qui anime chaque individu et vivifie l'espèce humaine. Les hommes ne sont sociables que parce qu'ils ont des sentiments communs et une raison commune. Tout cela est fort simple et fort clair, à ce point qu'il doit être inutile d'y insister.

Il est donc très-faux d'affirmer que la raison divise et que le sentiment réunit. Tous deux font même office d'une manière différente et concourent au même but : l'unité du genre humain dans l'accord et la paix. Bien plus, si l'une de ces facultés peut engendrer la division, ce n'est pas la raison mais le sentiment. L'essence de la raison c'est de faire la lumière et par conséquent de mieux montrer le but. L'essence du sentiment c'est de pousser aveuglément l'homme vers son semblable et vers sa destinée. Or, qu'est-ce que nous représente l'histoire, sinon le triste tableau des erreurs du sentiment avec leurs horribles conséquences. Mon sentiment me donne une foi qui me console et me soutient, mais qui n'est pas la vôtre. Votre foi n'étant pas la mienne, nous voilà ennemis et trop souvent ennemis atroces, irréconciliables. Il ne nous reste, en cette déplorable situation, qu'un point commun, la raison, la raison qui, seule, nous rendra tolérants, et, après ce premier bienfait, nous portera à mieux apprécier les fausses démarches, les crimes et les folies où notre sentiment nous aura entraînés.

Ce qui est vrai, exactement vrai, c'est que, si le sentiment comme la raison a pour objet de rapprocher les hommes, le sentiment peut les égarer, et que la raison, seule, marche infailliblement à son but.

Rousseau en fut un mémorable exemple. Peu d'hommes ont eu de plus généreux et de meilleurs sentiments que lui. Mais, comme le sentiment et la sensation le dominaient au point de troubler sa raison, il se brouilla avec tous ses amis, se sépara de tout le monde et devint une sorte de monomane. C'est une triste preuve de la fausseté de cette allégation : la raison divise et le sentiment réunit.

Voltaire s'est montré l'apôtre le plus ardent et le plus infatigable de la raison, mais c'est sous l'impulsion des sentiments les plus nobles qui soient échus en partage à l'humanité. On ne raisonne pas pour raisonner, pas plus qu'on ne marche pour marcher. On marche et l'on raisonne sous l'impulsion de ses désirs et de ses besoins, autrement de ses sentiments et de ses instincts. Si donc Voltaire a passé sa longue et laborieuse carrière à dresser un piédestal à la raison et à faire de la sienne, l'usage que l'on verra, c'est pour obéir à ses sentiments d'amour pour les hommes, pour la justice et la vérité. Nul ne les a plus fidèlement et plus passionnément servis. Nous le prouverons par le détail de sa vie, par la constance admirable de son dévouement.

Voltaire, c'est le bon sens, l'esprit, la raison; voilà ce que l'on proclame d'une voix unanime, et cela est vrai. Mais ce qui ne l'est pas moins et ce que l'on ne sait guère, c'est que Voltaire est encore plus sentiment que raison. Le lecteur en verra la preuve dans quelques circonstances décisives.

Voltaire un bourgeois, presque un grand seigneur, un courtisan! Vraiment, c'est là se prendre aux apparences et ne voir que le masque. Autant vaut dire que Rabelais n'a été qu'un railleur, un diseur de lanternes fort ordurières, ainsi qu'il appartient à ceux qui n'ont pas cassé son *os médullaire* et qui, dans le fruit savoureux n'ont vu que l'écorce.

Voltaire n'est ni bourgeois, ni seigneur, c'est bien

véritablement un homme, dans toute l'acception de Térence, un homme à qui rien de ce qui touche l'humanité ne saurait être étranger. Il est fort au-dessus de ces distinctions, démocrate, aristocrate, monarchiste, républicain, et n'accorde de valeur aux choses et aux hommes qu'en raison de leur utilité à servir les intérêts de la justice et de la vérité.

C'est lui qui a vulgarisé et mis à la mode l'expression d'*humanité*, c'est lui qui la rendit auguste, sacrée et fit une religion de l'amour des hommes. Je ne voudrais pas affirmer que personne n'ait possédé à un plus haut degré que Voltaire l'amour de l'humanité, mais j'ose dire, et il me sera facile de le démontrer par les faits, que peu de gens l'ont plus efficacement servie de son cœur, de ses talents et de sa fortune. Pour mon compte, je n'en connais pas. S'il ne s'agissait de faire de Voltaire qu'un bon saint, tel que fut Vincent de Paul, sa vie, toute consacrée à consoler, soulager, secourir ses semblables, fournirait une magnifique légende, à faire pâlir celle de plus d'un bienheureux. Mais s'il fut un saint homme, dévoré du désir de faire le bien pratiquement autour de lui, son intelligence, embrassant le plus vaste horizon, lui imposait le devoir d'agir de plus haut et pour plus longtemps sur les destinées de ses semblables.

Voltaire s'était donné une mission dont l'importance s'aperçoit aisément et qui convenait à sa nature élevée et bienveillante, aussi bien qu'à son esprit étendu, souple et brillant. Cette mission, c'était de rallier en faisceau toutes les forces éparses, grandes ou petites, propres à combattre l'ignorance et les préjugés, la superstition et le monstre du fanatisme. Dans ce but supérieur, il a mis en œuvre la tactique la plus savante, la persévérance la plus inouïe, la finesse la plus déliée, l'amabilité la plus exquise. On peut dire qu'il a eu le

2

génie de son rôle. Il n'a pas perdu une occasion, négligé un homme ou dédaigné le plus mince concours. Sur ce point, sa politique est profonde et ne s'est jamais démentie.

Il attirait à lui par toutes les séductions, par tous les moyens, par une prodigieuse activité. Semblable à l'antique Protée, il prenait toutes les formes, il avait tous les tons et parlait toutes les langues. Il était irrésistible pour peu qu'on eût un point vulnérable, ou plutôt pour peu qu'on fût vivant par un côté quelconque.

Les esprits bornés, les cœurs secs, les âmes avilies irrémédiablement (tel que Louis XV) les fanatiques de toute espèce qui ne peuvent rien entendre, les aveugles par ignorance, ceux-là seuls ne ressentirent pas l'influence de ce génie facile, lumineux, bienveillant.

Voltaire, l'embastillé, le proscrit, le persécuté, le calomnié, qui vécut presque toujours sans être sûr du lendemain, Voltaire assainit, égaya et illumina les esprits; il échauffa les cœurs, souleva les consciences et finit par créer une armée invisible, formidable, que soutenait sa voix intrépide et toujours retentissante.

V

Alors que le cœur vierge et plein d'enthousiasme on cherche avidement la vérité, il n'est pas de jeune homme qui n'ait été séduit par Rousseau et ne se soit senti entièrement sympathique à cette figure, qui contraste avec celle de Voltaire. La vie humble et tourmentée de Jean-Jacques, son isolement volontaire et presque farouche, ses malheurs, sa fin prématurée, tout est disposé de façon à impressionner fortement une âme naïve et généreuse. Et puis, il est si passionné, si éloquent, il aime tant l'innocence, la vertu, la nature ; son génie, par son côté féminin, est si rempli de séductions ! comment la jeunesse ne serait-elle pas naturellement toute à Rousseau ? A cet âge, on sympathise vite, on subit des entraînements ; comme Jean-Jacques, on a des opinions et point de jugement.

Pour moi, comme pour la plupart des lecteurs, Voltaire m'apparaissait environné du prestige de la gloire, gratifié de la faveur des cours et de celle de la fortune, philosophe plus léger que profond, poëte facile et licencieux, beau rieur, malin et caustique, courtisant les grands et comblant de petits vers louangeurs les rois et les belles dames, puissantes à la cour et à la ville, bref un héros réussi. Or, dans la jeunesse, on est comme Caton ; on aime le vaincu, on est sympathique au malheur, et le martyr de la sainte cause du juste nous plaît plus que le triomphateur.

Plusieurs causes ont contribué et contribuent encore à donner le change sur le caractère de Voltaire. Cette gloire qu'il obtint de son vivant, après soixante ans de labeur, et quel labeur ! offusque un peu notre pauvre jugement. De même, cette fortune, dont il fit un si noble usage ; cette vie brillante et de si belle apparence, quoiqu'il vécût de régime et toujours courbé sur sa tâche ; ces honneurs qu'il avait surtout recherchés pour sa sûreté et le besoin de sa cause, tout cela fait nuage dans l'esprit du juge. Il n'est pas jusqu'à l'universalité de son vif esprit, qui ne lui soit défavorable. *L'esprit de Voltaire!* cette locution, si légitimement conquise, locution courante de son temps, qui est venue jusqu'à nous et qui restera dans la langue des lettres, n'a pas seulement blessé beaucoup de ses contemporains, elle blesse encore de nouveaux venus, qui sont de l'avis de cet Athénien, ennuyé d'entendre cette autre locution, *Aristide le Juste*. Hélas ! la nature humaine est encore faite comme cela.

Oui, l'esprit et la gaieté de Voltaire ont beaucoup contribué à le faire mal juger. Comme la chose a de l'importance, nous allons nous y arrêter.

Nul peut-être ne posséda un esprit plus net, plus alerte, plus souple, plus varié, plus étendu et à quelques égards plus profond. Cet esprit, toujours présent, n'abandonna jamais Voltaire, même sous les glaces de l'âge, et sous l'étreinte des souffrances du corps et de l'âme. A cela, il y a une cause ; en le créant la nature n'avait pas fait les choses à demi. Cette fine fleur d'une prodigieuse activité cérébrale n'eût pas été parfaite, si la bonne déesse n'y avait ajouté l'arome salutaire et conservateur de la gaieté.

On ne l'a guère vu, on ne le sait pas assez, Voltaire a plus de cœur que d'esprit, et il n'a tant d'esprit que parce qu'il a encore plus de cœur. « Je tire de mon » cerveau ce que je peux, écrit-il en 1764 à son ami » d'Argental, mais le cerveau est bientôt desséché, il » n'y a que le cœur d'inépuisable. » En effet, la vraie et saine gaieté vient du cœur ; comme le sel, elle conserve ce à quoi elle est unie.

Mais enfin, dira-t-on, pourquoi cette gaieté chez cet homme maladif, persécuté, calomnié, qui, selon vous, porte l'humanité dans son cœur et souffre de ses maux ? Que peut-on penser de ce philosophe au rire prompt, facile, incessant ? Il se moque, il persifle, il perce les autres de son ironie mordante et rit de lui-même : pauvre esprit ou mauvais cœur, choisissez. Telles se formulent les idées de la foule. Soyez grave, triste et pleureur, elle vous croira sensible.

Spinoza, qui était d'une faible complexion et mourut jeune, qui vécut comme un saint, uniquement occupé des plus hautes pensées dont puisse se nourrir l'âme humaine, qui écrivit en latin et avec une précision de géomètre, qui préféra à la fortune le travail de ses mains, Spinoza regarde la tristesse comme une maladie de l'esprit et une preuve de faiblesse morale. Et de fait, il était d'une société très-douce et très-aimable, quand il sortait de sa vie de méditation, ce qui était rare.

N'oublions pas encore que Spinoza, avec une sérénité d'âme aussi pure qu'impassible, possédait un grand cœur, sous les impulsions duquel, si on ne l'avait retenu de force, il se fût fait mettre en pièce par le peuple, sur le corps sanglant de son ami, le grand Pensionnaire de Witt.

Une femme d'infiniment de tact et quelque peu la marraine de Voltaire, qui vécut et pensa comme un honnête homme, la célèbre Ninon de Lenclos disait que *la gaieté de l'esprit en annonce la force.* Si jamais cette fine remarque fut applicable à quelqu'un, c'est surtout à Voltaire. Il semble qu'il n'y eut jamais de bien portant en lui que la tête et le cœur. Continuellement en proie à des maux d'intestin, qui lui donnaient la fièvre, Voltaire, l'infatigable travailleur, conservait intactes sa haute raison et sa gaieté naturelle.

Je ne veux point dire de mal de la mélancolie, mais il est évident que cette disposition mentale tient beaucoup au manque de netteté de l'esprit et à une certaine préoccupation de soi-même. Or Voltaire est un des esprits les plus justes et les plus clairs que l'on connaisse, comme il fut un des cœurs les plus généreux et les plus humains. Il ne pouvait donc être rêveur comme le fut Jean-Jacques.

Ceci nous explique comment, en apparence, et pour la foule, l'auteur de *Candide* semble doué de moins de sensibilité qu'un mince poëte, tels que Gilbert, Millevoye, ou même l'auteur de *Paul et Virginie.* Cependant il a prouvé par toute sa vie qu'il était animé des meilleurs sentiments. Nul ne fut ami plus fidèle, amant plus délicat, maître plus généreux et plus aimé, parent plus dévoué, homme plus secourable dans les grandes et les petites choses, apôtre plus résolu et plus héroïque.

Voltaire s'est reproché de n'avoir pas rendu justice à Rabelais ; il avait d'autant plus raison de reconnaître sa méprise qu'il a plus d'un rapport avec le grand rieur, l'*Homère bouffon* du XVIe siècle, le critique le plus profond et le plus universel de son époque. En ce temps de mœurs barbares, l'immortel auteur de *Gargantua* et de *Pantagruel* fut contraint de se barbouiller de lie et d'ordures, comme plus tard Voltaire dut avoir recours à la ruse, à la courtisanerie, à une certaine licence, afin de mieux servir les intérêts de la justice et de l'humanité. Avec quelque réflexion, on ne fera pas plus reproche à Rabelais de sa grossièreté qu'à Voltaire de sa courtisanerie. Chacun de ces grands hommes s'est affublé de la livrée de son temps.

« Français qui n'est pas gai est un homme hors de » son élément, » dit Voltaire dans une de ses lettres. En écrivant à Frédéric, encore prince royal, cette idée se retrouve sous sa plume, en mars 1737 :

« Malheur aux philosophes qui ne savent pas se dé- » rider le front : je regarde l'austérité comme une » maladie. J'aime encore mieux être languissant et » sujet à la fièvre comme je le suis que de penser tris- » tement. Il me semble que la vertu, l'étude et la gaieté » sont trois sœurs qu'il ne faut point séparer. »

La nature, si prodigue envers Voltaire, ne lui fit pas une mince largesse en le douant de cette saine et puissante gaieté, qui le soutint et le consola. En outre, elle fut, en ses adroites mains, une de ses armes les plus redoutables.

La fin du règne de Louis XIV avait été si triste, les

scènes ridiculement tragiques données par les convulsionnaires de Saint-Médard, les querelles des jésuites,
des jansénistes et du parlement, la cynique et morne
corruption de Louis XV, la dévotion respectable mais
étroite de la reine, les fautes et les revers de ce roi,
qui fut l'agonie de la royauté du droit divin, royauté
dont son honnête et malheureux petit-fils devait être
l'expiation, tout cela ne composait pas un spectacle
bien réjouissant. Cependant le tempérament de la
France n'est point mélancolique et pleurard. La gaieté
est l'un de ses ressorts, et nos héroïques soldats, aussi
bien que nos prisonniers de guerre, en ont toujours
donné la preuve. Voltaire, naturellement gai, savait
rire et faire rire; ce fut une de ses forces et il la connaissait bien.

En 1765, il écrivait à d'Alembert : « Courage, Ar-
» chimède, le ridicule est le point fixe avec lequel vous
» enlèverez tous ces maroufles. Notre nation ne mérite
» pas que vous daigniez raisonner avec elle; mais c'est
» la première nation du monde pour saisir une bonne
» plaisanterie; ce qu'assurément vous ne trouverez pas
» à Berlin, souvenez-vous-en. »

Voltaire avait *la santé de l'esprit;* ses œuvres et son
succès montrent combien il sut mettre à profit sa
gaieté et de quelle ressource elle lui fut dans ses luttes
perpétuelles. Cette jeunesse d'esprit était si connue et
fut si persistante que c'est au même homme, qui diver-
tissait la cour à Bélébat en 1725, qu'on demandait de
l'amuser encore en 1776. A quatre-vingt-deux ans,
Voltaire, l'esprit le plus alerte et le plus gai de France,
improvisait, au milieu de ses immenses occupations, le
divertissement de *l'Hôte et l'Hôtesse* pour la fête que
Monsieur, frère du roi, donnait à Louis XVI et à Marie-
Antoinette !...

Pour nous aujourd'hui, Voltaire, avec sa *Pucelle*, ses

petits vers galants et courtisanesques, Voltaire manque
aux bienséances. Mais il ne faudrait point oublier que
les bienséances diffèrent selon les époques. Ce qui était
séant au temps de Molière, à la ville et au théâtre, ne
l'est plus de nos jours. Les bons mots très-crus de
Mme Cornuël et même certaines vertes saillies de
Mme de Sévigné ne seraient plus de saison aujourd'hui.
La grossièreté de Rabelais révoltait Voltaire, mais les
bienséances de la cour de Catherine de Médicis étaient
fort différentes de celles de la cour de Louis XV, et les
bienséances de notre temps diffèrent beaucoup des
usages de Versailles, il y a cent ans.

J'abandonne volontiers à la rigueur des casuistes et
du lecteur pudibond, le côté libertin de l'auteur de la
Pucelle. J'en suis choqué autant qu'un autre, mais je ne
puis ne pas songer que Voltaire a vécu en pleine régence et sous Louis XV, que ce côté que nous con-
damnons tient à son époque, et qu'il était fatal que son
génie portât la marque de son temps, comme Rabelais
et Molière portent celles du leur.

Ces grands hommes n'ont exercé une si prodigieuse
influence que parce qu'ils ont admirablement compris
leur époque, et que, grâce à leur nature impressionnable et à leur sens pratique, ils ont su s'en faire entendre. C'est faute d'y réfléchir ou par ignorance que
l'on hésite à rendre pleine justice à de tels hommes,
tandis que nous ne saurions leur garder trop de reconnaissance.

Il est vrai que Voltaire a été flatteur. Il l'a été avec
grâce, avec finesse, avec les traditions raffinées du
siècle de Louis XIV, mais avec persévérance. Je ne puis
ni ne veux le contester. Pourquoi donc, à la réflexion,
ne lui en sait-on pas mauvais gré, bien qu'on en puisse
souffrir? C'est qu'on sent que Voltaire ne s'occupe de
lui qu'accessoirement, qu'il est toujours fidèle à son

but, servir les intérêts de la justice et de l'humanité ;
que cette forme, qui nous déplaît, tient aux mœurs,
aux usages, à la nécessité ; enfin qu'étant essentiellement bienveillant il se laissait aisément entraîner au
plaisir de voir le beau côté des choses et des gens.

Voltaire est tout en dehors, comme Rousseau est beaucoup en dedans ; celui-ci vit sensiblement sur lui-même
et pour lui-même ; celui-là vit surtout dans les autres
et pour les autres. Génie pratique, cœur très-large,
Voltaire n'engendre guère de mélancolie. Quand on l'enferme un an à la Bastille, à la fleur de l'âge, il ne se désespère pas et compose deux chants de la *Henriade.* Il
en a toujours agi de même, dans les situations les plus
critiques. Il s'est sauvé de l'ennui, du chagrin et de l'injustice par le travail, par sa gaieté et par son amour actif de la vérité et des hommes.

Le seul accès de mélancolie un peu caractérisé, dont
je voie la trace, c'est lorsqu'il se trouve à Berlin, malade,
désabusé et qu'il écrit à sa nièce, *des neiges de Berlin,* une
lettre qui commence ainsi :

« Je vous écris à côté d'un poêle, la tête pesante et le
» cœur triste, en jetant les yeux sur la rivière de la
» Sprée, parce que la Sprée tombe dans l'Elbe, l'Elbe
» dans la mer et que la mer reçoit la Seine, et que no-
» tre maison de Paris est assez près de cette rivière de
» Seine ; et je dis : ma chère enfant, pourquoi suis-je
» dans ce palais, dans ce cabinet qui donne sur cette
» Sprée et non pas au coin de notre feu ?... Que j'ai de
» remords, ma chère enfant ! que mon bonheur est em-
» poisonné ! Que la vie est courte ! Qu'il est triste de
» chercher le bonheur loin de vous ! et que de remords
» si on le trouve ? »

Voilà l'allure et le style des mélancoliques, de ceux
qui regardent beaucoup en eux-mêmes et qui, pour
cette cause, voient souvent l'humanité et les choses en

petit, car le miroir n'est pas toujours de première grandeur.

Puisque nous sommes sur ce chapitre du rire et de la gaieté, il faut que je me débarasse et que je débarrasse le lecteur d'un petit poids incommode. Il s'agit de *la Pucelle*. Pour nous, aujourd'hui, cet éclat de rire nous paraît un sacrilége. Il ne fut, pour Voltaire, qu'un péché véniel, à mettre encore sur le compte de son temps. Voici ce qu'il en écrivait à son ami, M. de Formont :

« C'est plutôt dans le goût de l'Arioste que dans ce-
» lui du Tasse que j'ai travaillé. J'ai voulu voir ce que
» produirait mon imagination lorsque je lui donnerais
» un essor libre et que la crainte du petit esprit de cri-
» tique qui règne en France ne me retiendrait pas. Je
» suis honteux d'avoir tant avancé un ouvrage si frivole
» et qui n'est point fait pour voir le jour ; mais après
» tout on peut encore plus mal employer son temps.
» Je veux bien que cet ouvrage serve quelquefois à
» divertir mes amis, mais je ne veux pas que mes en-
» nemis puissent jamais en avoir la moindre connais-
» sance. » (27 juin, 1734.)

Ce badinage était une spirituelle *polissonnerie* tout à fait dans le goût de la Régence. Le poëte ne pensait nullement à offenser la mémoire de notre populaire Jeanne, de laquelle il dit : *Héroïne digne du miracle qu'elle avait feint... assez honorée par son supplice même... qui aurait eu des autels dans les temps héroïques où les hommes en élevaient à leurs libérateurs*

Sans doute Voltaire se glorifiait avant tout d'être homme et citoyen du monde, mais il se sentait Français, Parisien même, et il en a donné maintes preuves. Sa haine de la superstition et du surnaturel trouvait à se satisfaire en cette circonstance, et la société légère de cette époque saisissait avidement cette pâture, qui recélait néanmoins un aliment substantiel. Ce poëme

licencieux fit beaucoup pour la gloire et pour la puissance de Voltaire. Ce fait est certain, s'il n'est pas à
l'honneur de la moralité de son siècle. Quoi qu'il en soit,
il est très-probable qu'il n'y aurait jamais eu que des
copies manuscrites de *la Pucelle* et qu'elle n'eût même
jamais été achevée, si Labaumelle, pirate littéraire,
déjà publicateur frauduleux du *Siècle de Louis XIV*, et
un certain capucin Maubert n'avaient fait de cette œuvre
une édition falsifiée et bourrée de vers de leur façon.
Voltaire écrivit une lettre de protestation solennelle à
l'Académie française. Cette publication pouvait le compromettre gravement sous plus d'un rapport. Les ma-
rauds d'éditeurs avaient calculé pour leur bien premiè-
rement et pour le mal d'autrui. Heureusement l'orage
passa ; mais cette circonstance força Voltaire à terminer le poëme et à en donner lui-même une édition, six
ans plus tard, en 1762. Avant de bien connaître Voltaire,
je lui en ai beaucoup voulu d'avoir joué, en profane,
avec un sujet sacré pour tous les Français et pour
tout homme de cœur. Aujourd'hui, je comprends et
j'excuse son péché, qui n'était même pas une peccadille pour son temps, parce que je sens et suis convaincu
qu'il le commit sans malice et même à bonne intention. Il ne faudrait pas que notre amour et notre vénération pour notre admirable Jeanne, fissent baisser
d'un degré notre amour et notre vénération pour notre
admirable Voltaire.

Présentons encore sur ce point une observation capitale. Sans cette gaieté naturelle, la raison de Voltaire
eût été moins saine et son amour des hommes moins
complet. En effet, si le monde d'aujourd'hui est loin
d'être tout ce que peut souhaiter un cœur généreux, le
monde, au temps de Voltaire, était encore plus laid et
plus mauvais. Au xviiie siècle, l'âme humaine ne valait
pas ce qu'elle vaut de nos jours, car les conditions géné-

rales de la vie pour l'individu étaient fort au-dessous des conditions que nous possédons. Or, lorsqu'on a été aussi mêlé aux choses et aux hommes de son temps que le fut Voltaire, il est certain que si le philosophe n'avait pas eu la faculté de prendre en riant les unes et les autres, il les aurait supportés en pleurant, en maudissant, en se révoltant, soit contre Dieu, soit contre l'humanité, ainsi qu'il est arrivé à tant d'autres. Voltaire serait devenu fou comme Jean-Jacques ou athée comme Diderot.

Sa haute raison et son amour des hommes y eussent perdu une partie de leurs forces.

Nul plus que Voltaire ne fut enthousiaste du bien, nul ne fut plus heureux de le rencontrer dans les hommes et dans les choses. On en voit les preuves dans son admiration pour Turgot, dans son ardente sympathie pour les ouvriers du grand œuvre, d'Alembert, Diderot, etc. Avec quel bonheur il trouve en Mlle Corneille une âme innocente, naïve et reconnaissante ; quelle douce joie lui cause sa dernière pupille, Mlle de Varicourt ; combien est touchante sa complaisance pour les jeunes fils de son secrétaire Wagnière, dont il aimait les importunités enfantines.

Mais sans la faculté du rire, comment eût-il soutenu l'infidélité de Mme du Châtelet, l'ingratitude de sa nièce, Mme Denis, le lâche abandon de Thiriot, la rudesse despotique et les odieux traitements de Frédéric, l'amitié aigre-douce de Richelieu, les cruels procédés de tant de gens qu'il avait obligés du cœur et de la bourse, les incessantes persécutions des envieux et les odieuses calomnies des fanatiques ?

Il supporta les vices, les défauts et les faiblesses des hommes, sans que sa raison en fût ébranlée, sans que son cœur en fût broyé, parce qu'il en saisit le côté ridicule, parce qu'il en put rire.

La foule a naturellement dû prendre le change sur la souveraine bonté de cœur de Voltaire, et je vais le faire toucher au doigt en racontant une de ses bonnes actions.

Voltaire avait un parent éloigné du nom de Daumart. Ce pauvre garçon, ayant fait une chute de cheval, devint gravement malade à Ferney. Sa cuisse enfla prodigieusement et rien ne put y porter remède. Le célèbre Tronchin pratiqua une opération, à la suite de laquelle survint une paralysie presque complète, si bien qu'il fallait donner à manger à ce malheureux comme à un enfant. Daumart vivait impotent, sous les yeux de Voltaire, qui en fut toujours en peine, qui, non content des lumières de son ami Tronchin, écrivit au premier chirurgien de Louis XV et fit nombre de démarches au sujet de cet infortuné. Il languit ainsi pendant dix ans, objet de la sollicitude de l'homme le plus occupé de l'Europe. Le parent le plus attaché et l'homme le plus compatissant n'auraient pu faire mieux que le philosophe, et en général on ne fait pas autant. Ce Daumart, au demeurant, était un jeune homme assez vulgaire, n'ayant pour attirer l'intérêt d'autre titre que son malheur et sa jeunesse.

Or on trouve, dans une lettre de Voltaire à sa nièce, Mme de Fontaine, depuis marquise de Florian, au mois de février 1761, ces quelques lignes :

« Daumart est au lit depuis cinq mois, sans pouvoir
» remuer. Tronchin vous a guérie parce qu'il ne vous
» a rien fait; mais pour avoir fait quelque chose à Dau-
» mart, ce pauvre garçon en mourra, ou sa vie sera
» pire que sa mort. C'est une bien malheureuse créa-
» ture que ce Daumart; mais son père était encore
» plus sot que lui, et son grand-père encore plus. Je

» n'ai pas connu le bisaïeul, mais ce devait être un rare
» homme. »

Ces derniers mots sont à faire bondir les mélancoliques. Comment ! il rit, il plaisante devant une telle infortune ! Hélas ! oui, Voltaire est fait ainsi : il est bienfaisant, généreux, compatissant, mais d'une philosophie humaine, active et riante. En janvier 1763, il
mande encore à sa nièce :

« O destinée ! voilà Mlle Corneille heureuse. Daumart
» est sur le dos depuis deux ans et demi, sans pouvoir
» remuer. Il lui faut donner à manger comme à un en-
» fant. Quel contraste ! Le nombre des gens qui remer.
» cient Dieu est petit, ceux qui se donnent au diable,
» composent la grande partie du monde. Pour moi, je
» jouis du bonheur d'autrui, mais surtout du vôtre. Si
» vous écrivez à votre sœur, fourrez dans votre lettre
» un petit mot pour l'oncle, qui vous aimera tant qu'il
» respirera. Il faut aussi que les Calas gagnent leur
» procès. Bonsoir, bonsoir, je n'en peux plus, je vous
» embrasse tous deux. »

Tout Voltaire est là. Que le lecteur garde ce fait dans
sa mémoire, il est caractéristique. Jamais personne ne
fut meilleur et plus occupé des autres que lui ; mais,
pour qu'il ne succombât ni à ses maux ni à ceux de ses
semblables qu'il faisait siens, la nature l'avait doué
d'une puissante élasticité d'esprit et d'une admirable
gaieté. Jamais peut-être le rire n'a été plus près des
larmes que chez Voltaire, parce que la vivacité et la force
de son esprit égalaient la vibrante et profonde sensibilité de son cœur.

Comme Voltaire, Mme de Sévigné joue de malheur avec
la foule. Par son vif esprit, par sa gaieté naturelle, par
sa verte allure, l'aimable femme passe aux yeux du vulgaire pour avoir eu peu de cœur. On a même poussé la
chose jusqu'à lui refuser d'avoir sincèrement aimé sa

fille. Tout lecteur sérieux des lettres de l'illustre marquise sait combien ces préventions sont fausses, combien elle fut une femme affectueuse, bienveillante, autant qu'une mère tendre et passionnée. Mais, il n'est que trop vrai, cette netteté et cette vivacité d'esprit, cette saine et verte gaieté lui ont nui près du grand nombre, comme elles ont porté préjudice à l'auteur de *Candide* et de *Zadig*.

VI

Jusqu'ici on a toujours écrit sur l'homme, en partant du point de vue de sa perversité native ou de sa déchéance. L'histoire ne serait-elle pas à refaire, comme nous avons refait l'encyclopédie de nos connaissances? Avec le principe de la perversité humaine ne sommes-nous pas conduits à voir les hommes tout autrement qu'ils ne sont, de même qu'avant Copernic, Képler, Galilée et Newton nous avions de toutes autres idées sur le système du monde? Est-on bien venu à parler pertinemment de l'homme, lorsqu'on l'envisage *à priori* comme un être mal fait, vicié dans son essence ou par accident?

Certes, l'homme primitif ne ressemble pas à l'homme de nos jours. Un sauvage, un barbare ont plus d'instincts et moins de sentiments qu'un Européen. Notre espèce se développe sans cesse, et sous l'influence d'une sociabilité meilleure l'individu s'élève également.

Nous pouvons donc trouver très-grossière et très-brutale l'existence de nos ancêtres et la condamner. Mais nous négligeons, dans nos jugements sur eux, de faire la part de ce qui tient aux époques et à l'état de la société où ils ont vécu. Le plus souvent nous tombons dans cette faute, lorsque d'aventure il nous arrive d'arrêter notre pensée sur quelques-uns de ces hommes supérieurs, qui sont demeurés dans l'histoire comme de beaux exemplaires de la nature humaine et qui nous montrent ce que l'homme est en essence, ce qu'il devient, ce qu'il doit être.

Pourquoi, lorsqu'on écrit la vie de l'un de ces hommes, au lieu de l'envisager comme un être mauvais ou vicié, ne chercherait-on pas à le voir du beau côté, en le dépouillant des circonstances qui ont fâcheusement influé sur sa nature? Pourquoi ne se laisserait-on pas aller à cette joie souveraine d'embrasser un noble spécimen de l'homme, d'en retracer une belle image?

On juge les hommes d'après ce qu'ils ont été et ce qu'ils ont fait. Il faudrait procéder autrement et les juger aussi sur ce qu'ils ont désiré et voulu faire. Sans cela on sort de la justice, puisqu'on ne tient pas compte des circonstances qui ont fatalement influencé leur vie. C'est avoir une bien pauvre opinion de soi-même et des autres de croire que chacun de nous est tout ce qu'il peut être. La société n'est pas encore assez bonne pour cela. La vérité, au contraire, est que personne n'est tout ce qu'il aurait pu être, et que généralement nous sommes au-dessous de nous-mêmes par la faute des circonstances.

Ensuite, comme nous apprécions les autres beaucoup d'après notre aune, nous sommes le plus souvent trop petits pour juger les grands, et ceux-ci y perdent dans la proportion de ce qui nous manque à nous-mêmes.

Voltaire est grand, il nous a paru tel et nous essaierons de le peindre avec vérité et justice, mais sans oser nous flatter d'y réussir complétement. Nous voudrions même aller plus loin et faire mieux, d'accord en ce point avec Montaigne, qui a dit excellemment dans

son naïf langage : « La même peine qu'on prend à dé-
» tracter ces grands noms et la même licence, je la
» prendrais volontiers à leur prêter quelque tour d'é-
» paule pour les hausser. Ces rares figures je ne fein-
» drais pas de les recharger d'honneur autant que mon
» invention pourrait, en interprétation et favorables
» circonstances; et il faut croire que les efforts de notre
» invention sont bien au-dessous de leur mérite. C'est
» l'office des gens de bien de peindre la vertu la plus
» belle qui se puisse; et ne nous messiérait pas quand
» la passion nous transporterait à la faveur de si saintes
» formes. »

VII

Si pour bien juger les hommes il faut les voir dans le
cadre de leur époque, combien une pareille précaution
n'est-elle pas encore plus nécessaire pour apprécier
leurs œuvres. Chaque siècle a, pour ainsi dire, ses
moules particuliers, dans lesquels l'écrivain jette sa
pensée, et nul n'y échappe entièrement. Le poëme
épique, la tragédie, par exemple, sont des moules à
jamais brisés. Les vieilles sources du merveilleux sont
à jamais taries. La terre est renouvelée et nous cherchons de nouveaux cieux. Voltaire, qui a été novateur
au théâtre, en histoire, dans le roman, en poésie, ce
vulgarisateur de Shakespeare et de Newton, a subi la
loi commune. Aussi beaucoup de ses œuvres ont vieilli
tout autant que celles de Rousseau et Diderot. Aujour-
d'hui on trouverait, par centaines, des écrivains capables de mieux charpenter une pièce de théâtre, un
roman, que ces hommes illustres. Notre langue est devenue plus riche, et, quoiqu'il soit difficile d'être juste,

surtout pour ses contemporains, il nous paraît impossible de ne pas admettre qu'en prose, Chateaubriand, Lamennais, Mme Sand ; en poésie, Hugo, Lamartine, Musset, pour ne pas faire ici une énumération, ont singulièrement étendu ses ressources et son domaine.

Voltaire fit des contes, des épîtres, des stances, des satires et toutes sortes de petits vers, comme il composa des tragédies jusqu'à la fin de sa carrière, un peu pour complaire à son ami d'Argental, qui était fou de théâtre, beaucoup par politique, pour se maintenir dans l'opinion et pour prouver son *alibi*, en détournant les yeux du pouvoir de ses autres productions ; mais il faisait bon marché de la valeur intrinsèque de ses ouvrages purement littéraires. Ce à quoi il tenait, c'était à instruire, à combattre le bon combat de la vérité contre les ténèbres, à établir la tolérance, la paix et la liberté parmi les hommes.

On en trouve cent preuves dans ses lettres et ailleurs. En 1763, il écrivait à l'abbé de Voisenon :

«Je vous confie qu'en commentant Corneille, je deviens
» idolâtre de Racine. Vous savez bien, fripon que vous
» êtes, que les tragédies de Crébillon ne valent rien,
» et je vous avoue en conscience que les miennes ne
» valent pas mieux. Je les brûlerais toutes si je pou-
» vais, et cependant j'ai encore la sottise d'en faire,
» comme le président Lubert jouait du violon à soixante-
» dix ans, quoiqu'il en jouât fort mal, et qu'il fût cepen-
» dant le premier violon du parlement»

Si lestement tourné que soit ce passage, ce qu'il contient de vrai ne doit pas nous échapper. Pour un homme d'autant de sens et de tact que Voltaire, rien n'était plus évident que cette nécessité de garder son rôle de premier violon de la littérature, qui lui permettait de rendre plus prépondérant son rôle de premier défenseur des opprimés, de premier champion du droit et de la vérité.,

En novembre 1760, il mandait au duc d'Uzès, dont l'esprit penchait vers le sérieux :

« Les plaisanteries et les ouvrages de théâtre ne sont » que des amusements et des bagatelles difficiles : » l'étude de l'homme est celle dont 'on s'occupe le » moins, puisque personne ne s'avise d'examiner d'où » il vient, où il est, pourquoi il est et ce qu'il devien- » dra. La plupart de ceux qui passent pour avoir le » sens commun ne sont pas au-dessus des enfants qui » croient les contes de leurs bonnes, et le pis de l'af- » faire c'est que ceux qui nous gouvernent n'en savent » pas plus que ceux qui sont gouvernés. (La pensée de Voltaire se reportait sans doute à Louis XV, qu'il connaissait bien.) Aussi quand ils deviennent vieux » et qu'ils sont abandonnés à eux seuls, ils traînent » une vieillesse imbécile et méprisable ; le doute, la » crainte, la faiblesse empoisonnent leurs derniers » jours ; l'âme n'est jamais forte que quand elle est » éclairée. »

Ces sentiments, Voltaire les eut toute sa vie, même au fort de ses succès au théâtre. Dans sa préface d'Alzire, en 1736, il s'exprime ainsi :

« On trouvera dans presque tous mes écrits cette » humanité qui doit être le premier caractère d'un être » pensant ; on y verra (si j'ose m'exprimer ainsi) le » désir du bonheur des hommes, l'horreur de l'injus- » tice et de l'oppression ; et c'est cela seul qui a jus- » qu'ici tiré mes ouvrages de l'obscurité où leurs dé- » fauts devaient les ensevelir. »

Voltaire est avant tout un homme ; l'auteur, le poëte ne viennent qu'après, de même que ce qui l'intéresse c'est d'abord l'humanité et la justice ; la gloire, la for- tune, tout cela sont des accessoires et des moyens.

Quoi d'étonnant que, sur les soixante-dix à quatre- vingts volumes in-8° de ses œuvres, il y en ait beaucoup d'inutiles aujourd'hui, d'illisibles si l'on veut. A coup sûr, il n'eût pas été des derniers à alléger son bagage. Mais sa correspondance, la plupart de ses œuvres philosophiques et de ses romans, ses travaux historiques, seront encore, à l'heure qu'il est, lus avec charme et consultés avec fruit.

Avant de terminer cette vue d'ensemble, il importe que nous disions un mot des lettres de Voltaire et que nous présentions au lecteur une esquisse de l'homme.

VIII

Ce que nous possédons de la correspondance de Voltaire constitue une admirable et précieuse autobiographie. Nous ne connaissons rien en ce genre que l'on y puisse comparer. Quoique très-volumineuse, cette correspondance est pourtant bien loin d'être complète. Si l'on avait pu réunir toutes les lettres de Voltaire, il est probable qu'au lieu de vingt-deux volumes, nous en aurions le double. Il n'existe aucune lettre à Mme du Chatelet, très-peu à Mme Denis. Toutes les lettres adressées à M. d'Argental jusqu'en 1734 manquent absolument. Plusieurs lettres à Frédéric, à Catherine II, la plupart de celles envoyées à M. de Choiseul, les lettres à Damilaville dans les dix derniers mois de sa vie, la correspondance avec MM. de Génouville, de Maisons, la baronne de Meillonnaz, la comtesse de Bentinck font également défaut. On pourrait signaler d'autres lacunes regrettables.

La correspondance de Voltaire fut toujours très-active, malgré la multiplicité de ses travaux et le mauvais état de sa santé. S'il était obligé de garder le lit, vaincu par la souffrance ou rendu aveugle par des fluxions périodiques, incommodités qui assaillirent sa vieillesse dans les quinze dernières années de sa vie, il dictait et obéissait vaillamment à l'activité de son esprit, au besoin de son cœur. Cette fécondité, souvent fiévreuse, a de quoi surprendre. C'est que quand Voltaire parle il agit; il fuit autant qu'il le méprise l'art de parler pour ne rien dire. Il n'a tant écrit que parce qu'il a toujours et beaucoup agi; sa parole est action.

La hâte ne permettait pas à Voltaire de revoir ses feuilles, la plupart emportées comme celles de la Sibylle par le souffle de l'esprit et le besoin du moment. Aussi peut-on y découvrir çà et là quelques fautes de français, mais on n'y trouvera pas une faute de cœur, ni guère de manque de raison. C'est ainsi qu'il écrit à la comtesse de Lutzellbourg : « Votre santé m'inquiète » beaucoup. Mais si vous avez le bonheur d'avoir encore » auprès de vous M. votre fils, j'attends tout de ses » soins. Ce qu'on aime fait bien porter. » Cette dernière phrase, mauvaise suivant la grammaire, est des meilleures comme sentiment. Au reste, Voltaire, n'écrivant que pour agir, il ne s'inquiète pas trop des incorrections qui lui échappent. En 1761, il s'en explique en courant avec l'abbé d'Olivet : « J'ai peur qu'il n'y ait » quelques fautes de langage. On pardonne les négli- » gences, mais non les solécismes, et il s'en glisse » toujours quelques-uns quand on dicte rapidement. »

Grâce à cette correspondance, palpitation intime de son âme, on pénètre l'homme à fond, on s'initie à son existence, on connaît l'époque où il a vécu, on devient bon juge des obstacles sans nombre dont il eut à triompher, on s'émerveille de cette intelligence toujours présente, et surtout de ce grand cœur toujours brûlant.

Cette correspondance n'a qu'un défaut, elle est immense et peu de personnes la lisent. On recule devant ces vingt volumes si remplis, si variés, si instructifs, et qu'on se féliciterait tant d'avoir lus. Vingt volumes ! qui donc aujourd'hui ose affronter un tel labeur ? Sur cent personnes, plus ou moins occupées de la littérature, combien ont lu toutes les *Lettres de Mme de Sévigné* ? Huit ou dix tout au plus, quoique l'œuvre charmante de la spirituelle marquise soit moins considérable de moitié que la correspondance de Voltaire. Cela est bien fâcheux pour le lecteur et pour Voltaire, car le premier perd beaucoup à ne pas connaître celui-ci, et le second gagnerait à être mieux connu.

Que de bon sens et de raison, que de gaieté et de franchise, que d'amabilité, de grâce et de bonté ! quelle verve, quel feu, quelle jeunesse ! quelle philosophie humaine et douce dans cette correspondance, à nulle autre pareille ! On pourrait y trouver un traité de morale pratique, des règles de conduite envers ses amis et ses ennemis. C'est une haute bienveillance qui s'épanouit en mille directions, un regard qui saisit tout, une intelligence qui comprend tout, une âme qui cherche le beau, le bien, le vrai et qui les aime avec un constant enthousiasme. C'est un grand homme en déshabillé, en pantoufles, en bonnet de nuit, quelquefois en manchettes de dentelles et habillé comme M. de Buffon, mais qui demeure toujours grand, toujours aimable.

Comme Mme de Sévigné, Voltaire parle, on peut le dire, d'abondance de cœur, source vive qui ne s'épuisa jamais en lui, même dans la vieillesse. Chez tous les deux, cette abondance de cœur est vivifiée par un esprit net, alerte, très-vif et toujours cultivé. Mais en Voltaire l'horizon est incomparablement plus vaste et la force virile se manifeste avec une souveraine grandeur. Un critique remarquera que l'auteur de *Candide* est habile, souple, flatteur. Mais on peut lui en porter le défi, jamais le censeur le plus rigide ne rencontrera dans ces milliers de lettres l'expression d'un mauvais sentiment. Après cette lecture, il est impossible de ne pas rester convaincu de la noblesse de cœur de Voltaire et tout pénétré de la beauté de son âme. Le critique dira encore que la pensée de Voltaire est ondoyante, qu'elle a mille facettes, comme un diamant bien taillé, et il aura raison. Mais ce critique ne pourra pas nier que l'amour des hommes et de la justice n'illumine cette pensée et ne compose la nature de ce diamant. Là est la cause de sa pureté, de son éclat et de son prix inestimable.

On sera saisi d'admiration au spectacle de l'incroyable activité de cet homme, *se faisant tout à tous pour le bien commun*, ainsi qu'il le dit à Thiriot, juillet 1760. *Excepté de fendre le bois, il n'y a sorte de métier que je ne fasse.* Cette phrase plaisante peint exactement la situation de Voltaire, et s'il y a lieu de s'étonner ce n'est pas lorsqu'il écrit, en 1761, à d'Argental : « Mes an» ges, je n'ai guère la force d'écrire, parce que depuis » quelque temps j'écris nuit et jour. » Il est difficile de concevoir comment Voltaire a suffi à tout ce qu'il a fait.

Le ton de ces lettres varie à l'infini. Avec les coopérateurs du grand œuvre,—éclairer les hommes,—avec d'Alembert, Diderot, Damilaville, l'avocat Christin et quelques autres, Voltaire se montre ardent, résolu, dévoué, fraternel, ce n'est pas assez dire, plein d'une respectueuse admiration; comme il le fut pour Turgot, pour Franklin, pour tous les ouvriers de la sainte cause de la justice et de l'humanité. S'il s'adresse à sa spirituelle mais égoïste contemporaine, la marquise du Deffand, il est bienveillant et consolateur, mais toujours philosophe enjoué et quelque peu diplomate, car la marquise voit beaucoup de monde et fait courir ses lettres. Pour M. d'Argental, Thiriot, Cideville,

Formont, Mme de Champbonin, etc., sa vive et constante
amitié remplit les pages tout comme avec les membres de sa famille, près desquels il mendie parfois
un mot de réponse et de tendresse. Si les lettres adressées aux coopérateurs sont brûlantes du zèle de l'apôtre, celles qu'il écrit aux amis sont toutes chaudes
d'une cordialité juvénile. A l'égard de Richelieu, qui lui
joua souvent de vilains tours, il conserve, sous les formes
de la déférence due à l'un des premiers personnages de
la cour, un accent de véritable franchise et de vieille
affection, dont on voudrait que le maréchal fût plus
digne. Il en est de même avec Frédéric. Ici, lorsqu'il y a
nécessité, le philosophe accuse plus nettement son
indépendance, sans s'écarter jamais des bornes du respect.

Envers tous ses correspondants, il garde avec tact,
avec souplesse, le ton des convenances les plus exqui-
ses. Mais c'est surtout avec les femmes que se montre
cette fleur de politesse, fine et délicate, qui peut nous
paraître raffinée aujourd'hui. Toutefois, il n'y a pas à
s'y tromper, sous ces apparences et ces formes, perce
une familiarité de bon aloi. Voltaire avait trop de supériorité pour manquer de ce don qui est l'apanage de la
force.

Qui n'a pas lu la correspondance de Voltaire ne
le connaît pas, et qui ne connaît pas Voltaire se prive
volontairement de la société de l'esprit le plus vif, le
plus gai, le plus universel, et du contact du cœur le
plus chaud, de l'âme la plus généreuse, la plus humaine !

Ah ! quel beau *bréviaire de l'honnête homme* on composerait, en faisant un choix dans ces sept ou huit mille
lettres ! Car hélas ! il faut trier, il faut réduire cette
masse de volumes, délaissée par le grand nombre, ina-
bordable pour lui. Il est impossible qu'une intelligence

moyenne, un cœur un peu bien placé ne retirent grand fruit d'une telle lecture. Il est certain que l'esprit le plus orné y trouvera son profit, et que l'âme la plus sympathique y puisera de nouvelles forces. Peu de lectures seraient plus saines et plus fortifiantes que celle de ce bréviaire. Je ne crois pas qu'un seul lecteur pût quitter le livre et je suis sûr qu'il ne pourrait le terminer, sans se sentir mieux avec lui-même et mieux disposé pour ses semblables.

Voir vivre jour à jour le grand homme du grand siècle, participer aux élans du cœur le plus magnanime, assister aux mouvements de l'esprit le plus universel, le plus juste, le plus clair, le plus gai, le plus alerte, le plus enthousiaste du vrai, du juste et du bien, toujours consumé par le plus constant amour des hommes ; ah ! c'est là un rare, un salutaire, un magnifique spectacle.

En outre, le lecteur rira un peu en pensant que quelques Nonotte, Patouillet et autres Nicolardot ont démontré que ces huit mille lettres ne sont que mensonges, que l'œuvre de Voltaire n'est qu'un monument d'iniquité, qu'il n'est jamais sorti un bon sentiment de son cœur, un écu de sa bourse et qu'il n'y a jamais eu à Toulouse de Calas roué et même de parlement. C'est ainsi qu'on a prouvé d'une façon ingénieuse et beaucoup plus amusante : *comme quoi Napoléon n'a jamais existé.*

IX.

Largillière, Latour, Lemoine, Pigalle, Houdon nous ont transmis les traits de Voltaire, à différentes époques de sa vie. Tout le monde a vu, au foyer du Théâtre-Français, la belle statue assise due au dernier de ces maîtres. Elle est pleine de vie, bien qu'elle ne représente qu'un vieillard de quatre-vingts ans, mais ce vieillard était Voltaire, c'est-à-dire la physionomie la plus animée de son siècle. Il est heureux que l'artiste ait été à la hauteur de sa tâche.

Voltaire était grand, maigre et d'une tournure aisée. Son tempérament, aussi éloigné du tempérament athlétique que du lymphatique, ne lui permit jamais d'avoir ni muscles ni embonpoint. En revanche, il possédait un système nerveux puissant et vivace. Son visage était régulier ; la bouche grande et d'un dessin élégant, le menton arrêté et ferme, le nez fort et prononcé, le front vaste et très-élevé. Mais ce qu'il avait d'incomparable, c'était les yeux ; grands, noirs, lumineux, ardents, ils brillaient comme des escarboucles. Là se concentrait le foyer de sa vie. Aussi jouit-il de ce précieux avantage de n'avoir pas besoin de recourir aux lunettes dans son extrême vieillesse. Rien de plus mobile et de plus expressif que son visage, il était parlant. Les impressions les plus diverses s'y peignaient avec vigueur. La bienveillance, la gaieté, la douceur et la pitié, l'ironie, la sainte indignation, la douleur et, en quelques circonstances extrêmes, une horreur profonde et terrifiante passaient sur cette figure multiple et compréhensive, qui reflétait tout, comme son esprit.

Sa mémoire était prodigieuse, sa conversation d'un charme et d'un intérêt indicibles : il savait tout, il avait tout vu, tout lu, il avait réfléchi sur toute chose, il désirait s'instruire et instruire les autres, parce qu'il aimait les hommes et voulait en être aimé. Voltaire tenait de son temps une politesse exquise et des manières charmantes, mais cette politesse avait pour base une haute et universelle bienveillance sans laquelle la politesse, ni vraie ni sentie, n'est que l'affiche et l'imitation des vertus sociales. Aussi Frédéric, en souvenir du passé et quoi qu'il fût arrivé entre eux, trouvait-il le temps de lui écrire, au milieu de cette terrible guerre de sept ans qui le mit à deux doigts de sa perte, en juin 1760 :

« Vous êtes charmant dans la conversation, vous sa-
» vez instruire et amuser en même temps. Vous êtes la
» créature la plus séduisante que je connaisse, capable
» de vous faire aimer de tout le monde quand vous le
» voulez. Vous avez tant de grâces dans l'esprit que vous
» pouvez offenser et mériter en même temps l'indul-
» gence de ceux qui vous connaissent. Enfin, vous se-
» riez parfait si vous n'étiez pas homme. »

Nous aurons à reparler des rapports de Voltaire et de ce héros singulier. La physionomie de Voltaire, que tempérait la bonté, qu'accentuait la gaieté, qu'aiguisait l'ironie, apparaissait radieuse et toute pénétrée d'intelligence. L'abbé Morellet, se rappelant le noble vieillard, qu'il visita à Ferney, a dit dans ses mémoires : *Voltaire a toujours paru à ceux qui l'ont vu de près plus extraordinaire et plus grand que sa renommée.*

La justesse de cette remarque va se trouver hautement confirmée par le dernier jugement de Diderot sur son illustre devancier. Diderot n'a vu Voltaire que quand celui-ci revint à Paris pour y mourir ; jusque-là il n'avait pu lui rendre une justice entière, et il nous a laissé quelques traces des restrictions qu'il apportait dans son admiration d'ailleurs sincère. On peut soupçonner que les idées philosophiques de l'auteur de la *Lettre sur les aveugles* pouvaient bien être la cause de cette prévention. Ces idées devaient avoir pour résultat de lui faire envisager le déisme de Voltaire comme une faiblesse et une impuissance. En cette occasion, le système, le préjugé troublaient le bon jugement de Diderot. Mais lorsqu'il eut approché l'homme et l'eut tenu dans ses bras, lorsque, ayant communié d'âme à âme avec Voltaire, il eut été pénétré du feu de son regard et de sa parole, après avoir été témoin de l'irrésistible émotion qui gagna tout un peuple et donnait la mesure de l'œuvre accomplie par Voltaire, alors l'honnête et bouillant Diderot changea de langage. Il avait compris l'homme dans toute sa grandeur.

On sait que, depuis son retour de Russie, Diderot vécut fort retiré, occupé de son *Essai sur les règnes de Claude et de Néron*, qui avait surtout pour objet de venger et de glorifier la mémoire de Sénèque. Dans ce dernier livre, Diderot achève de montrer la droiture de son cœur et son ardent amour de la vérité et de la justice. C'est là qu'avant de mourir, six ans après Voltaire, le courageux athlète formula ses opinions sur quelques-uns de ses contemporains. Je ne relèverai que deux passages concernant Voltaire ; le premier est relatif au vide fait dans le monde par cette perte irréparable :

« Je dirais que Voltaire fut le plus grand homme que
» la nature ait produit, que je trouverais des ap-
» probateurs ; mais si je dis qu'elle n'en avait pas en-
» core produit et qu'elle n'en produira peut-être pas un
» aussi extraordinaire, il n'y aura guère que ses enne-
» mis qui me contrediront. »

Le second fragment est une sorte de prosopopée, une apostrophe sur le mode lyrique, dont le goût peut être contestable aujourd'hui, mais dont le sentiment est très-juste et très-touchant. On sent que Diderot, inspiré comme le *vates* antique, pénètre dans la postérité, au delà même de notre présent, pour s'associer à la juste admiration de nos neveux et nous apprendre à quelle hauteur nous devons mettre dans notre reconnaissance le grand homme du xviiie siècle.

« Quoi ! tu t'es immortalisé par une multitude d'ou-
» vrages sublimes en tous les genres de littérature ; ton
» nom prononcé avec admiration et respect dans toutes

» les contrées du globe policé, passera à la postérité
» la plus reculée et ne périra qu'au milieu des ruines
» du monde; tu es le premier et seul poëte épique de
» la nation; tu ne manques ni d'élévation ni d'harmo-
» nie, et si tu ne possèdes pas l'une de ces qualités au
» degré de Racine, l'autre au degré de Corneille, on ne
» saurait te refuser une force tragique qu'ils n'ont pas;
» tu as fait entendre la voix de la philosophie sur la
» scène, tu l'as rendue populaire. Quel est celui des
» anciens ou des modernes qu'on puisse te comparer
» dans la poésie légère? Tu nous as fait connaître Locke et
» Newton, Shakespeare et Congrève; la pudeur ne pro-
» noncera pas le nom de ta *Pucelle*, mais le génie, mais
» le goût l'auront sans cesse entre leurs mains, mais
» les grâces le cacheront dans leur sein.

» La critique dira de tes ouvrages historiques tout
» ce qu'elle voudra, mais elle ne niera point qu'on ne
» remporte de cette lecture une haine profonde contre
» tous les méchants qui ont fait et qui font le malheur
» de l'humanité, soit en l'opprimant, soit en la trom-
» pant; dans tes romans et tes contes pleins de chaleur,
» de raison et d'originalité, j'entrevois partout la sage
» Minerve sous le masque de Momus.

» Après avoir soutenu le bon goût par tes préceptes
» et par tes écrits, tu t'es illustré par des actions écla-
» tantes; on t'a vu prendre courageusement la défense
» de l'innocence opprimée; tu as restitué l'honneur à
» une famille flétrie par des juges imprudents; tu as jeté
» les fondements d'une ville à tes dépens; les dieux
» ont prolongé ta vie sans infirmités, jusqu'à l'ex-
» trême vieillesse, tu n'as pas connu l'infortune; si
» l'indigence approcha de toi ce ne fut que pour im-
» plorer et recevoir tes secours; toute une nation t'a
» rendu des hommages que ses souverains ont rare-
» ment obtenus d'elle; tu as reçu les honneurs du

» triomphe dans ta patrie, la capitale la plus éclairée
» de l'univers; quel est celui d'entre nous qui ne don-
» nât sa vie pour un jour comme le tien? Et la piqûre
» d'un insecte envieux, jaloux, malheureux, pourra
» corrompre ta félicité? Ou tu ignores ce que tu vaux,
» ou tu ne fais pas assez de cas de nous ; connais enfin
» ta hauteur et sache qu'avec quelque force que les
» flèches soient lancées, elles n'atteignent pas le ciel...
» Hélas ! tu étais, lorsque je te parlais ainsi. »

Je ne m'étendrai pas ici sur les reproches de Diderot
au sujet de la sensibilité de Voltaire pour les injures et
les calomnies. J'aurai à y revenir. Le philosophe ne
connaissait pas plus la haine que Diderot lui-même ;
il l'a prouvé maintes fois, mais il aimait la justice et la
vérité avec trop de passion pour ne pas les défendre
même en sa personne, car il sentait qu'il avait charge
d'âmes et qu'il était un porte-lumière. Lucifer, le noble
archange, devait prendre au besoin l'épée vengeresse
de Michel pour faire rentrer dans la poussière la tourbe
de ses ennemis, qui étaient les ennemis de la vérité et
des hommes.

Voltaire fut à la fois un homme très-passionné et très-
raisonnable; mais si jamais raison fut nette, imperturbable, jamais passions ne furent plus nobles, plus généreuses et plus constantes.

Ce qu'il faut admirer en Voltaire c'est avant tout un
sincère et profond amour du juste, du vrai et du beau,
une large bienveillance, qui va jusqu'à la magnanimité
et à la compassion. Si, par son intelligence, Voltaire
fut la plus éclatante lumière de son temps, par l'élévation de ses sentiments il en fut l'homme le plus religieux, en prenant le mot dans son acception la plus
étendue. Toujours occupé de l'humanité dans ses écrits
comme par ses actes de chaque jour, il ne le fut pas
moins de défendre l'idée mère, le principe fondamental

des rapports des hommes entre eux et des relations de tous les êtres dans l'univers. Il ne devint pas mystique comme Malebranche et tant d'autres, parce que son amour des hommes lui fut un favorable contre-poids et l'empêcha de perdre de vue la terre. Mais nul ne garda plus inébranlablement sa foi en Dieu, auteur et principe des choses, conservateur de la vie et providence universelle de tous les êtres.

D'un ferme courage, il ne s'abandonna pas lui-même et ne lâcha jamais pied dans les grandes et petites causes qu'il embrassa. Il étonne par une prodigieuse activité, qui persista jusqu'aux derniers jours de son admirable vieillesse, malgré son organisation chancelante et délicate; c'est qu'un grand cœur et un puissant génie en étaient les ressorts.

Homme d'action, il est vrai, mais avant tout penseur et homme de bien, Voltaire n'eut jamais ce mépris pour les hommes qui caractérise certaines individualités formidables, dont la mission est de broyer les peuples pour les mêler, selon l'énergique parole de de Maistre, ou d'accomplir quelque besogne analogue. César, Louis XI, Richelieu, Frédéric, Napoléon sont de cette trempe de bronze.

Obligés de se servir des hommes et de les prendre souvent par leurs vices, ils ne connaissent l'humanité que par ses côtés inférieurs ou ses corruptions. Pour se faire une meilleure opinion de l'espèce humaine, il faudrait que ces Attilas trouvassent dans la bonté de leur âme de quoi contrôler leur triste expérience. Ne voyant les beaux côtés de la nature humaine ni en eux ni en ceux qui les approchent, il restent dans leur erreur et n'en peuvent sortir.

Voltaire vit de près d'assez vilaines gens, il souffrit beaucoup de la part des hommes, il eut à se plaindre de ceux qu'il aima, il connut les vices et les crimes de son temps, en un mot, il eut une longue et complète expérience du mal dans notre espèce. Cependant, jamais il ne désespéra de l'humanité, toujours il eut foi dans son avenir, toujours il crut que la justice, la vérité, la bonté doivent être les divinités de ce monde.

Pourquoi? sinon parce qu'il trouva en son âme tous les nobles et sacrés caractères de la nature humaine ; parce qu'embrassant de son lumineux regard la vie de son espèce, il l'aima d'un sincère et profond amour. Il se sentit le frère de tous ceux qui l'avaient éclairée, servie jusqu'à la mort, le frère des Socrate et des Marc-Aurèle, des Galilée et des Newton, des L'Hôpital et des Henri IV, des Fénelon et des Molière.

Comment mépriser les hommes, lorsqu'on se sent de la famille des sages, des martyrs, des héros, des génies de l'art et de la science? Comment mépriser les hommes, quand on fortifie chaque jour son cœur par la fréquente communion avec les saints de l'humanité, quand on sent son âme habitée par la justice, illuminée par la vérité, consolée par l'amour, vivifiée par la charité sociale?

Il est évident que celui qui méprise les hommes se méprise d'abord lui-même et cela justement. S'il n'en était pas ainsi, son cœur plaiderait devant sa conscience la cause de ses semblables ; il plaindrait les faibles, il aurait pitié des misérables et aimerait les bons; car il ne peut douter qu'il y en a puisqu'il l'est lui-même. Le mépris de l'humanité est fondé sur le juste mépris de soi-même.

Les plus hautes et les plus larges vues de l'esprit s'associaient chez Voltaire avec le cœur le plus sympathique. Voilà pourquoi cet homme, méchamment attaqué, calomnié et toujours persécuté, tint envers ses ennemis une conduite d'une générosité que nous ferons apprécier. Ses lettres font foi de ses excellents

procédés, non-seulement avec Desfontaines, J.-B. et
J.-J. Rousseau, Maupertuis, Piron, l'abbé Trublet, Labaumelle, Palissot, Dorat, Pompignan, mais avec le
même fretin, et, il faut l'appeler par son nom, la canaille de la littérature. On voit toujours auprès de Voltaire anciens amis et nouveaux ennemis : il ne perdit
les premiers que par la mort et ne se fit les seconds
que par ses bienfaits, sa gloire et son apostolat.

Comme il le dit quelque part, Voltaire passa sa vie à
pardonner à ses ennemis et même à ses amis, ce qui
est plus difficile. Ce grand homme fut soumis à de
cruelles épreuves pour son cœur. Il eut à pardonner
aux grands et aux petits, aux hommes et aux femmes,
à Frédéric comme à Richelieu, à Mme du Châtelet et à
Mme Denis, au trop faible et trop épicurien Thiriot.

Toujours pardonner! Eh! oui, car *tout comprendre
c'est tout pardonner*. Cette disposition naturelle de Voltaire ne fit que grandir jusqu'à sa mort, parce que ses
idées générales se complétèrent et placèrent définitivement son âme dans cette région sereine où ne
peuvent plus habiter que l'indulgence, la compassion
et l'amour.

Il pardonnait aux uns, parce qu'ils ne savaient ce
qu'ils faisaient, aux autres parce qu'ils étaient faibles
ou n'auraient pu faire autrement; il pardonnait à tous
parce qu'il embrassait le monde et la pauvre humanité
d'un regard plein de lumière et d'un cœur plein
d'amour.

Tout ce que Voltaire a fait, tout ce qu'il a écrit sont
d'irrécusables preuves de la grandeur et de la bonté de
son âme. Par ses travaux historiques, il fut l'un des
premiers et à coup sûr le plus populaire des créateurs
de la philosophie de l'histoire. Son influence sur ce
point a été considérable. Dans cette direction tous ses
écrits accusent à toutes leurs pages, avec une haute

impartialité, un constant enthousiasme pour la vérité, une violente horreur du mal, de l'ignorance, de la superstition, qui engendre le monstre du fanatisme. Il y a plus; Voltaire est animé d'un si profond amour pour l'humanité que, non-seulement il se montre heureux du bien qu'il en peut écrire, mais soigneux d'en laver les souillures, empressé d'en effacer les crimes, la justice et sa conscience étant sauves.

C'est ainsi que, dans *le Pyrrhonisme de l'histoire*, il s'étudie à nous mettre en garde contre les monstruosités et les infamies, qui ont été légèrement rapportées ou affirmées sans preuves. Aux yeux du philosophe, de telles horreurs ne peuvent pas être acceptées pour vraies, puisqu'elles ne sont pas vraisemblables. Le cœur de Voltaire se révolte au nom de la nature et de la dignité humaines. Il n'admettra pas, il ne peut admettre les crimes odieux que sur des preuves irréfragables. Autrement, l'historien préfère douter ou rejeter ces horreurs au rang des fables, des contes à mourir de peur, dont on a trop rempli les légendes et les annales de l'humanité. Si cette manière de voir témoigne du sens et de la raison de Voltaire, elle fait encore plus d'honneur à la noblesse de son âme. L'intrépide ennemi de toutes les erreurs et de toutes les chimères devait déployer un égal courage contre les hideuses images et les effroyables tableaux qu'on nous faisait des hommes dans le passé. A l'occasion de l'une des plus sombres pages de l'histoire romaine, le philosophe s'exprime ainsi :

« Toutes les fois que j'ai lu l'abominable histoire de » Néron et de sa mère Agrippine, j'ai été tenté de n'en » rien croire. L'intérêt du genre humain est que tant » d'horreurs aient été exagérées, elles font trop de honte » à la nature. »

Puis il discute les invraisemblances du récit de Tacite, fait sur la foi d'un certain Cluvius; il montre le peu de crédit que l'on doit accorder à la satire de Titus Petronius, jeune libertin de Rome qu'il ne faut pas confondre avec le consul Caïus Petronius, sacrifié à la jalousie de Tigellin, et auquel on attribue à tort les satires de Pétrone.

Voltaire, tout en flétrissant les crimes avérés d'Alexandre VI et de César Borgia, émet encore des doutes sur certaines énormités attribuées à ces illustres scélérats. Puis il termine ce paragraphe par ces réflexions :

« On nous raconte des atrocités non moins exécra- » bles de plusieurs princes Asiatiques ; les voyageurs » se donnent une libre carrière sur tout ce qu'ils ont » entendu dire. J'aurais voulu, à leur place, mentir » d'une façon toute contraire. Je n'aurais jamais vu que » des princes justes et cléments, des juges sans pas- » sions, des financiers désintéressés, et j'aurais pré- » senté ces modèles aux gouvernements de l'Europe. » La *Cyropédie* de Xénophon est un roman, mais des » fables qui enseignent la vertu valent mieux que des » histoires. mêlées de fables, qui ne racontent que des » forfaits »

L'auteur de l'*Essai sur les mœurs* dit, dans un autre endroit : « Si les hommes étaient raisonnables, ils ne » voudraient d'histoires que celles qui mettraient sous » leurs yeux les droits des peuples, les événements » qui intéressent toute une nation, les progrès des arts » utiles, les abus qui exposent le grand nombre à la » tyrannie des petits ; mais cette manière d'écrire l'his- » toire est aussi difficile que dangereuse. »

X

Les admirations de Voltaire sont encore d'éclatants témoignages de la noblesse de son âme. Ses héros, ce sont les hommes vertueux, plus encore que les hommes

de talent ou de génie, ce sont, dans l'antiquité, les An-
tonins, Trajan, Julien, Socrate, Épictète, c'est Caton,
dont il parle en ces termes, dans ses notes sur le *Triumvirat* :

« Nous prononçons son nom avec plus de vénération
» que celui des César, des Pompée, des Brutus, des
» Cicéron et même des Scipions, car tous ont eu
» beaucoup d'ambition ou de grandes faiblesses. C'est
» comme citoyen vertueux, c'est comme stoïcien rigide,
» qu'on révère Caton malgré soi, tant l'amour de la
» patrie est respecté par ceux mêmes à qui les vertus
» patriotiques sont inconnues, tant la philosophie stoï-
» cienne force à l'admiration ceux mêmes qui en sont
» le plus éloignés. Il est certain que Caton fit tout pour
» le devoir, tout pour la patrie, et jamais rien pour lui.
» Il est presque le seul Romain de son temps qui mé-
» rite un pareil éloge. »

Voltaire s'indigne ensuite contre La Motte, qui a
reproché à Caton de n'avoir pas, *d'une âme plus égale,
accepté le pardon du vainqueur de Pharsale.*

«On voit, dit-il, dans ces vers, quelle est l'énorme
» différence d'un bourgeois de nos jours et d'un héros
» de Rome. Caton n'aurait pas eu une âme égale, mais
» très-inégale, si, ayant toute sa vie soutenu la cause
» divine de la liberté, il l'eût enfin abandonnée... Les
» vers de La Motte sont d'un cœur esclave qui cherche
» de l'esprit. Je rougis quand je vois quels grands
» hommes de l'antiquité nous nous efforçons tous les
» jours de dégrader... Il faut juger Caton par les prin-
» cipes de Rome, de l'héroïsme et du stoïcisme, puis-
» qu'il était Romain, héros et stoïcien. »

Voilà quel était, à soixante-douze ans, l'enthousiasme
de Voltaire pour l'homme vertueux. On ne tient un
semblable langage, on ne ressent de tels transports que
quand on est vertueux soi-même.

Si le siècle de la Régence et de Louis XV a été célèbre par le relâchement de ses mœurs, le xviiie siècle mérite de l'être davantage, et à meilleur titre, par son humanité et par son enthousiasme pour la vertu, oui, pour la vertu !

Ceci, je le sens, demande explication, et il faut d'abord nous entendre sur le mot. Il a souvent et longtemps correspondu à l'idée de la mortification de l'individu en vue du ciel et pour plaire à Dieu ; un homme vivant d'aumônes après avoir fait vœu de pauvreté, de chasteté et d'obéissance, un chartreux, un trappiste, tel était le modèle de l'homme vertueux. Cela s'appelait se détacher du monde et détruire la bête au profit de l'âme. On était vertueux pour soi, pour faire son salut ; et nous sommes loin de prétendre que cette manière d'entendre la vertu n'ait pas eu sa raison d'être et n'ait pas été utile au genre humain. Le xviiie siècle comprit la vertu dans un sens plus large et plus humain. Alors elle consista à faire du bien aux hommes ; et le plus vertueux fut celui qui prouvait le mieux, par la pratique de sa vie, son amour pour ses semblables et pour la vérité. L'athée d'Holbach, le matérialiste Helvétius, l'excellent Diderot qui était l'un et l'autre, le sceptique et savant d'Alembert, le bon roi Stanislas, catholique confessé par le jésuite Menou et consolé par la marquise de Boufflers, Franklin, l'admirable bonhomme Richard, honneur de l'Amérique et du protestantisme, Turgot, l'encyclopédiste libre penseur et le ministre intègre furent en ce sens des hommes vertueux. Le plus vertueux de tous fut Voltaire, parce que sa haute raison, son grand cœur et son génie lui donnèrent plus de ressources en tout genre, pour faire le bien sur la plus vaste échelle et dans mille directions à la fois.

Le xviie siècle nous offre quelques exemples de

chrétiens vertueux, qui furent des hommes de génie e
qui font ressortir avec éclat ce que nous disons ici su
le caractère de la vertu. Comment se défendre d'adm
rer Bossuet et qui pourrait ne pas estimer et aime
Pascal, l'austère et sublime janséniste ? Mais tous deu
furent plus remplis de vertus chrétiennes que d'huma
nité. Quel spectacle que Pascal, se torturant sous le
étreintes de son dogme et de sa ceinture de fer garni
de clous ! Et celui de l'Aigle de Meaux, faisant l'élog
du fanatique Le Tellier et des horribles dragonnades qu
désolèrent des provinces par des crimes de toute sort
et chassèrent de France cinquante mille familles inno
centes ! Préoccupés de sauver leur âme en détruisar
leurs corps, comment ces chrétiens vertueux au
raient-ils pu s'apitoyer beaucoup sur les misères c
leurs semblables ?

Bossuet et Pascal, il nous appartient de le proclame
au xixe siècle, représentent des êtres moins vertueu:
moins dignes du beau nom d'homme que Turgot
Franklin, Diderot et Voltaire. Qu'eût gagné l'Europe
ce que saint Séraphin d'Ascoli, dont nous aurons
parler, eût été l'un de ses rois au lieu de vivre en ca
pucin ? Tandis que si l'on suppose Franklin, Turgo
Voltaire au timon d'un État, aussitôt l'âme s'ouvre
l'espérance et l'on en attend pour les hommes de mei
leures destinées.

Il est manifeste qu'au xviie siècle on était loin c
ressentir profondément le sentiment de l'humanité
de compatir à ses maux avec un cœur vaillant ; on éta
plus loin encore de s'élancer vers la vérité et la justic
d'un esprit libre et d'une âme intrépide. Nous avons fa
entendre que les dragonnades et les persécutions contr
les protestants ne touchèrent que trop peu la fibr
des contemporains.

Nous ferons grâce au lecteur, de l'énumération c

tous les chrétiens vertueux et éminents de ce siècle, qui ont comblé d'éloges le grand roi pour ses horribles dragonnades. Mais nous allons lui mettre sous les yeux un épisode presque inconnu, oublié tout au moins, de ce beau temps. En 1675, le duc de Chaulnes, gouverneur de Bretagne, crut devoir punir la province pour une émeute contre les agents du fisc, dans laquelle il fut insulté et son autorité méconnue. Le cas était grave ; mais la punition fut d'une atrocité telle, que nous n'en pouvons supporter l'idée aujourd'hui. On commença par envoyer dix mille hommes de troupes royales dans le pays : dix mille Cosaques d'aujourd'hui auraient peut-être causé moins de mal. Quand ces soldats allaient de Vitré à Rennes, la duchesse de Chaulnes n'osait aventurer son carrosse sur la même route ; Mme de Sévigné obtenait garnison pour la protéger aussi bien que ses fermiers. A deux lieues des Rochers, ces soldats avaient mis un petit enfant à la broche.

Voici à ce sujet, quelques lignes de cette charmante femme, une des rares personnes qui fut frappée de ces épouvantables exécutions. Ce spectacle, dont nous n'avons pas le temps de montrer toute l'horreur, se passa presque sous yeux.

« Voulez-vous savoir des nouvelles de Rennes ? On a
» fait une taxe de cent mille écus sur le bourgeois, et si
» on ne trouve pas cette somme dans vingt-quatre heu-
» res, elle sera double et exigible par les soldats. On a
» chassé et banni toute une grande rue et défendu de
» les accueillir sur peine de la vie, (c'était l'*interdiction*
de l'eau et du feu, ceux qui en étaient frappés devaient
mourir de faim sur les grandes routes) de sorte
» qu'on voyait tous ces misérables, femmes accou-
» chées, vieillards, enfants, errer en pleurs au sortir
» de la ville... Avant-hier on a roué un violon qui avait
» commencé la danse et la pillerie du papier timbré.

» Il a été écartelé et ses quatre quartiers exposés aux
» coins de la ville. On a pris soixante bourgeois, on
» commence demain à pendre. Vous pouvez compter
» qu'il n'y a plus de Bretagne. »

Voilà en bref comme on en usait sous le grand roi,
et lorsqu'à l'abri du droit divin florissait la vertu, entendue d'une certaine façon.

Certes, sous Louis XV, l'iniquité était grande, mais
elle était loin d'avoir ces homériques proportions. La
voix de Voltaire pouvait faire rougir son siècle de l'assassinat juridique de Calas, de Labarre, de Montbailli,
de Lally-Tollendal ; elle sauvait les Sirven, elle trouvait
mille échos quand il déplorait le tremblement de terre
de Lisbone où avaient péri trente mille personnes. Et
cet état nouveau des âmes, on le devait à la vertu agissante, à l'humanité des philosophes. Je ne suis pas
bien sûr que la vertu d'un ascète, occupé de son salut,
ne tourne à l'aigreur, à l'inutilité, à la démence. Il y en
a plus d'un exemple. *Væ soli*, il n'est pas bon que
l'homme soit seul a dit *le livre*, d'accord ici avec le plus
grand des livres, la nature.

Mais, en revanche, je ne crois pas qu'on puisse citer
un homme vertueux, toujours occupé de faire du bien
à ses semblables et de pratiquer la justice, qui ait
tourné à mal. Il me semble donc ressortir des faits
que la vertu, telle que l'a entendue le xviii\u1d49 siècle, est
préférable à la vertu telle que l'a comprise le beau siè-
le de Louis XIV.

Certaines gens auront de la peine à nous accorder
que les encyclopédistes furent positivement vertueux ;
cependant, nous devons rappeler aux âmes timorées et
aux consciences tourmentées par le mysticisme, que
Voltaire, par exemple, finit par emporter non-seulement les hommages et la vénération du peuple, mais
qu'il a pour lui deux témoins, que personne ne sera

tenté de récuser et dont chacun de nous envierait l'approbation. Le premier, c'est Franklin qui réclama de lui cette faveur que ses mains couvrissent d'une bénédiction la tête de son petit-fils ; le second, c'est Turgot, le ministre honnête homme, dont l'infortuné Louis XVI a dit : « Il n'y a que moi et M. Turgot qui aimions le peuple. »

Oui, le XVIIIe siècle, dont Voltaire restera la plus éclatante personnification, fut un siècle sympathique à la souffrance, enthousiaste de la vertu, avide de vérité et de justice. Nul siècle n'a été plus humain ; il nous a donné le mot *bienfaisance*, qu'il a eu l'honneur et qu'il était digne de créer. Ce mot caractéristique résume admirablement ses aspirations.

Le XVIIIe siècle a couvé dans ses entrailles, toutes brûlantes de l'amour de l'humanité et de la justice, la Révolution française. A lui revient la gloire de ce magnifique et formidable mouvement, qui a mis fin au moyen âge et créé la société moderne. Si nous devons reconnaissance et admiration au XVIIe siècle pour le génie de ses immortels écrivains, qui nous ont éveillé à la vie de l'intelligence ; que ne devons-nous pas au siècle, qui a préparé tous nos progrès et s'est affirmé par 89 ?...

J'ai dit que Voltaire fut le plus vertueux des hommes de son siècle, parce qu'il fut celui qui fit le plus de bien à ses semblables, celui dont le cœur brûla le plus ardemment de l'amour de la justice et de la vérité, autrement de l'amour de Dieu.

Mais, n'est-ce pas dire qu'en fait, Voltaire fut le meilleur chrétien de son temps, le premier et le plus glorieux disciple de Jésus ? Si la religion ne consiste pas en formules, en rites, en dehors et en paroles, si l'Évangile se résume tout entier dans ce précepte de Jean ; *aimez Dieu par-dessus tout et votre prochain comme vous-même,* si celui-là est le plus près du Christ qui pratique mieux le précepte divin, qui donc mérita mieux en ce siècle le titre de chrétien que le sauveur des Calas, des Sirven, Montbailli, etc., bref, le *sauveur des hommes* au temps où il vécut ?

J'interpelle ici les catholiques de foi sincère, les âmes réellement religieuses, je fais appel à leur conscience, je demande qu'ils se posent la question dans leur for intérieur et j'attends avec confiance leur jugement. Qu'ils écartent les nuages, qu'ils fassent la lumière en leur âme, qu'ils oublient un instant leurs préjugés et les moyens auxquels Voltaire dut avoir recours pour faire la guerre au fanatisme, qu'ils examinent à fond tous les actes de sa vie, qu'ils cherchent le vrai chrétien, manifesté par ses œuvres de chaque jour, ils le trouveront en lui, et non chez ceux qui portaient si orgueilleusement ce titre, jansénistes, jésuites et princes de l'Église. La plupart de ces chrétiens à commencer par les cardinaux, Fleury, Tencin, Bernis et l'abbé Dubois, ne furent que des *sépulcres blanchis*. La chose n'est que trop connue. Le vrai chrétien, pratiquant l'amour de Dieu et des hommes, ce fut Voltaire.

J'ai demandé aux catholiques sérieux et sincères de baptiser Voltaire du nom de chrétien ; mais ils m'ont déjà répondu. Ils l'ont fait par la plume de l'un des plus purs et des plus nobles d'entre eux, par la voix d'un de leurs martyrs, quelque peu illustré par de remarquables travaux, qui a vécu avec la grandeur d'âme d'un stoïcien et qui est mort à l'hôpital avec la touchante simplicité d'un saint.

L'auteur du *Cartésianisme*, Bordas Demoulin, la plus savante expression du spiritualisme chrétien, en ces derniers temps, a concouru pour l'éloge de Voltaire. Moins favorisé cette fois qu'il ne l'avait été pour ses études sur Descartes et Pascal, Bordas manqua d'une voix le premier prix décerné par l'Institut. Chrétien

comme à l'époque de la primitive Église, simple de
cœur autant que grand par l'intelligence, ami des
humbles et dévoué aux faibles comme le Christ dont il
suivait les voies, partant démocrate sincère et n'ayant
point répudié l'héritage de 89, Bordas n'était pas de
ceux qui réussissent et parviennent aux honneurs.

Laissé dans l'ombre par l'Église et par la philosophie
officielle, il fut un penseur solitaire et un chrétien de
bonne foi. Nous rappelons son nom avec un plaisir mêlé
de respect, en consignant ici l'opinion d'un tel homme
sur celui qu'il appelle, après Luther et Calvin, *le troisième grand exécuteur de la souveraine justice sur l'Église.*

Le lecteur appréciera du même coup la haute et droite
intelligence de Bordas et la justice rendue à Voltaire
par un homme, que le besoin de croire avait retenu aux
pieds de ces chaires catholiques, d'où l'on a fulminé
contre le philosophe tant d'anathèmes furibonds, tant
de plates et sottes calomnies.

« Aujourd'hui que le vrai caractère de la Révolution
» française a été expliqué, tout catholique éclairé doit
» reconnaître que Voltaire prêchant la tolérance, la
» liberté et la fraternité est plus chrétien que Bossuet,
» défendant l'intolérance et la théocratie.

» Voltaire attaque la formidable ligue des préjugés
» religieux et civils, des intérêts cléricaux et nobiliaires,
» des folies et des passions sanguinaires de la multi-
» tude, enfin la coutume de quatorze siècles d'un régime
» de fer, qui, pour dévorer la vie charnelle du juif et
» du païen, sembla dévorer l'homme même.

» Quelquefois, désespérant d'arracher le peuple à ces
» deux épouvantables maladies (l'intolérance et la su-
» perstition), l'avocat fougueux, l'apôtre frénétique de
» l'humanité, imite l'orgueil de certains prélats du
» vieux régime et de la plupart des grands ; il traite les
» classes manouvrières de populace, de canaille, et lui,

» qui les porte dans ses entrailles, en semble aussi un
» brutal contempteur.

» Avec une facilité prodigieuse, il est avare de mots
» et plein de choses. Méprisant l'effet des phrases et
» tout entier à son sujet, il le traite avec une simplicité
» et une clarté nobles et spirituelles qui n'appartien-
» nent qu'à lui et qui ravissent. Comme jamais homme
» ne dut tant agir sur toutes les choses par la parole,
» jamais homme ne l'eut si convenable à tous les esprits.
» Rousseau et Montesquieu ne sont naturels que dans
» certaines parties de leurs ouvrages.

» A lui véritablement revient l'éloge, si peu mérité
» dont il gratifia Montesquieu, d'avoir trouvé et rendu
» à l'humanité ses titres qu'elle avait perdus..... Il n'est
» point de progrès qu'il n'entende et qu'il ne favorise,
» non-seulement dans les institutions et les usages,
» mais dans les sciences, les arts, l'agriculture, le com-
» merce ; seul, il respire le présent et l'avenir ; seul de
» même, il représente l'homme nouveau.»

Après ces citations, nous aimons à le redire, Bordas,
qui employa sa vie à souder avec puissance tous les
anneaux du spiritualisme depuis Platon, les Alexan-
drins et Descartes jusqu'à nos jours, Bordas fut non-
seulement un admirable et naïf chrétien, digne de
mourir sur la cendre à côté de Jérôme, il fut un catholique pratiquant, et les derniers actes de sa vie furent
la sincère attestation de sa foi.

Ce certificat de christianisme, délivré à Voltaire par
l'un des plus humbles mais un des plus nobles fils de
l'Église, nous plaît davantage que s'il émanait de la
main de l'un de ses princes. Ce n'est pas que Voltaire
n'en ait eu plusieurs dans sa manche, tels que les cardinaux de Bernis, Quirini, Aquaviva et Passionnei. Be-
noît XIV, on le sait, accepta la dédicace de *Mahomet* et
envoya à l'auteur sa bénédiction apostolique. Il est

bon d'ajouter que Lambertini, tout infaillible qu'il
fût, ne laissait pas en outre d'être conciliant, lettré et
ne manquait pas d'esprit; terrestres mérites qui ne
gâtent rien même dans un pape. Et cependant, nous
attachons plus de prix à l'attestation de Bordas,
l'humble et pur croyant, mort à l'hôpital après avoir
vécu dans une mansarde.

La France est de la religion de Voltaire. Cette phrase tran-
chante et lumineuse, comme l'éclair d'une grande épée,
est juste au fond. Oui, la France, comme Voltaire, est
humaine et sociable : ce qui caractérise son génie, c'est
la raison et le goût, la clarté et la joie, c'est un radieux
sentiment de la justice. La France a horreur des monstres et des barbares, comme en philosophie elle repousse les nuages et le pathos. Son ciel n'est pas vide
de Dieu. Elle a quelque chose de la foi naïve et forte
de ses ancêtres, ces vieux Gaulois qui disaient, que si le
ciel tombait, ils le soutiendraient du fer de leurs lances.
Mais la tolérance ouvre la porte du temple où sa raison
s'incline devant l'Être. L'homme s'abreuve librement à
cette source mystérieuse; ondes vivifiantes, dont son
âme est aussi avide que son œil l'est de la lumière et
son corps de la chaleur du soleil.

Napoléon a dit vrai : telle est la France dans la plus
haute et plus pure expression de son génie. Mais la
lumière est loin d'être faite sur la surface de la vieille
Gaule, et l'action libératrice de Voltaire a besoin de
continuateurs.

Comme tant d'autres, nous avions lu incomplétement
et légèrement Voltaire. Puis nous avons suivi les mouvements de la pensée humaine à notre époque, mouvements qui dépassent considérablement l'horizon qu'on
pouvait embrasser au xviiie siècle. Cependant, en étu-
diant Voltaire, nous croyons devoir le déclarer en nous
frappant la poitrine, nous avons senti grandir notre

foi en Dieu et en l'humanité. Ce que nous avons éprouvé a dépassé notre attente et il nous est advenu ce qu'avaient déjà ressenti les premiers rédacteurs de l'édition de Kelh, Condorcet, Decroix, Beaumarchais :

« Permettra-t-on aux rédacteurs de placer ici une re-» marque qui les a frappés? Personne n'admirait plus » sincèrement qu'eux M. de Voltaire; personne n'avait » plus lu ses ouvrages : cependant en revoyant dans » la nouvelle édition ces mêmes ouvrages distribués » avec ordre et de manière qu'on en puisse saisir l'en-» semble, *M. de Voltaire s'est encore agrandi à leurs yeux,* » *et ils ont appris que jusque là ils ne l'avaient pas connu* » *tout entier.* »

Nous croyons que le même phénomène se reproduira chez tout lecteur sérieux de Voltaire, et nous nous estimerions heureux si ce livre conduisait quelques hommes de bonne volonté à recourir à l'œuvre du vieux maître, qui les a tant aimés, qui a tant fait pour leur affranchissement.

On dit que les hommes sont ingrats et méchants. Ils sont surtout ignorants; et l'ignorance est la grande cause de tout mal.

O Voltaire ! ami des hommes et de la raison, ennemi des monstres qui troublent l'une et détruisent les autres; toi, dont la vie fut entièrement consacrée au culte saint de l'humanité et de la justice; toi, l'indomptable et l'héroïque qui, semblable à l'antique Hercule, a rempli la terre de tes travaux pour la délivrer de l'ignorance et de l'oppression ; toi, qui fus la sagesse de ton temps, comme tu en fus le mouvement et la vie; toi, qui as toujours pardonné, pardonne-moi de t'avoir méconnu, et puisse ce livre servir les intérêts de la vérité et ceux de ta gloire, qui, à ton éternel honneur, ne peuvent être séparés !

Pardonne, étends sur moi cette main, toujours ouverte, bienveillante, intrépide, avec laquelle tu terminas par ces lignes, ton dernier écrit : *Histoire de l'Établissement du Christianisme*, 1777 :

Pardonnons aux hommes et qu'on nous pardonne. Je finis par ce souhait unique que Dieu veuille exaucer !

Le lecteur va peut-être nous accuser, en souriant, de nous être un peu abandonné à l'enthousiasme dans cette introduction. Nous ne craignons qu'une chose, c'est qu'après avoir lu tout ce qu'il trouvera de Voltaire en ce livre, il ne nous juge un tiède, et peut-être un froid admirateur. Mais, qu'importe, pourvu que le néophyte ouvre les yeux à la lumière et fasse large place en son cœur.

VIE DE VOLTAIRE

I

Pour faire comprendre l'œuvre et le caractère de l'homme, il est indispensable de tracer nettement une esquisse de son existence. La vie de Voltaire peut se diviser en trois époques principales : la première depuis sa naissance jusqu'à sa liaison avec Mme du Châtelet et sa retraite à Cirey en 1734, ce sera sa jeunesse ; la seconde s'étendrait jusqu'à son établissement aux Délices et à Ferney, 1755, correspondante à l'âge mûr ; enfin la troisième allant jusqu'à sa mort et comprenant son admirable et féconde vieillesse.

Né le 20 février 1694 à Chatenay, près Paris, Voltaire vint au monde faible, délicat, et le fut toute sa vie. Il ne dut qu'au régime et plus tard aux conseils du célèbre Tronchin la conservation, non pas de la santé, bien dont il ne jouit jamais complétement, mais de ses jours remplis par le travail et le culte ardent de l'humanité. Sa mère, originaire du Poitou, était noble et s'appelait Daumart de Mauléon. C'est d'une terre maternelle que François Arouët, cadet de famille, prit en 1718, le nom de Voltaire ; par imitation, cet usage était passé de la noblesse dans la bourgeoisie aisée. Arouët n'était pas plus euphonique que Poquelin et je m'imagine que, si Rabelais et Lafontaine avaient reçu de leurs parents les noms malencontreux de Garasse, Nonotte et Patouillet, ils eussent

5

également pris la liberté de les changer. Molière, Voltaire
sonnent mieux à l'oreille que Poquelin et Arouët, et cela est
fort agréable pour la postérité.

Mᵐᵉ Arouët était une femme du monde que l'abbé de Chateauneuf, qui fut le parrain de ce troisième enfant, avait in-
troduite chez Ninon de Lenclos et dans quelques autres
sociétés lettrées et polies. Mᵐᵉ Arouët avait fréquenté Boileau
et, au rapport de Voltaire, elle résumait son opinion sur le
célèbre littérateur, en disant : *C'est un bon livre et un sot
homme.* Il y a lieu de penser que Mᵐᵉ Arouët mourut dans la
première jeunesse de son fils.

Son mari, notaire et trésorier de la chambre des comptes,
était un honnête homme, tout à son état. Voltaire avait un
frère aîné, qu'il appela plus tard Quesnel-Arouët, esprit faible
qui donna dans les extravagances des jansénistes et des convulsionnaires. Il mourut en 1740. Étant en Angleterre en 1726,
Voltaire y apprit la mort de sa sœur, Mᵐᵉ Mignot, à laquelle
il témoigna toujours de l'affection et dont il aurait voulu être
aimé. Telle était sa famille.

L'abbé de Chateauneuf, qui avait avait été le dernier
amant de Ninon, était très-intime dans la maison Arouët et
eut la plus grande influence sur les commencements de Voltaire. Érudit, mondain, bel esprit, cet abbé vivait dans la
meilleure compagnie, celle des Sully, Lafare, Chaulieu, du
prince de Conti, de l'abbé Courtin, du grand prieur de Ven-
dôme, etc. L'enfant fut allaité par les muses légères, au libre
vol, à l'allure philosophique. Mis bientôt au collège Louis-le-
Grand, il émerveilla ses maîtres, les pères Lejay, Brumoy,
Porée, Tournemine, tout en les inquiétant sur son salut par
les éclairs de sa vive et droite raison.

A l'âge de douze ans, Voltaire composa une petite pièce de
vers, adressée au grand dauphin, fils unique de Louis XIV, en
faveur d'un pauvre invalide. C'était bien commencer, mais
l'homme a encore plus tenu que ne promettait l'enfant. Vers
cette même époque, l'abbé de Chateauneuf conduisit son
filleul chez son amie, Mˡˡᵉ de Lenclos, qui, charmée de ses
grâces et de son esprit, lui légua 2000 livres pour se faire une bibliothèque. Plus j'y pense, plus je m'imagine que ce bel abbé
de Chateauneuf n'aurait pu chanter à aussi bon droit que
Georges dans *la Dame Blanche :* ah ! combien je regrette de

ne pouvoir être que son parrain! Quesnel-Arouët et Mme Mignot, l'un pour la raison, l'autre pour le cœur, sont l'antipode de leur frère Voltaire.

Cette enfance précoce, charmante, lumineuse, annonçait beaucoup. Une éducation très-libre et tournée vers la culture de l'esprit, une solide instruction se combinant avec les dispositions naturelles du jeune hemme, l'entraînèrent irrésistiblement vers le théâtre et les belles-lettres. M. Arouët n'entendait nullement de cette oreille. De là, troubles et orages au sein de la famille. Ils se terminèrent par l'envoi du jeune François Arouët à la Haye, près du marquis de Chateauneuf, ambassadeur en Hollande.

Voltaire avait dix-neuf ans, et ne tarda pas à devenir amoureux de Mlle Olympe Dunoyer, fille d'une intrigante, à moitié bas-bleu et qui s'était réfugiée en Hollande sous prétexte de liberté de conscience, au fond pour se séparer de son mari et jouir d'une autre liberté dont elle était plus friande. Cette passion, que nous apprécierons en son lieu, eut pour fâcheuse conséquence de faire renvoyer Voltaire à Paris où son père avait été si fortement prévenu contre lui qu'il dut se cacher à son arrivée. M. Arouët était déjà muni d'une lettre de cachet, et tout ce qu'on put obtenir de lui, sur le moment, ce fut de laisser partir son fils pour les grandes Indes, mais on ne put lui faire modifier la clause testamentaire par laquelle il le déshéritait. M. Arouët ne voulut pas voir son fils. Enfin l'orage s'apaisa, par l'entrée de Voltaire chez un procureur au Châtelet. En ce bon temps, l'autorité paternelle n'y allait pas de main morte. M. Arouët n'était ni dur ni méchant, mais il était père, et partant maître absolu dans sa maison, à l'exemple du roi dans son royaume ; il était Robin et comme tel entêté et entiché du Palais.

La résignation du jeune homme ne fut pas, heureusement, mise à une trop longue épreuve. M. de Caumartin, ami de M. Arouët, eut pitié du pauvre François et obtint de l'emmener à la campagne, à Saint-Ange, pour qu'il pût réfléchir sur le choix d'un état. Là, Voltaire trouva l'ancien intendant des finances, Caumartin, qui avait beaucoup connu les hommes les plus célèbres des derniers règnes, et le jeune poëte ne pouvait se lasser d'entendre le vieillard enthousiaste et justement cette fois *laudator temporis acti*. Non-seulement M. de

Caumartin ne tarissait pas sur l'époque où il avait vécu, mais en outre il gardait au fond de son cœur un culte tout particulier pour Sully, pour Henri IV, dont il déplorait la mort violente et prématurée. Voltaire buvait ces paroles avec l'avidité d'un cœur vierge et tout rempli des meilleurs sentiments. Ces impressions furent profondes, indélébiles, et de là naquirent chez le jeune homme de vingt ans l'idée de *la Henriade* et du *Siècle de Louis XIV*.

Un poëme épique! quand on a déjà sur les bras une tragédie, *Œdipe*, en vérité, c'est le cas de dire : la jeunesse ne doute de rien. Mais elle est la jeunesse; que le génie s'y joigne, elle fera de grandes choses. Voltaire a dit depuis qu'il n'avait aucune idée de la difficulté de son entreprise. Il se sentait poussé et il obéissait avec enthousiasme à la voix intérieure.

La mort de Louis XIV, on le sait, donna lieu à une sorte de délire général. Il semblait qu'on attendît ces événements pour respirer à l'aise, tant on avait étouffé sous le poids de la gloire perdue, de la dévotion à l'espagnole du vieux roi. Son testament fut cassé, ses dépouilles insultées, sa mémoire accablée de libelles et de récriminations de tout genre. Au milieu des saturnales de la Régence, qui succédaient à la désolante et morne tristesse de ces dernières années, il parut une méchante pièce de vers injurieux, finissant par celui-ci :

J'ai vu ces maux et je n'ai pas vingt ans.

Voltaire, qui devait illustrer le siècle de Louis, qui avait vingt-deux ans, et qui n'avait point fait la pièce, dont l'auteur se nommait Lagrange, Voltaire fut, par une erreur familière aux pouvoirs absolus, écroué à la Bastille au mois de mai 1717. Sa réputation naissante, la hardiesse des vers que l'on citait de son poëme et de son *Œdipe*, encore sur le métier, le désignèrent naturellement à l'œil de lynx de la police. Heureusement notre jeune poëte-philosophe avait du ressort. Il ne se découragea point, et au lieu de se livrer au chagrin, il se jeta héroïquement dans le travail. Il fit des vers contre la Bastille, il retravailla *Œdipe* et composa entre autres le deuxième chant de la *Henriade*, le seul auquel il n'ait rien changé dans la suite.

Au bout d'un an environ, on reconnut la bévue de la police, et comme le Régent était galant homme, pour dédommager le prisonnier, il lui donna une pension en lui rendant la liberté.

« Monseigneur, lui écrivit Voltaire, je remercie V. A. R. de » vouloir bien continuer à se charger de ma nourriture, mais » je la prie de ne plus se charger de mon logement. »

OEdipe fut représenté en 1718 et obtint un grand succès. Mais, dès ce moment, Voltaire parut à tous un révolutionnaire, au théâtre aussi bien que dans l'ordre des idées reçues. Personne ne s'y trompa. Sa mission commençait et devait se continuer soixante ans. Ces vers, bien qu'ils fussent prononcés par des païens,

> Nos prêtres ne sont pas ce qu'un vain peuple pense,
> Notre crédulité fait toute leur science.

s'appliquaient trop bien à d'autres pour que ceux-ci ne le comprissent point.

Lamotte, qui tenait alors dans les lettres une place considérable, eut la bonne foi et le bon goût de rendre justice au mérite de l'auteur. C'est vers cette époque que Voltaire ressentit une très-vive passion pour la maréchale de Villars, charmante et vertueuse femme qui devint dame de la reine. Voltaire s'est reproché depuis le temps que lui fit perdre cette passion malheureuse, car le travail devint bientôt le grand besoin de sa vie. Notre jeune poëte s'était lié avec le duc de Richelieu dans la maison des Villars. Richelieu et le Régent n'étaient pas amis, et Voltaire fut exilé de Paris pour ce motif de haute politique. Il vécut un peu de château en château, à Sully, à Villars, chez le duc d'Ussé, à Preuilly, chez le baron de Breteuil, chez le duc de La Feuillade, chez milord Bolingbroke, à la Source, près d'Orléans, fréquentant toujours le plus grand monde, dont il prenait la politesse et les mœurs, et dans lequel il se créait des liaisons et des appuis. Le mauvais succès d'*Artémise*, tragédie composée pour une jeune actrice qu'il aimait et qu'il avait formée lui-même, fut jugé une leçon suffisante pour lui permettre de rentrer à Paris.

A cette époque, il perdit un ami intime, M. de Génouville, conseiller au Parlement, dont il pleura la mort et garda un vif souvenir. C'est aussi dans ces années qu'il faut placer sa liaison avec Mlle de Livri, Mme de Mimeure, et plus tard avec Mme de Bernières, dont nous parlerons à un autre endroit. En 1722, Voltaire accompagna à Bruxelles Mme de Rupelmonde, fille du maréchal d'Allègre, mariée à un seigneur flamand, plus tard dame de la reine et qui finit par se retirer aux Carmélites, en 1751. Mme de Rupelmonde était aussi distinguée par ses sentiments élevés que par les grâces de sa personne. Voltaire fit pour elle et à son occasion son épître à Uranie, autrement *le Pour ou le Contre*. A Bruxelles, Voltaire s'empressa de voir J.-B. Rousseau, et de rendre hommage à son talent. Ils se séparèrent brouillés, et il n'en pouvait être différemment, car Voltaire était honnête homme et Rousseau ne le fut point. Voltaire passa en Hollande pour la revoir et pour y faire imprimer la *Henriade*, à laquelle il travaillait toujours et qu'il eût pour plus d'un motif désiré publier en France, en la dédiant au roi, mais il ne put triompher des intrigues dévotes et jalouses qui y mirent obstacle. Ces quelques mois passés en Hollande furent tout profit pour l'âme avide de Voltaire. L'aspect de cette république active, commerçante, où la liberté de penser était entière, où les mœurs étaient simples et fondées sur l'égalité, le frappait vivement. De retour à Paris, Voltaire travailla à sa tragédie de *Marianne*, jouée en 1724. Ses affaires en mauvais état lui prenaient aussi du temps, lorsque le 14 octobre 1723, chez son ami, M. de Maisons, il se vit atteint de la petite vérole. Il fut dangereusement malade et sa santé fort triste s'en ressentit pendant plus d'une année. Son père mourut en 1724, et Voltaire dut plaider à l'occasion de son testament. L'amitié de MM. de Maisons, de Cideville, Formont, Thiriot, adoucissait ses chagrins et le consolait, comme nous le dirons plus loin.

A l'occasion du mariage de Louis XV, octobre 1725, Voltaire fut à Versailles et à Fontainebleau, où l'on joua *Œdipe*, *Marianne* et *l'Indiscret*. Il voyait familièrement Mme de Prie à laquelle cette comédie est dédiée et devenait à Bélébat, chez le marquis de Livry, l'âme d'une fête champêtre d'un goût tout à fait régence, à laquelle assistait une partie de la cour. La reine fit bon accueil au poëte et tout en l'appelant *mon pauvre Voltaire*, lui accorda une pension de 1500 livres sur sa cassette. Dans les premiers mois de l'année suivante 1726, se place un événement, très odieux mais qui eut en somme une très-importante influence sur Voltaire. A table, chez le duc de Sully, un homme d'une illustre naissance, le chevalier de Rohan, trancha du grand seigneur avec Voltaire, qui n'eut pas de peine à le remettre à sa place. M. de Rohan, à quelques jours de là, arrêtant son carrosse devant l'hôtel de Sully, fit demander Voltaire, comme s'il en attendait quelque service. Le poëte, s'approchant sans défiance de la voiture, fut traîtreusement bâtonné par les gens de M. le chevalier. C'est en vain que la victime de ce guet-apens chercha à obtenir une satisfaction du gentilhomme. Celui-ci se déroba aux conséquences de sa lâcheté et Voltaire fut embastillé, puis frappé d'exil. Il se réfugia à Londres, près de milord Bolingbroke et revint clandestinement à Paris pour retrouver son ennemi. Ce fut peine perdue.

Le séjour de Voltaire dans la retraite, près de Londres, fut pour lui l'occasion d'une vaste acquisition d'idées et de connaissances aussi bien que de travaux considérables. Il vivait à Wandsworth chez M. Falkener auquel il dédia *Zaïre*. Ce qui, par parenthèse, servit de texte à d'excellentes plaisanteries, car M. Falkener n'était qu'un négociant! Il fut depuis ambassadeur à Constantinople. Par Bolingbroke, Voltaire se trouva en relation avec Pope, Swift, le docteur Clarke, Collins. Il fut témoin des magnifiques funérailles faites à Newton. Son avide et vaste compréhension s'attachait à tout : science, industrie, beaux-arts, théâtre, littérature, religion, métaphysique, politique. Il embrassait tout avec une ardeur infatigable. C'est ainsi que furent composées *les Lettres anglaises*, où il faisait connaître à la France Newton, Locke, Shakspeare, les quakers, l'inoculation, tout un monde nouveau d'idées et de choses. La reine d'Angleterre se fit un honneur d'accepter la dédicace de la *Henriade*. «Votre Majesté, dit le poëte, trou-
» vera dans ce livre des vérités bien grandes : la morale à
» l'abri de la superstition, l'esprit de liberté, également éloi-
» gné de la révolte et de l'oppression, les droits des rois tou-
» jours respectés et ceux du peuple toujours défendus.» Une souscription considérable favorisa l'impression de son poëme. Outre *les Lettres anglaises*, Voltaire écrivit en Angleterre son

Histoire de Charles XII, et ses tragédies de *Brutus* et de la *Mort de César*, pièce sans amour. *Brutus* réussit peu en France, beaucoup en Europe, car il fut traduit en toutes les langues, même en flamand.

Voltaire revint d'Angleterre avec une riche moisson d'idées en tout genre. Il mit, à les vulgariser, une ardeur infatigable, une vaillance de cœur dont on ne lui a pas tenu assez compte, faute d'avoir vécu de son temps et connu les obstacles qu'il eut à vaincre.

Aujourd'hui, nous avons peine à concevoir quel était l'état de la France en 1730. Alors régnaient, en métaphysique les idées innées, en physique les tourbillons de Descartes, en politique le pur droit divin, en économie sociale les prohibitions, les interdictions, les priviléges, se heurtant dans l'inextricable dédale de cent coutumes différentes. La liberté de penser était nulle et absolument à la merci du bon plaisir du roi. Les parlements, la Sorbonne, les jésuites et les jansénistes étaient tour à tour les interprètes de ce bon plaisir royal. La justice civile, déshonorée par la vénalité des charges et l'usage des épices, pataugeait dans le chaos des coutumes. Il y avait en France des *pays de droit écrit*, où l'on jugeait d'après les lois romaines, au nombre de quarante mille, plus les commentaires; puis des *pays de droit coutumier*, on n'en reconnaissait pas moins de cinq cent quarante ! Aussi a-t-on dit avec raison à cette époque : un homme qui court la poste en France, change de lois plus souvent que de chevaux. La justice criminelle était ensanglantée par les supplices de la roue et de la torture, par la pratique de la question ordinaire et extraordinaire. L'impôt, dont une grosse part demeurait aux mains des traitants, s'extorquait par des nuées de commis à leurs ordres, ayant le droit de requérir la force armée pour accomplir les exactions les plus cruelles.

N'oublions pas que le Parlement de Paris condamna l'inoculation, l'émétique, fit brûler, par les mains du bourreau, la plupart des livres des philosophes, qu'il souilla son glaive de justice dans le sang innocent de Lally, La Barre, etc., comme le Parlement de Toulouse souilla ses mains dans le sang de Calas. N'oublions pas que ce siècle vit les convulsionnaires de Saint-Médard, les querelles pour les billets de confession et la bulle *Unigenitus*, bulle que ce cynique polisson d'abbé Dubois fit recevoir en France à force d'intrigues, en récompense de quoi Rome l'éleva à la dignité de cardinal !...

Je n'indique ici que quelques traits de ce tableau, ils peuvent suffire cependant pour faire entrevoir l'immensité de la tâche imposée à Voltaire et à ses coopérateurs.

Voltaire passa près de trois ans en Angleterre et ne revint à Paris que sur une permission tacite du ministère. Mais il dut bientôt se cacher encore à Rouen et faire croire qu'il était retourné en Angleterre, au sujet de son élégie sur la mort de Mlle Lecouvreur. Les *Lettres sur les Anglais* furent supprimées par arrêt du conseil, brûlées au pied du grand escalier du Parlement, et l'auteur exilé. L'impression de *la Mort de César* fut interdite; l'*Histoire de Charles XII* eut vingt éditions dans l'année de son apparition. Voltaire compose à Rouen son *Eriphile* et court soigner, à Maisons, son jeune ami le président qui meurt, entre ses bras, de la petite vérole. Le chagrin de Voltaire fut profond, comme on le verra. *Eriphile* ne réussit point. *Le Temple du goût*, dont tous les jugements sont aujourd'hui confirmés, soulève contre lui un nouvel orage. Heureusement il trouve le sujet de *Zaïre*, écrit la pièce en dix-huit jours et obtient un de ses plus immenses succès. Il compose, pour Rameau, l'opéra de *Samson*, qu'on ne laissa pas représenter, parce que le souffle libre de Voltaire s'y faisait trop sentir. La publication de son *Épître à Uranie* faillit encore lui faire un mauvais parti. Il fut contraint de la désavouer et de l'attribuer à l'abbé de Chaulieu, à qui il faisait cet honneur posthume. Il donne au théâtre la tragédie d'*Adélaïde Duguesclin*, qui ne réussit que trente ans plus tard et tombe sur cette gaminerie du parterre : *Es-tu content, Couci?* Couci ! couci !...

A l'automne de 1732, Voltaire va à Fontainebleau pendant le voyage ordinaire de la cour, pour la distribution des rôles de ses pièces. Il s'y occupe surtout de ses lettres sur Newton et sur Locke et se lie avec Maupertuis à cette occasion. C'est en avril 1733 qu'il est dit officiellement à Voltaire qu'on fermera les yeux sur l'entrée et le débit de *la Henriade*. Dans cette année Voltaire se lie avec Mme du Châtelet et lui adresse son épître sur *la Calomnie*.

Au commencement de 1734, Voltaire mène à bonne fin le second mariage du duc de Richelieu avec Melle de Guize.

C'est pendant qu'il est à la noce, près d'Autun, à Montjeu
qu'éclate la grande tempête au sujet des *Lettres anglaises*
Mme du Châtelet, qui était également de ce voyage nuptial
avait laissé à Paris un domestique pour qu'il vînt en poste
faire connaître ce qui se passait et à quelle extrémité on se
rait réduit, Voltaire se décide à quitter la France, *pour aller
jouir dans un pays libre du plus beau droit de l'humanité, qu
est de ne dépendre que des lois et non du caprice des hommes*
Deux ans auparavant, il avait donné ces lettres à Thiriot, pour
les publier à son profit. Aujourd'hui sa liaison avec Mme du
Châtelet l'attachait à la France. Il évita la maréchaussée (ce
qui prouve que les ordres étaient rigoureux), et se cacha à
Cirey. Ne s'y trouvant pas assez en sûreté, il se retira à Bâle
puis au camp devant Philippsbourg, sous la protection de Ri
chelieu.

II

Nous voici à la seconde époque de la vie de Voltaire, celle
de sa maturité. Elle fut remplie par des travaux considérables, dont l'importance ne pouvait être surpassée que par
ceux de son incomparable vieillesse. A peine à Cirey, il y éta
blit un cabinet de physique très-complet. Clairault, Kœnig
Maupertuis, Jean Bernouilli, y furent appelés et y apportè-
rent le concours de leurs lumières. Cette vie intime, avec
une femme dévouée aux sciences et à la philosophie, ne pou
vait manquer d'exercer sur son génie ardent et ouvert une
favorable influence. Il y rédigea ses *Éléments de la philosophie
de Newton*, ses réflexions sur les *Institutions de physique* de
Mme du Châtelet, son mémoire sur la nature du feu, un autre
sur les forces vives, tous deux présentés à l'Académie des
sciences. Mais le poëte, l'auteur dramatique, l'historien n'é-
taient point absorbés par le savant. C'est à Cirey qu'il composa ses *Discours sur l'homme*, *Alzire*, *Mahomet*, *Zulime*
Mérope, etc. Il y retravailla son *Histoire de Charles XII*, et de
même qu'à Saint-Ange il avait conçu *la Henriade* et *le Siècle
de Louis XIV* en écoutant M. de Caumartin, de même encore
sur l'horreur de Mme du Châtelet pour l'histoire écrite avec des

dates, des batailles et des faits, dont on n'indique ni les motifs ni l'enchaînement, il entreprit l'œuvre considérable de son *Essai sur les mœurs et l'esprit des nations*, dont le vrai titre serait : *Histoire des progrès de l'esprit humain*. C'est l'acte de naissance de la philosophie de l'histoire. Génie aussi impressionnable que puissant, il résonne dès qu'on le touche. Il rassemble à Cirey beaucoup de matériaux pour *le Siècle de Louis XIV* et de temps à autre laisse tomber de sa plume quelques chants de *la Pucelle*, improvise un opéra, *les Rois pasteurs*, une comédie, l'*Enfant prodigue*, et le petit poëme du *Mondain*. C'est à Cirey, en 1736, que s'établit la correspondance de Voltaire avec Frédéric, alors prince royal de Prusse.

Malgré tous ces travaux si considérables et si divers, Voltaire s'occupait d'arranger et d'embellir Cirey ; il suivait Mme du Châtelet à Bruxelles pour un procès important qu'il réussit à terminer au grand avantage de la famille du Châtelet ; il l'accompagnait à Paris, à Versailles et à la cour de Sceaux et à celle de Lorraine, où il s'acquit justement l'affection et l'estime du bon roi Stanislas. Obligé de se réfugier en Hollande pour se soustraire aux persécutions, il y consulta sur sa santé le célèbre Boërhave et y cultiva la connaissance du savant S. Gravesende, l'un des premiers physiciens qui ait adopté le système de Newton. C'est à cette époque que Voltaire fut chargé par Frédéric de l'impression de son *Anti-Machiavel*, et que le poëte eut avec le jeune roi sa première entrevue près de Clèves.

En 1738, après vingt ans de patience, Voltaire, poussé à bout par l'horrible conduite de l'abbé Desfontaines, commença à faire à ses ennemis la rude et triomphante guerre qu'il aurait tant voulu éviter. Mais l'infamie de ce Desfontaines, qui lui avait les plus grandes obligations, souleva son cœur d'un invincible dégoût et le fit éclater. Plus tard, la nécessité de défendre, ce qu'on attaquait en sa personne, la philosophie, l'humanité, la tolérance, l'obligea de garder sa férule vengeresse.

Le maréchal de Richelieu gouvernait Mme de Chateauroux et Mme de Chateauroux gouvernait le roi, concurremment avec le cardinal de Fleury. Mais le cardinal ne voulait aucun bien à Voltaire, M. de Maurepas pas davantage et de plus

n'aimait pas Mme de Chateauroux. Il résulta du croisement d
toutes ces intrigues que Voltaire ne put entrer à l'Acadé
mie malgré le prodigieux succès de *Mérope*, succès qui vi
naître, au feu de l'enthousiasme du parterre, l'usage de de
mander l'auteur. Voltaire, caché dans la loge de la maréchal
de Villars, reçut avec confusion et bonheur les acclamation
de la foule, qui exigea plus. La jeune duchesse de Villars du
l'embrasser au nom du public. Cette espèce de retour en fa
veur de Voltaire eut pour effet de lui faire donner une mis
sion secrète près de Frédéric et de lui permettre de se mo
quer ouvertement du théatin Boyer, qui l'avait exclu d
l'Académie. Voltaire servit les intérêts de la cour de Ver
sailles avec succès et n'en retira aucun profit. Rien de plu
curieux et de plus plaisant que cette négociation intime entr
Frédéric et Voltaire.

Le Poëme de Fontenoy, le Temple de la gloire, opéra mis e
musique par Rameau, *la Reine de Navarre,* composée pour l
mariage du Dauphin, appartiennent encore à cette époque e
valurent à Voltaire plus que tout ce qu'il avait fait jusque-là
La protection de M. d'Argenson devenu ministre, et celle d
Mme de Pompadour qu'il avait connue lorsqu'elle n'était qu
Mme d'Étiolles, aidèrent efficacement à ce résultat. Voltair
fut admis à l'Académie française (1746), nommé historiogra
phe de France et eut, par-dessus le marché, une charge d
gentilhomme ordinaire du roi. Tout en ayant obtenu la per
mission de vendre cette charge 60,000 livres, il eut le droi
d'en conserver le titre. Si toutes ces faveurs lui furent très-
utiles, il en appréciait bien la valeur, témoins ces vers :

> Mon Henri quatre et ma Zaïre
> Et mon américaine Alzire
> Ne m'ont jamais valu un seul regard du roi.
> J'eus beaucoup d'ennemis avec très-peu de gloire,
> Les honneurs et les biens pleuvent enfin sur moi
> Pour une farce de la foire.

M. le marquis d'Argenson, ministre de la guerre, et celui-là
même qui soutint *l'Encyclopédie,* employa souvent Voltaire
pendant les années 1745, 46 et 47. Il écrivit le manifeste du
prétendant Charles-Édouard et travailla avec le comte de

Lally au projet d'une descente en Angleterre. On devine quelle devait être l'activité de Voltaire pour suffire à tant de besognes si différentes.

Mahomet avait été joué à Lille en 1741 et à Paris en 1742, mais le vieux Crébillon, jaloux de la gloire de son émule, refusa, comme censeur, d'approuver la pièce. Ajoutons, en passant, que ce pauvre Crébillon, qui refusait son approbation au *Mahomet* de Voltaire, la donna plus tard à la comédie des *Philosophes* de Palissot. Voltaire s'en vengea en dédiant son œuvre au pape et en se faisant donner d'une façon tout aimable une bénédiction apostolique. Puis il refit trois pièces de Crébillon, *Sémiramis*, *Oreste* et *Rome sauvée*. *Sémiramis* obtint un grand succès, mais on ne rendit justice que longtemps après à *Rome sauvée*, à *Oreste*, tant était forte la cabale des dévots et des envieux, abrités derrière le mérite assez mince de Crébillon. Un caprice de Mme de Pompadour soutenait en ce moment l'auteur trop barbare de *Catilina*.

L'infatigable Voltaire mit encore au jour dans cette seconde période beaucoup d'autres œuvres, parmi lesquelles nous citerons : *Pandore*, opera, la comédie de *Nanine*, les contes de *Zadig*, la *Vision de Babouc*, *Memnon*, les *Voyages de Scarmentado*, un *Traité de Métaphysique* pour Mme du Châtelet, le panégyrique de saint Louis, celui de Louis XV, des discours en vers sur les embellissements de Paris, sur les officiers morts pendant la guerre de 1741. Les petits vers, la correspondance allaient toujours grand train; il est bon de le rappeler, car on pourrait ne pas le croire. Nous omettons forcément beaucoup de détails, dont quelques-uns se retrouveront dans la suite de ce livre. Au mois de septembre 1749, Mme du Châtelet mourut à Lunéville, à l'âge de 43 ans. Nous parlerons plus loin de cet événement funeste qui faillit accabler Voltaire et donna à sa vie une nouvelle direction. Tendrement attaché à Mme du Châtelet, il est probable qu'il ne l'eût jamais quittée; car l'illustre marquise avait mis son affection à l'épreuve. De retour à Paris, Voltaire ne put se remettre que lentement d'une secousse qui lui avait brisé le cœur. Il ne voulait voir personne et recevait à peine son neveu, Richelieu et son excellent ami M. d'Argental. Ce dernier finit par lui faire reprendre goût aux choses du théâtre. Voltaire en disposa un dans sa maison de la rue Traversière. C'est à cette époque

qu'il remarqua le jeune Lekain et s'intéressa à lui. Il che
cha d'abord à le détourner d'embrasser une profession enco
avilie par les préjugés et lui offrit une somme de 10,000 f
pour l'aider à s'établir. Le grand tragique s'est plu à reco
naître tout ce qu'il devait aux bontés et aux conseils c
Voltaire.

A cette même époque, Mlle Clairon, encouragée et dirig
par Voltaire, joua son *Electre*.

Mme Denis, sa nièce, veuve et sans enfants, ayant d'ailleu
des talents, aimant le monde où elle brillait, tenait sa maiso
Voltaire passa environ neuf mois à Paris, qu'il ne deva
revoir que vingt-huit ans plus tard.

Se sentant repoussé et calomnié en France, tandis qu
était attiré à Berlin par les sollicitations les plus flatteuses
les plus amicales, Voltaire se décida, malgré les instances c
l'opinion contraire de ses amis et de ses parents, à se rend
aux désirs très-impatients de son royal disciple. C'était a
mois de juillet 1750. D'abord tout alla très-bien, le roi
combla de prévenances et d'honneurs. Voltaire eut l'ord
du Mérite, 20,000 fr. d'appointements et une clé de chambe
lan. L'insociable Maupertuis en devint malade de jalousie e
ne le fit que trop paraître. Voltaire voyait le roi dans la jou
née pendant deux heures, et corrigeait ses poésies et s
prose; le soir, quand sa santé le lui permettait, il assista
au petit souper intime de son ami couronné. Assurément ce
deux hommes étaient faits pour s'entendre et pour sympa
thiser par le côté du génie et de l'intelligence; mais plus Fré
déric s'incarnait dans son rôle de roi absolu, plus son carac
tère devenait dur, impérieux, et moins son cœur resta
fidèle aux sentiments généreux qu'avait fait paraître l
prince royal.

Maupertuis, secondé par un misérable folliculaire, Labau
melle, semait adroitement des germes de mésintelligeuce. O
rapportait au roi que Voltaire aurait dit au général Manstein
attendez, pour que je m'occupe de votre travail, que j'aie blan
chi le linge sale du roi. On faisait craindre à Voltaire que Fré
deric n'eût laissé échapper ce mot : quand l'orange est pres
sée, on jette l'écorce. De plus Maupertuis s'avisa, pou
rivaliser avec Voltaire, de publier des *Lettres philosophiques*
d'une incroyable bouffonnerie, et en outre, en sa qualité d

président de l'Académie de Berlin, il fit scandaleusement
rayer du nombre de ses membres M. Kœnig. Voilà la guerre
allumée, le roi tout des premiers y prit part, puis défendit
que personne s'en occupât davantage. Voltaire, blessé de
plus d'une façon, et surtout dans ses sentiments de justice et
de légitime indépendance, trouva le moyen de faire imprimer
son amusante *Diatribe du docteur Akakia*, médecin du pape.
Maupertuis, couvert d'un ridicule mérité, n'en fut que plus
furieux, et Frédéric, ne se souvenant plus que de sa qualité de
roi, fit brûler le pamphlet par les mains du bourreau sous les
fenêtres de son ami Voltaire. Ce grand bout d'oreille ouvrit
enfin tout à fait les yeux à Voltaire, qui voulut absolument
quitter son bon ami le roi et ne le put ni sans difficulté ni
peut-être sans quelque hésitation intérieure de la part du
maître. On en verra la trace dans une lettre du roi, bien que
dix années eussent passé sur ces événements. Enfin Voltaire
partit de Berlin le 26 mars 1753, après un séjour d'un peu
plus de deux ans et demi.

Le climat était contraire à sa santé ; il fut atteint en Prusse
d'une affection scorbutique et y perdit une partie de ses
dents. Tous les autres membres de la famille royale aussi
bien que quelques autres personnes distinguées lui donnèrent
des témoignages d'une véritable affection. Voltaire termina
pendant ce séjour à Berlin son *Siècle de Louis XIV*, avec un
sentiment d'indépendance et d'impartialité plus grand qu'il
n'eût pu l'avoir en France. Il composa ou refit quelques-uns
de ses contes : *Micromégas, Zadig*, etc.

Voltaire se rendit d'abord à Leipzig où il passa près d'un
mois, puis à peu près autant à la cour du duc et de la duchesse de Saxe-Gotha. C'est à l'instigation de cette princesse
qu'il entreprit les *Annales de l'Empire*. A Francfort, Voltaire
subit de la part de Frédéric un traitement barbare, qui trahissait honteusement la main du despote et pourrait faire douter qu'il fût doué de quelque générosité de sentiments.
Voltaire et sa nièce Mme Denis y furent l'objet d'une persécution ignoble, sous les plus ridicules prétextes. Le poëte
honnête homme, n'oublia jamais l'infamie du roi et ne s'en
vengea plus tard qu'en le consolant, en essayant de lui être
utile, ainsi que le verra le lecteur.

De Francfort, Voltaire s'arrêta d'abord près de Strasbourg,

puis à Colmar, incertain du parti qu'il prendrait. Il sonda l
cour de France et ne la trouva pas favorablement disposé
pour lui. Louis XV l'avait bien cédé à son frère Frédéric, ma
sans bonne grâce. On lui avait retiré sa charge d'historio
graphe. *Le siècle de Louis XIV* publié à Berlin ne rencontra e
France que difficultés. Le libraire Néaulme de la Haye ayal
publié quelques fragments incomplets de *l'Essai sur les mœur.*
cette publication frauduleuse et désavouée par l'auteur fu
contre lui un nouveau grief, et le roi dit à Mme de Pompadou
qu'il ne voulait pas que Voltaire vînt à Paris.

La santé de Voltaire était fort chancelante et il s'achemina
au mois de juillet 1754, vers Plombières en passant par l'ab
baye de Sénones, où le bon abbé dom Calmet lui donn
l'hospitalité pendant un mois. Il y poursuivit ses recherche
pour son *Essai sur les mœurs*, auquel il ne cessait de travai
ler aussi bien qu'aux *Annales de l'Empire*. A Plombières, Vo
taire eut la consolation de retrouver ses plus fidèles ami
M. et Mme d'Argental; Mme Denis y vint aussi et retourna e
Alsace avec son oncle. La maladie et les souffrances morale
ne pouvaient arrêter un tel travailleur. Après avoir fait l
bénédictin avec dom Calmet et dom Mabillon, Voltaire trou
vait encore le temps d'envoyer à son ami d'Argental *l'Orphi
lin de la Chine.* Voltaire et sa nièce quittèrent l'Alsace a
mois de novembre 1754 et se rencontrèrent à Lyon avec l
maréchal de Richelieu. Le public de Lyon fit un tel accueil
Voltaire qu'il en oublia les mauvaises dispositions de la cou
et la froide réception du cardinal de Tencin.

Toutefois, le malheureux philosophe était fort inquiet, ca
de même qu'on lui avait dérobé des parties de son *Essai su
les mœurs*, on lui annonçait encore qu'on allait publier s
Pucelle, ce qui pouvait lui faire redouter les conséquenc
les plus graves.

De Lyon, Voltaire se rendit à Genève pour consulter l
célèbre Tronchin, qui lui déconseilla de prendre les eau
d'Aix et l'affermit dans ses habitudes d'un régime bie
entendu.

De l'Imprimerie L Tolmer et Cie à Saint-Germain.

III

Nous touchons à la dernière étape de Voltaire. Il va se fixer pour achever sa vie près de Genève, aux Délices et dans la petite province de Gex, à Ferney. Il a plus de soixante ans, sa santé est toujours très-misérable, il est persécuté, calomnié. Cependant, il conserve ce puissant ressort qui ne l'abandonna jamais, il a la santé de l'esprit. La joie d'avoir raison et de faire du bien le soutient et lui donne la force de vivre. Voltaire a passé vingt-trois ans dans cette dernière station, et telle y a été sa prodigieuse activité que, pour en donner une juste idée, il faudrait décrire la vie de plusieurs personnes, douées de grandes facultés très-diverses, d'ailleurs acharnées à leur travail quotidien.

Il y a d'abord l'agriculteur qui rend florissante une terre dépeuplée et délaissée depuis les cruels effets de la révocation de l'édit de Nantes; puis le colonisateur qui trouve un village misérable de quarante-neuf habitants et crée une petite ville de douze cents âmes, pour laquelle il fait bâtir lui-même une centaine de maisons en pierres et dépense plus de six cent mille livres. Nous avons ensuite le patriarche qui attire près de lui une famille, l'établit et la rend heureuse; l'homme du monde dont les relations utiles, bienveillantes, font la joie de tous ceux qui l'approchent.

Voici maintenant l'homme d'affaires, le seigneur attentif à disputer aux commis des fermes la subsistance de ses vassaux, à les protéger contre les vexations de tout genre qui accablaient le peuple en ce temps-là : dîmes, corvées, tailles, dixièmes, vingtièmes, etc. : voici le défenseur des opprimés, l'avocat des causes perdues, l'intrépide et vaillant redresseur de torts, le Don Quichotte de l'humanité. L'affaire des Calas durera trois ans, celle des Sirven huit, celle du chevalier de La Barre et d'Étallonde l'occupera toute sa vie, de même encore l'affaire des serfs mainmortables de messieurs les moines de Saint-Claude. Il gagnera définitivement l'affaire de la femme Monbailli, dont le mari innocent avait été roué,

celle de M. de Morangies, plusieurs autres que je passe, (
enfin il obtiendra la réhabilitation de Lally-Tollendal,
laquelle il travailla douze ans.

Mais nous n'avons rien dit encore de l'écrivain et du philc
sophe. Il faudrait un catalogue pour chacun. Nous épargne
rons les détails au lecteur. A Fernéy, l'historien revoit (
complète son *Essai sur les mœurs*, *le Siècle de Louis XIV*, écr
l'Histoire du siècle de Louis XV, *l'Histoire du Parlement*, *l'Histoi*
de Pierre le Grand. Le poëte achève *la Pucelle*, forcé à cet
publication par de criminelles et odieuses falsifications. Je r
puis nombrer ici les contes, satires, odes, épîtres, stanc(
tombés de sa plume. Il compose les tragédies de *Tancrède*, d'(
lympie, *du Triumvirat*, des *Scythes*, des *Guèbres* ou *la Toléranc*
Sophonisbe, les *Lois de Minos*, des *Pélopides*, de *Don Pèdre*, d'*Irèn*
et d'*Agathocle*, puis viennent les traductions du *Jules César* (
Shakespeare, et de l'*Héraclius* de Caldéron. Comme il l'écr
quelque part, le but de ces tragédies n'est pas d'occuper
loisir des spectateurs : *il ne s'agit que d'humanité*. Le poëte r
dit pas seulement vrai en cette occasion. Telle a été la pens(
constante de toute sa vie. On avait voulu porter un cou
mortel à la philosophie, en laissant jouer une odieuse pi
de Palissot ; Voltaire en profita soudainement pour livrer a
ridicule les critiques à gages et les diffamateurs émérites, te
que Fréron. Son *Écossaise*, traduite et jouée dans toute l'Eu
rope, fut suivie de la comédie du *Droit du Seigneur*, de
Comtesse de Givry, du *Dépositaire*, joué sur le théâtre d
Ferney, du *Baron d'Otrante*, opéra bouffe, les *Deux Tonneau*
opéra comique, etc.

L'œuvre du philosophe est encore plus considérable, ca
quoiqu'il soit sensible à la gloire, ce qui le touche surtout, (
qui occupe sa grande âme, c'est l'amour de l'humanité ; che
lui, le poëte et l'écrivain furent toujours les très-humbles se
viteurs du philosophe et de l'homme.

Faisons observer, d'abord, que sur les vingt-deux vc
lumes in-8° de sa *Correspondance*, seize ou dix-sept datent d
Ferney. Pour le moment mentionnons sa collaboration
l'Encyclopédie, puis les sept volumes de son *Dictionnaire ph*
losophique, œuvre immense qui lui fit courir les plus granc
dangers. Il faillit être décrété de prise de corps et se tint pr
à fuir pendant plusieurs mois, après avoir brûlé des mon

ceaux de papiers. Ce n'était pas sans motifs, car le dictionnaire contenait toutes les réformes politiques, administra-
tives, financières, économiques et judiciaires, qui se
trouvèrent plus tard dans les cahiers des députés aux États-
Généraux de 89. La superstition et le fanatisme y étaient at-
taqués de mille façons et sous toutes les formes, la liberté
et les droits de l'homme revendiqués à chacune des pages de
cette encyclopédie courante, aux vives allures et plus dégagée
d'entraves que la grande œuvre de Diderot.

Candide, l'*Homme aux quarante écus*, l'*Histoire de Jenny ou
l'athéisme*, l'*Ingénu*, la *Princesse de Babylone*, les *Oreilles du
comte de Chesterfield*, les *Lettres d'Amabed*, le *Dîner du comte de
Boulainvilliers*, tous ces contes philosophiques, fruits d'une
verve intarissable, sont de cette époque.

Au nombre de ses écrits purement philosophiques ou religieux, nous ne pouvons citer que les plus importants : *Le
Philosophe ignorant*, *Il faut prendre un parti ou de l'éternité
des choses*, *Lettres de Memnius à Cicéron*, *Tout en Dieu*, *Commentaire sur Malebranche*, *Examen important de milord Bolingbroke*, *Dieu et les Hommes*, *Traité de la tolérance*, *Commentaire
sur le Traité des délits et des peines de Beccaria*, *Commentaire sur
l'Esprit des lois*, le *Prix de la justice et de l'humanité*, *Histoire de
l'établissement du christianisme*... Il faut s'arrêter, car je l'ai
promis, et je n'ai d'autre but ici que de faire entrevoir de
quelle incroyable activité il fallait être dévoré pour suffire à
tant de travaux.

Est-il besoin d'avertir que tous ces ouvrages paraissaient
sous des noms d'emprunt. La quantité de ces pseudonymes
est une nouvelle preuve de cette activité inouïe. Il est l'abbé
de Tilladet, M. Fatema, l'abbé Bazin, Catherine Vadé,
Jérôme Carré, le docteur Ralph, l'abbé Tamponet, le Père
Quesnel, l'abbé de la Caille, Joseph Laffichard, George
Gouju, Eraton, Macarti, M. Dardelle, M. de Morza, c'est une
armée. Voltaire mérite réellement d'être appelé *Légion*, cette
épithète lui va mieux qu'à personne.

Voltaire s'était placé à Ferney dans les conditions les plus
favorables pour assurer son indépendance et sa liberté de
penser. Ayant un pied en Suisse et un autre en France, sur une
terre qui y jouissait des privilèges accordés aux Suisses (privilèges qui lui furent confirmés, grâce à M. de Choiseul)

touchant d'autre part à la Savoie, notre philosophe av
effectivement plusieurs trous pour échapper aux meut
acharnées à sa poursuite. Il reçut dans *ses chaumières*
plupart des hommes, que le talent ou leur position da
le monde mettaient alors en relief. Lekain et Clairon y vi
rent jouer ses pièces, Mlle Fel chanter du Gluck.

Voltaire aimait les arts, à la fois comme une consolation d
misères de la vie et un moyen de civiliser les hommes. Son go
sur ce point était si vif qu'il remonta sur le théâtre à côté (
Mme Denis, pour y jouer quelques rôles de vieillard, dans le
quels il avait jadis obtenu tant de succès, à Cirey, à Sceau
chez la duchesse du Maine, et à Berlin, dans les appartemen
du roi.

Lekain, qui joua avec l'auteur *Rome sauvée*, chez la di
chesse du Maine, en 1750, dit dans son opuscule : « Je ne cro
pas qu'il soit possible de rien entendre de plus vrai, de pl
pathétique et de plus enthousiaste que M. de Voltaire dai
le rôle de Cicéron. »

Il importe de dire un mot de la fortune de Voltaire. El
était grande, surtout pour l'époque, et lui permit de vivre
Ferney comme un grand seigneur et d'y être *l'aubergiste (
l'Europe*. Voltaire avait hérité de son père et de son frère ur
honnête aisance ; la souscription de *la Henriade*, à Londre
avait donné un beau résultat, sa charge de gentilhomme o
dinaire lui avait valu 60,000 fr. Mais ce qui accrut cette fo
tune dans d'assez grandes proportions, ce fut l'habileté (
l'intelligence de Voltaire. En Angleterre, en Hollande, il ava
vu ce que produisaient les opérations de commerce et d'ai
mement maritime. Toute sa vie il fut intéressé dans de sem
blables entreprises. En outre, après les désordres occasionné
par la chute de Law, il y eut des loteries sur la ville de Pari
Voltaire y fut heureux. Il était lié avec les frères Paris et pri
part, sous leurs auspices, à plusieurs fournitures. Je lis cett
phrase dans une lettre adressée à Paris-Duvernet, e
juillet 1756 : « Je vous dois en grande partie la douceur de m
fortune. Je ne l'oublierai point et vous serai attaché jusqu'a
dernier moment de ma vie. » Dans cette fortune il y avait di
viager. Voltaire avait de l'argent placé chez les Bouillon, le
Guise, les Richelieu, les d'Estaing, le prince de Witemberg
l'Électeur Palatin, etc.

Nul ne fit un plus noble usage de sa fortune. Ce n'était pas pour lui qu'il la possédait, c'était pour les autres : sa bourse était entièrement au service de la justice, de la vérité et de ses semblables. Voltaire vivait de régime et de travail, tel était son menu ; mais il avait compris de bonne heure que, sans fortune, il n'aurait point d'indépendance et ne pourrait venir en aide à son prochain. Sa raison le servit en cette circonstance comme en toutes les autres : le nombre des personnes qu'il a plus ou moins obligées de sa bourse est considérable, nous en trouverons quelques traces dans la suite de ce livre. Les seules jouissances de Voltaire, c'était de rendre heureux ceux qui l'entouraient, de faire du bien, de défendre la vérité, et de consacrer toutes les forces de son âme à l'œuvre sainte de l'amélioration du sort de ses semblables. Il avait mis en pratique la maxime de Swift : il faut avoir l'argent dans la tête et non dans le cœur.

Si Voltaire posséda une assez grande fortune, elle subit des variations et parfois de graves atteintes. Le fils de Samuel Bernard lui fit banqueroute de vingt mille écus, et les mesures fiscales de l'abbé Terrai lui enlevèrent d'un coup une somme de deux cent mille francs.

Dans les dernières années de sa vie, Voltaire ne payait pas moins de trente-deux mille francs de pensions de tout genre. De bonne heure il cessa d'émarger les pensions qu'il tenait du roi et de la reine. Il ne s'occupa de la première que pour s'en dessaisir en faveur de Laharpe. Mentionnons encore ce détail que Voltaire abandonnait à des amis, artistes, gens de lettres ou libraires, le produit de ses œuvres. Le seul profit important qu'il paraît avoir tiré de ses livres est la souscription, faite en Angleterre, pour *la Henriade*.

Une des raisons qui avait déterminé Voltaire à se fixer près de Genève, c'était d'accepter les offres de MM. Cramer pour une édition complète de ses œuvres. Cette première édition, revue par l'auteur, parut en 1757. En 1763 Voltaire abandonna les *Délices* par suite des troubles survenus à Genève. Il y eut des coups de fusils et des bannissements. Voltaire en fit un poëme héroï-comique et recueillit les expatriés dans sa colonie de Ferney. Il avait autant d'horreur du fanatisme, qu'il fût affublé des robes courtes de Calvin ou couvert de la robe longue de saint Dominique et de saint Ignace.

En 1770, Pigalle fut envoyé à Ferney pour faire une statu
de Voltaire, au moyen des souscriptions et au nom des gens (
lettres. Cette démonstration avait un double but : honorer
philosophie moderne et l'écrivain qui en était le plus gloriet
représentant. Le succès le plus éclatant couronna ce nob
dessein et pouvait faire présager l'accueil que Voltaire rec
vrait à Paris huit ans plus tard.

IV

Je n'ai rien dit de la manière de vivre de Voltaire et de se
ménage à Ferney. Je dois réparer cet oubli. Voltaire éta
une nature trop complète, une âme trop expansive pour n'
voir pas constamment éprouvé le besoin d'une société ii
time. Pendant le cours d'une vie remplie par le trava
jamais il n'a vécu seul. Lorsqu'il est jeune, presque toujou
chez les autres, à peine s'il possède un petit chez soi, au bo
temps de Génonville, de mademoiselle de Livri et de se
amours régence avec la marquise de Mimeure. En revenai
de Hollande, il se loge soit à Paris, soit à la Rivière-Bourdet av
la présidente de Bernières, chez laquelle il paie pensio
pour lui et Thiriot, puis on le voit dans les mêmes condition
chez la baronne de Fontaine Martel. Cette *très-singulière* Ma
tel, à laquelle il fit de petits vers et qu'il se crut engag
d'honneur à faire partir dans les règles, c'est-à-dire apr
avoir eu une conversation pieuse avec un jésuite compla
sant, était une sorte d'esprit fort, quelque peu épicurienn
à la façon de mademoiselle de Lenclos. C'est après sa mor
en 1733, que Voltaire s'établit rue de Longpont, en face Sain
Gervais. Mais il n'y fut pas longtemps seul : madame du Ché
telet y vint bientôt visiter le poëte et l'attacher à sa destiné
Voltaire fit ménage commun avec la famille du Châtelet, e
avec une grande délicatesse y mit largement du sien, ain
qu'il résulte de plusieurs lettres authentiques.

Déjà, avant de se rendre à Berlin, Voltaire avait associ
madame Denis, sa nièce, à son existence. Il la laissa
Paris dans sa maison, dont il faisait tous les frais. Cette veuv

très-mondaine le rejoignit en Alsace et se fixa avec lui aux Délices et à Ferney. Mme Denis tenait la maison, où Voltaire dépensait quarante mille francs par an ; elle épargnait au philosophe les menus détails d'une grande existence. Jouissant ainsi des avantages d'une liberté, indispensable à sa santé délicate et à ses travaux incessants, il recevait ses parents, ses amis. ses admirateurs et les curieux, sans qu'il lui en coûtât trop de temps et d'ennuis. En outre, cette situation lui permit d'accueillir mademoiselle Corneille, d'achever son éducation et de la marier, aussi bien que sa belle-sœur mademoiselle Dupuits et, en dernier lieu, mademoiselle de Varicourt.

Ordinairement, Voltaire se couchait à dix heures et se réveillait à cinq heures du matin. Alors arrivait sa cuisinière Barbara, qu'il appelait Baba. Elle lui apportait une tasse de café au lait et l'entretenait du ménage, sur lequel elle avait la haute main. Baba était fort attachée à son maître et avait avec lui son franc-parler. Un jour, par une fantaisie sans réflexion, le philosophe s'avisa de jeter quelques gouttes d'essence de rose dans son café, ce qui eut pour effet de provoquer une violente résistance de la part de l'estomac. Voltaire sonne, Baba accourt et le voit dans un état fort piteux. Quand elle en sut la cause, elle s'écria : « En vérité, Monsieur, avec tout votre esprit, il faut que vous soyez plus bête que vos dindons ; une chose pareille !... »

Dans l'après-midi, Voltaire sortait seul, d'autres fois accompagné de son secrétaire ou de quelques autres personnes de la maison, tantôt à pied, tantôt en voiture pour veiller à ses travaux des champs, à ses constructions. etc., ou pour se promener dans les bois, puis il revenait au travail. Il lui arrivait de passer plusieurs mois dans son lit, sur lequel tout était disposé pour qu'il pût écrire. Souvent il priait Wagnière, au milieu de la nuit, de venir écrire sous sa dictée. La plupart de ses lettres se faisaient de cette façon.

Jamais Voltaire ne fut plus heureux qu'il ne le fut à Ferney, parce que jamais il ne fut plus occupé, ne fit plus de bien et ne fut plus libre ; jamais il ne jouit mieux de lui-même et des autres, et n'eut plus pleine conscience de son œuvre dans le monde.

Voltaire n'était pas seulement accessible aux lettrés et aux

gens du monde ; il vivait au milieu de ses ouvriers et de ses
colons, qu'il aimait et dont il était aimé. Le dimanche, le
château était le lieu de plaisance des habitants de Ferney. I
y avait de la musique, l'on y dansait et l'on y trouvait une
cordiale et large hospitalité. Le bon philosophe venait souvent réchauffer son cœur au feu de cette joie, non pas en sei
gneur gourmé et fier, mais en homme heureux d'être pour
quelque chose dans le bonheur de ses semblables.

Il était vif, mais sa bonté réparait bientôt ses écarts. Quand
il s'était mis en colère contre ses domestiques, quelques heures
après, s'il les voyait près de lui, il disait devant eux : « Je me
suis fâché contre mes gens, je les ai grondés ; mon Dieu ! i
faut qu'on me pardonne, car je souffrais comme un malheureux. »

Après la joie de rencontrer des hommes selon son cœur tels
que Turgot, Franklin ; des coopérateurs tels que d'Alembert
Diderot, et de plus humbles, mais aussi dévoués, tels que Da
milaville, Christin, l'abbé Andra, et de bons amis tels qu
Cideville, d'Argental, Voltaire se montra toujours très-sensible à la grâce et à la beauté des femmes, à leur humeur vive
enjouée, à leur naturel primesautier ; quand il s'y joignait le
goût des arts, l'amour du bien, alors il s'enthousiasmait, ainsi
qu'il arriva pour Adrienne Lecouvreur, Mmes du Châtelet, de
Choiseul, de Chauvelin, Mme la duchesse d'Enville, Mme la
comtesse de Saint-Julien, qui était charmante, spirituelle, e
chasseresse comme Diane.

Nous dirons combien il fut heureux du bon caractère, de
la naïveté et de l'innocence de Mlle Corneille. Le dernier rayon
de la grâce féminine qui ait lui sur le front du patriarche ne
fut pas celui qui lui causa le moins d'émotions douces et pro
fondes. M. de Varicourt, garde-du-corps du roi et l'un de ses
voisins, ne possédait guère que son épée pour nourrir une
nombreuse famille. Voltaire recueillit chez lui, quatre ans
avant sa mort, l'un de ses onze enfants, Mlle Renée de Varicourt. Elle avait quinze ans et le plus heureux naturel ; il sem
blait que toutes les bonnes fées eussent présidé à sa naissance. Ce fut le dernier printemps de Voltaire. Il la nomma
Belle et bonne.

Le matin, elle venait l'embrasser avec l'abandon d'une fille
chérie : *Bonjour, belle nature,* lui disait-il, comme s'il eût salué

l'aurore. Elle répondait par des caresses et en l'appelant son
dieu tutélaire. Cette fraîche apparition, cette grâce candide,
rassérénaient l'âme du vieillard. Devant cette pure et charmante expression de la nature humaine, il oubliait tout ce
qu'il en avait connu de laid, de faux et de mal, il oubliait ses
propres chagrins. *Vous me mettez bien avec moi-même,* lui disait-il, *je ne puis me fâcher devant vous.* Souvent, ajoute encore Wagnière, qui en était témoin, souvent, au moment de
se retirer le soir, il s'adressait en ces termes *à Belle et bonne :*
*Tout le monde est-il aujourd'hui content de moi? Eh bien, je dois
l'être de moi-même, et je veux que mon ange gardien le soit aussi.*
Puis il lui donnait un bijou ou quelque joli souvenir.

Six mois avant sa mort et au moment de marier sa dernière pupille au marquis de Villette, le bon patriarche appréciait ainsi la charmante enfant, qui avait doré de quelques
rayons les derniers jours de sa vie. Il disait, le 9 novembre
1777, à son ami d'Argental :

« Mlle de Varicourt n'a pas un denier, et son mari fait un
» excellent marché. Il épouse de l'innocence, de la vertu, de
» la prudence, du goût pour tout ce qui est bon, une égalité
» d'âme inaltérable, avec de la sensibilité; le tout orné de
» l'éclat de la jeunesse et de la beauté. »

Voltaire avait pour ennemis, non-seulement les envieux,
les gens d'église, tout ce qui tenait au passé par les abus et
l'intérêt, mais le philosophe de Ferney avait une telle notoriété, qu'il était connu du dernier des sots comme du plus
vulgaire des fanatiques. Cette gloire avait ses dangers. Telle,
à la bataille d'Ivry, était la situation de son héros, que son
panache blanc désignait à ses amis et à ses ennemis.

Il n'y avait pas de semaine qu'on ne reçût à Ferney des
lettres anonymes de tout genre, contenant des injures et des
menaces. Wagnière en avait fait un extrait que Voltaire jeta
au feu par mégarde, au moment de partir pour Paris. Donc,
Voltaire comprenait bien qu'il était une excellente proie et
une victime toute désignée pour le premier Jacques Clément,
Ravaillac ou Damiens, que pouvaient lui susciter le fanatisme
et la rage des dévots. De là son affectation à insister sur ses
maladies et sa vieillesse, c'était un premier rempart : tous les
jours on pouvait espérer qu'on en serait délivré.

Cependant, il éprouvait quelquefois des craintes inspirées

par le sentiment de ce danger, non pas qu'il eût peur de la
mort : dès sa jeunesse il montra toujours à cet égard le courage d'un stoïcien ; mais il craignait de ne pas achever son
œuvre, d'être arrêté court, alors qu'il sentait combien il lu
restait à faire. C'est par le même sentiment que, se pro-
menant un jour d'orage avec un de ses hôtes, il lui dit
tout à coup : « Rentrons, voilà qu'il tonne très-fort.—Eh quoi!
auriez-vous peur de la foudre ? — Non, mais il ne faudrait
pas que j'en fusse atteint, car les cagots feraient de beaux
cris de triomphe, et la philosophie reculerait de cinquante
ans. » Le grand vieillard vivait toujours et naturellement
dans la pensée de son œuvre.

Au fond, Voltaire était doué d'une grande fermeté et d'un
véritable courage, aussi bien que d'une admirable présence
d'esprit ; il en donna toute sa vie des preuves. Lorsqu'une
cabale s'acharna de parti pris à faire tomber sa pièce d'*Ar-
témire*, aussi bien que la jeune fille qu'il protégeait, Mlle de
Corsembleu, Voltaire s'élança sur le théâtre, harangua le
parterre, le fit rougir de ses procédés et revenir à de meilleurs sentiments. Il fut écouté avec faveur et retira la pièce
Pendant son séjour à Londres, il fut insulté par la populace
qui déjà ramassait des pierres et de la boue pour les lui jeter
Il monta vaillamment sur une borne, et s'adressant à cette
foule : « Braves Anglais, ne suis-je pas assez malheureux de
n'être pas né parmi vous ? » Il continua sur ce ton et obtint
un tel succès, que la foule voulait le reconduire chez lu
en triomphe.

En 1748, lors des premières représentations de *Sémiramis*
qui furent assez orageuses, il s'affubla de l'habit de l'abbé de
Villevieille, et, ainsi déguisé, s'attabla chez Procope pendant
une heure et demie pour entendre tout ce qu'on disait de sa
pièce. Il en fit son profit, le soir même changea le quatrième
acte et modifia quelques-uns de ses vers. *Les soldats de Cor-
bulon* (lisez Crébillon) et les autres cabaleurs furent assez
déconcertés de ne plus revoir les sujets de leurs critiques.

Voltaire eut toujours des copistes et des secrétaires. Longchamps, qui appartint deux ans à madame du Châtelet et
passa ensuite au service de Voltaire comme valet de chambre, remplit cette fonction pendant huit ans. Voltaire amena
à Berlin un certain Tinois, qu'il fut obligé de renvoyer pour

avoir vendu des copies de quelques-uns de ses écrits, entre autres de plusieurs chants de *la Pucelle*. Le Florentin Collini, homme distingué et que Voltaire plaça plus tard chez l'électeur Palatin, prit la fonction de ce Tinois en avril 1751 et ne quitta Voltaire qu'à Ferney, en 1756. Collini a raconté lui-même son séjour près du philosophe. Bien que Voltaire ait dû le remercier de ses services sur l'insistance de Mme Denis, Collini rend pleine justice au caractère et à l'extrême bonté de Voltaire, qui l'embrassa lors de son départ, le munit d'argent et conserva toujours avec lui de cordiales relations.

Wagnière s'attacha à Voltaire dès l'âge de quatorze ans, en 1754, et ne le quitta jamais. C'est le plus fidèle et le plus important témoin de la belle vieillesse du philosophe. Honnête, très-modeste, plein de dévouement pour le grand homme dont il avait la joie de se trouver le satellite, Wagnière, on peut le regretter, n'avait pas une intelligence assez forte pour remplir complétement ce rôle de témoin. C'est une physionomie un peu effacée, et peut-être est-ce pour cela qu'il fut un parfait secrétaire. Il était devenu un appendice de son maître, qui ne pouvait plus se passer de lui et qui l'aimait doublement pour son utilité et pour son sincère dévouement. Wagnière le méritait, car, si l'on peut trouver qu'il manque d'initiative intellectuelle, le cœur ne lui fit point défaut. Marié fort jeune à Ferney, il y eut deux enfants. Voltaire témoigna toujours beaucoup d'affection à toute cette famille et avait pris la peine d'enseigner le latin à ce jeune homme.

L'humble et dévoué secrétaire finit par devenir l'ami respectueux de son maître. Voltaire lui en donne souvent le titre ; nous verrons même qu'il l'appelait son frère et qu'il aurait voulu, à sa mort, le traiter en conséquence. Ce n'était pas l'argent qui était le mobile de Wagnière et de sa famille, mais bien l'affection et la reconnaissance ; les appointements de Wagnière, qui ne furent sans doute jamais augmentés, n'étaient que de deux cents francs, et Mme Wagnière ne recevait que cent francs par an. Mais, dit le bon secrétaire, nous ne manquions de rien et nous étions contents. Indépendamment des huit mille livres portées sur son testament, Voltaire voulait laisser vingt mille écus à son ami, tout en le recommandant encore spécialement à la générosité de sa nièce ; si rien de tout cela ne s'accomplit, nous dirons pourquoi à l'article de Mme Denis. Toujours est-il que Wagnière, bien assuré des sentiments de Voltaire, défend sa mémoire sur ce point, comme sur quelques autres. Voltaire avait été tant éprouvé par l'ingratitude des hommes qu'il craignait, en faisant de son vivant une petite fortune à Wagnière, d'être abandonné par lui. Triste effet des expériences cruelles d'une vie longue et tourmentée !

Wagnière n'a pas dit tout ce qu'il savait, notamment sur Mme Denis, dont il eut justement à se plaindre, car sans la munificence de Catherine II, il serait mort dans la gêne, sinon dans la misère ; mais Wagnière, comme Collini, témoin de la bonté incessante de son maître, a souvent été lui-même l'agent secret de ses bienfaits. C'est lui qui racoute que deux domestiques de Voltaire, ayant commis un vol assez considérable, prirent la fuite pour se soustraire aux recherches de la justice. Le philosophe ayant su où ils se cachaient, leur dépêcha Wagnière avec de l'argent, afin qu'ils pussent se sauver et s'aller, non faire pendre ailleurs, mais tâcher d'y être honnêtes gens. Cette fois encore Voltaire eut la main heureuse ; ces pauvres diables passèrent à l'étranger et y vécurent honnêtement, après avoir été pendus en effigie. Wagnière cite encore ce trait caractéristique :

« Un homme qui commettait beaucoup de dégâts dans le
» village fut enfin dénoncé. Sur le point d'être arrêté, il prit
» le parti de venir avec sa femme implorer la miséricorde de
» M. de Voltaire. Ils se jetèrent à ses pieds, en se déses-
» pérant, pleurant et témoignant de leur repentir. M. de
» Voltaire attendri ne put retenir ses larmes et s'agenouilla
» lui-même pour les faire lever, en leur disant : Mettez-vous
» à genoux devant Dieu et non pas devant moi, qui ne suis
» qu'un homme. Allez-vous-en, je vous pardonne, et n'y
» retombez plus. »

Un mot sur le Père Adam, dont le lecteur rencontrera quelquefois le nom. Voltaire l'avait connu pendant son séjour en Alsace. Après l'expulsion des jésuites, le Père Adam vint se réfugier dans le pays de Gex. Il jouait fort bien aux échecs, seul jeu qu'aimât Voltaire, en déplorant parfois le temps qu'il lui faisait perdre. Voltaire accueillit le Père Adam en 1762 et le garda jusqu'en 1776. Le Père Adam, naturellement tracassier, était devenu difficile à vivre, à ce point qu'il fallut se séparer. Cependant Voltaire adoucissait, par l'envoi de quelques sommes d'argent, la vieillesse de son ancien aumônier et partenaire qui avait en propre 900 fr. de rente. Au rapport de Wagnière, avant ces derniers démêlés, Voltaire faisait en sa faveur une disposition dans son testament. Le philosophe avait encore recueilli chez lui un capucin qui disparut en le volant, après avoir séjourné à Ferney un peu plus de deux ans. Voltaire songeait à ces moines, quand il écrivait à d'Argental cette boutade : « J'ai chez moi un capucin et un jésuite; mais, par les dieux immortels! c'est moi qui suis le maître. »

Nous n'entrerons pas ici dans de plus grands détails sur la vie de Voltaire, détails qui pourraient remplir un volume. Nous insistons sur quelques-uns des plus importants dans le cours de ce livre, et sur l'espèce d'apothéose qui termina si magnifiquement une des existences les plus fécondes, les plus utiles et les plus belles qui fut jamais.

Dans les dernières années de sa vie, on voit percer chez Voltaire le désir de revoir Paris, d'où il était absent depuis vingt-huit ans et qu'il n'avait guère habité plus de deux années de suite. Enfin, le 5 février 1778, il partit de Ferney avec son fidèle Wagnière et arriva dans la grande ville le 10 du même mois. Le secret du voyage avait été gardé, et l'opinion publique se manifesta d'une façon si éclatante, que la cour accepta le fait accompli, bien qu'elle fût loin de le trouver à son gré. On sait que M. de Maurepas, alors au pouvoir, n'était rien moins que bien disposé pour Voltaire. Mais la situation était forte, nette, d'ailleurs aucun ordre d'exil ne frappait le philosophe, et les choses suivirent leur cours naturel.

Ce voyage fut un événement européen et le méritait. Le peuple, les gens du monde, l'Académie, le Théâtre-Français, tout fut en mouvement. L'homme du siècle reçut à l'une les plus grands honneurs, et à l'autre, une ovation telle qu'il ne s'en vit jamais de semblable.

Ces manifestations de l'opinion publique touchèrent profondément le vieux philosophe : elles étaient une preuve vivante des progrès accomplis depuis trente ans. Les

Welches se polissaient, s'instruisaient et devenaient dignes
du nom de Français. Le poëte témoigna de ses sentiments
par quelques derniers vers. Cependant, par raison et grâce
à sa vieille expérience, il ne s'illusionnait point sur la valeur
de cet enthousiasme. Comme certains flatteurs lui disaient :
Voyez, tous ces Français sont là pour vous rendre hommage.
—Oui, répondit l'illustre vieillard; mais si l'on me conduisait
au supplice, il y en aurait tout autant.

Voltaire avait été assez gravement malade vers la fin de
février, mais il s'était relevé, continuait de travailler selon
son habitude et s'était mis sur les bras une partie du *Dictionnaire de l'Académie*. On le rappelait avec instance à Ferney,
sa présence y était nécessaire, il le sentait. D'autre part, ses
plus proches parents et amis souhaitaient de le retenir à Paris.
Mais l'œuvre du grand homme était terminé, il n'avait plus
qu'à mourir dans son triomphe. Cette mort arriva le 30 mai 1778.
On eût bien voulu le priver des honneurs de la sépulture;
les dévots firent de leur mieux en cette occasion, on peut
le croire. Pour éviter tout scandale et tout conflit, le ministère
permit à l'abbé Mignot d'emporter les dépouilles de son oncle
dans son abbaye de Scellières. Puis on défendit aux papiers
publics de parler de Voltaire, aux théâtres de jouer ses
pièces. On croyait se mettre ainsi en règle, sinon avec la postérité, au moins avec le présent. Le ministère n'osa affronter directement, ni l'opinion publique, ni les colères
du clergé.

Quel parti n'a ses fous et ses fanatiques? Celui des dévots fit
courir sur la fin de Voltaire les versions les plus étranges et
les plus ridicules. La vérité, c'est que Voltaire, pour éviter
tout outrage à ses restes, des embarras à sa famille, un affront
à l'opinion publique, se comporta en cette circonstance
comme il le fit avec l'évêque d'Annecy, aventure que nous
mettrons dans tout son jour. Il accueillit un certain abbé
Gauthier, connu pour sa conversion de l'abbé de Lattaignant.
Cet abbé l'entendit en confession et reçut de lui, avec 600 francs
pour les pauvres, une déclaration où il disait simplement
qu'il mourait dans la religion catholique dans laquelle il
était né.

Le curé de Saint-Sulpice, M. de Tersac, jaloux d'avoir été
gagné de vitesse par un subordonné, se présenta chez son

paroissien Voltaire, qui le reçut avec sa politesse habituelle
et lui donna, comme à son devancier, quelque chose pour ses
pauvres. Mais cela ne faisait point le compte de ce curé plein
de zèle. Il ambitionnait d'obtenir une rétractation formelle
de tout ce que Voltaire pouvait avoir écrit contre la religion.
La surveille de la mort du philosophe, le curé lui demanda,
au milieu de son mortel accablement : Croyez-vous à la divinité de J.-C.? Le moribond, par un effort suprême, répondit
à ces instances réitérées. «Au nom de Dieu, monsieur, ne me
parlez plus de cet homme-là et laissez-moi mourir en repos.»
Là dessus, le curé se retira, en déclarant qu'il ne pourrait
lui accorder les honneurs de la sépulture.

Au reste, la vraie pensée de Voltaire, celle de toute sa vie,
était consignée depuis trois mois dans une déclaration qu'il
écrivit le 28 février, étant seul avec Wagnière : *Je meurs en
adorant Dieu, en aimant mes amis, en ne haïssant pas mes ennemis et en détestant la superstition.* Cette déclaration fait
partie des manuscrits de la Bibliothèque impériale. Voltaire
avait dit à Wagnière : Quand je serai malade, s'il se présente
un prêtre, éconduisez-le. Le philosophe avait poussé la précaution jusqu'à louer en Suisse, à quatre lieues de Ferney,
une maison pour y aller mourir en paix. En 1764, il écrivait à
Mᵐᵉ du Deffand, à propos de la mort de M. d'Argenson : « Je
suis indigné qu'un homme, qui avait le sens commun, ait
passé les cinq dernières heures de sa vie avec un prêtre ; deux
minutes suffisaient. S'il faut payer chez vous ce tribut à l'u-
sage, on doit acquitter cette dette le plus tôt possible. »

Si Voltaire n'avait point quitté Ferney, il est propable qu'il
eût prolongé sa vieillesse de quelques années. Les fatigues
que lui causaient les réceptions, le changement d'air et de
climat, l'administration inconsidérée du laudanum accrurent
l'intensité d'une strangurie dont il souffrait déjà depuis plusieurs années. En outre, deux partis s'étaient formés près du
lit du malade : Le premier, celui des clairvoyants et de ceux
qui aimaient véritablement le vieillard, l'abbé Mignot,
M. Dupuits, son petit-neveu d'Ornoy, Wagnière, Tronchin,
voulaient qu'on le laissât retourner à Ferney; l'autre, composé
des philosophes d'Alembert, Lalande, Condorcet, etc., des
amis de sa gloire, et principalement de Mᵐᵉ Denis, de M. de
Villette, s'obstinaient à le garder à Paris. Il y eut des querelles

très-vives même dans la chambre du malade, qui s'écriai
en gémissant : Vous me tuez.

Nul doute que d'Alembert et ses amis politiques ne fussen
de très-bonne foi, en s'imaginant que la présence de Voltair
à Paris ne fût très-utile à la cause pour laquelle il avait vécu
On peut penser, toutefois et non sans raison, qu'ils s'abu-
saient. Les ovations faites à Voltaire avaient porté au comble
la rage des dévots et de ses ennemis. L'abbé Beauregard avai
prêché contre lui dans la chapelle de Versailles. Le débon-
naire Louis XVI, au milieu de l'étonnement que causa à Versailles l'arrivée de Voltaire, s'était contenté de dire : « Puisque
ce vieillard doit s'en retourner bientôt, il faut le laisser tranquillement finir ses jours dans sa retraite. » La comtesse de
Polignac, l'amie de la reine, l'était venue voir et le rassurer
Le comte d'Artois lui avait envoyé au théâtre le prince
d'Hénin pour le complimenter. Mais Marie-Antoinette, pas
plus que son frère Joseph, n'avait osé enfreindre la volonté
de leur mère Marie-Thérèse, bien qu'ils eussent probablemen
l'une et l'autre un secret désir de rendre hommage à l'illustre vieillard. Le roi, avec son éducation, devait naturellement nourrir de fortes préventions contre le philosophe, qu
ne fut point appelé à Versailles.

Il est évident que Voltaire était une puissance, et que ni le
clergé, ni Maurepas, qui avait joué et fait chasser Turgot, ne
pouvaient souffrir que cette puissance menaçât la leur. On le
vit bien à la mort du philosophe, et plus tard, en 1785, quand
parut l'édition de ses œuvres, faite à Kelh par Beaumarchais
Un arrêt du conseil, du 12 juin, supprimait en France
cette fameuse édition, bien qu'on en tolérât la vente;
mais il fallait donner satisfaction au clergé.

Dans son mandement pour le carême de cette même année,
et tout en accordant à ses ouailles la permission de manger
des œufs, l'archevêque de Paris disait :

« Ce recueil immense de tous les écrits de cet homme fa-
« meux, qui devait être par la supériorité de son génie la lu-
« mière et la gloire de son siècle, et qui par l'abus de ses ta-
« lents est devenu le fléau de la religion et des mœurs ; cette
« entreprise, si redoutée non-seulement des âmes pieu-
« ses, mais aussi de toutes celles qui conservent du res-
« pect pour l'honnêteté... la France n'a pas voulu qu'elle fût

» exécutée dans son sein... Cette œuvre de ténèbres est donc
» bientôt consommée. »

Il importe de nous arrêter ici à un contraste piquant, bien
propre d'ailleurs à nous donner la juste mesure de l'influence
de Voltaire comparée à celles de ses extrêmes, Diderot et
Jean-Jacques. Un an avant ce bel arrêt et ce beau mandement
s'éteignait paisiblement Diderot, matérialiste avoué et connu
pour tel. Diderot avait reçu, plusieurs fois, avec bonhomie
et politesse, le curé de Saint-Sulpice, mais il n'avait fait aucune
déclaration et ne s'était point confessé. Cependant, à la
grande joie de sa femme, fervente catholique et de son frère
le chanoine, qui fit dire force messes pour le repos de son
âme, l'encyclopédiste Diderot eut des obsèques à Saint-Roch
et son corps y fut inhumé dans la chapelle de la Vierge, où ses
restes doivent être encore. C'est le cas de rappeler l'adage :
Habent sua fata libelli... et philosophi.

Disons toutefois que l'instinct de l'Église ne l'a point
trompée. C'est à bon droit qu'elle a toujours senti en Voltaire
son plus grand ennemi. On ne détruit que ce que l'on rem-
place, et l'humanité ne peut vivre sur une négation. Or,
Diderot ne niait pas seulement l'Église, il niait Dieu ; tandis
que Voltaire, tout en attaquant Rome et Genève, proclamait
Dieu comme le principe nécessaire de la vie et le premier mot
de la raison. Voltaire, demeuré religieux, réservait et ouvrait l'avenir ; tandis que Diderot inquiétait moins l'Église, à
cause de l'excès même de sa négation.

Évidemment, d'Alembert et ses amis se trompaient. Les
temps n'étaient pas venus. Les vieux pouvoirs étaient debou
et ne pouvaient être ainsi bravés en face par un pouvoir nout
veau. Il fallait la révolution, et encore, à l'heure qu'il est,
Voltaire n'aurait pas si beau jeu. Qu'on se rappelle les dis-
cussions du sénat et l'attitude générale du clergé, plus violemment ultramontain qu'il ne le fut sous Charles X. L'ignorance est encore si grande que la superstition est toujours
toute puissante. La tolérance a fait quelque progrès, on ne
brûlerait plus le chevalier de La Barre, on ne ferait plus expirer Calas sur la roue, comme on le fit il y a cent ans.
Toutefois cette tolérance n'est pas ce qu'elle devrait être,
même d'après la constitution qui nous régit. La liberté de
conscience est opprimée par la prédominance de la religion

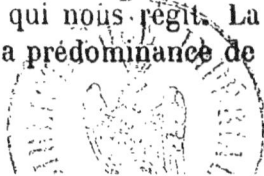

7

de la majorité des Français. Qui pourrait assurer que le premier Centenaire de l'homme illustre qui fut le père de 89, dont
91 porta triomphalement les cendres au Panthéon, qui peut
assurer que ce premier Centenaire sera célébré avec le concours de l'État établi sur les principes de 89, avec l'empressement national que montrèrent nos pères, sous le premier souffle de la liberté ?

Donnons-nous le plaisir instructif de voir comment on peut
écrire la vie d'un grand homme. Voici la conclusion d'une
Histoire de la vie et des œuvres de Voltaire, publiée en 1824, par
*M. Paillet de Warcy, capitaine décoré, membre de plusieurs socié-
tés savantes et littéraires* (sic). J'ajouterai que ce livre, s'il est
composé sous l'empire de préjugés intraitables, paraît écrit
avec une certaine naïveté et une parfaite bonne foi.

« Arouet-Voltaire fut mauvais fils, mauvais citoyen, am
» faux, envieux, flatteur, ingrat, calomniateur des vivants e
» des morts, intéressé, intrigant, peu délicat, vindicatif, am
» bitieux de places, d'honneurs, de dignités; hypocrite, mé-
» chant, avare, intolérant, inhumain, despote, impie, blas-
» phémateur, sacrilége, menteur, violent... Ces défauts e
» ces vices, sans compter bon nombre d'autres, nous les avons
» tous prouvés... »

De semblables appréciations ne sont pas sans exemple
bien s'en faut; mais il est bon de faire appel, par tous les
moyens au sentiment de justice et à la raison du lecteur.

En outre, nous devons nous souvenir que ce bon chrétien
n'était pas le seul à poursuivre le procès de Voltaire et de
Rousseau. Sous la Restauration, la réaction contre 89 était à
l'ordre du jour ; c'était le temps de la terreur blanche, des
lois contre le sacrilége et des clameurs contre les ouvriers
de la révolution. Il n'y eut alors si mince grimaud qui ne
crût de son honneur ou de son intérêt de détacher le coup
de pied de l'âne aux vieux lions du xviiiᵉ siècle ; il n'y eut si
jeune tonsuré, frais émoulu du séminaire, qui ne commen-
çât ou ne finît ses sermons par déclamer contre Voltaire et
Rousseau, les frappant furieusement, comme on frappe du
poing les têtes de Turc dans les établissements forains, qui
portent pour enseigne : *messieurs, essayez vos forces*. Tout cela
était sans doute fort puéril et fort ridicule, mais fut fait avec
tant d'ensemble qu'on réussit, aux yeux de la foule et pou

un temps, à voiler les grandes figures des pères de 89.

La prose de l'honnête capitaine n'e-t pas aussi entraînante que la féroce colère de l'auteur des *Soirées de Saint-Pétersbourg.* On voit que de Maistre, en accablant Voltaire des traits de sa *rage sainte,* est désespéré qu'un tel homme soit l'ennemi de l'Église. Il le glorifie, en le foudroyant de ses injures, de ses outrages. « Il a le front abject, ses yeux sont des cratères où » bouillonnent la luxure et la haine, sa bouche est un *rictus,* » son rire une grimace... d'autres cyniques étonnèrent la » vertu, Voltaire étonne le vice... Il se plonge dans la fange, » il s'y roule, il s'en abreuve, il livre son imagination à l'en- » thousiasme de l'enfer. Paris le couronna, Sodome l'eût » banni... Le dernier des hommes après ceux qui l'aiment... » Beau génie, tant qu'il vous plaira, mais il ne faut le louer » qu'à contre cœur...Ne me parlez pas de cet homme, je ne » puis en soutenir l'idée ! Oh ! qu'il nous a fait de mal... » Quand je vois ce qu'il a fait et ce qu'il pouvait faire, ses ini- » mitables talents ne m'inspirent plus qu'une sorte de rage » sainte qui n'a pas de nom. Suspendu entre l'admiration et » l'horreur, je voudrais lui élever une statue... par la main » du bourreau. »

Bien rugi, lion. Après le coassement des grenouilles, voici un royal cri de fureur, un cri digne de l'ennemi et qui mon- tre quelle fut sa puissance. Voltaire, déchiré par la griffe et la dent de de Maistre, c'est la lime brillante mordue par le ser- pent : la bonne et forte trempe de l'une et de l'autre en apparaît dans un plus grand jour. *L'homme des doctrines anciennes,* ainsi que l'appelle Ballanche, catholique et contre-révolution- naire non moins forcené qu'écrivain vigoureux, l'homme qui a écrit : *la croix atteste le salut par le sang, le bourreau est l'exécuteur de l'expiation divine,* cet homme devait haïr Voltaire, qui avait horreur du sang et voulait supprimer le bourreau.

L'énumération du bon capitaine, décoré et membre de plusieurs sociétés savantes, me remet en mémoire l'énu- mération de Gœthe, au sujet de Voltaire envisagé comme homme supérieur. Elle est un peu longue, car l'auteur de Faust n'a pu se satisfaire à moins, mais elle nous consolera de l'autre.

« Profondeur, génie, imagination, goût, raison, sensibilité, » philosophie, élévation, originalité, naturel, esprit, bel es- » prit, bon esprit, facilité, flexibilité, justesse, finesse; abon-

» dance, variété, fécondité, chaleur, magie, charme, grâce,
» force, coup d'œil d'aigle, vaste entendement, riche instruc-
» tion, excellent ton, urbanité, vivacité, délicatesse, correc-
» tion, pureté, clarté, élégance, harmonie, éclat, rapidité.
» gaieté, pathétique, sublimité, universalité, perfection en-
» fin... voilà Voltaire.

» La nature produisit en Voltaire l'homme le plus émi-
» nemment doué de toutes les qualités qui caractérisent et
» honorent sa nation, et le chargea de représenter la France à
» l'univers. Après avoir fait naître cet homme extraordinaire,
» le type du génie français, elle se reposa comme pour mieux
» le faire apprécier ou comme épuisée par ce prodige. »

Cette opinion a été celle de Frédéric, de Diderot et de
beaucoup d'autres personnes d'un poids un peu plus considérable que l'honnête capitaine et les autres déclamateurs,
qui se sont époumonnés en criant : c'est la faute de Voltaire,
c'est la faute de Rousseau.

Mme Denis avait horreur de Ferney et craignait d'y retourner, ainsi que nous l'expliquerons en nous occupant de cette
nièce, peu digne d'estime. Elle manœuvra donc de façon à
éloigner Wagnière, à paralyser les conseils de Tronchin et
finalement à hâter la mort de l'oncle, dont elle convoitait la
riche dépouille.

Si Voltaire mourut après un triomphe, il eut aussi son ca-
lice d'amertume. Quatre jours avant d'expirer il chassa de sa
chambre cette nièce, qui lui devait tout et qu'il ne voulait
plus voir. Il y eut des scènes pénibles près du lit de ce vieillard si actif, si ferme, réduit à l'impuissance par la maladie et
les artifices de sa nièce. C'est là dessus que le parti dévot a
imaginé une agonie horriblement burlesque, digne de Garasse et de Patouillet.

Heureusement, la Providence réservait à Voltaire la suprême consolation d'apprendre que ses efforts, pour réhabi-
liter la mémoire de Lally, étaient enfin couronnés de succès
et sa main mourante put crayonner ces derniers mots : *Je
meurs content!*

Voltaire eut la joie de mourir comme il avait vécu, en faisant le bien. *Transiit benefaciendo.*

VOLTAIRE ET LA FEMME

I

AMOURS DE JEUNESSE

Il importe particulièrement ici de ne pas isoler l'homme de son temps. La jeunesse de Voltaire se passa sous la Régence et les premières années du règne de Louis XV. Très-répandu dans le grand monde, il tint une partie de ses mœurs de cette époque célèbre par sa licence. On ne peut oublier qu'elle eut à sa tête un cardinal, qui, malgré son esprit, mérita bien l'épithète de polisson et commit, dans ce grand carnaval, la bouffonnerie ridicule de s'affubler de la mitre vénérable de Fénélon. Comment un jeune homme ardent et sensible, auteur dramatique et poëte, eût-il pu ne pas participer peu ou beaucoup à cette facilité de mœurs ? Voltaire eut donc des amourettes et des passions, dont deux furent sérieuses et dont l'une remplit longtemps son cœur. Au milieu de cette vie agitée et que je ne défends point absolument, ce qui ressort toutefois de l'attitude de Voltaire, c'est que, s'il eut plus d'une maîtresse, sa conduite envers toutes fut digne, affectueuse et dévouée en plus d'une occasion. Il en devait être ainsi ; car il était honnête et bon, et la

femme est la pierre de touche, qui donne du caractère d
l'homme la mesure la plus certaine. L'épreuve est presqu
infaillible et l'on peut y avoir confiance.

Avant d'aller plus loin, je dois placer ici une remarqu
digne de fixer l'attention du lecteur. Les hommes les plu
éminents du XVIIIe siècle, ceux qui lui ont imprimé sa direc
tion, ont tous été capables d'amour, je dis d'amour vrai
enthousiaste, dévoué; ceci est à leur honneur et l'on doi
d'autant plus leur en tenir compte que l'amour fut alors plu
rare. Il fallait qu'une âme fût bien belle pour que cette pas
sion y pût éclore.

Le lecteur pourra voir bientôt quel fut l'amour de Voltair
pour Mme du Châtelet. Quant à Jean-Jacques Rousseau
quelque tristes et fâcheuses qu'aient été les réalités de sa vie
quelque paradoxal que fût son esprit, quelque atrabilaire qu
fût son humeur, il est de ceux qui ont eu le plus de respec
pour la femme et qui, au moins dans leur imagination, on
ressenti l'amour de la manière la plus énergique. Didero
aima deux fois et avec une générosité, une ardeur admirables
il fut attaché dix ans à Mme de Puisieux, vingt ans et jusqu'
sa mort à Mlle Voland. D'Alembert, malgré la géométrie
une organisation très-frêle, une intelligence un peu froide,
nourri pour Mlle de Lespinasse une passion aussi vive qu'ell
fut constante, éprouvée. Je suis heureux de redire que tou
ces hommes furent capables d'un amour passionné. Et j'y voi
la preuve qu'avec la diversité de leur nature, ces homme
illustres possédèrent tous une âme enthousiaste, généreuse
forte, croyante, puisque tous ont adoré le beau, le bien et l
vertu dans leurs maîtresses, une âme faite pour aimer leur
semblables, puisque leur cœur fut ouvert à l'amour et à tou
ses dévouements. Et en effet, la pierre de touche ne nou
dit-elle pas que là où l'on n'a trouvé ni une parcelle d'or, n
vu se produire une étincelle d'amour, il ne saurait y avoi
qu'un sable avare, une âme aride et sans générosité.

Si Voltaire a écrit la Pucelle, si Diderot a fait les Bijou
indiscrets, cela tient à la mâle franchise de leurs caractères e
à la liberté de mœurs de leur temps. Jean-Jacques ne commi
pas de ces peccadilles de plume, mais sa vie est bien loin
d'être aussi belle que la simple et laborieuse existence d
Diderot et surtout que la noble vie de Voltaire. Au reste, c

qui tient au temps, à la différence des natures, n'infirme aucunement la vérité de ce que nous venons de dire.

Dans les liaisons de Voltaire avec les femmes, nous rencontrerons d'abord un amour de jeune homme très-ardent, très-enthousiaste et qui fut tranché en sa fleur par la force des circonstances. Nous verrons paraître ensuite la bonté de son cœur dans des amours Régence, où les grâces de l'esprit et les douceurs du sentiment tiennent plus de place que les sens.

Les relations de Voltaire avec la marquise de Mimeure et la présidente de Bernières font songer aux toiles de Watteau et de Fragonard. *Les Fêtes galantes*, *l'Escarpolette* et le *Chiffre gravé* sont bien la peinture de l'époque, représentée avec la magie séduisante de l'art. Nous dirons aussi quelques mots de ses rapports avec trois femmes attachées à la scène, petites aventures qui ne pouvaient manquer à un auteur dramatique. Ces amours, plus sa passion platonique pour la maréchale de Villars, voilà la jeunesse de Voltaire. Sa maturité appartient entièrement à sa sérieuse et constante affection pour Mme du Châtelet.

Heureusement, à la différence de Jean-Jacques, Voltaire n'était pas sensuel. Sa santé fut toujours très-délicate et la prodigieuse et constante activité de son cerveau absorbait la plus grande part de ses forces vitales. Mais il était sensible. enthousiaste, très-affectueux et ne pouvait supporter le vide du cœur, qu'il combla le plus souvent par une tendre amitié. Ainsi doit-on s'expliquer la cause des petites histoires que nous allons esquisser.

La première a pour héroïne une jeune fille, qu'une mère intrigante et coquette rendait très-malheureuse, et que Voltaire s'efforça de remettre dans une condition meilleure. Il s'agit de Mlle Olympe Dunoyer que Voltaire rencontra à la Haye. Il avait dix-neuf ans et c'était le premier élan de son cœur. Mme Dunoyer nous a conservé les lettres de Voltaire à sa fille, en les publiant en Hollande pour servir à ses propres intrigues.

L'amoureux est plein d'effusion et de tendresse, il jure et croit qu'il aimera éternellement sa maîtresse : toujours prêt à se sacrifier pour elle, pour sa sécurité, pour lui épargner un chagrin, il va même jusqu'à prononcer le grand mot, je me tuerai. Voici quelques phrases de ces lettres, qui, outre les sentiments qu'elles révèlent, contiennent aussi des conseils, des plans, des moyens d'exécution où percent déjà l'esprit pratique et le vif désir d'obliger utilement.

« Adieu, ma chère Olympe; si tu m'aimes, console-toi ; songe que nous réparerons bien les maux de l'absence, cédons à la nécessité; on peut nous empêcher de nous voir, mais jamais de nous aimer. Je ne trouve pas de termes assez forts pour t'exprimer mon amour, je ne sais même si je devrais t'en parler, puisqu'en t'en parlant je ne fais sans doute que t'attrister au lieu de te consoler..... »

« Adieu, mon cher cœur; puissiez-vous être aussi heureuse dans toute votre vie que je suis malheureux actuellement... Est-il possible, ma chère maîtresse, que je ne puisse du moins jouir de la satisfaction de pleurer au pied de votre lit et de baiser mille fois vos belles mains, que j'arroserais de mes larmes. Je saurais au moins à quoi m'en tenir sur votre maladie... »

« Je connais trop bien le prix de votre cœur pour ne pas vouloir m'en rendre digne; adieu, mon adorable Olympe, adieu, ma chère..... (Ces points remplacent un petit nom, tel qu'en imaginent les amants.) Si on pouvait écrire en des baisers, je vous en enverrais une infinité par le courrier. Je baise, au lieu de vous, vos précieuses lettres, où je lis ma félicité. »

« Adieu, mon cher cœur, aimez-moi autant que je vous aime ; si vous m'aimez, ma lettre est bien courte. (Dix ou douze pages.) Adieu, ma chère maîtresse, je vous estime trop pour ne pas vous aimer toujours. »

« Si vous avez assez d'inhumanité pour me faire perdre le fruit de tous mes malheurs et pour vous obstiner à rester en Hollande, je vous promets bien sûrement que je me tuerai à la première nouvelle que j'en aurai. Dans le triste état où je suis, vous seule pouvez me faire aimer la vie ; hélas! je parle ici de mes maux, tandis que peut-être vous êtes plus malheureuse que moi : je crains tout pour votre santé, je crains tout de votre mère; je me forme là-dessus des idées affreuses. Au nom de Dieu, éclaircissez-moi. Ah! que je suis malheureux, mon cher cœur, et que mon cœur est livré à une profonde et juste tristesse. »

« 28 décembre 1713.

» Nous sommes tous deux bien malheureux, mais nous nous aimons; une tendresse mutuelle est une consolation bien douce. Jamais amour ne fut égal au mien, parceque personne ne mérita jamais mieux que vous d'être aimée; si mon sincère attachement peut vous consoler, je suis consolé moi-même. Une foule de réflexions se présente à mon esprit; je ne puis les mettre sur le papier; la tristesse, la crainte, l'amour m'agitent violemment; mais j'en reviens toujours à me rendre le secret témoignage que je *n'ai rien fait contre l'honnête homme*, et cela me sert beaucoup à supporter mes chagrins. Je me suis fait un vrai devoir de vous aimer; je remplirai ce devoir toute ma vie. Vous n'aurez jamais assez de cruauté pour m'abandonner, ma chère...., ma belle maîtresse, mon cher cœur; écrivez-moi bientôt, ou plutôt sur-le-champ. Dès que j'aurai votre lettre, je vous manderai mon sort. Je ne sais encore ce que je deviendrai, je suis dans une incertitude affreuse sur tout; je sais seulement que je vous aime. Ah! quand pourrai-je vous embrasser, mon cher cœur... Aimez un peu un malheureux amant qui voudrait donner sa vie pour vous rendre heureuse. »

« 20 janvier 1714.

» ..... Quel est cet embarras; c'était de faire ce que vous me conseillez. Je me suis mis en pension chez un procureur, afin d'apprendre le métier de Robin, auquel mon père me destine, et je crois par là regagner son amitié. Si vous m'aimiez autant que je vous aime, vous vous rendriez un peu à mes prières, puisque j'obéis si bien à vos ordres. Me voilà fixé à Paris pour longtemps : est-il possible que j'y serai sans vous? Ne croyez pas que l'envie de vous voir ici n'ait pour but que mon plaisir; je regarde votre intérêt plus que ma satisfaction, et je crois que vous en êtes bien persuadée...

» Adieu, écrivez-moi : à M. de Saint-Fort, chez M. Alain, procureur au Châtelet, rue Pavée Saint-Bernard. Adieu, ma chère...., vous savez que je vous aimerai toujours. »

Quoique nous soyons loin de tout savoir, cet amour nou
plait. Il est naïf, honnête, passionné et tout dévoué. Cett
phrase : *je n'ai rien fait contre l'honnête homme*, rapproché
des vers qui vont suivre, donne lieu de croire que cet amou
ne fut pas poussé jusqu'aux dernières limites, comme que
ques lecteurs malins l'auront sans doute imaginé Cette re
tenue, en pareille circonstance, est toute à l'honneur de
passion qui animait les jeunes amants. Voltaire, prisonni
chez lui par ordre de l'ambassadeur, ne pouvant aller voir
maîtresse, lui avait envoyé des habits et un manteau. I
belle Olympe mit le projet à exécution et Voltaire entremê
sa prose de ces vers :

> Enfin, je vous ai vu, charmant objet que j'aime,
> En cavalier déguisé dans ce jour.
> J'ai cru voir Vénus elle même
> Sous la figure de l'amour.
> L'amour et vous, vous êtes du même âge
> Et sa mère a moins de beauté.
> Mais, malgré ce double avantage,
> J'ai reconnu bientôt la vérité.
> Olympe, vous êtes trop sage
> Pour être une divinité.

Que devint cette belle passion si bien commencée? Il para
que Mlle Dunoyer ne revit Paris que quelques années plu
tard, et Voltaire, tiré de l'étude du procureur Alain et défin
tivement lancé dans sa voie par son séjour à Saint-Ange, p
le succès d'*Œdipe*, par la création de la *Henriade*, suivit
cours d'une destinée plus haute. Cependant on ne s'oubl
pas. Mlle Dunoyer avait épousé un M. de Winterfeld, et Vo
taire eut la satisfaction de lui être utile. Il l'essaya un pe
follement à l'époque du système de Law, comme le prouve
passage de cette lettre de Berlin, 1751 : « André, un échapp
» du système, veut faire revivre un billet que je lui fis e
» jeune homme, pour un billet qu'il me donna et que je vou
» lus faire en vain passer au visa en faveur de Mme de Wir
» terfeld, qui était alors dans le besoin. » En septembr
1736, Voltaire mande au bon abbé Moussinot, chargé de se
affaires pendant sa retraite à Cirey : « Faites-moi l'emplett
» d'une petite table, qui puisse servir à la fois d'écran

» d'écritoire, et envoyez-la de ma part à Mme de Winterfeld. »

Telle fut cette première passion de Voltaire ; elle fait honneur à son cœur et à son caractère.

Les rapports de Voltaire avec le théâtre furent pour lui l'occasion de trois engagements passagers, dans lesquels il montra toujours beaucoup de bienveillance et de délicatesse. Nous ne pouvons guère en donner que l'esquisse, car, à part les quatorze lettres à Mlle Dunoyer, les lettres de Voltaire à ses maîtresses manquent absolument. Il n'y a d'exception que pour les lettres adressées à la marquise de Mimeure et à a présidente de Bernières.

Mlle de Livri, se destinant au théâtre, vint trouver l'auteur d'*Œdipe* pour le prier de lui en faciliter l'accès. On ne sait guère si cette vocation de la jeune prêtresse de la muse était bien fondée, mais il est certain que la néophyte était charmante et fraîche éclose comme un printemps. Le poète ne put que la recevoir en grâce et lui demander la sienne. Tout s'arrangea très-bien et l'on fut heureux. M. de Génonville admis dans cette joyeuse et charmante intimité, finit par se faire préférer à son ami, qui ne se brouilla ni avec l'une ni avec l'autre. Voltaire revient sur cette mésaventure dans quelques-unes de ses épîtres, de façon à prouver qu'elle toucha son cœur sans l'aigrir. Mlle de Livri enrôlée dans une troupe d'artistes, destinée à l'Angleterre et qui ne réussit pas, finit par inspirer une passion à un homme de qualité, M. le marquis de Gouvernet qui voulait l'épouser. Cette jeune fille avait plus de retenue et de conduite qu'on n'aurait pu le supposer et refusa d'accepter la main d'un homme au-dessus d'elle par la fortune et la naissance. M. de Gouvernet persista dans sa recherche, et Mlle de Livri, ayant gagné à une loterie de l'État dix mille livres de rente, finit par se rendre aux vœux de ce soupirant. Devenue femme du monde et voulant mettre sa dignité au-dessus de toute atteinte, elle fit, peut-être par une rigueur excessive, refuser sa porte à Voltaire. Ce fut l'origine de l'épître si connue des *Tu et des vous*. A près de soixante années de là, celle qui fut la jeune et charmante Livri et qui n'était plus qu'une respectable marquise, riche, dévote, flanquée d'un directeur et d'un confesseur, reçut la visite du glorieux ermite de Ferney, qui venait mourir à Paris. Cette fois, la porte ne lui fut pas refusée et la marquise rendità Voltaire son portrait peint par Largillière, que Mlle de Livri avait gardé jusque-là et qui passa de ses mains dans celles de Mme de Villette.

Pendant son éloignement de Paris, sous la Régence, Voltaire fit l'éducation théâtrale d'une jeune actrice, Mlle de Corsembleu, qui fut sa maîtresse et tomba avec la tragédie d'*Arthémirc* en février 1720. On n'en sait que peu de chose.

Il y a plus à dire sur les rapports de Voltaire et d'Adrienne Lecouvreur : cette actrice, hors ligne, a laissé un souvenir impérissable par son grand talent et par sa mort cruelle, due à la jalousie d'une grande dame, qui la fit empoisonner. Mlle Lecouvreur avait de l'esprit et du monde, elle fréquentait la Rivière-Bourdet et se réunissait à la sociéte lettrée de Mme la présidente de Bernières. Voltaire a fait beaucoup de vers pour Mlle Lecouvreur. Je ne cite que ce quatrain :

> Seule, de la nature elle a su le langage,
> Elle embellit son art, elle en changea les lois.
> L'esprit, le sentiment, le goût fut son partage,
> L'amour fut dans ses yeux et parla par sa voix.

Le poëte fut toujours très-affectionné à l'artiste et l'assista dans ses derniers moments avec son ami d'Argental, qui était alors l'amant de la charmante et bonne Adrienne. Elle laissait deux filles, dont Voltaire et surtout M. d'Argental s'occupèrent d'assurer le sort, bien qu'elles leur fussent étrangères.

Voltaire composa sur la mort de l'infortunée jeune femme une touchante élégie, qui se terminait par ce vers :

> Elle a charmé le monde et vous l'en punissez.

Étant excommuniée de droit, en qualité de comédienne, et ne pouvant être enterrée dans un cimetière, on dut déposer son corps de nuit au bord de la Seine, près de la rue Bellechasse. O Welches! les bien nommés, ainsi en eussiez-vous agi avec Molière, si le grand roi, qui n'était pas encore l'époux de Mme de Maintenon, n'eût ordonné qu'on lui fît un enterrement clandestin.

Déjà cependant, les Anglais dressaient à leurs actrices célèbres une tombe royale à Westminster.

L'ode de Voltaire, pleine de cœur et d'indignation contre la barbarie de nos mœurs, courait manuscrite et causa de telles persécutions au poëte qu'il fut obligé de vivre quelques mois caché à Rouen.

Le 1er juin 1731, Voltaire écrivait de sa retraite de Rouen, connue du seul Thiriot : « Je vous envoyai, il y a environ un mois, quelques vers sur la mort de Mlle Lecouvreur, remplis de la juste douleur que je ressens encore de sa perte, et d'une indignation peut-être trop vive sur son enterrement, mais indignation pardonnable à un homme qui a été son admirateur, son ami, son amant et qui de plus est poëte..... On dit qu'il ne serait pas sûr pour moi de retourner en France. Mandez-moi le mal et le remède. »

Nous devons mentionner ici la passion très-forte qu'inspira à Voltaire la maréchale de Villars. Bonne, charmante et vertueuse, elle répugnait sans doute à l'amour tel qu'il était généralement pratiqué de son temps. Elle résista à celui de Voltaire, qui lui demeura attaché et lui adressa des vers sortis d'un cœur sincèrement touché. Il a dit plus tard que cette peine amoureuse lui avait fait perdre beaucoup de temps.

Voltaire trouva des âmes plus compatissantes ou de mœurs moins rigides. De ce nombre fut la marquise de Mimeure, femme d'un homme peu connu, mais qui tenait de près à l'ordre des lettrés. M. de Mimeure était académicien. La première lettre de Voltaire, en 1718, sent bien la Régence, et ressemble tout naturellement à un Watteau :

« J'ai vu, Madame, votre petite chienne, votre petit chat et Mlle Aubert. Tout cela se porte bien, à la réserve de Mlle Aubert qui a été malade, et qui, si elle n'y prend garde, n'aura point de gorge pour Fontainebleau. A mon gré, c'est la seule chose qui lui manquera, et je voudrais de tout mon cœur que sa gorge fût aussi belle et aussi pleine que sa voix... »

« J'ai pourtant une plus grande grâce à vous demander, c'est la permission d'aller rendre mes devoirs à M. de Mimeure, et à vous, dans l'un de vos châteaux, où peut-être vous ennuyez-vous quelquefois. Je sais bien que je perdrai près de vous tout le fiel dont je me nourris à Paris... Je vous apporterais ce que j'ai fait d'*Œdipe*. Je vous demanderais vos conseils, et j'aurais l'obligation à M. de Mimeure et à vous, de faire une bonne pièce... »

« Je vais demain à Villars... Soyez bien sûre que je suis guéri à jamais du mal que vous craignez pour moi (l'amour pour la maréchale). Vous me faites sentir que l'amitié est d'un prix plus estimable mille fois que l'amour. Il me semble même que je ne suis pas du tout fait pour les passions... Voilà qui est fait, j'y renonce pour la vie... Le poëme d'Henri IV et mon amitié pour vous sont les seuls sentiments que je me connaisse. »

De Sully. « Nous avons ici des nuits blanches, comme à Sceaux. M{}^{me} de La Vrillière qui vint ici pendant la nuit faire tapage avec M{}^{me} de Listenai, fut bien surprise d'être dans une grande salle d'ormes, éclairée d'une infinité de lampions, et d'y voir une magnifique collation servie au son des instruments, et suivie d'un bal où parurent plus de cent masques habillés de guenillons superbes. Les deux sœurs trouvèrent des vers sur leur assiette... Vous devriez bien réparer vos mépris par une lettre bien longue, sinon je crois que, malgré les ordres du Régent, j'irai vous trouver à Paris, tant je suis avec un véritable sentiment, votre, etc... »

1719. « Je suis actuellement à Villars; je passe ma vie de château en château, et, si vous aviez pris une maison à Passy, je lui donnerais la préférence sur tous les châteaux du monde. Auriez-vous, Madame, assez de bonté pour être un peu fâchée de ce que je suis si longtemps sans vous écrire?... »

A notre regret, nous avons dû écourter cet épisode d'un ton si parfaitement Régence. Cependant, sous ces dehors brillants et folâtres, on voit que Voltaire porte un véritable intérêt aux affaires et à la santé de son amie. Cette amitié, qui était bien sœur de l'amour, et que la facilité des mœurs rendait possible, plaisait au cœur tendre, aux goûts délicats de Voltaire, et sans doute convenait mieux à son tempérament qu'une passion plus violente.

Avec M{}^{me} la présidente de Bernières, nous sommes encore dans la Régence, mais comme cette dame passe une grande partie de l'année à la campagne, près de Rouen, la littérature prend le pas sur les amusements. M{}^{me} Du Deffand, Adrienne Lecouvreur; la comtesse de Lutzellbourg passaient du temps à la Rivière-Bourdet, Cideville, Formont, Thiriot,

Desalleurs, l'abbé d'Amfreville y étaient familiers et le brillant
Richelieu s'y arrêtait dans ses courses incessantes. Voltaire y
jouissait d'une complète liberté et pouvait y travailler à l'aise.

M. de Bernières, président à mortier au parlement de
Rouen, possédait 50,000 livres de rentes. On avait hôtel à
Paris, où l'on passait trois mois, et Mme la présidente qui
était belle, aimable, avec l'esprit cultivé, faisait fête à ses
hôtes. Voltaire finit par se loger chez elle, en payant pension
pour lui et pour Thiriot. Ceci ressort d'une lettre, où l'on voit
que M. le président exigeait le paiement, sans quoi il ne ferait
pas bon venir à la Rivière-Bourdet. Dans la suite M. et Mme de
Bernières se brouillèrent, soit à cause de l'humeur économe
du mari, soit pour tout autre motif. Toujours est-il que la
liaison avec Voltaire semble dater de 1721 ou 22. C'est à la suite
de son voyage en Hollande et à Bruxelles avec Mme de Rupelmonde, que le poëte s'établit à l'hôtel de Bernières. Voltaire
fut atteint de la petite vérole, le 14 novembre 1723, chez son
ami M. de Maisons, il courut un sérieux danger et peut-être dut
la vie au docteur Gervasi. Thiriot vint le soigner et la présidente ne cessa de lui témoigner une tendre amitié. Les suites
de la maladie se prolongèrent près d'un an. Les lettres écrites
à Mme de Bernières sont en assez grand nombre. En voici une
de l'été de 1724, qui peut faire juger du caractère de cette
liaison.

« Depuis que je vous ai écrit, j'ai gardé le lit presque toujours. Je suis dans un état mille fois pire qu'après ma petite
vérole. J'avais besoin assurément d'être consolé par les
assurances touchantes que vous me donnez de votre amitié
dans vos deux dernières lettres. Puisque vous avez le courage de m'aimer dans l'état où je suis, je vous jure de ne
passer qu'avec vous le reste de ma vie. Si j'ai de la santé ne
craignez point que j'en use comme les gens qui ont fait fortune, oubliant ceux qui les ont assistés dans la pauvreté. Mes
amis ne m'ont point abandonné... mais quelle différence
d'être auprès de vous et de Thiriot que je regarde comme
ma famille. Il n'y a que vous en qui j'aie confiance et dont je
sois sûr d'être véritablement aimé... Revenez au plus vite, je
vous en conjure, vous me trouverez avec une gale horrible
qui me couvre tout le corps. Jugez de l'envie que j'ai de vous
voir, puisque j'ose vous en prier dans le bel état où me

voilà. Où en serais-je, si je n'avais voulu avoir auprès de vous
que le mérite d'une peau douce ? Je suis bien réduit à ne
faire plus de cas que des belles qualités de l'âme. Heureusement je vous connais assez de vertu et d'amitié pour souffrir
encore un pauvre lépreux comme moi. Nous ne nous em-
brasserons pas à votre retour, mais nos cœurs se parleront.
Il me semble que j'ai de quoi vous parler pendant tout l'hiver... Adieu, ma chère et généreuse amie, c'est assez badi-
ner pour un moribond, mais le plaisir de m'entretenir avec
vous suspend pour un moment tous mes maux. Revenez,
je vous en conjure, et ce sera une belle action. »

En octobre 1824, Voltaire qui se rendait agréable à Mme de
Bernières en lui envoyant des nouvelles et se constituant
son *gazetier*, lui écrit :

« Dufresny est mort, Mme de Mimeure s'est fait couper le
sein ; le premier est mort comme un poltron, en faisant à
Dieu le sacrifice de cinq à six comédies toutes propres à faire
bâiller les saints. Mme de Mimeure a soutenu l'opération
avec un courage d'Amazone; je n'ai pu m'empêcher de l'aller
voir dans cette cruelle occasion. Je crois qu'elle en reviendra, car elle n'est en rien changée, son humeur est toujours
la même. Je pourrai, par la même raison, revenir aussi de
ma maladie, car je vous jure que je ne suis pas changé pour
vous, et que vous êtes la seule personne pour qui je veuille
vivre.

Il paraît que Mme de Bernières craignait pour Voltaire les
souvenirs de Mme de Mimeure, comme celle-ci avait redouté
celui de la maréchale de Villars. En effet, en novembre, Voltaire lui répond :

« Il faut que vous aimiez bien à faire des reproches pour
me gronder d'avoir été rendre visite à une pauvre mourante,
qui m'en avait fait prier par ses parents. Vous êtes une mauvaise chrétienne de ne pas vouloir que les gens se raccom-
modent à l'agonie. Cette démarche très-chrétienne ne m'en-
gagera pas à revivre avec Mme de Mimeure... Vous prenez
encore bien mal votre temps de vous plaindre de mes
longues absences... Je ne suis à Paris que parce que je ne
suis pas en état de me faire transporter chez vous à votre
campagne... Sans cette amitié que vous m'avez toujours té-
moignée, je ne serais pas à présent dans votre maison...

j'aurais été enfermer les chagrins dont je suis accablé dans une retraite, qui est la seule chose qui convienne aux malheureux, mais j'ai été retenu par mon tendre attachement pour vous... Je suis bien honteux de n'avoir à vous offrir que des jours si tristes... mais je vous estime assez pour ne vous point fuir en un pareil état et je compte passer avec vous le reste de ma vie, parce que je m'imagine que vous aurez la bonté de m'aimer avec un mauvais estomac et un esprit abattu par la maladie.. »

L'aimable présidente n'eut pas la force de persister dans sa louable constance, car le 25 juin de l'année suivante, Voltaire écrit à Thiriot, qui est à la Rivière-Bourdet.

« Je ne veux aller à la Rivière qu'au cas que je sois sûr d'être un peu désiré. Je ferais mille lieues pour aller voir Mᵐᵉ de Bernières si elle a toujours la même amitié pour moi, mais je ne ferai pas un stade si son amitié est diminuée d'un grain. Je devine que le chevalier Desalleurs est à la Rivière et que vous y passez une vie bien douce. »

Deux jours après Voltaire écrit à la présidente :

« J'envie bien la destinée de M. Desalleurs, qui a porté à la Rivière-Bourdet son indifférence et ses agréments ; je m'imagine que vous avez un peu oublié tout le monde dans votre charmante solitude, et que qui vous manderait des nouvelles de ce pays-ci, fût-ce des nouvelles de votre mari, vous importunerait beaucoup... Tout le monde dit que je suis brouillé avec vous parce que je ne suis point à la Rivière. Le vrai pourtant est que je vous aime de tout mon cœur comme vous m'aimiez autrefois. Mandez-moi ce que vous souhaitez, ce seront vos intentions qui régleront mes désirs... Adieu, je vous suis attaché pour toujours avec la tendresse la plus vive. »

Voici encore quelques lignes d'une lettre de la fin de juin :

« Vous ne m'avez vu que malade et languissant, j'étais honteux de ne vous avoir donné que des jours si tristes et je me hâtais de vous aller offrir les prémices de ma santé. J'ai retrouvé ma gaieté et je vous l'apportais, vous l'auriez encore augmentée... Je n'ai plus d'affaire que celle de mon plaisir et par conséquent je serais à la Rivière si vous étiez encore pour moi ce que vous avez été. » (Du 23 juillet). « Vous

8

n'êtes pas assez fâchée de vivre sans moi pour que je vous montre toute mon affliction. J'ai un appartement à Fontainebleau pour cet automne. Je verrai le mariage de la reine, je ferai des vers pour elle... J'en ferais plus volontiers pour vous, si vous m'aimiez. » (Du 2 août). « Ah ! ma chère présidente, qu'avec tout cela je suis quelquefois de mauvaise humeur de me trouver seul dans ma chambre et de sentir que vous êtes à trente lieues de moi !... Conservez-moi toujours bien de l'amitié. » (17 septembre, de Fontainebleau). « Vous qui êtes reine à la Rivière, mandez-moi, je vous en prie, si vous êtes toujours bien contente dans votre royaume. Je vous assure que je préfère bien dans mon cœur votre cour à celle-ci, surtout depuis qu'elle est ornée de Mme du Deffand et de M. l'abbé d'Amfreville. Je vous aime tendrement et vous embrasse mille fois. » (Du 8 octobre). « Thiriot me mande que vous avez été malade. Je vous assure que je me trouve bien malheureux de n'avoir pu être auprès de vous. Ce qu'on appelle si faussement les plaisirs de la cour ne vaut pas la satisfaction de consoler ses amis... Je vous avertis d'avance, ma chère reine, que M. de Gervasi et tous les médecins de la faculté vous seront inutiles, si vous n'avez pas un régime exact. Avouez que vous avez été quelquefois un peu gourmande ; c'est un vilain vice et je vous dirai, comme Voiture :

> Que vous étiez bien plus heureuse,
> Lorsque vous étiez autrefois,
> Je ne veux pas dire amoureuse,
> La rime le dit toutefois.

» Aimez, et mangez un peu moins, l'école de Salerne ne peut donner de meilleurs conseils... Adieu, ma chère reine, comptez sur ma respectueuse et tendre amitié pour toute ma vie. » (Du 18). « Mlle Lecouvreur me charge de vous assurer de ses respects. Elle réussit ici à merveille. La reine lui a donné hautement la préférence. Elle oublie au milieu de ses triomphes qu'elle me hait. N'allez pas oublier au milieu de vos rhumatismes que vous m'avez aimé... Soyez sobre et votre santé sera aussi bonne qu'elle m'est chère. »

Quelque temps après éclate l'affaire avec le cheva-

lier de Rohan, suivie d'un second écrou à la Bastille et de
l'exil en Angleterre. Dans une lettre d'août 1826, Voltaire
dit à Thiriot :

« Je ne sais comment Mme de Bernières pense à mon égard.

> Prendrait-elle le soin de rassurer mon cœur
> Contre la défiance attachée au malheur,

je respecterai toute ma vie l'amitié qu'elle a eue pour moi
et je conserverai celle que j'ai pour elle. »

Le 16 octobre 1726, Voltaire répond à une lettre de Mme de
Bernières du 3 septembre :

« Les maux viennent bien vite et les consolations bien
tard. C'en est une très-grande pour moi que votre souvenir.
Je vous souhaite du fond de ma tanière une vie heureuse et
tranquille, des affaires en bon ordre, un petit nombre d'amis:
de la santé et un profond mépris pour ce qu'on appelle
vanité. Je vous pardonne d'avoir été à l'Opéra avec le chevalier de Rohan, pourvu que vous en ayez senti quelque
confusion... Laissez-moi espérer que l'absence ne m'aura pas
entièrement effacé dans votre idée et que je pourrai retrouver
dans votre cœur une pitié pour mes malheurs, qui du moins
ressemblera à l'amitié.

» La plupart des femmes ne connaissent que les passions
ou l'indolence, mais je crois vous connaître assez pour espérer de vous de l'amitié... Oubliez tout de moi, hors les
moments où vous m'avez assuré que vous me conserveriez
toujours de l'amitié. Mettez ceux où j'ai pu vous mécontenter
au nombre de mes malheurs et aimez-moi par générosité, si
vous ne pouvez plus m'aimer par goût. »

Dans une lettre du 4 août 1728 à Thiriot, je remarque ces
deux lignes :

« Je voudrais bien savoir où est Mme de Bernières et ce que
fait le chevalier anglais Desalleurs... »

Le 27 janvier 1733, Voltaire, écrivant à son ami Cideville,
l'engage à donner de bons conseils à la pauvre présidente,

afin de la porter à des résolutions raisonnables et à faire la paix avec son mari.

« Si elle voulait, en attendant que le temps apaise toutes ces brouilleries, demeurer à la Rivière, je lui promettrais d'aller l'y voir et d'y achever une nouvelle tragédie. Dites-lui, je vous prie, qu'elle m'écrive, que je lui serai toujours attaché et que, si elle a quelques ordres à me donner, je les exécuterai avec la fidélité et l'exactitude d'un vieil ami. »

La mort du président de Bernières, arrivée l'année suivante, mit fin à la querelle. La présidente ne mourut qu'en 1757. Il est encore question d'elle, à propos du libelle de Desfontaines. Plus généreuse que le pauvre Thiriot, elle écrivit d'elle-même au garde des sceaux pour démentir les calomnies de l'enragé folliculaire.

Le lecteur a pu voir que nous n'avions rien dit de trop sur la noblesse de caractère et la bonté de cœur de Voltaire. Il va consoler Mme de Mimeure malade et repousse les reproches absurdes de Mme de Bernières. Un peu jaloux de cette dernière et non sans motifs, il lui pardonne une légèreté qui devait le blesser cruellement, la vanité de se montrer à l'Opéra avec son lâche ennemi. Assurément, Voltaire donne plus qu'il ne reçoit, il aime plus qu'il n'est aimé, ainsi qu'il appartient aux âmes expansives et généreuses. Et toujours il pardonne, trop heureux et très-reconnaissant, si on lui conserve quelques bons sentiments. Tel il se montre ici, tel nous le verrons toujours.

LA MARQUISE DU CHATELET

Voici la grande passion de Voltaire, et partant celle qui est le plus propre à mettre en relief le côté affectueux de son âme. Mme du Châtelet aima passionnément l'homme et le génie, et cette femme singulière était capable de sympathiser avec l'un comme de comprendre l'autre. Aussi Voltaire lui fut-il attaché à un point extrême. Cœur généreux, vivant dans ses semblables et par eux, comment n'aurait-il pas payé de retour une affection de cette valeur? Voltaire goûta près de la divine Émilie les joies du cœur et de l'esprit, et de plus celles de la reconnaissance, qui ne sont pas moindres mais qui ne peuvent être ressenties que par les grandes âmes, où la justice habite en souveraine. Tant il est vrai qu'un noble amour correspond et consonne avec les sentiments les plus élevés de la nature humaine. S'il jouissait délicieusement d'être aimé, il éprouvait plus fortement encore le bonheur de rendre de toute son âme amour pour amour.

Par malheur, il ne reste pas de lettres de Voltaire à Émilie. Il y en avait en manuscrit huit volumes in-4°, que la marquise emportait toujours avec elle. A sa mort, elle avait chargé Longchamps de remettre à leur adresse plusieurs paquets cachetés. Ces lettres faisaient partie du lot de M. du Châtelet, qui était prié de brûler le tout, comme lui étant inutile. Longchamps, employé à cet office, put sauver ainsi la métaphysique écrite en 1734. C'est dommage, car ces lettres eussent montré Voltaire sous un aspect qui lui a été contesté. Oui, Voltaire, le poëte de la Régence, l'infatigable travailleur, le philosophe sans préjugés, l'éternel avocat du genre humain, Voltaire fut un cœur tendre qui ressentit profondément l'ivresse de l'amour.

Alors qu'exilé de Paris, le jeune poëte errait de Sully à Villars, de Villars chez le baron de Breteuil, il y avait rencontré la jeune Émilie, sa fille.

Mariée peu d'années après, à dix-neuf ans, au marquis du Châtelet, dont elle eut trois enfants, Émilie vécut d'abord de la vie brillante et dissipée de la cour. Mme du Châtelet avait tabouret chez la reine. Entraînée dans ce tourbillon, tandis que Voltaire, toujours actif, toujours persécuté, voyageait en Hollande, en Angleterre et produisait œuvre sur œuvre, ils s'étaient l'un et l'autre perdus de vue pendant plusieurs années. A cette époque Richelieu, l'inévitable Richelieu, qui fut la fatalité de tant de femmes du xviiie siècle, Richelieu était l'astre de Versailles. Mme du Châtelet subit cette influence et fut un moment au rang des conquêtes du plus illustre des roués de la Régence.

Dans l'été de 1733, après le succès considérable de *Zaïre*, Voltaire et Mme du Châtelet se retrouvèrent, celle-ci ayant un peu épuisé les plaisirs du jeune âge, l'autre ayant grandi et s'étant fortifié dans la lutte. Émilie avait vingt-sept ans et Voltaire trente-neuf.

Voici, en partie, comment la chose se passa.

Après la mort de Mme de Fontaine-Martel, Voltaire s'était logé rue de Longpont, en face le portail de Saint-Gervais. La duchesse de Saint Pierre, Mme la marquise du Châtelet et M. de Forcalquier l'y vinrent visiter familièrement.

Une lettre mêlée de vers invite ces trois personnes à venir boire du champagne, à quitter leur palais pour une chaumière, et bonne compagnie pour un malade. Nous sommes au mois de juin 1733.

> Ciel! que j'entendrais s'écrier,
> Marianne, ma cuisinière,
> Si la duchesse de Saint-Pierre,
> Du Châtelet et Forcalquier
> Venaient souper dans ma tanière.

« Mais, après la fricassée de poulets et les chandelles
de Charonne, que ne doit-on pas attendre de votre indulgence ?

> Les dieux sont bons, ils daignent tout permettre
> Aux gens de bien qui leur offrent des vœux ;
> Le cœur suffit, le cœur est tout pour eux,
> Et c'est le cœur qui dicta cette lettre.

Dès le 14 août, dans une lettre à son ami Cideville, auquel
Mme du Châtelet avait permis qu'on envoyât l'*Épître sur la
calomnie*, Voltaire montre qu'il est sous le charme, et que
la liaison la plus importante de sa vie va bientôt être
complète.

« Quelle est donc, me direz-vous, cette divinité? Est-ce
quelque Mme de la Rivaudaye? est-ce une personne en l'air?
Non, mon cher Cideville :

> Je vais, sans vous dire son nom,
> Satisfaire un peu votre envie.
> Voici ce que c'est qu'Émilie.
> Elle est belle et sait être amie,
> Elle a l'imagination
> Toujours juste et toujours fleurie ;
> Sa vive et sublime raison
> Quelquefois a trop de saillie ;
> Elle a chassé de sa maison
> Certain enfant tendre et fripon,
> Mais retient la coquetterie ;
> Elle a, je vous jure, un génie
> Digne d'Horace et de Newton,
> Et n'en passe pas moins sa vie
> Avec le monde qui l'ennuie
> Et des banquiers de Pharaon.

» Je vais lui montrer ce portrait-là, et je vous réponds qu'il
est si vrai qu'elle est la seule qui ne s'y reconnaîtra pas.
Pour moi, qui lui suis attaché à proportion de son mérite,
c'est-à-dire infiniment :

> Ne croyez pas qu'un tel hommage
> Soit l'effet d'un peu trop d'ardeur.

> L'amour serait votre partage,
> A moi n'appartient tant d'honneur.
> Grands dieux! (S'il en est d'autres qu'elle)
> Ayez de moi quelque pitié,
> Écartez une ardeur cruelle
> Qui corromprait mon amitié :
> L'amitié jamais ne s'altère,
> Elle rend sagement heureux
> Sans emportement, sans mystère.
> L'amour aurait plus de quoi plaire ;
> Mais c'est un fou trop dangereux,
> On a des moments si fâcheux
> Avec gens de ce caractère.

» Adieu, vous êtes Émilie en homme et elle est Cideville en femme. Pardon, aimable Cideville, je ne vous écris pas de ma main ; mais je suis si malade qu'il n'y a que mon cœur en vie. »

Voilà l'homme : il aime avec enthousiasme une jeune femme de la cour, dont l'esprit est aussi sérieux que cultivé, qui s'est sentie attirée par son génie et par sa personne, qui n'a aucun préjugé et use simplement de la liberté des mœurs de son temps : Voltaire est amoureux et malade, mais toujours travaillant comme un beau diable. Jamais ni son cœur ni sa plume ne se sont reposés, et toujours il a combattu le bon combat de l'homme à l'âme généreuse, aimante, qui ne craint pas la mort et triomphe de la maladie et des persécuteurs.

Dans une autre lettre à Cideville, du mois d'octobre de cette même année, je relève ces quatre vers ·

> Mon cœur même à l'amour quelquefois s'abandonne ;
> J'ai bien peu de tempérament,
> Mais ma maîtresse me pardonne
> Et je l'aime plus tendrement.

Quoique commencée avec les allures légères de l'époque, on voit que cette liaison ne tarda pas à s'établir sur les bases les plus solides. Il ne s'agit pas ici pour Voltaire d'une relation de vanité, de plaisir ou d'un juvénile et passager enthousiasme, mais d'une passion sérieuse, profonde, que la mort seule devait briser.

Voltaire avait conclu le second mariage de Richelieu avec Mlle de Guise, et la noce fut célébrée à Montjeu, près d'Autun. Mme du Châtelet et son ami y assistaient tous deux, et c'est de là que, pour fuir ses persécuteurs, le philosophe amoureux, après s'être d'abord caché, finit par se retirer avec sa maîtresse dans une de ses terre à Cirey, en Champagne.

Mais il convient d'esquisser ici le caractère et la personne de Mme du Châtelet. On lui avait donné une éducation peu ordinaire et presque virile; Émilie savait à fond le latin, comme elle apprit pendant sa liaison avec Voltaire l'anglais et l'italien. Douée d'une intelligence supérieure, elle s'adonna aux mathématiques et à la philosophie. Elle commenta Leibnitz et plus tard le quitta pour Newton, dont elle traduisit les principes de physique et de philosophie. Toute sa vie elle ne cessa de s'occuper de physique, de mathématiques et de philosophie. Cette femme, d'un génie aux mâles allures, était par-dessus très-vive, très-passionnée, aimait les lettres, les arts, la toilette et les pompons, et se livrait au monde et même au jeu avec beaucoup d'entrain.

Comme on le peut apercevoir, ce type de femme est assez étrange, c'est une sorte d'androgyne, une sirène à tête d'homme, à corps de femme. Aussi Voltaire rappelle-t-il, à propos de son amie, ce vers de Lafontaine sur Mme de La Sablière:

> A beauté d'homme avec grâce de femme.

Dans un écrit d'une cinquantaine de pages, publié après sa mort et intitulé *Réflexions sur le bonheur*, Mme du Châtelet nous donne sur la nature de son esprit et de son caractère plus d'un vif aperçu. Sans être robuste, elle était douée d'un bon tempérament, tempérament de feu, dit-elle, qui ne lui permettait de boire ni vin ni liqueurs et l'obligeait quelquefois à des diètes rigoureuses pour pouvoir se livrer à ses travaux. Hors de l'étude, au rapport de Longchamps, elle était toujours vive, agissante et de bonne humeur. Mme du Châtelet travaillait souvent la nuit, trouvant ce recueillement silencieux plus favorable à la gravité de ses pensées. Esprit très-libre et très-hardi, dans un temps où l'on poussa la liberté des mœurs jusqu'à la licence, si Mme du Châtelet observa toujours les bienséances, elle se livra avec une entière franchise à l'impulsion de sa nature ; et, si elle connut les remords et les regrets, ce ne fut que bien peu et à la fin de sa vie.

Avec une intelligence très-ferme et très-haute, Mᵐᵉ du Châtelet a pensé, a vécu comme un homme ; sa manière d'éprouver l'amour tient plus de notre sexe que du sien. Elle aime trop ardemment pour une femme, et par cela même la tendresse de la mère n'a pas chez elle toute l'intensité que l'on constate chez la plupart des femmes. En Mᵐᵉ du Châtelet l'amante, la philosophe, la savante effacent la mère ; son rayonnement dépasse le foyer domestique, qui d'ailleurs était peu de chose à cette époque pour une dame de la cour.

De même qu'il y a des hommes dont le caractère et le tempérament se rapprochent de ceux de la femme, ainsi remarque-t-on dans le beau sexe des individualités dont le type rappelle celui de l'homme. Cette singularité n'est pas une anomalie, puisque l'homme et la femme sont deux aspects du même genre. Les androgynes ont leur raison d'être : ils sont un lien de plus entre les deux moitiés de l'espèce, et servent à vivifier des individus, plus sensibles à leur attrait particulier.

Un des principaux signes de l'androgynisme féminin, c'est la faiblesse de l'instinct maternel. L'androgyne ne connaît pas les humbles dévouements, le naïf héroïsme de la mère, prête à se sacrifier à toute heure à son enfant. Être avec bonheur le marchepied d'un marmot lui semble impossible, presque ridicule. Le désir de plaire, autre trait caractéristique du génie féminin, a, chez l'androgyne, un accent particulier ; il y entre moins de crainte et l'on y trouve un certain orgueil, produit par le sentiment intime de la force. L'androgyne n'aime pas comme les autres femmes. L'amour l'échauffe davantage et lui communique quelque chose de l'initiative de l'homme. Ce que l'androgyne a en moins comme instinct maternel, elle l'a en plus dans la passion de l'amour.

Telle fut Mᵐᵉ du Châtelet Elle aima avec enthousiasme, avec ivresse, et Voltaire, plus âgé de douze ans que son amie, fut profondément atteint par cette passion ; jamais il ne ressentit l'amour avec plus de force.

Et comment n'aurait-il pas été vivement touché, intéressé,

émerveillé en présence de cette créature multiple, qui participait de l'enfant par son insouciance et sa gaieté, de la femme par son charme et sa grâce, de l'artiste par ses goûts et ses talents, de l'homme, enfin, par son esprit élevé et généralisateur, son dévouement et son caractère résolu? Ainsi s'explique la puissance de rayonnement des *Androgynes*.

Peu sensible à la vanité, à la gloriole, aux petits succès du monde, jamais Mme du Châtelet ne fit soupçonner à Versailles ses talents et son savoir.

Aussi Voltaire, faisant son éloge en 1754, cinq ans après l'avoir perdue, a-t-il pu dire d'elle :

« Jamais femme ne fut si savante qu'elle, et jamais personne ne mérita moins qu'on dît d'elle : c'est une femme savante... Née avec une éloquence singulière, cette éloquence ne se déployait jamais que quand elle avait des sujets dignes d'elle... Le mot propre, la précision, la justesse et la force étaient le caractère de son éloquence. Elle eût plutôt écrit comme Pascal et Nicole que comme Mme de Sévigné... Elle savait par cœur les meilleurs vers, et jamais oreille ne fut plus sensible à l'harmonie. Le Tasse, Milton lui étaient familiers comme Virgile... Elle unissait à la profondeur de la philosophie le goût le plus vif et le plus délicat pour les belles-lettres... Elle se livrait au monde comme à l'étude. »

Quoique Mme du Châtelet ait plus aimé Voltaire que Richelieu, elle est plus près, par ses idées générales et ses sentiments, de cet homme, dont elle demeura toujours l'amie, que du philosophe, en qui brûla jusqu'à son extrême vieillesse le plus profond amour de l'humanité.

Mme du Châtelet possédait le sentiment de la vérité et de la justice, mais point de douceur et de bienveillance. A la différence de Voltaire, elle n'était pas aimée de ses gens. Sa forte personnalité ne lui permettait pas un large et sympathique rayonnement. Nous le verrons d'autant mieux qu'elle affirme plus nettement son droit au bonheur et qu'elle a poursuivi la satisfaction de son être avec plus de franchise. Voici quelques fragments des *Réflexions sur le bonheur*, qui font ressortir le caractère de la femme et le mérite de l'écrivain.

« J'entends par vertu tout ce qui peut contribuer au bonheur de la société, et par conséquent au nôtre, puisque nous sommes membres de la société.

» Je doute qu'il y ait un sentiment plus délicieux que celui qu'on éprouve quand on vient de faire une action vertueuse, et qui mérite l'estime des honnêtes gens.

» J'appelle satisfaction intérieure la justice exacte qu'on se rend, ce qu'on peut appeler la santé de l'âme.

» Qui dit sage dit heureux, au moins dans mon dictionnaire.

» Il faut pour être heureux s'être défait des préjugés, être vertueux, se bien porter, avoir des goûts et des passions, être susceptible d'illusions.

» Nous n'avons rien à faire en ce monde qu'à nous procurer des sensations et des sentiments agréables. Ce sont des passions qu'il faudrait demander à Dieu, si l'on osait lui demander quelque chose ; et Lenostre avait bien raison de demander au Pape des tentations au lieu d'indulgences.

» J'écris pour les gens du monde, et ce ne sont pas les plus aisés à rendre heureux.

» Il faut toujours éloigner de son esprit le souvenir de ses fautes, quand on en a tiré dans une première vue le fruit qu'on en peut attendre. Il faut partir d'où l'on est, employer toute la sagacité de son esprit à réparer et à trouver le moyen de réparer ; écarter les idées tristes et leur en substituer d'agréables.

» L'amour de l'étude est de toutes les passions celle qui contribue le plus à notre bonheur ; et Cicéron a raison de dire que les plaisirs des sens et du cœur sont fort au-dessous de ceux de l'étude.

» Quand un monarque a reçu du ciel une âme assez grande pour être susceptible des plaisirs de son état, c'est-à-dire de celui de rendre un grand nombre d'hommes heureux, alors cet état devient le premier de tous par le bonheur comme il l'est par la puissance. »

Mme du Châtelet, tout en partant du droit de l'individu à rechercher le bonheur, d'une façon que l'on pourra trouver

trop exclusive et trop détachée du sentiment qui nous lie à
nos semblables, fait néanmoins preuve ici de la justesse et
de la hauteur de son intelligence. Et certes, l'on doit penser
qu'elle eût tout autrement pratiqué les devoirs de son état
de roi que ne le fit son contemporain Louis XV. Il y avait en
elle un amour très-profond de la vérité, car de là seulement
peut venir cette avidité naturelle d'une grande âme pour le
savoir, attendu qu'on n'étudie pas pour étudier, pas plus
qu'on ne marche sans but.

Cependant, cette théorie de la légitimation absolue des
passions et de leur satisfaction, en dehors de toute subordination aux sentiments supérieurs et de toute mesure puisée
dans la raison, est essentiellement fausse, et Mme du Châtelet
l'éprouva elle-même en deux occasions importantes, au
sujet du jeu et de l'amour.

Voici ce qu'elle dit de la passion du jeu, à laquelle elle se
livra sans aucun frein et qui lui causa plus d'un désagré-
ment, sans compter les reproches et les querelles de Voltaire.
« Est-il possible, écrivait ce dernier à Voyer d'Argenson,
que ce soit Mme de Pompadour, à vingt-deux ans, qui déteste
le cavagnole, et que ce soit Mme du Châtelet-Newton qui
l'aime ! »

« Il est une passion déraisonnable aux yeux du philosophe
et de la raison, c'est la passion du jeu. Il serait heureux de
l'avoir si l'on pouvait la modérer et la réserver pour la
vieillesse. Il est certain que l'amour du jeu a sa source dans
l'amour de l'argent. Le plaisir que m'a fait le jeu a servi
souvent à me consoler de n'être pas riche. Je me crois l'esprit
assez bien fait pour qu'une fortune, médiocre pour un autre,
suffise à me rendre heureuse, et dans ce cas le jeu me deviendrait insipide ; du moins je le craignais, et cette idée me
persuadait que je devais le plaisir du jeu à mon peu de fortune et servait à m'en consoler.

» Notre âme veut être remuée par l'espérance et la crainte ;
elle n'est heureuse que par les choses qui lui font sentir son
existence. »

Ainsi la philosophe condamne le jeu au nom de la raison,
elle avoue qu'une fortune médiocre doit suffire à une âme
de sa trempe et qu'enfin le jeu a pour fondement l'amour de

l'or ; puis, malgré tout cela, la femme sera joueuse, parce qu'il est légitime de s'abandonner à ses passions et que c'est un bonheur que d'avoir l'âme remuée par l'espérance et la crainte.

Or, voici l'aventure désagréable qui lui arriva pendant un séjour de la cour à Fontainebleau. Emilie était au jeu de la reine, où elle perdit d'abord 10,000 liv. qu'elle avait apportées, plus mille écus que Voltaire avait sur lui. Mais comme elle s'était piquée au jeu, elle continua et perdit sur parole 84,000 livres ! Vers la fin de cette terrible partie, Voltaire, s'étant approché d'elle, lui dit en anglais : « Votre émotion vous empêche de voir que vous êtes dupe et qu'on vous vole. » Car on a toujours volé partout où l'on joue gros jeu, à la cour comme ailleurs. Quand il s'agit d'être riche ou pauvre sur la tourne d'une carte, très peu de gens résistent à la tentation de *tuer le mandarin*. Quoi qu'il en soit, ces paroles de Voltaire avaient été entendues et comme il s'agissait de grands personnages, Voltaire et Mme du Châtelet partirent cette nuit même et furent se cacher à Sceaux, chez la duchesse du Maine. Voltaire y demeura célé pendant deux mois, jusqu'à ce que Mme du Châtelet eût pu sortir d'embarras. La chose s'arrangea au moyen d'une rescription sur le don d'une ferme générale, rescription que la joueuse partagea avec une de ses amies de cour et qui lui permit de payer cette folle dette. Dans le bon temps et lorsqu'on était bien en cour, cela se passait ainsi. Cette humiliation légère, suivant les idées de l'époque, devait être blessante pour une âme élevée, et ne fut pas sans doute la seule que valut à Mme du Châtelet cette passion effrénée du jeu. Au reste, une telle passion est propre à nous faire comprendre que chez Mme du Châtelet la force d'âme devait aller jusqu'à la dureté. Ces luttes furieuses sont trop poignantes pour que l'âme ne s'y endurcisse pas. En affrontant chaque jour pour lui-même les risques les plus extrêmes, le joueur arrive nécessairement à faire bon marché de ce qui touche les autres.

Au sujet de l'amour, la divine Emilie devint plus tard la victime de son organisation et de sa fausse théorie sur la poursuite légitime du plaisir. Mais, voyons-la vivre, voyons avec quelle ardeur elle aima Voltaire.

Les amants philosophes se retirent à Cirey, en Champagne

dans l'été de 1734. Ils s'arrangent une agréable habitation dans ce lieu délaissé depuis longtemps. Cultivant en commun la science, les lettres et les arts, ils attirèrent près d'eux des savants et des amis. Kœnig, Clairaut, Maupertuis, Jean Bernouilli, Algarotti, Mme de Graffigny y passèrent du temps. Frédéric y députa son favori le baron de Kaiserling. Voltaire faisait de la physique, de l'histoire et du théâtre. Mme du Châtelet travaillait de son côté, écoutait, conseillait de l'autre, montait sur la scène, jouait, chantait, dansait, et tout le monde était content. Mmes de la Neuville et de Champbonin composaient leur voisinage le plus intime, et cette dernière mit beaucoup de dévouement de cœur dans cette liaison. Voltaire et Mme du Châtelet furent heureux à Cirey, puisqu'ils y vécurent de travail et d'amour, mais ce bonheur fut traversé, comme tous les bonheurs d'ici-bas, par des périls, des inquiétudes, par l'absence, enfin par des voyages et des séjours forcés à Bruxelles, à Paris, à la cour de Lorraine. Voltaire accompagnait Émilie comme un humble satellite suit les mouvements de son étoile. Dans un passage de ses lettres il se compare à un accident et la divine Émilie à un *ens per se*, à une substance qui est par elle-même.

Mme de Graffigny a laissé des lettres qui nous font un petit tableau de la vie de Cirey. Sur le premier plan, apparaît d'abord la châtelaine, avec son grand air et ses manières un peu hautes, ses habitudes de travail nocturne et ses distractions de tout genre, théâtre, musique, lectures, promenades à cheval, etc. Elle gouverne son esclave Voltaire, qui ne se soumet pas sans regimber parfois contre ce despotisme féminin. De là des bouderies, des querelles et des scènes de raccommodement. Mais Voltaire cède, car il aime; et Mme du Châtelet use surtout de son pouvoir pour défendre son poëte philosophe contre la générosité de ses entraînements qui peuvent nuire à leur sécurité. A ses côtés nous apercevons Voltaire, habillé comme à la cour de Sceaux ou de Lorraine, les yeux brillants de joie, toujours affable, affectueux pour chacun, toujours actif, laborieux et d'une amabilité charmante : il est l'âme de ce petit monde, malgré sa frêle santé et ses indispositions fréquentes.

Au second plan nous trouvons cette bonne Mme de Champbonin, confidente des amants et amie véritable de Voltaire ;

puis M. du Châtelet, parfois affecté de la goutte, parlant peu, s'endormant à table ou la quittant lorsque la conversation passe par-dessus sa tête. Toutes les convenances sont observées avec le ton de la meilleure compagnie. La figure de M. du Châtelet est simple et digne ; il est au mieux avec Voltaire, dont il aime le caractère et dont la gloire rejaillit sur sa maison. Pour lui, c'est un hôte et un ami, admirateur enthousiaste du génie de la marquise. D'ailleurs, M. du Châtelet, vivant dans les camps et à la cour, n'entend rien aux affaires, qu'il abandonne à la haute intelligence de sa femme. Les embellissements de Cirey, que Voltaire s'est efforcé à plaisir de rendre digne d'Émilie, tout cela ne le regarde point. Il ne sait qu'une chose, c'est que Voltaire est homme du monde et honnête homme, plein de mérite et de goût, et qu'il a pour la marquise l'admiration la plus respectueuse et la plus dévouée. Mme du Châtelet élève son fils, marie sa fille, arrange ses procès et gouverne sa maison avec autant de liberté qu'elle écrit sur la philosophie et les mathématiques.

Voici deux fragments de lettres, qui datent des premiers moments de l'installation ; ils reflètent une joie intime. On est heureux comme des enfants qui jouent au ménage et le cœur de Voltaire déborde de bonheur.

A MADAME DE CHAMPBONIN. « Mme du Châtelet est ici de retour de Paris d'hier au soir ; elle est venue dans le moment que je recevais une lettre d'elle, par laquelle elle me mandait qu'elle ne viendrait pas sitôt... Mme du Châtelet, au milieu de ce désordre, rit et est charmante ; elle est arrivée dans une espèce de tombereau à deux chevaux, secouée et meurtrie, sans avoir dormi mais se portant fort bien ; elle me charge de vous faire mille compliments de sa part. Nous faisons rapiéceter de vieilles tapisseries, nous cherchons des rideaux, nous faisons faire des portes, le tout pour vous recevoir. Je vous assure, raillerie à part, que vous y serez fort commodément. »

VOLTAIRE A LA CONDAMINE. « Vous verrez bientôt Mme du Châtelet. L'amitié dont elle m'honore ne s'est point démentie en cette occasion ; son esprit est digne de vous et de M. de Maupertuis, et son cœur est digne de son esprit. Elle rend de bons offices à ses amis avec la même vivacité qu'elle a appris les langues et la géométrie ; et quand elle a rendu tous les services imaginables, elle croit n'avoir rien fait; comme avec son esprit et ses lumières, elle croit ne savoir rien et ignore si elle a de l'esprit. »

Maintenant, Mme du Châtelet va nous révéler l'état de son cœur et ses premières et cruelles alarmes, lorsque Voltaire est obligé de se réfugier en Hollande en décembre 34, au sujet de l'orage suscité par la publication de ses Lettres sur les Anglais.

AU MARÉCHAL DE RICHELIEU. « J'ai tout quitté pour vivre avec la seule personne qui ait jamais pu remplir mon cœur et mon esprit... je n'ai jamais eu de véritable passion que pour ce qui fait à présent le charme et le tourment de ma vie, mon bien et mon mal; mais je n'ai jamais eu de véritable amitié que pour Mme de Richelieu et pour vous. J'ai conservé ce sentiment si cher à mon cœur au milieu de la plus grande ivresse... »

A MONSIEUR D'ARGENTAL, décembre 1734. « Ange tutélaire de deux malheureux, j'ai enfin reçu de la frontière des nouvelles de votre ami ; il y est arrivé sans accident et en bonne santé. Sa malheureuse santé soutient toujours mieux les voyages qu'on n'oserait l'espérer, parce qu'en voyage il travaille moins. Cependant, quand je regarde la terre couverte de neige, ce temps sombre et épais, quand je songe dans quel climat il va, et l'excessive délicatesse dont il est sur le froid, je suis prête à mourir de douleur; je supporterais son absence si je pouvais me rassurer sur sa santé... Je vois par la douleur excessive dont ses lettres sont remplies qu'il n'y a rien qu'il ne fît, même les choses les plus opposées à son caractère, pour passer sa vie avec moi. Je lui ai fait sentir la nécessité d'être sage et ignoré ; ainsi il sera sûrement l'un et l'autre. »

31 décembre 1734. « La tête me tourne d'inquiétude et de douleur, vous vous en apercevrez bien à mes lettres... je n'ai pas de nouvelles de votre ami depuis le 30... Il y a quinze jours que je ne passais point sans peine deux heures loin de lui. Je lui écrivais alors de ma chambre à la sienne, et il y a quinze jours que j'ignore où il est et ce qu'il fait; je ne puis même jouir de la triste consolation de partager ses malheurs.

Pardonnez-moi de vous étourdir de mes plaintes, mais je suis trop malheureuse. »

A D'ARGENTAL, janvier 1735. « Quoiqu'il arrive, il passera sûrement l'hiver où il est. Je l'aime trop véritablement pour souffrir qu'il se remette en chemin par le mauvais temps... Une de mes espérances, c'est que l'édition de ses œuvres l'occupera et le consolera : je sais l'effet que le chagrin fait sur lui et je vous jure que l'inquiétude de sa santé fait mon plus grand malheur...; surtout qu'il ne sache rien du projet qu'on avait d'écrire à M. du Châtelet... Je vous ai mandé mes raisons aussi bien que mes instances pour qu'il fût d'une sagesse extrême dans cette nouvelle édition de ses œuvres... Il faut à tout moment le sauver de lui-même, et j'emploie plus de politique pour le conduire que tout le Vatican n'en emploie pour retenir la catholicité dans ses fers. »

Février 1635. « Je l'aime mieux libre et heureux en Hollande que menant pour moi la vie d'un criminel dans son pays ; j'aime mieux mourir de douleur que de lui coûter une fausse démarche... On jouait Alzire à Bruxelles, à Anvers et dans toutes les villes où il a passé. Quel chaos de gloire, d'ignominie, de bonheur et de malheur! Heureuse, heureuse l'obscurité!... Vous penserez que je deviens folle, on le serait à moins. Je suis un avare à qui on a arraché tout son bien et qui craint à tout moment qu'on ne le jette à la mer. »

A M. D'ARGENTAL, février 1735. « Enfin nous verrons s'il reviendra, mais, je vous le répète, je n'en crois rien, et je vous jure bien que je ne me sens pas la force de résister au chagrin que j'en ressentirais. Nous le perdons sans retour, n'en doutez point, mais qui pourrait le conserver malgré lui-même? Je n'ai rien à me reprocher, c'est une triste consolation : je ne suis pas née pour être heureuse. Je n'ose plus rien exiger de vous, mais, si je l'osais, je vous prierais de faire encore un dernier effort sur son cœur. Mandez-lui que je suis bien malade, car je le lui mande, et qu'il me doit au moins de venir m'empêcher de mourir; je vous assure que je ne mens pas trop, car j'ai la fièvre depuis deux jours. La violence de mon imagination est capable de me faire mourir en quatre jours. »

» Je suis bien plus à plaindre que je ne l'ai jamais été. Il est affreux d'avoir à me plaindre de lui ; c'est un supplice que j'ignorais. S'il vous reste encore quelque pitié pour moi, écrivez-lui ; il ne voudra point rougir à vos yeux, je vous le demande à genoux... Si vous aviez vu sa dernière lettre, elle est signée et il m'appelle madame ! C'est une disparate si singulière que la tête m'en a tourné de douleur.

» Ses lauriers le suivent partout, mais à quoi lui sert tant de gloire? Un bonheur obscur vaudrait mieux. »

Nous n'avons pas malheureusement les lettres de Voltaire à Émilie et ses vers ne peuvent y suppléer, quoiqu'il s'en trouve qui sont aussi charmants que passionnés, tel que ce quatrain :

> Vous m'ordonnez de vous écrire
> Et l'amour qui conduit ma main;
> A mis tous ses feux dans mon sein
> Et m'ordonne de vous le dire.

Voltaire revint à Cirey et on l'y laissa tranquille presque pendant deux années. Mais au mois de décembre 1736, survient un nouvel orage provoqué par les jaloux, les envieux et par l'innocente publication du *Mondain*. Les malheureux amants ne peuvent se séparer, ils attendent, ils espèrent jusqu'à la dernière minute. Mme du Châtelet accompagne Voltaire sur le chemin de l'exil et c'est de Vassy, à quatre lieues de Cirey, que Voltaire écrit à d'Argental une lettre pleine de la plus vive douleur. J'en extrais quelques passages.

« Votre amie (Mme du Châtelet) a été d'abord bien étonnée quand elle apprit qu'on voulait me persécuter pour un ouvrage aussi innocent que le *Mondain*. Elle n'a pu souffrir que je restasse plus longtemps dans un pays où l'on me traite si inhumainement. Sa juste douleur l'a emporté sur la résolution de passer sa vie avec moi... Mais, mon véritable, mon tendre et respectable ami, quand je vois arriver le moment qu'il faut me séparer pour jamais de quelqu'un qui a tout fait pour moi, qui a quitté pour moi Paris, tous ses amis et tous les agréments de la vie, quelqu'un que j'adore et que je dois adorer, vous sentez bien ce que j'éprouve ; l'état est horrible..

Votre amie est devant moi qui fond en larmes. Mon cœur est percé. Faudra-t-il la laisser retourner seule dans un château qu'elle n'a bâti que pour moi?... Elle était déterminée à neuf heures du soir à me laisser partir, mais moi je vous dis, à présent, de concert avec elle, à quatre heures du matin, faites tout ce que vous croyez convenable ; si vous trouvez l'orage trop fort, écrivez-nous à l'adresse ordinaire et j'achèverai ma route. »

Il fallut céder à la persécution. Quelques jours après, Voltaire adressait cette lettre à la bonne Mme de Champbonin, dont le mari l'avait accompagné pour adoucir ses chagrins. L'infortuné philosophe a le cœur déchiré et, loin de se posséder comme l'eût fait Gœthe, il pleure, il sanglote et ne se retient pas dans l'expression de sa souffrance.

« M. de Champbonin, madame, a un cœur fait comme le vôtre. Il vient de m'en donner une preuve bien sensible. Je suis flatté que vous rendiez encore un plus grand service à la plus adorable personne du monde ; vous la consolerez, vous resterez auprès d'elle autant que vous pourrez. J'ai plus besoin encore de consolation ; j'ai perdu mille fois davantage, vous le savez ; c'est la plus belle âme qui soit jamais sortie des mains de la nature ; voilà ce que je suis forcé de quitter. Vous auriez été le lien de nos cœurs s'ils avaient pu ne pas s'unir eux-mêmes. Hélas ! vous partagez nos douleurs ! non, ne les partagez pas, vous seriez trop à plaindre. Les larmes coulent de mes yeux en vous écrivant. Comptez sur moi comme sur vous-même. Je vous remercie encore une fois de la marque d'amitié que vient de me donner M. de Champbonin. »

Plus tard Voltaire tenta de marier sa nièce, qui devint Mme Denis, au fils de ces excellents Champbonin. N'ayant pu réussir dans ce projet, il fut assez heureux pour placer à Paris le jeune Champbonin, et toute sa vie il continua à la mère les témoignages de son affection et de sa reconnaissance.

Cependant, au milieu de ce bonheur mêlé de peines cruelles, de travaux incessants, de ces exils et de ces repos, le temps marchait et Voltaire approchait de la cinquantaine. Déjà se marquait le changement qui devait s'opérer dans le bel

amour qui l'unissait à la divine Émilie. Au mois de juillet 1741,
il écrivait à son cher Cideville cette lettre mélancolique, où
se reflète poétiquement la situation de son cœur.

. . . . . « Le cœur ne vieillit point, je le sais bien, mais
il est dur aux immortels de se trouver logés dans des ruines.
Je rêvais, il n'y a pas longtemps, à cette décadence qui se fait
sentir de jour en jour, et voici comme j'en parlais, car il faut
que je vous fasse cette douloureuse confidence.

> Si vous voulez que j'aime encore,
> Rendez-moi l'âge des amours :
> Au crépuscule de mes jours
> Rejoignez, s'il se peut, l'aurore.
>
> Des beaux lieux où le dieu du vin
> Avec l'amour tient son empire,
> Le temps, qui me prend par la main,
> M'avertit que je me retire.
>
> De son inflexible rigueur
> Tirons au moins quelque avantage.
> Qui n'a pas l'esprit de son âge,
> De son âge a tout le malheur.
>
> Laissons à la belle jeunesse
> Ses folâtres emportements;
> Nous ne vivons que deux moments,
> Qu'il en soit un pour la sagesse.
>
> Quoi ! pour toujours vous me fuyez,
> Tendresse, illusion, folie,
> Dons du ciel qui me consoliez
> Des amertumes de la vie !
>
> On meurt deux fois, je le vois bien ;
> Cesser d'aimer et d'être aimable,
> C'est une mort insupportable;
> Cesser de vivre, ce n'est rien.
>
> Du ciel alors daignant descendre,
> L'amitié vint à mon secours,
> Elle était peut-être aussi tendre,
> Mais moins vive que les amours.

> Touché de sa beauté nouvelle,
> Et de sa lumière éclairé,
> Je la suivis; mais je pleurai
> De ne pouvoir plus suivre qu'elle.

» Cette amitié est pourtant une charmante consolation. Eh! qui m'en fait connaître le prix mieux que vous? L'amour, à qui vous avez si bien sacrifié toute votre vie, n'a servi qu'à vous rendre tendre pour vos amis et à rendre votre société encore plus délicieuse. Cependant vous plaidez..... N'êtes-vous pas à présent avec votre procureur, Mme du Châtelet est avec le sien. Mais moi je suis avec vous deux. Adieu, bonsoir, charmant ami, je vais m'enfoncer dans le travail, qui, après l'amitié, est une grande consolation. »

Mme du Châtelet, de douze ans plus jeune que Voltaire, jouissait d'une meilleure santé que lui. Elle souffrit de cette situation, comme elle nous le dira elle-même. Cependant, si les belles ardeurs de la passion s'éteignaient graduellement, la passion elle-même se conservait toujours vivante et faisait encore vibrer l'âme éprouvée des deux amants.

A MADAME DE CHAMPBONIN, août 1742. « Nous voilà donc dans la ville de la Sainte-Ampoule. Je vous jure que Mme la marquise du Châtelet n'a jamais été plus aimable. Elle a enchanté toute la ville de Rheims, et, comme de raison, ceux à qui elle plaît tant, lui ont donné un jour deux pièces en cinq actes, l'une avant souper et l'autre après. La dernière a été suivie d'un bal qu'on n'attendait pas, et qui s'est formé tout seul. Jamais elle n'a mieux dansé au bal, jamais elle n'a mieux chanté à souper, jamais tant mangé ni plus veillé. Au lieu d'y coucher une nuit, elle en passe trois dans cette bonne ville. Nous partons demain sous l'étoile d'Émilie ; faites des vœux pour la conclusion de nos affaires, car celles d'Émilie sont les nôtres... Adieu, gros chat, je vous embrasse si tendrement qu'Émilie m'en grondera. »

A LA MÊME, DE CAMBRAI, janvier 1743. « Mme du Châtelet ne sera princesse que quand sa généalogie sera imprimée, mais fût-elle bergère, elle vaut mieux que tout Bruxelles. Elle est plus savante que jamais, et si sa supériorité lui per-

met de baisser encore les yeux sur moi, ce sera une belle
action à elle, car elle est bien haute. Il faut qu'elle cligne
les yeux en regardant en bas pour me voir. On va souper.
Adieu, cher gros chat, j'embrasse vos pattes de velours. »

Voltaire fut envoyé en mission secrète à Berlin par la cour
de France, et il y séjourna plus de temps qu'il n'eût convenu
à son amie.

Notons encore ce détail. Voltaire avait maintes fois déclaré
à Frédéric, malgré tous ses empressements flatteurs, que jamais il ne quitterait la cour de Cirey pour celle de Berlin.
Cependant Mme du Châtelet ne consentit au départ de Voltaire qu'à condition que la correspondance politique passe-
rait par ses mains, et, ajoute Voltaire, on fut obligé d'en
passer par là. Tel était le pouvoir que la marquise avait su
prendre sur le philosophe amoureux. Ah ! combien l'honnête
Zadig devait aimer Astarté, la reine de son cœur !

Maintenant, écoutons les plaintes de la belle, leur vivacité
témoigne de l'état de son cœur.

A D'ARGENTAL, octobre 1743. « Je fais des réflexions bien
cruelles : Je crois qu'il est impossible d'aimer plus tendrement et d'être plus malheureuse... Je l'attendrai s'il revient
ce mois-ci, mais si son retour retardait, comme rien n'est
plus possible, je retournerai chercher auprès de vous une
consolation dont je suis incapable, et je compte aller ensevelir cet hiver mes chagrins à Cirey... Ne montrez cette lettre
à personne ; je sens une triste consolation à vous ouvrir
mon cœur, le temps ni les torts ne font rien sur moi et je vois
bien par ce que j'éprouve que la source de mes chagrins est
intarissable.

» Tout ce que j'ai éprouvé depuis un mois détacherait
peut-être toute autre que moi ; mais, s'il peut me rendre
malheureuse, il ne peut diminuer ma sensibilité. Je sens que
je ne serai jamais raisonnable, je ne le voudrais même pas
quand il ne tiendrait qu'à moi, et, malgré tout ce que je
souffre, je suis bien persuadée que celui qui aime le mieux
est encore le plus heureux.

» ... Je ne vous nierai pas que ma santé ne soit fort déla-
brée... Je ne suis pas à présent assez heureuse pour être affec-

tée de mon état... Une autre que moi en serait morte, et peut-être serait-ce encore le meilleur ! »

Si Mme du Châtelet aima Voltaire d'une vive et forte passion, il en fut de même du philosophe. Il suivit son amie partout et s'associa complétement à son existence. Il en fut sans cesse occupé et lui en donnait chaque jour de nouvelles preuves. En lui offrant une bague où son portrait était gravé, le poëte lui disait :

> Barrier grava ces traits destinés pour vos yeux,
> Avec quelque plaisir daignez les reconnaître;
> Les vôtres dans mon cœur furent gravés bien mieux,
> Mais ce fut par un plus grand maître.

Au reste, l'œuvre de Voltaire est remplie de souvenirs affectueux et passionnés pour Mme du Châtelet.

Le temps marchait toujours, et cette décadence, dont le poëte avait déploré les atteintes, se prononçait davantage. De cette grande passion de plusieurs années, il ne restait guère plus qu'une amitié tendre, dévouée, profonde, une véritable admiration, une haute estime. Tant il y a qu'en 1747, Voltaire avait alors cinquante-quatre ans, Mme du Châtelet étant à la petite cour du roi Stanislas, y fit rencontre de Saint-Lambert, qu'elle avait déjà vu maintes fois, mais pas des mêmes yeux et avec les mêmes dispositions. Il avait trente-trois ans, huit ans de moins que la marquise qui déjà dépassait la quarantaine. Capitaine dans les gardes lorraines, aimable, spirituel, doué d'excellentes manières, élégant, un peu avantageux, Saint-Lambert s'était fait aimer de la marquise de Boufflers, maîtresse du bon roi. Celui-ci, un peu jaloux de son jeune capitaine, l'éloignait tant qu'il pouvait, mais le traître trouvait asile au presbytère et de là s'introduisait dans l'appartement de Mme de Boufflers. Soit que les difficultés de cette liaison l'eussent refroidi, soit que la supériorité d'esprit de Mme du Châtelet, encore charmante et l'étoile de la petite cour de Lorraine, eussent provoqué ses attentions, soit tout autre motif de vanité ou de plaisir, Saint-Lambert attaqua (accepta serait plus juste) ce cœur ardent en qui la passion sommeillait sans être éteinte. Une étincelle

pouvait rallumer encore ce foyer incandescent. Ainsi en
advint-il. La divine Émilie, l'Uranie de Voltaire, la disciple
de Leibnitz et de Newton, redevint encore sensible comme
une simple mortelle. Elle aima Saint-Lambert avec une sorte
de folle ivresse. Ce fut un malheur et presque une sorte de
déchéance, car Saint-Lambert était loin d'éprouver une passion comparable à la sienne. Cette faute causa la mort prématurée de cette femme étrange, qui fut encore, en cette
occasion, la victime de sa théorie sur la recherche du bonheur, indépendamment de toute autre considération.

Mme du Châtelet raisonnait parfaitement tous ses actes,
comme nous allons le voir par un extrait de ses *Réflexions
sur le bonheur*, qui se rapporte à cette situation. Accordons
d'abord la parole à la philosophe avant de raconter les faits.

« J'ai reçu de Dieu, il est vrai, une de ces âmes tendres et
immuables qui ne savent ni déguiser ni modérer leurs passions, qui ne connaissent ni l'affaiblissement ni le dégoût,
et dont la ténacité sait résister à tout, même à la certitude
de n'être plus aimée ; mais j'ai été heureuse pendant dix ans
par l'amour de celui qui avait subjugué mon âme, et ces
dix ans, je les ai passés tête-à-tête avec lui sans aucun
moment de dégoût ou de langueur. Quand l'âge, les maladies, peut-être aussi la satiété de la jouissance, ont diminué
son goût, j'ai été longtemps sans m'en apercevoir. J'aimais
pour deux, je passais ma vie entière avec lui, et mon cœur
exempt de soupçons jouissait du plaisir d'aimer et de l'illusion de se croire aimé. Il est vrai que j'ai perdu cet état si
heureux, et que ce n'a pas été sans qu'il m'en ait coûté bien
des larmes.

» Il faut de terribles secousses pour briser de telles chaînes ;
la plaie de mon cœur a saigné longtemps. J'ai eu lieu de me
plaindre, et j'ai tout pardonné : j'ai été assez juste pour sentir qu'il n'y avait peut-être au monde que mon cœur qui eût
cette immutabilité qui anéantit le pouvoir du temps ; que si
l'âge et ses maladies n'avaient pas entièrement éteint ses désirs, ils auraient peut-être encore été pour moi, et que
l'amour me l'aurait ramené ; enfin que son cœur, incapable
d'amour, m'aimait de l'amitié la plus tendre et m'aurait consacré sa vie. La certitude de l'impossibilité du retour de son

goût et de sa passion, que je sais bien qui n'est pas dans la
nature, a amené insensiblement mon cœur au sentiment
paisible de l'amitié, et ce sentiment, joint à la passion de
l'étude, me rendait assez heureuse.

» Mais un cœur si tendre peut-il être rempli par un sentiment aussi paisible et aussi faible que celui de l'amitié ! Je ne
sais si on doit espérer, si on doit souhaiter même de tenir
toujours cette sensibilité dans l'espèce d'apathie à laquelle il
a été difficile de l'amener.

» On n'est heureux que par des sentiments vifs et agréables. — Pourquoi donc s'interdire les plus vifs et les plus
agréables de tous ? Mais ce qu'on a éprouvé, les réflexions
qu'on a été obligé de faire pour amener son cœur à cette
apathie, la peine même qu'on a eue de s'y réduire doit faire
craindre de quitter un état qui n'est pas malheureux, pour
essuyer des malheurs que l'âge et la perte de la beauté rendraient inévitables. Belles réflexions, me dira-t-on, et bien
utiles ! vous verrez de quoi elles vous serviront, si vous avez
jamais du goût pour quelqu'un qui devienne amoureux de
vous. Mais je crois qu'on se trompe, si on croit que ces réflexions soient inutiles. Les passions, passé trente ans, ne
nous emportent plus avec la même impétuosité. Croyez que
l'on résisterait à son goût si on le voulait bien fortement et
qu'on fût bien persuadé qu'il fera notre malheur : on n'y
cède que parce qu'on n'est pas bien convaincu de la sûreté
de ces maximes, et qu'on espère encore d'être heureux ; et
on a raison de se le persuader. Pourquoi s'interdire l'espérance d'être heureux, et de la manière la plus vive ? »

Un peu plus loin l'amie de Richelieu résume sa doctrine et
l'accentue une dernière fois en ces termes :

‹ Dans l'enfance, nos sens se chargent seuls du soin de
faire notre bonheur ; dans la jeunesse, le cœur et l'esprit
commencent à s'en mêler, avec cette subordination que le
cœur décide de tout ; mais dans l'âge mûr, la raison doit être
de la partie ; c'est à elle à nous faire sentir qu'il faut être
heureux, quoiqu'il en coûte. »

On ne peut être plus net et plus explicite. *Être heureux
quoi qu'il en coûte*, cette maxime est la dernière et suprême

expression de la doctrine morale de Mme du Châtelet, et précisément elle montre à plein sa fausseté. Si pour être heureux, il en coûte à vos sentiments supérieurs de justice, de bienveillance, d'amour de l'ordre et des bienséances qui sont une vertu, si vous blessez un cœur qui vous est cher, ce n'est pas le bonheur, mais le malheur que vous aurez poursuivi passionnément. Votre raison vous aura mal éclairée et mal conseillée, puisque vous n'avez pas vu à sa fausse clarté qu'elle vous conduisait à l'abîme, et non point vers la joie et le bonheur véritables. Ce *quoiqu'il en coûte* est réellement précieux. Il montre quelle est la sincérité de la femme et la fausseté du raisonnement.

Remarquons, en passant, que la théorie de Mme du Châtelet, largement et odieusement mise en pratique par son ami Richelieu, fut systématisée plus tard par d'Holbach. En effet, ce philosophe, poussé par une cruelle logique, a été jusqu'à dire : dès que le vice rend l'homme heureux, il doit aimer le vice. Proposition affreuse et que vos amis auraient dû vous faire effacer, s'écrie Voltaire, combattant l'athéisme de d'Holbach.

La haute raison et le grand cœur de Voltaire le préservèrent de tous ces excès et de toutes ces folies.

Au reste, la suite de la vie, désormais très-courte, et la mort de Mme du Châtelet vont confirmer la justesse de notre remarque.

Un jour, Voltaire, descendant plus tôt que de coutume, passe chez son amie pour la prendre et la mener au souper du roi. Les valets étaient absents, personne à l'antichambre, il s'avance et pénètre jusque dans un boudoir. Que voit-il ? Mme du Châtelet et Saint-Lambert dans une situation analogue à celle, où les Immortels aperçurent Mars et Vénus sous les filets de Vulcain.

Le philosophe n'était pas préparé à cette aventure. Aussi ne fut-il pas maître de son premier mouvement. Après avoir jeté sur les coupables un regard, qui dut être d'une flamboyante expression et qu'Émilie ne put oublier, car sans doute elle y puisa la conscience de sa faute, Voltaire les accabla d'une véhémente apostrophe que Saint-Lambert voulut relever en gentilhomme.

Voltaire se retire, abîmé de douleur, remonte chez lui et

se met au lit, après avoir ordonné à Longchamps de chercher immédiatement une chaise de poste, afin de pouvoir partir la nuit même à deux heures du matin. Sur le coup, la douleur fut si vive, que l'amant philosophe n'eut d'abord qu'une idée, rompre à jamais avec la traîtresse.

Longchamps, ne comprenant rien à l'ordre de son maître qu'il voyait dans un état d'étrange surexcitation, crut devoir, avant d'obéir, consulter Mme du Châtelet, qui lui dit de n'en rien faire. Elle lui demanda comment était son maître et quand elle apprit qu'il était couché, elle annonça devoir l'aller bientôt retrouver. Effectivement, deux heures après, Longchamps l'introduisit dans la chambre de Voltaire. Elle s'assit sur le pied du lit et ils eurent en anglais une conversation assez longue. Sans doute, après les protestations de l'amie sur la sincérité de ses sentiments, vinrent les considérations de la femme du monde qu'un tel esclandre pouvait perdre, enfin celles de la philosophe sur la mauvaise santé de Voltaire et sur les exigences de la sienne. Bref, Voltaire, remis de la cruelle émotion qui avait surpris et navré son cœur, pardonna tout et à tout le monde. Il pardonna si complétement, il entra si entièrement dans son rôle de père indulgent vis-à-vis de Mme du Châtelet, qu'il mit tous ses soins à lui faire oublier ce premier mouvement d'horreur, dont il n'avait pas été maître et qui pesait sur l'âme de l'infidèle. Voltaire composa une comédie en vers, qui traduisait sur la scène ce drame intime. Cette petite pièce fut jouée devant Stanislas et il en reste quelques vers dans *Nanine*.

Par malheur, Mme du Châtelet, qui ressentait l'amour en homme, n'était en définitive qu'une femme. L'événement ne le prouva que trop. Elle s'aperçut qu'elle devenait enceinte. La situation était grave pour une femme aussi en vue, aussi franche et vivant à part de son mari depuis plus de quinze ans. Mme du Châtelet se confia à Voltaire, qui manda Saint-Lambert à Cirey et là il fut décidé qu'il fallait tenter de sortir d'embarras au moyen de M. du Châtelet. On l'attira à Cirey, on lui fit fête et la fille d'Ève dut se résigner à tenter la séduction de son mari. Elle y réussit complètement ; M. du Châtelet fut réellement heureux de cette reprise de possession et de sa nouvelle paternité. Et comme, dit Voltaire, qui chercha toujours à voiler par le rire et la plaisanterie le triste côté

des choses, l'enfant put être mis au rang des *œuvres mêlées*
de Mme du Châtelet.

Je ne veux citer qu'une lettre d'Émilie à Saint-Lambert.
Cette lettre montre suffisamment quelle était la force de la
passion de Mme du Châtelet, et de quelle nature était celle de
Saint-Lambert. Les sens jouaient un grand rôle dans l'une
et dans l'autre, bien que l'exaltation de l'amie de Voltaire
l'élevât par moments dans la sphère du sentiment.

« Toutes mes défiances de votre caractère, toutes mes résolutions contre l'amour n'ont pu me garantir de celui que
vous m'avez inspiré. Je ne cherche plus à le combattre, j'en
sens l'inutilité; le temps que j'ai passé avec vous à Nancy
l'a augmenté à un point dont je suis étonnée moi-même.
Mais, loin de me le reprocher, je sens un plaisir extrême à
vous aimer, et c'est le seul qui puisse adoucir votre absence.
Je suis bien contente de vous quand nous sommes tête-à-
tête; mais je ne le suis point de l'effet que vous a fait mon
départ. Vous connaissez les goûts vifs, mais vous ne connaissez pas encore l'amour. Je suis sûre que vous serez aujourd'hui plus gai et plus spirituel que jamais à Lunéville,
et cette idée m'afflige indépendamment de toute inquiétude.
Si vous ne devez m'aimer que faiblement, si votre cœur n'est
pas capable de se donner sans réserve, de s'occuper de moi
uniquement, de m'aimer sans bornes et sans mesure, que
ferez-vous donc du mien? Toutes ces réflexions me tourmentent, mais elles m'occupent sans cesse; et je ne pense
qu'à vous en ne voulant m'occuper que des raisons qui doivent m'empêcher d'y penser. Vous m'écrirez sans doute;
mais vous prendrez sur vous pour m'écrire. Vous voudriez
que j'exigeasse moins; je recevrai quatre lignes de vous, et
ces quatre lignes vous auront coûté. J'ai bien peur que votre
esprit ne fasse bien plus de cas d'une plaisanterie fine que
votre cœur d'un sentiment tendre; enfin, j'ai bien peur
d'avoir tort de vous trop aimer. Je sens bien que je me con-
tredis, et que c'est là me reprocher mon goût pour vous.
Mais mes réflexions, mes combats, tout ce que je sens, tout
ce que je pense me prouve que je vous aime plus que je ne
dois. Venez à Cirey me prouver que j'ai tort; je sens que vous
ne le pouvez avoir que quand je ne vous vois pas.

» Cette lettre est pleine d'inconséquences, elle ne se ressent que trop du trouble que vous avez mis dans mon âme il n'est plus temps de le calmer. J'attends votre première lettre avec une impatience qu'elle ne remplira peut-être point; j'ai bien peur de l'attendre encore après l'avoir reçue. Mandez-moi surtout comment vous vous portez. Je me reproche cette nuit que vous avez passée sans vous coucher. Si vous en êtes malade, vous ne me le manderez point. Je voudrais savoir si vous avez essuyé bien des plaisanteries, et cependant je voudrais que vous ne me parlassiez que de vous; mais surtout parlez-moi de vos arrangements. Je vous attendrai à Cirey, n'en doutez pas. Si vous le voulez *bien fort*, croyez que je n'aurai qu'une affaire; mais vous ne voulez rien bien fortement.

» Sans cette preuve d'amour que vous m'avez tant reproché d'exiger [1], je ne croirais pas que vous m'aimez; j'attache à ce mot bien d'autres idées que vous; j'ai bien peur qu'en disant les mêmes choses nous ne nous entendions pas. Cependant, quand je pense à la conduite que vous avez eue avec moi à Nancy, à tout ce que vous m'avez sacrifié, à tout l'amour que vous m'avez marqué, je me trouve injuste de vous dire autre chose sinon que je vous aime; ce sentiment efface tous les autres.

» Croyez que si vous ne venez pas à Cirey, vous aurez bien tort. Je suis inconsolable quand je pense que si j'avais pensé à cette Saint-Stanislas, je serais encore à Lunéville; mais il me semble que vous ne m'y avez jamais tant aimée qu'à Nancy.

» Je ne puis me repentir de rien, puisque vous m'aimez. C'est à moi que je le dois; si je ne vous avais parlé chez M. de la Galaisière, vous ne m'aimeriez point. Je ne sais si je dois m'applaudir d'un amour qui tenait à si peu de chose; je ne sais si je n'eusse pas bien fait de laisser à votre amour-propre le plaisir qu'il trouvait à ne plus aimer. C'est à vous à décider toutes ces questions; je ne sais si votre cœur en est digne. Je sais que cette lettre est trop longue, je devrais la jeter au feu, je vous en laisse le soin, mais prendrez-vous celui de me rassurer? »

1. Le sacrifice d'un voyage en Italie, que devait faire Saint-Lambert.

Telle fut cette dernière passion de l'ardente Émilie. Malgré tout son courage et toute sa philosophie, malgré les distractions de la cour de Lunéville, malgré les attentions assidues et affectueuses de Voltaire, Mᵐᵉ du Châtelet devint triste, sombre, et son âme fut assiégée d'invincibles et funestes pressentiments. Elle travailla énergiquement à terminer l'ouvrage qu'elle avait entrepris et mit ses papiers en ordre, persuadée que sa grossesse aurait une issue fatale. Elle accoucha heureusement, dans la nuit du 3 septembre 1749, d'une petite fille; mais elle voulut prendre, contre tous les avis, un verre d'orgeat à la glace. Elle mourut le 10 du même mois des suites de cette imprudence.

Voltaire, qui la croyait sauvée et avait annoncé gaiement son heureuse délivrance, fut accablé de cette perte inattendue et capitale pour son cœur.

En quittant ce lit funèbre où reposait son amie, il s'éloigne tremblant et tombe aux pieds de l'escalier extérieur du palais. Son valet accourt pour le relever, aidé de Saint-Lambert qui le suivait. En reprenant ses esprits, Voltaire ne put s'empêcher de dire à ce dernier : *Ah! mon ami, c'est vous qui me l'avez tuée.* Puis au bout de quelques instants, il s'écria avec l'accent du reproche et du désespoir : *Eh! mon Dieu, monsieur, de quoi vous avisiez-vous de lui faire un enfant ?*

Le bon roi Stanislas se rendit près du philosophe, prenant part à sa douleur et s'efforçant de lui apporter quelque consolation. Dans sa hâte de quitter Lunéville, dont il ne pouvait plus supporter le séjour, Voltaire songe à se réfugier à l'abbaye de Sénones, près de Dom Calmet; il écrit aussi à Bolingbroke, lui disant qu'il veut aller chercher des consolations près de lui.

Le lendemain, Voltaire adressait à Mᵐᵉ du Deffand une douloureuse lettre, d'où j'extrais ce passage :

« Si quelque chose pouvait augmenter l'état horrible où je suis, ce serait d'avoir pris avec gaieté une aventure dont la suite empoisonne le reste de ma vie misérable. Je ne vous ai point écrit pour ses couches, et je vous annonce sa mort. C'est à la sensibilité de votre cœur que j'ai recours dans le désespoir où je suis. On m'entraîne à Cirey avec M. du Châtelet; de là je reviens à Paris sans savoir ce que je deviendrai,

et espérant bientôt la rejoindre. Souffrez qu'en arrivant j'ai
la douloureuse consolation de vous parler d'elle, et de pleurer à vos pieds une femme qui avec ses faiblesses avait une
âme respectable. »

Il passe quelques jours à Cirey, où il reçoit les marques
d'amitié de la bonne Mme de Champbonin, où il s'afflige avec
MM. du Châtelet. Puis il écrit à d'Argental, cœur dévoué dans
lequel il a versé ses larmes pendant toute sa vie, des lettres
désolées, d'où je tire ce qui suit :

« J'aime Cirey, je ne pourrais pas supporter Lunéville, où
je l'ai perdue d'une manière plus funeste que vous ne pouvez
le penser. Je n'ai point perdu une maîtresse, j'ai perdu la
moitié de moi-même, une âme pour qui la mienne était faite,
une amie de vingt ans que j'avais vue naître. Le père le plus
tendre n'aime pas autrement sa fille unique. J'aime à en retrouver partout l'idée. J'aime à parler à son mari, à son fils.
Enfin les douleurs ne se ressemblent pas et voilà comment
la mienne est faite. Comptez que mon état est bien étrange. »

Au même, le lendemain. « Qu'il s'en faut que je puisse travailler avec cette ardeur que j'avais quand je lui apportais un
acte tous les deux jours ! Les idées s'enfuient de moi. Je me
surprends des heures entières sans pouvoir travailler, sans
avoir d'idée de mon ouvrage. Il n'y en a qu'une qui m'occupe
nuit et jour. Vous serez bien mécontent de moi, et sans doute
vous me pardonnerez. Ah ! mon divin ami, je ne recommen-
cerai à penser que quand je vous verrai. »

« . . . . Vous m'avez écrit des lettres qui, en me faisant
fondre en larmes, ont porté le soulagement dans mon cœur...
Je meurs dans ce château : une ancienne amie de cette infortunée femme y pleure avec moi. J'y remplis mes devoirs
envers le mari et le fils. Il n'y a rien de si douloureux que ce
que j'ai vu depuis trois mois et qui s'est terminé par la mort...
J'ai relu plus d'une fois votre dernière lettre et celle de
Mme d'Argental. Vous faites ma consolation, mes chers
anges. »

Arrivé à Paris, Voltaire se renferme chez lui et ne veut voir
personne. Il reçoit seulement d'Argental, son neveu l'abbé
Mignot et Richelieu. Pendant plusieurs mois, il ne peut se

remettre de cette violente secousse. Heureusement Longchamps veille sur lui avec une véritable sollicitude. Faible,
malade, fiévreux, abimé dans sa douleur et ses regrets,
Voltaire ne pense, ne rêve qu'à Émilie. Il ne peut dormir et
se lève parfois la nuit dans son appartement en désordre, où
se pressent les meubles et les livres recueillis à Cirey. Longchamps raconte qu'il fut réveillé par les plaintes à peine arti-
culées de son maître ; il le trouva en chemise, tombé à côté
d'un amas de livres et n'ayant pas la force de regagner son
lit. Le serviteur dévoué eut beaucoup de peine à ranimer son
maître. Craignant enfin les suites d'une affliction qui se pro-
longeait ainsi, Longchamps crut devoir confier à Voltaire
qu'en brûlant les papiers d'Émilie avec M. du Châtelet, il
y avait vu la preuve qu'elle ne l'aimait pas autant qu'il le
croyait. Là-dessus, il lui présenta quelques lettres. « Voltaire
lut ces lettres en pâlissant et frémissant, ajoute Longchamps,
« Comment, elle me trompait ! ah ! qui l'aurait cru ? » Depuis
ce moment je ne l'entendis plus prononcer dans la nuit le
nom de Mme du Châtelet. »

Mais si la douleur de Voltaire devint moins aiguë, cela
ne l'empêcha point de conserver toute sa vie un bon et juste
souvenir de cette femme étrange, qui l'avait réellement aimé.
Voltaire connaissait la faiblesse humaine et lui était indulgent. Comment eût-il manqué, en cette occasion, de sa
grande vertu, la bonté ? Déjà, en apprenant que son portrait,
qui avait remplacé dans la bague d'Émilie le portrait de Richelieu, avait cédé la place à celui de Saint-Lambert, il s'était
contenté de s'écrier en soupirant : « Ah ! voilà bien les femmes!
ainsi vont les choses de ce monde.

Aussi, écrit-il à Frédéric le 14 octobre :

« J'ai perdu un ami de vingt-cinq années, un grand homme,
qui n'avait de défaut que d'être femme... On ne lui a pas
rendu justice pendant sa vie, et vous n'avez pas jugé d'elle
comme vous auriez fait, si elle avait eu l'honneur d'être
connue de Votre Majesté ; mais une femme qui a été capable de traduire Newton et Virgile, et qui avait toutes les
vertus d'un honnête homme, aura sans doute part à vos
regrets. »

Il disait encore à ce jeune d'Arnauld, qu'il avait soutenu,

placé chez Frédéric et qui devait plus tard si mal le payer de son affection, à la date du 15 octobre :

« Mon cher enfant, une femme qui a traduit et éclairci Newton et qui avait fait une traduction de Virgile, sans laisser soupçonner dans la conversation qu'elle avait fait ces prodiges ; une femme qui n'a jamais dit du mal de personne et qui n'a jamais proféré un mensonge ; une amie attentive et courageuse dans l'amitié ; un très-grand homme que les femmes ordinaires ne connaissaient que par ses diamants et le cavagnole, voilà ce que vous ne m'empêcherez pas de pleurer toute ma vie. Je suis fort loin d'aller en Prusse, et je peux à peine sortir de chez moi. »

En 1754, dans l'éloge qu'il fit de son amie et en ne l'envisageant que par son plus noble aspect, il revenait sur cette mort cruelle en ces termes :

« Elle se crut frappée à mort longtemps avant le coup qui nous l'a enlevée : dès lors, elle ne songea plus qu'à dérober à la mort ce qu'elle regardait comme la plus belle partie d'elle-même. L'ardeur et l'opiniâtreté du travail, des veilles continuelles, dans un temps où le repos l'aurait sauvée, amenèrent enfin cette mort qu'elle avait prévue... On la vit regretter la vie et regarder la mort avec intrépidité... et l'on admirait en même temps cette force d'esprit qui mêlait à des regrets si touchants une constance inébranlable. »

Enfin, le 15 septembre 1772, vingt-trois ans après ces événements, vingt-trois ans illustrés par des travaux et des actions qui rempliraient la vie de plusieurs hommes, Voltaire écrivant à Richelieu, évoque le souvenir toujours présent de Mme du Châtelet. Il s'agit de mettre son ancien ami de moitié dans une bonne action, grâce à l'aimable comtesse de Saint-Julien :

« Ne trouvez-vous pas que Mme de Saint-Julien a quelque chose de Mme du Châtelet? Elle en a l'éloquence, l'enfantillage et la bonté, avec un peu de sa physionomie. Je la prends pour ma patronne auprès de vous. Il faut qu'elle s'unisse à moi pour obtenir votre protection en faveur de la famille d'Espinasse, digne de toute votre pitié; vingt-trois ans de

galères pour avoir donné à souper ! Jamais souper ne fut
payé aussi cher. »

Le 1er octobre 1775, le vieux philosophe revient au souvenir de Mme du Châtelet, à propos de l'aimable jeune femme.
Je prends quelques lignes dans une lettre à Richelieu :

« Papillon-philosophe ne passera point l'hiver à Ferney;
elle est à Paris, où elle s'occupe de rendre des services essentiels à la petite colonie que j'ai eu l'insolence et le bonheur de fonder... Je n'ai jamais vu tant de simplicité à la fois
et tant de vivacité; il ne lui manque que d'étudier l'algèbre
pour ressembler à Mme du Châtelet. »

Arrêtons-nous une dernière fois devant la physionomie de
Mme du Châtelet, et achevons de porter un jugement sur son
caractère.

Son défaut, si défaut il y a, ce ne fut pas d'être femme,
comme Voltaire le dit à Frédéric, mais au contraire de trop
participer de la nature de l'homme. Elle en participait par
son intelligence, remarquablement douée de la faculté
d'abstraire et de généraliser. Elle en participait par sa complexion ardente, qui donna à ses passions, à son amour une
certaine allure virile. Elle en participait par son caractère
résolu et logique dans les conséquences les plus extrêmes.

Sans doute, cette sirène à tête d'homme avait encore de
la femme; mais je crois qu'on peut dire qu'en elle l'élément
mâle l'emportait sur le côté féminin. C'est ainsi qu'on la
trouve très-peu passionnée comme mère et que la pudeur
féminine paraît lui avoir été inconnue. Longchamps raconte
que lorsqu'il lui arrivait d'être dans l'appartement de
Mme du Châtelet, elle changeait de chemise devant lui,
comme s'il n'eût été qu'une statue. Un jour, étant au bain,
Émilie lui ordonna de prendre une bouilloire pour le réchauffer. Sous la transparence de l'onde la naïade était sans
voile, de sorte que le valet, intimidé, mal à l'aise, fit craindre
une maladresse, qui lui attira ce seul et froid avertissement :
«Mais prenez donc garde, vous allez me brûler. » Sans doute,
on était encore au temps où pour une grande dame un jardinier n'était pas un homme; toutefois, une vraie femme
n'a jamais poussé aussi loin le dédain de l'homme, fût-il un
valet.

Ces traits accusent [nettement les côtés virils de la belle
Émilie. Où l'on retrouve la nature féminine, c'est dans la faiblesse de ses sentiments supérieurs. Elle aime la vérité et la
justice, mais non au point de se sacrifier pour elles. Toujours elle retient Voltaire et lui prêche l'obscurité, qui assu-
rerait leur bonheur. Rarement elle a montré cette haute et
active bienveillance, qui enflammait l'âme du philosophe et
le mettait de moitié dans toutes les misères et toutes les
souffrances. Le rayonnement de Voltaire a une autre étendue; il aime tout, il comprend tout et ne se lasse jamais de
faire le bien et de travailler au bonheur des hommes. Ici se
reconnaît la nature virile dans sa force et sa grandeur,
comme elle éclate encore dans l'immensité de l'œuvre et l'u-
niversalité du génie.

On doit remarquer que dans cet amour mutuel qui les unit
si longtemps, Voltaire aima avec plus de noblesse et de
constance. Il donna plus parce qu'il avait plus à donner; et
s'il souffrit autant de l'infidélité de son amie, c'est parce
qu'il la voyait et la voulait grande, plus grande que nature,
comme il doit arriver à tout amant bien épris.

Quoi qu'il en soit, je ne veux point prendre congé de cette
femme remarquable sans donner une dernière preuve de la
justesse de son esprit et de la hauteur de ses sentiments.
Voici quelques lignes à son fils, en lui dédiant ses *Institutions
de physique*.

« Il faut accoutumer de bonne heure votre esprit à penser
et à pouvoir se suffire à lui-même; vous sentirez dans tous
les temps de votre vie quelles ressources et quelles consolations on trouve dans l'étude, et vous verrez qu'elle peut
même fournir des agréments et des plaisirs.

» Quoique l'ouvrage que j'entreprends demande bien du
temps et du travail, je ne regretterai point la peine qu'il
pourra me coûter et je la croirai bien employée, s'il peut
vous inspirer l'amour des sciences et le désir de cultiver votre
raison. Quelles peines et quels soins ne se donne-t-on pas
tous les jours dans l'espérance incertaine de se procurer des
honneurs et d'augmenter la fortune de ses enfants ! La connaissance de la vérité et l'habitude de la rechercher et de la
suivre est-elle un objet moins digne de nos soins?... »

Ce fils, homme distingué, semble avoir eu quelque part à l'héritage de son illustre mère. Il fut lieutenant-général, ambassadeur à Vienne et à Londres. M. du Châtelet n'émigra point, fut jeté en prison pendant la Terreur et prit du poison pour échapper aux massacres de septembre.

Mme du Châtelet n'a laissé qu'un vers et encore un vers latin, mais ce vers est très-plein, très-juste et presque prophétique. Il est à l'adresse de Voltaire, qui lui en avait tant prodigués. L'abbé Mignot le fit graver sur la tombe où il recueillit les restes de son oncle :

Post genitis hic carus erit, nunc carus amicis.

On peut le traduire ainsi : Il sera cher à la postérité comme il l'est maintenant à ses amis.

Et pour que Voltaire ne soit pas en reste avec son amie, je termine par ces vers qu'il lui avait adressés en 1735. Ils expriment très-bien comment la divine Émilie avait été aimée de Richelieu et de Voltaire. Si cette fois l'illustre roué conserva de bonnes relations avec sa conquête d'un jour, on va voir que le poëte, homme de cœur, n'a rien dit de son amour, que les faits et le temps n'aient justifiés.

> Certain enfant qu'avec crainte on caresse,
> Et qu'on connaît à son malin souris,
> Court en tous lieux, précédé par les Ris,
> Mais trop souvent suivis de la Tristesse ;
> Dans les cœurs des humains il entre avec souplesse,
> Habite avec fierté, s'envole avec mépris.

> Il est un autre amour, fils craintif de l'estime,
> Soumis dans ses chagrins, constant dans ses désirs,
> Que la vertu soutient, que la candeur anime,
> Qui résiste aux rigueurs et croît par les plaisirs.
> De cet amour le flambeau peut paraître
> Moins éclatant, mais ses feux sont plus doux.
> Voilà le dieu que mon cœur veut pour maître,
> Et je ne veux le servir que pour vous.

L'ADOPTION DE MADEMOISELLE CORNEILLE

Un charmant épisode de la dernière partie de l'existence de Voltaire, c'est l'adoption de Mlle Corneille. Cette petite histoire, que Voltaire va raconter lui-même en quelques passages de ses lettres, met bien en relief l'homme au cœur toujours ouvert, se complaisant à vivre dans les autres, à faire son bonheur de celui de son prochain. On pourra remarquer encore l'homme pratique, habile, que rien ne rebute et qui sait mettre tout en œuvre pour réussir.

Vers la fin de 1760, Lebrun-Pindare adressa au philosophe de Ferney une ode en l'honneur d'une descendante du grand Corneille et pour l'inviter à la prendre sous sa protection. Voici quelle était la situation. Mlle Marie Corneille, qui n'était que l'arrière-petite-nièce de l'auteur du *Cid*, vivait dans une condition fort précaire, en soutenant ses parents du travail de ses mains. Son père, François Corneille, facteur de la petite poste de Paris, était une pauvre tête, n'ayant guère d'instruction et pas plus d'éducation. Deux femmes, Mlles de Vilgenou et Félix, s'étaient d'abord intéressées au sort de cette jeune fille, puis M. Titon, ancien maître d'hôtel de la reine, enfin MM. Dumolard et Lebrun. Cette famille avait été présentée à Fontenelle, neveu de Corneille, et qui institua pour son héritière Mme Geoffrin. Soit qu'on s'y fût mal pris, soit qu'il n'y eût plus rien dans le cœur assez sec du prudent centenaire, cette entrevue ne produisit aucun résultat heureux. Les faibles protecteurs que nous avons nommés eurent finalement l'inspiration de se tourner vers l'homme le plus illustre et le plus bienfaisant de la littérature. Voltaire goûta bientôt cette idée et s'empressa de disposer toute chose pour en faire une œuvre sérieuse.

On avait tellement l'œil sur Voltaire, ses moindres actions étaient si habituellement l'objet d'interprétations malveillantes, souvent de calomnies perfides, soit de la part des dévots, soit de ceux qui intriguaient en leur nom par cupidité ou par envie, qu'à peine l'affaire fut-elle ébruitée, on s'en occupa à la cour et à la ville, dans les salons et dans les journaux. Il en fut question au lever du roi et chez Mme la présidente Molé. Voici, à ce sujet, quelques lignes d'une lettre de Voltaire à Diderot :

« Les dévots et les dévotes s'assemblèrent chez Mme la présidente Molé, il y a quelque temps; ils déplorèrent le sort de Mlle Corneille, qui allait dans une maison qui n'est ni janséniste ni moliniste. Un grand chambrier (peut-être l'abbé Mignot) qui se trouva là leur dit : Mesdames, que ne faites-vous pour Mlle Corneille ce que l'on fait pour elle? Il n'y en eut pas une qui offrît dix écus.

» Vous noterez que Mme de Molé a eu onze millions en mariage et que son frère Bernard (fils du fameux Samuel Bernard), m'a fait une banqueroute frauduleuse de vingt mille écus, dont la famille ne m'a pas payé un sou. Voilà les dévots; Bernard le banqueroutier affectait de l'être au milieu des filles d'Opéra. »

Fréron publia, entre autres aménités, dans son *Année littéraire* : «M. de Voltaire fait élever Mlle Corneille, au sortir du couvent, par un bateleur de la foire qu'il traite en frère depuis un an. Mlle Corneille aura une plaisante éducation. » Ce bateleur était un habile dentiste habitant Genève, et venu une fois à Ferney pour la bouche de Mme Denis. Il avait jadis appartenu au théâtre; Voltaire l'avait traité avec sa bonté accoutumée, d'autant qu'il l'avait vu pratiquer son art à la petite cour du roi Stanislas : c'est sur ce motif qu'avait brodé Fréron.

Puis vint M. l'abbé de La Tour-du-Pin, parent éloigné des Corneille. Il ne s'était nullement occupé d'eux jusque-là, mais il crut convenable, poussé par la coterie Fréron, de solliciter une lettre de cachet pour ravir à Mlle Corneille l'asile qui lui était ouvert. Ce fut en vain, et grâce à la sollicitude active de M. et Mme d'Argental, et aux mesures de Voltaire, la jeune Corneille arriva à Ferney au mois de décembre 1760.

Citons une des lettres échangées avec M. Lebrun :

A Monsieur Lebrun, 11 novembre 1760. « Sur la dernière lettre que vous me faites l'honneur de m'écrire, monsieur, sur le nom de Corneille, sur le mérite de la personne qui descend de ce grand homme et sur la lettre que j'ai reçue d'elle, je me détermine avec la plus grande satisfaction à faire pour elle ce que je pourrai. Je me flatte qu'elle ne sera point effrayée d'un séjour à la campagne, où elle trouvera quelquefois des gens de mérite, qui sentent celui de son grand-père. M. de Laleu, notaire, vous remboursera sur-le-champ et sur le vu de cette lettre ce que vous aurez déboursé pour le voyage de Mlle Corneille. Elle n'a aucun préparatif à faire, on lui fournira en arrivant le linge et les habits convenables. M. Tronchin, banquier à Lyon, sera prévenu de son arrivée et prendra le soin de la recevoir à Lyon et de la faire conduire dans les terres que j'habite. Puisque vous daignez, monsieur, entrer dans ces petits détails, je m'en rapporte entièrement à votre bonne volonté et à l'intérêt que vous prenez à ce nom qui doit être si cher à tous les gens de lettres. J'ai l'honneur d'être, avec l'estime et l'amitié dont vous m'honorez, monsieur, votre, etc. »

Maintenant, Voltaire écrit directement à Mlle Corneille.

A Mademoiselle Corneille, 22 novembre 1760. « Votre nom, mademoiselle, votre mérite et la lettre dont vous m'honorez, augmentent, dans Mme Denis et dans moi, le désir de vous recevoir et de mériter la préférence que vous voulez bien nous donner. Je dois vous dire que nous passons plusieurs mois de l'année dans une campagne auprès de Genève, mais vous y aurez toutes les facilités et tous les secours possibles pour tous les devoirs de la religion. D'ailleurs votre principale habitation est en France, à une lieue de là, dans un château très logeable et où vous serez plus commodément que dans la maison d'où j'ai l'honneur de

vous écrire. Vous trouverez dans l'une et l'autre habitation de quoi vous occuper, tant aux petits ouvrages de main
qui pourront vous plaire, qu'à la musique et à la lecture. Si
votre goût est de vous instruire de la géographie, nous
ferons venir un maître qui sera très-honoré d'enseigner quelque chose à la petite-fille du grand Corneille, mais je le serai
beaucoup plus que lui de vous voir habiter chez moi.

» J'ai l'honneur d'être, avec respect, mademoiselle, votre,
etc. »

Telles étaient alors les formules de la politesse et les façons
de dire des personnes ayant du monde et de l'usage. Nul ne
les posséda mieux que Voltaire. Nous en trouvons une nouvelle preuve dans ce fragment de lettre aux d'Argental, ses
plus intimes amis, aussi bien que dans la lettre qui suit et qui
est adressée au père de Marie Corneille.

A Monsieur d'Argental, 9 décembre 1760. « J'attends Rodogune. Je n'avais imploré les bontés de Mme d'Argental,
dans cette affaire, que pour lui témoigner mon respect et
pour mettre Rodogune sous une protection plus honnête
que celle de M. Lebrun, quoique M. Lebrun soit fort honnête.
Je remercie tendrement M. et Mme d'Argental de leurs bontés
pour Rodogune. »

A Monsieur Jean-François Corneille, 25 décembre 1760.
« Mademoiselle votre fille, monsieur, me paraît digne de son
nom par ses sentiments. Ma nièce, Mme Denis, en prend soin
comme de sa fille. Nous lui trouvons de très-bonnes qualités
et pas de défauts. C'est une grande consolation pour moi,
dans ma vieillesse, de pouvoir un peu contribuer à son
éducation. Elle remplit tous ses devoirs de chrétienne. Elle
témoigne la plus grande envie d'apprendre tout ce qui convient au nom qu'elle porte. Tous ceux qui la voient en sont
très-satisfaits. Elle est gaie et décente, douce et laborieuse,
on ne peut être mieux née. Je vous félicite, monsieur, de
l'avoir pour fille et vous remercie de me l'avoir donnée ; tous
ceux qui lui sont attachés par le sang et qui s'intéressent à sa
famille, verront que si elle méritait un meilleur sort, elle
n'aura pas à se plaindre de celui qu'elle aura eu dans ma
maison. D'autres auraient pu lui procurer une destinée plus

brillante, mais personne n'aurait eu plus d'attention pour
elle, plus de respect pour son nom, et plus de considération
pour sa personne. Ma nièce se joint à moi pour vous assurer
de nos sentiments et de nos soins. »

A peine Mlle Corneille est-elle à Ferney qu'on voit paraître
la satisfaction de son protecteur. Bien vite le vieillard,
aimable et bienveillant, sut mettre à l'aise son espèce d'orpheline et lui inspirer une naïve et juste confiance. Déjà il en
est aux petits mots familiers, aux appellations intimes.

Le 28 décembre 1760, on lit au milieu d'une de ses lettres
à d'Argental :

« Mlle Chimène prend la plume ; voyons comment elle s'en
tirera :

« M. de Voltaire appelle M. et Mme d'Argental ses anges. Je
» me suis aperçue qu'ils étaient aussi les miens; qu'ils me per-
» mettent de leur présenter ma tendre reconnaissance.
» Corneille. »

» Eh bien ! il me semble que Chimène commence à écrire
un peu moins en diagonale. Mes anges, nous baisons le bout
de vos ailes. Denis, Corneille et V. »

La prudence de Voltaire le porte à aller au-devant de la
calomnie. Une lettre à M. Dumolard, du 14 janvier 1761,
quelques semaines après l'installation de l'enfant, expose,
sur un ton enjoué, mais très-sérieusement au fond, comment
l'on s'occupe de la jeune fille.

« Mon cher ami, nous ne montrons encore que le français
à Cornélie ; si vous étiez ici, vous lui apprendriez le grec.
Nous ne cessons jusqu'à présent de remercier M. Titon et
M. Lebrun de nous avoir procuré le trésor que nous possédons. Le cœur paraît excellent, et nous avons tout sujet d'espérer que, si nous n'en faisons pas une savante, elle deviendra
une personne aimable, qui aura toutes les vertus, les grâces
et le naturel qui font le charme de la société.

» Ce qui me plaît surtout en elle, c'est son attachement pour
son père, sa reconnaissance pour toutes les personnes dont
elle doit se souvenir. Elle a été un peu malade. Vous pouvez
juger si Mme Denis en a pris soin. Elle est très-bien servie, on

lui a assigné une femme de chambre qui est enchantée d'être
auprès d'elle, elle est aimée de tous les domestiques ; chacun
se dispute l'honneur de faire ses petites volontés et assurément ses volontés ne sont pas difficiles. Nous avons cessé nos
études depuis qu'un rhume violent l'a réduite au régime et à
la cessation de tout travail. Elle commence à être mieux.
Nous allons reprendre nos leçons d'orthographe. Le premier
soin doit être de lui faire parler sa langue avec simplicité et
noblesse. Nous la faisons écrire tous les jours : elle m'envoie
un petit billet et je le corrige ; elle me rend compte de ses
lectures. Il n'est pas encore temps de lui donner des maîtres,
elle n'en a point d'autres que ma nièce et moi. Nous ne lui
laissons passer ni mauvais termes ni prononciations vicieuses;
l'usage amène tout. Nous n'oublions pas les petits ouvrages
de la main. Il y a des heures pour la lecture, des heures pour
la tapisserie de petit point.

» Je vous rends un compte exact de tout. Je ne dois point
omettre de vous dire que je la conduis moi-même à la messe
de la paroisse. Nous devons l'exemple et nous le donnons. »

Le philosophe envoie l'expression de sa joie à tous ses correspondants habituels. Je cite ces quelques lignes à Mme du
Deffand, mars, 61 :

« Vous me demandez ce que c'est que Mlle Corneille : ce n'est
ni Pierre ni Thomas, elle joue encore avec sa poupée ; mais
elle est très-heureusement née, douce et gaie, bonne, vraie,
reconnaissante, caressante sans dessein et par goût. Elle aura
du bon sens... »

Par un fragment d'une lettre du 23 décembre 61 à M. d'Argental, un an après le séjour à Ferney de Mlle Corneille, nous
apprenons qu'on s'occupe déjà de son établissement. L'affaire
n'eut pas de suite.

« C'est pour le coup que nous ririons aux anges. Qu'il arrive
de plaisantes choses dans la vie ! Mes divins anges, si c'est
un honnête homme, comme il l'est sans doute puisqu'il s'est
adressé à vous, il n'a qu'à venir, son affaire est faite. Il se
trouvera que son marché est meilleur qu'il ne croit.

»Cornélie-Chiffon aura au moins 40 à 50,000 livres de l'édition de Pierre, je lui en assure 20,000 ; je lui ai déjà fait une

petite rente; le tout fera un très-honnête mariage de province
et le futur aura la meilleure enfant du monde, toujours gaie,
toujours douce, et qui saura, si je ne me trompe, gouverner
une maison avec noblesse et économie. Nous ne pourrions
nous en séparer, Mme Denis et moi, qu'avec une extrême douleur, mais je me flatte que le mari fera sa maison de la
mienne. »

Avec son esprit pratique, son désir d'obliger et se fiant à sa
vaillante activité, le noble vieillard n'avait pas craint d'entreprendre un long et ennuyeux travail au profit de sa protégée.
Il s'agissait d'un commentaire sur Corneille. Grâce aux appuis
et aux relations qu'il s'était ménagés, Voltaire comptait bien
obtenir une bonne somme pour accroître la dot de Chimène.
Ce commentaire et cette édition lui prirent bien du temps,
l'obligèrent à de nombreuses démarches, mais enfin il parvint
à son but et fit plus qu'il n'avait d'abord espéré. Il assura une
situation convenable au père et à la mère de Mlle Corneille,
réussit à la marier très-bien en la gardant près de lui, et même
à marier encore sa belle-sœur, Mlle Dupuits. Aussi l'énergique
vieillard disait-il à Mme du Deffand : « Ce travail est fort ingrat
et fort désagréable, mais il a servi à marier deux filles, ce qui
n'était arrivé à aucun commentateur et ce qui n'arrivera
plus.

Nous n'en sommes pas encore là, la jeune Corneille
s'élève doucement et gaiement par les soins, souvent directs,
de ce vieillard si occupé. On en fait une femme du monde,
simple, naturelle, ayant du goût, de l'usage, et au besoin tenant un bout de rôle sur le théâtre de Ferney. Dans les derniers mois de l'année 1762, un prétendu, un peu de la main
de Mlle Clairon et des d'Argental, vient passer quelques jours
chez Voltaire, mais il ne plaît pas; la famille du jeune homme
se montre bizarre, irrésolue, bref il est éconduit. Peu de
temps après, et sous les auspices de Mme de Fontaine, se présente un voisin, un cornette de dragons, n'ayant pas encore
vingt-quatre ans. Ses terres touchent à celles de Voltaire, il
est orphelin et jouit de 8 à 10,000 livres de rentes. Il est agréable et doux, très-aimé à son régiment, et Mlle Corneille le
trouve fort à son gré. Un *sourdaud* de marin, oncle et tuteur
du jeune Dupuits, moins facile en affaires que le patriarche

de Ferney, jette quelques bâtons dans les roues, mais tout s'arrange bientôt au gré des désirs de chacun. Le mariage se prépare, et, quoique la santé de Mme Denis et la sienne soient en ce moment en fâcheux état, Voltaire est heureux et le montre bien par les lettres qu'il écrit de tous côtés.

A MONSIEUR D'ARGENTAL, 26 janvier 1763. «Mes divins anges, nous marions donc Mlle Corneille ! Il est très-juste de faire un petit présent au père et à la mère; mais, dès que le père a un louis, il ne l'a plus; il jette l'argent comme Pierre faisait des vers, très à la hâte. Vous protégez cette famille, pourriez-vous charger quelqu'un de vos gens de donner à Pierre le trotteur vingt-cinq louis en plusieurs fois, afin qu'il ne jetât pas tout en un jour? Je vous demande bien pardon, je sais à quel point j'abuse de votre bonté, mais on n'est pas ange pour rien; *nota bene* qu'on pourrait confier cet argent à la mère, qui le ferait durer.

» Il y a plus : vous savez combien il doit être désagréable à un gentilhomme, à un officier d'avoir un beau-père facteur de la petite poste dans les rues de Paris. Il serait convenable qu'il se retirât à Evreux avec sa femme, et qu'on lui donnât un entrepôt de tabacs, ou quelque autre dignité qui n'exige ni une belle écriture ni l'esprit de Cinna. Je vous soumets ma lettre aux fermiers généraux; si vous la trouvez bien, je vous supplie de vouloir bien ordonner qu'elle soit envoyée.

» Cet emploi n'aurait lieu, si on voulait, que jusqu'à ce qu'on vît clair dans les souscriptions et qu'on pût assurer une subsistance honnête au père et à la mère. Je crois aussi qu'il est convenable que j'écrive à M. de Latour-du-Pin, et que Marie écrive un petit mot, quoiqu'elle dise à Mme Denis : Maman, je n'ai point de génie pour la composition.

« Il est vrai que pour la composition, ce n'est pas mon fort;
» mais, pour les sentiments du cœur je le dispute aux héros
» de mon oncle; je conserverai toute ma vie la reconnais-
» sance que je dois aux anges de M. de Voltaire, qui sont les
» miens. Je vous prie, monsieur et madame, d'agréer avec
» votre bonté ordinaire, mon attachement inviolable, mon
» respect et, si vous le permettez, la tendresse avec laquelle je

» serai toute la vie votre très-humble, très-obéissante et très-
» obligée servante. Corneille. »

» D'ordinaire elle forme mieux ses caractères, mais aujourd'hui la main lui tremble, mes anges lui pardonneront
sans doute. »

A D'ARGENTAL, du 30 janvier 1763. « Vraiment, mes anges,
j'avais oublié de vous supplier d'empêcher François Corneille père de venir à la noce. Si c'était l'oncle Pierre, ou
même l'oncle Thomas, je les prierais en grande cérémonie,
mais pour François, il n'y a pas moyen. Il est singulier qu'un
père soit un trouble-fête dans une noce, mais la chose est
ainsi, comme vous savez... Si je ne consultais que moi, je
n'aurais assurément aucune répugnance, mais tout le monde
n'est pas aussi philosophe que votre serviteur, et, patriar-
chalement parlant, je serais fort aise de rendre le père et
la mère témoins du bonheur de leur fille. »

A MONSIEUR DE CHÉNEVIÈRES, janvier 1763. « Je vous donne
avis, mon cher ami, que je marie Mlle Corneille ; je deviens
aveugle, mais ce ne sera pas moi qui jouerai dans cette
affaire ce rôle de l'amour ; c'est un jeune gentilhomme de
mon voisinage, dont les terres touchent les miennes. Il a
environ 8,000 livres de rentes ; il est sage et doux, fort
aimable, fort amoureux et fort aimé. Je me flatte qu'ils
seront tous deux heureux chez moi, leur bonheur fera le
mien. Je finis en vrai patriarche. »

A DAMILAVILLE, février 1763. « C'est une aventure assez
comique que celle que j'ai eue avec Pindare-Lebrun, en
vous envoyant un paquet pour lui dans le temps que vous
me dépêchiez ses rabâchages contre moi. Je lui fais part
du mariage de Mlle Corneille, qui est le fruit de sa belle ode ;
je lui envoie des lettres pour Mlles de Vilgenou et Félix,
nièces de M. Dutillet, qui les premières tirèrent Mlle Corneille de son état malheureux et auxquelles elle doit une
reconnaissance éternelle. Je l'accable de politesses qui doivent lui tenir lieu de châtiment.

» Je vous embrasse bien cordialement, mon cher frère.
Ecr. l'Inf. »

A D'ARGENTAL, 6 février 1763. « Vous voyez, mes chers anges, que nous avons accompli tous nos devoirs avec la plus scrupuleuse exactitude. Je vous confie que Mme Denis craint beaucoup que la tête de François Corneille ne ressemble à *Agésilas,* à *Suréna,* et ne soit fort mal timbrée. Je n'ai su que depuis quelques jours, que dans le voyage que fit chez moi François Corneille, lorsque j'étais très-malade, François dit à Marie : Gardez-vous surtout de vous marier jamais; je n'y consentirai point, fuyez le mariage comme la peste, ma fille, point de mariage, je vous en prie...

» Est-il vrai que François soit aussi têtu qu'imbécile et diamétralement opposé à l'hymen de Marie? En ce cas, il faudra lui détacher Mlle Félix, qui sait comment il faut le conduire et le mettre à la charrue sans qu'il regimbe... Le mieux serait de ne point lâcher les vingt-cinq louis à François qu'il n'eût signé, et, si par une impertinence imprévue François refusait d'écrire tout ce qu'il sait, c'est-à-dire d'écrire son nom, alors François de Voltaire, qui est la justice même, le laisserait mourir de faim, et il ne tâterait jamais des souscriptions. Marie Corneille est majeure dans deux mois, nous la marierions malgré François et nous abandonnerions le père à son sens réprouvé. »

A MADAME D'ARGENTAL, 9 février. « Madame, ange, nos lettres se croisent comme les conversations de Paris. Celle-ci est une action de grâce de la part de Mme Denis, qui a un érysipèle, un point de côté, la fièvre, etc., de la part de mon cornette de dragons qui se jette à vos pieds et qui baise le bas de votre robe avec transport; de la part de Marie Corneille qui vous écrirait un volume, si elle savait l'orthographe; et enfin de la part de moi, aveugle, qui réunit tous leurs sentiments de respect et de reconnaissance. Il n'y a rien que vous n'ayez fait... »

A MONSIEUR D'ARGENTAL, 13 février 1763. « Mme Denis étant malade, le jeune Dupuits et Marie Corneille étant très-occupés de leur premier devoir qui n'est pas tout à fait d'écrire, moi, l'aveugle V... entouré de quatre pieds de neige, je dicte la réponse à la lettre de Mme d'Argental, l'ange...

» Le contrat est dressé dans toutes les règles, et le mariage fait dans toutes les formes, les deux amants très-heureux, les parents enchantés ; et, à nos neiges près, tout va le mieux du monde. Ce qu'il y a de bon, c'est que quand même les souscriptions ne rendraient pas ce qu'on a espéré, le conjoint et la conjointe jouiraient encore d'un sort très-agréable. Il ne nous reste donc qu'à nous mettre aux pieds de nos anges et à les remercier de tout notre cœur. »

A Monsieur le marquis de Chauvelin, 14 février 1763. « Je deviens à peu près aveugle, Monsieur. Un petit garçon, qui passe pour plus aveugle que moi, et qui vous a servi comme s'il était clairvoyant, s'est un peu mêlé des affaires de Ferney. Ce fut hier que le mariage fut consommé, je comptais avoir l'honneur d'en écrire à Votre Excellence. Deux époux qui s'aiment sont les vassaux naturels de Mme l'ambassadrice et de vous. Je goûte le seul bonheur convenable à mon âge, celui de voir des heureux.

» Il y a de la destinée dans tout ceci ; et où n'y en a-t-il point ? J'arrive aux pieds des Alpes, je m'y établis ; Dieu m'envoie Mlle Corneille, je la marie à un jeune gentilhomme, qui se trouve tout juste mon plus proche voisin ; je me fais deux enfants que la nature ne m'avait point donnés ; ma famille, loin d'en murmurer, en est charmée. Tout cela tient un peu du roman. Pour rendre le roman plus plaisant, c'est un jésuite qui marie mes deux petits. Joignez à tout cela la naïveté de Mlle Corneille, à présent Mme Dupuits, naïveté aussi singulière que l'était la sublimité de son grand-père.

» Je jouis d'un autre plaisir, c'est celui du succès de l'affaire des Calas... »

A Monsieur d'Argental, 15 février 1763. « Le père et la mère de Mme Dupuits n'y perdront rien, leur fille les a nourris du bout de ses dix doigts, avant qu'ils eussent été présentés à M. de Fontenelle. Elle ne manquera jamais à son devoir et j'y mettrai bon ordre. Ne troublons pas les plaisirs des deux amants, jouissons tranquillement du fruit de nos peines et de la consolation que me donne Mme Dupuits dans ma vieillesse. »

A Monsieur d'Argental, 19 février 1763. « Le roi ne prend que douze exemplaires (du *Commentaire sur Corneille*) et non pas cent... Sa Majesté approuve beaucoup ce mariage et fera les choses noblement.

» Le sang me bout sur les Calas. Quand donc la révision sera-t-elle ordonnée?»

A Monsieur d'Argental, 25 février 1763. « Plus ange que jamais, Mme Denis est toujours malade, et moi toujours aveugle, et vous ne me dites rien de vos yeux. L'âge avance, on n'a pas plus tôt sorti du collège qu'on a soixante ans, en un clin d'œil on en a soixante-dix, on voit tomber ses contemporains comme des mouches. Mes nouveaux mariés, qui sont à vos pieds, ne savent rien de tout cela. Je voudrais que vous eussiez vu la crainte où était Marie de ne point avoir son Dupuits. « Mon père m'a signifié que je ne devais pas me » marier, qu'il n'y consentirait point. » Mes anges, que vouliez-vous que je pensasse? Vous voulez que je commente François, c'est bien assez de commenter Pierre. »

A Monsieur d'Argental, 11 mars 1763. « L'embarras du commentateur est plus grand que celui du père de famille. Mme Dupuits m'amuse par sa gaieté et sa naïveté, mais son oncle Pierre est bien loin de m'amuser. M. Dupuits et elle présentent leurs très-humbles et très-tendres reconnaissances à leurs anges. Il y a beau temps qu'ils ont écrit au père. J'ai vraiment grand soin que mes deux marmots remplissent leurs devoirs. Savez-vous bien que je les fais aller à la messe tout comme s'ils y croyaient? »

A Cideville, février 1764. « Le bonheur est certainement chez Mlle Corneille, aujourd'hui Mme Dupuits; elle est folle de son mari, elle saute du matin au soir avec un petit enfant dans le ventre, et dit qu'elle est la plus heureuse personne du monde. Avec tout cela, elle n'a pas encore lu une tragédie de son grand-oncle, ni n'en lira. »

Ainsi se déroula heureusement cet épisode de la vie de Voltaire. Cette fois ses bienfaits et ses peines ne furent point perdus. Il jouit du bonheur d'avoir fait des heureux autour de lui. M. et Mme Dupuits eurent toujours pour le généreux vieillard une tendresse filiale. Au milieu de ses nombreuses occupations, on trouve souvent le reflet de cette joie éprouvée par Voltaire. Dans une lettre, il jette en courant cette phrase :

« La petite nièce à Pierre avance dans sa grossesse, tantôt chantant, tantôt souffrant. Notre petite famille est composée d'elle, de son mari, d'une sœur et d'un jésuite ; voilà un plaisant assemblage, c'est une colonie à faire pouffer de rire. Je souhaite que celle de M. le duc de Choiseul à la Guyane soit aussi unie, aussi gaie. »

Enfin le 6 juin 64, le bon patriarche s'écrie : « Anges célestes, quoi ! je ne vous ai pas mandé que Cornélie-Chiffon, Chimène-Marmotte nous avait donné une fille ? il faut donc qu'il y ait une lettre de perdue. »

Au mois de janvier 66 il raconte à sa nièce, la marquise de Florian :

« Le père Corneille est venu voir sa fille. Je ne crois pas qu'à eux deux ils viennent à bout de faire une tragédie ; mais le père est un bon homme et la fille une bonne enfant. »

Toujours occupé de M. et Mme Dupuits, qu'il traitait comme ses enfants, le patriarche écrit à d'Argental en novembre 71 :

« M. Dupuits, ci-devant employé à l'État-Major, va solliciter la faveur d'être replacé ; je ne crois pas qu'on puisse trouver un meilleur officier, plus instruit, plus attaché à ses devoirs et plus sage. Je m'applaudis tous les jours de l'avoir marié avec notre Corneille ; ils font un petit ménage charmant. »

Le commentaire sur Corneille avait produit une somme de 52,000 fr. 12,000 fr. servirent à assurer l'existence du père et de la mère de Mlle Corneille et 40,000 fr. accrurent la dot de la fille adoptive de Voltaire.

Les Dupuits, presque toujours à Ferney, firent réellement partie de la famille de Voltaire. Le patriarche parle dans ses lettres des dispositions heureuses et de l'éducation de leur fille aînée grandissant sous ses yeux, apprenant la musique avec Mme Denis.

Je n'insiste pas davantage sur cet épisode, bien fait pour donner par un coin la mesure du bon cœur de Voltaire. Il y a de la naïveté et presque de l'enfantillage dans le plaisir que prend à sa bonne action le prétendu sceptique, le grand rieur, caustique et malin, le poëte de la Régence, le polémiste toujours sur la brèche et toujours en butte aux persécutions, aux calomnies, le travailleur infatigable, le philosophe dont la vue s'étend sur le monde ; c'est qu'avant tout Voltaire est un homme et même un bonhomme, comme le lui dira d'Argental.

IV

MADAME DENIS

Mme Denis avait de l'esprit, des talents, beaucoup d'usage
et d'acquis. Aimant le monde par-dessus tout, elle sut encore
prendre son oncle ; ce qui n'était pas difficile, tant le vide du
cœur était insupportable à Voltaire. Elle lui rendit le service
de tenir sa maison, le consola quelquefois, et lui fit croire à
une véritable affection de sa part. Voilà tout le bien qu'on en
peut dire. Mais la médaille a un revers assez laid et, quoiqu'il
soit en partie caché dans l'ombre, on en voit assez pour ne
pouvoir porter qu'un jugement défavorable sur cette femme,
qui tint une place importante dans la dernière partie de
l'existence de Voltaire.

Il avait toujours voulu être aimé de sa sœur, Mme Mignot,
ainsi que le prouvent maints passages de ses lettres. En décembre 1722, il écrivait à Thiriot : «Je vous suis surtout très-
obligé d'aller souvent chez ma sœur. Mon cœur a toujours
été tourné vers elle ; je suis sûr que vous lui donnerez un peu
d'amitié pour moi. » Le 3 janvier 1723, il dit au même : « Je
vous remercie infiniment, mon cher ami, d'avoir été chez
ma sœur ; voyez-la souvent, je vous en conjure, et mettez-
moi bien avec elle. »

Après la mort de cette sœur, il écrit d'Angleterre à la présidente de Bernières le 16 octobre 1726 : « C'était à ma sœur
à vivre et à moi à mourir. Je suis douloureusement affligé

de sa perte; vous connaissez mon cœur, vous savez que j'avais de l'amitié pour elle. »

Cette sœur, qui paraît n'avoir jamais répondu à la tendresse de Voltaire, laissa trois enfants : l'abbé Mignot, conseiller au parlement, Mᵐᵉ Denis et Mᵐᵉ de Fontaine, qui devint la marquise de Florian et eut pour fils M. d'Ornoi, conseiller au parlement. Voltaire leur faisait à tous des pensions. Malgré les agitations de sa vie laborieuse, il ne perdit jamais de vue ses jeunes pupilles. C'est ainsi qu'il écrit en novembre 1737 à Thiriot : « Allez voir mes nièces, qui ont perdu leur père. Inspirez-leur le désir de vivre auprès de leur oncle. Elles ne se repentiraient pas du voyage. »

Pendant son séjour à Cirey, il songea à établir près de lui l'aînée de ses nièces, en la mariant au fils de Mᵐᵉ de Champbonin, cette bonne voisine qui se montra digne de l'affection de Voltaire. Mais cette nièce préféra épouser M. Denis, commissaire des guerres. Mᵐᵉ Denis devint veuve en 1744, et put ainsi s'installer dans la maison de son oncle, lorsque, après la mort de Mᵐᵉ du Chatelet, il passa huit mois à Paris, avant de se rendre à Berlin.

Si la marquise de Florian dessinait, peignait et gravait, Mᵐᵉ Denis, élève de Rameau, jouait du clavecin et chantait; elle composait même des pièces de théâtre et fit entre autres une comédie, *la Coquette punie,* et même une tragédie, *Alceste.* Son oncle contribua sagement à la dissuader d'affronter l'opinion du public. De plus, Mᵐᵉ Denis aimait à monter sur la scène et, paraît-il, elle y obtenait un véritable succès. Avec ses goûts mondains, ses talents pour briller, la position que lui faisaient la fortune et le nom de son oncle, il y a lieu de croire que Mᵐᵉ Denis, veuve et sans enfants, entendait la vie à la façon dont elle se pratiquait de son temps. Seulement elle savait prendre son oncle, le consoler et lui adoucir l'amertume des calomnies et des persécutions auxquelles il était incessamment en butte. En outre, elle servit aussi de correspondant à Voltaire, et montra dans ce rôle de l'habileté et un certain dévouement. Comme elle avait l'*argent dans le cœur et non dans la tête,* nous le verrons tout à l'heure, elle prenait garde à conserver son empire sur celui à qui elle devait tout et qui pouvait tout pour elle. Voltaire, très-sensible, très-affectueux, souvent l'âme endolorie et le corps souffrant, avait un besoin

impérieux d'une atmosphère de douceur et de tendresse.
Après la perte de Mme du Chatelet, il se rejeta sur cette
nièce pour combler le vide de son cœur, et lui resta toujours sincèrement attaché. Mme Denis, héritière universelle de
Voltaire, quelque peu associée à sa gloire, fut magnifiquement payée des soins et des illusions dont elle environna sa
vieillesse.

Mme Denis, sachant Voltaire arrêté à Francfort, fut l'y
joindre et supporta avec lui les ridicules scènes de mélo-
drame que leur fit essuyer Frédéric. La santé de Mme Denis
en fut altérée pendant quelques mois. Aussi vint-elle
se rétablir à Paris pendant que Voltaire séjournait en
Alsace.

Ici doivent trouver place deux fragments de lettres de Voltaire à M. d'Argental, qui commencent à faire connaître le
fond du caractère de cette nièce, plus chérie qu'elle ne le méritait. Si Voltaire n'avait pas pardonné à tout le monde, s'il
n'avait pas montré combien il était reconnaissant du moindre
témoignage d'affection (et le souvenir de ce qu'avait souffert sa
nièce à Francfort était encore tout récent), on pourrait s'é-
tonner que le philosophe ait de nouveau ouvert ses bras à la
pupille qui avait pu lui écrire des lettres, dont sont extraits
les fragments qu'il cite d'un cœur profondément navré. Le
lecteur en jugera.

A Monsieur d'Argental, 28 février 1754. « Vous devinez
aisément par ma dernière lettre, mon cher ange, ce que je
dois souffrir. Je n'ai autre chose à vous ajouter, sinon que je
continuerai jusqu'à sa mort la pension que je fais à la personne
que vous savez (Mme Denis), et que je l'augmenterai dès que
mes affaires auront pris un train sûr et réglé. Je lui ai assuré
d'ailleurs bien davantage ; et j'avais espéré, quand elle me
força de revenir en France, la faire jouir d'un sort plus heureux. Je me flatte qu'elle aura du moins une fortune honnête :
c'est tout ce que je peux et ce que je dois, après ce que vous
savez qu'elle m'a écrit : ce dernier trait de mon infortune a
achevé de me déterminer. Je ne me plaindrai jamais d'elle ;
je conserverai chèrement le souvenir de son amitié ; je m'at-
tendrirai sur ce qu'elle a souffert ; et votre amitié, mon cher
ange, restera ma seule consolation. Mon cher ange, je suis

bien loin de verser des larmes sur mon malheur, mais j'en
verse en vous écrivant. »

A D'ARGENTAL, 10 mars 54. « Ma situation, aggravée par de
longues maladies, ne devrait pas, je crois, être empoisonnée
par l'abus cruel que ma nièce a fait de mes malheurs. Voici les
propres mots de sa lettre du 20 février : « Le chagrin vous a
» peut-être tourné la tête ; mais peut-il gâter le cœur ? L'ava-
» rice vous poignarde, vous n'avez qu'à parler... Je n'ai pris
» de l'argent chez Laleu que parce que j'ai imaginé à tout
» moment que vous reveniez, et qu'il aurait paru trop singu-
» lier dans le public que j'eusse tout quitté, surtout ayant dit
» à la cour et à la ville que vous me doubliez mon revenu. »

» Ensuite, elle a rayé à demi : *L'avarice vous poignarde*, et a
mis *l'amour : de l'argent vous tourmente*. Elle continue :

« Ne me forcez pas à vous haïr... Vous êtes le dernier des
» hommes par le cœur. Je cacherai autant que je pourrai les
» vices de votre cœur. »

» Voilà les lettres que j'ai reçues d'une nièce... que je traite
» comme ma fille.

» Elle me marque dans ces indignes lettres que vous êtes
aussi en colère contre moi qu'elle-même. Et quelle est ma
faute ? De vous avoir suppliés tous deux de me déterrer quelque commissionnaire sage et intelligent, qui puisse servir
pour elle et pour moi. Pardonnez, je vous en conjure, si je
répands dans votre sein généreux mes plaintes et mes larmes.
Si j'ai tort, dites-le-moi, je vous soumets ma conduite; c'est à
un ami tel que vous qu'il faut demander des reproches quand
on a fait des fautes.

» Que Mme Denis vous montre toutes mes lettres, vous n'y
verrez que l'excès de l'amitié, une confiance sans bornes, l'envie d'arranger mon bien en sa faveur, en cas que je sois forcé
de fuir, et qu'on me confisque mes rentes (comme on le peut
et comme on me l'a fait appréhender); un sacrifice entier de
mon bonheur au sien, à sa santé, à ses goûts. Elle aime Paris ; elle est accoutumée à rassembler du monde chez elle, sa
santé lui a rendu Paris encore plus nécessaire ; j'ai pour mon
partage la solitude, le malheur, les souffrances, et j'adoucis
mes maux par l'idée qu'elle restera à Paris dans une fortune
assez honnête que je lui ai assurée. Enfin, mon adorable ami,

condamnez-moi si j'ai tort. Je vous avoue que j'ai besoin d'un
peu de patience : il est dur de se voir traiter ainsi par une
personne qui m'a été si chère. Il ne me restait que vous et
elle, et je souffrais mes malheurs avec courage quand j'étais
soutenu par ces deux appuis. Vous ne m'abandonnerez pas,
vous me conserverez une amitié dont vous m'honorez dès votre enfance. Adieu, mon cher ange. »

Si ces lettres montrent au vif l'âme tendre et bienveillante
de Voltaire, elles sont accablantes pour Mme Denis. Mais ce
n'est encore là qu'un commencement de preuve ; la coupable, osons la nommer par son nom, nous en fournira
d'autres.

Pour le moment, M. et Mme d'Argental jouèrent leur rôle
d'anges consolateurs et médiateurs. Ils catéchisèrent l'ingrate
créature et l'amenèrent avec eux à Plombières, où Voltaire
se rendait de son côté. Mme Denis n'avait pas tardé à reconnaître la folie de sa conduite et à comprendre, qu'autant par
intérêt que pour sa position dans le monde, elle devait se ré-
concilier avec son oncle, qui, comme toujours, lui tendait les
deux mains. C'est ainsi que les choses se passèrent et Mme Denis accompagna son oncle en Alsace, en quittant Plombières.

Le 9 décembre de cette année 1754, Voltaire écrit à son
meilleur et plus fidèle ami : « Ma nièce fera ma consolation,
» tant que durera sa constance, et quand elle sera épuisée, je
» vivrai et je mourrai seul ; je ne conseillerai à personne de
» faire des tragédies et des poëmes épiques, mais je dirai :
» quiconque est aimé de M. d'Argental est heureux. »

Dans une autre lettre du même mois, il dit encore à
M. d'Argental : « Je souhaite que ma nièce ait toujours assez
» de philosophie pour s'accoutumer à ma solitude et à mon
» genre de vie. Je ne suis pas embarrassé de moi, mais je le
» suis de ceux qui veulent bien joindre leurs destinées à la
» mienne. »

Après avoir passé quelques mois au château de Frangins,
Voltaire s'établit aux Délices et commence à goûter la paix
et le repos, au milieu d'une activité nouvelle, celle du pro-
priétaire vivant à la campagne. En voici quelques traces :

A Thiriot, juillet 1756. « Je vivrais aussi aisément comme
» Diogène que comme Épicure. Ce n'est que pour les autres
» que je vis dans l'opulence ; ainsi je défie la fortune, et je
» jouis d'un état très-doux et très-libre que je ne dois qu'à
» moi. Quand j'ai parlé en vers des malheurs des humains,
» mes confrères, c'est par pure générosité, car, à la faiblesse
» de ma santé près, je suis si heureux que j'en ai honte. »

A l'abbé d'Olivet, 19 mars 57. « Je n'ai eu l'idée du bon-
» heur que depuis que je suis chez moi dans la retraite. Mais
» quelle retraite ! j'ai quelquefois cinquante personnes à
» table ; je les laisse avec Mme Denis, qui fait les honneurs, et
» je m'enferme. J'ai bâti ce qu'en Italie on appelle un *palazzo*,
» mais je n'aime que mon cabinet de livres : *senectutem alunt*. »

Quelques belles années se passent ainsi. Voltaire toujours
à la tâche, toujours embrassant de nouvelles causes perdues
qu'il gagne, toujours défrichant, bâtissant, et veillant au
bien-être de tous ceux qui l'entourent ; Mme Denis faisant la
reine et la maîtresse, étoile de tout ce mouvement dont Voltaire est l'âme. Mais les années viennent et, si elles ne changent rien à la vie du noble vieillard, elles pèsent beaucoup
sur la tête légère et le cœur sec de sa nièce. Elle engraisse et
s'ennuie à Ferney, elle rêve d'habiter Paris, s'imaginant
qu'elle y retrouvera ce qu'elle n'a plus, la jeunesse. Elle est
quelquefois malade parce qu'elle est gourmande, et Tronchin
réside maintenant à Paris.

Wagnière fut souvent témoin de querelles faites à l'oncle
par cette nièce d'humeur rapace.

Il en avait surgi une fort sérieuse à l'occasion de l'achat
de Ferney, que Voltaire fit au nom de Mme Denis, voulant le
lui assurer après sa mort, et mettre sa fortune hors de la
portée de ses persécuteurs. Longtemps la nièce refusa de
faire la contre-lettre, qui établissait les droits, dont Voltaire
ne devait naturellement pas se dessaisir pendant sa vie. Cette
petite main de femme avait des serres de vautour.

Au commencement de 1768, elle soutint avec acharnement un hôte peu délicat qui avait soustrait dans le cabinet
de Voltaire deux chants de la Guerre de Genève, plus une
copie de ses Mémoires relatifs au roi de Prusse, Mémoires
qu'il voulait détruire, dont il avait même brûlé l'original.

L'orage fut violent, et cette fois Voltaire prit la résolution
de se séparer de sa nièce en l'envoyant à Paris. Mais il dissi-
mula à tout le monde le vrai motif de cette séparation. Car
personne n'eût compris que Mme Denis pût abandonner son
oncle, précisément dans l'âge où il semblait que son devoir
lui prescrivait de le combler de ses soins et de ses attentions.
Cette nouvelle fait grand effet, on en parle partout. Toujours
Voltaire répond à ses correspondants, de manière à éloigner
toute supposition désavantageuse à Mme Denis. Nous en donnerons quelques preuves.

Au maréchal de Richelieu, mars 68. « La bonté que
» vous avez de faire payer ce qui m'est dû de ma rente sera
» tout entière pour Mme Denis et Mme Dupuits. Il faut tout à
» des femmes et rien à un vieux solitaire. Je ne me suis pas
» même réservé des chevaux pour me promener. Si j'étais
» seul, je n'aurais besoin de rien. Je vous remercie, au nom
» de Mme Denis qui bientôt vous présentera mes hommages,
» mon attachement inviolable et mon respect. »

A madame du Deffand, 30 mars 68. « Mon âge de soixante-
» quatorze ans et des maladies continuelles me condamnent
» au régime et à la retraite. Cette vie ne peut convenir à
» Mme Denis qui avait forcé sa nature pour vivre avec moi à
» la campagne.... Mme Denis avait besoin de Paris, la petite
» Corneille en avait encore plus besoin, elle ne l'a vu que dans
» un temps où ni son âge ni sa situation ne lui permettaient
» de le connaître. J'ai fait un effort pour me séparer d'elles.... »

A un ami, 15 avril 68. « Je me couche à dix heures et me
» lève à cinq, je suis las d'être l'aubergiste de l'Europe, je
» veux mourir dans la retraite ; cette retraite profonde
» ne convient ni à Mme Denis, ni à la petite Corneille. Mme De-
» nis l'a supportée tant qu'elle a été soutenue par des amuse-
» ments et par des fêtes... Je lui donne vingt mille francs
» de pension, en attendant qu'elle en ait trente-six mille, outre
» la terre de Ferney. »

Au marquis de Thibouville, 22 mai 68. « Je suis enchanté
» que vous causiez souvent avec Mme Denis. Entre nous, mon
» ami, la vie de la campagne ne lui convient pas du tout. Je
» ne hais pas à garder les dindons, et il lui faut bonne com-

» pagnie; elle me faisait un trop grand sacrifice; je veux
» qu'elle soit heureuse à Paris et je voudrais faire pour elle
» plus que je ne fais. »

C'est sans doute sous l'influence des peines morales cau-
sées par cette crise domestique, que le philosophe disait au
comte de Rochefort, qu'il aimait et qu'il avait reçu plusieurs
fois à Ferney : « J'ai essuyé des chagrins violents; je les
» compte aussi pour rien, c'est l'apanage des hommes et sur-
» tout le mien. » On peut soupçonner que la dernière partie
de la correspondance avec Damilaville n'a été supprimée que
parce que Voltaire s'ouvrait plus complétement avec lui sur
ses chagrins intérieurs et sur la véritable cause de l'envoi de
Mme Denis à Paris.

Si quelque chose pouvait étonner de Voltaire, sous le rapport de la bonté et de l'indulgence, ce serait sa manière d'être
vis-à-vis de cette nièce, assez aimable mais nullement affectueuse. Au reste, sa vie est pleine de traits pareils. C'est ainsi
qu'il en usa avec la Harpe, auquel il trouvait du talent et
dont il soutint la mauvaise fortune. La Harpe, enfant naturel,
n'avait d'autre ressource que sa plume. C'est lui qui avait
dérobé les Mémoires sur le roi de Prusse et autres papiers
dans le cabinet de Voltaire. Le bon philosophe voulut absolument fermer les yeux sur cette faute grave, dont les suites
inspiraient de vives craintes à M. d'Argental. En août 1768,
Voltaire lui répond :

« Vous me parlez de certains papiers dont un curieux s'est
emparé. Vraiment je n'en ai parlé à personne, et je suis très-
éloigné de faire une tracasserie, qui pourrait perdre un
jeune homme, et qui d'ailleurs ne me ferait que du mal.
Dupuits le vit emporter de ma bibliothèque beaucoup de
papiers. J'en ai perdu de très-importants; j'ai été puni de
mon trop de confiance. C'est un malheur qu'il faut oublier;
j'en ai essuyé de plus grands et je sais trop qu'il y a des circonstances où il faut absolument se taire. »

Dans la lettre suivante, Voltaire réplique à une nouvelle
insistance de son ami :

« Je vous répète encore que, quoique je sois très-sûr qu'on
m'a pris beaucoup de papiers, je ne veux jamais connaître

l'auteur de cette indiscrétion ; et, si on accusait dans le public celui que l'on soupçonne, je prendrais hautement son parti, comme je l'ai déjà fait en pareille occasion. »

Telle était la magnanimité de Voltaire avec tout le monde, amis et ennemis. On en verra d'autres preuves.

Mme Denis passa à Paris près de deux ans de suite, puis revint à Ferney, où jamais elle ne put se plaire. Rien ne prouve plus contre son cœur et sa raison. En effet, pourquoi n'avoir pas regardé sa situation comme privilégiée entre beaucoup d'autres? Rendre la vie douce à l'homme le plus illustre de l'Europe, au noble vieillard à qui elle était redevable de sa fortune et auquel devaient l'attacher tous les liens de la reconnaissance ; voir se développer autour d'elle, sous le souffle bienfaisant d'un génie créateur, toute une population heureuse d'artistes, de colons et de paysans ; vivre au sein de l'opulence, en participant au bien fait jour à jour par le philosophe le plus humain ; être associée à l'esprit le plus vif et le plus gai, au cœur le plus expansif et le plus indulgent, à un homme parvenu au comble de la gloire, recherché par tout ce que l'Europe comptait de personnes éclairées, et presque courtisé par les rois et les grands seigneurs; non, aucun de ces devoirs, aucun de ces nobles buts, aucun de ces honneurs ne purent toucher ce cœur sec et fixer cette cervelle de linotte. Ajoutons cette circonstance aggravante, que Mme Denis touchait à son douzième lustre et que l'heure de la retraite avait sonné pour elle.

Hélas! nous allons voir encore pis.

Voltaire avait un secret désir de revoir Paris et de serrer, avant de mourir, la main de d'Argental et de d'Alembert. Il était curieux de se rendre compte du terrain conquis et de tâter lui-même le cœur de la France. Mme Denis, en cela d'accord avec M. de Villette, homme aimable mais d'un caractère léger et superficiel, fit son possible pour l'amener à prendre cette résolution. J'ai déjà dit, en partie, comment les choses se passèrent ; j'ajouterai seulement ici quelques circonstances se rapportant à Mme Denis.

Elle ne pouvait supporter l'idée du retour de Voltaire à Ferney, sentant bien que les plus étroites convenances, non la volonté de Voltaire, l'auraient contrainte de l'y accompagner. Elle laissait souvent échapper ces mots, même devant ses gens : « Mon Dieu, il va retourner à Ferney et je serai encore obligée de le suivre. »

Voltaire insistait près de Mme Denis sur son départ : « Il faut que je m'en retourne, parce que j'adore la campagne qui me fait vivre. Restez ici à vous amuser, vous qui la détestez. — Qui vous a dit cela, mon oncle ? — Mon expérience, » reprit-il avec un ton sévère et une grande vivacité.

Le 26 mars, il avait écrit de sa main à Mme Wagnière le billet suivant : « Ma chère Mme Wagnière, votre lettre m'a » touché sensiblement. Je vous remercie de tous vos soins. » J'ai eu deux maladies mortelles à quatre-vingt-quatre ans, » et j'espère bien cependant vous revoir à Pâques (18 avril). » Je vous embrasse de tout mon cœur, vous et Mimi. »

Aussi Mme Denis mit-elle tout en œuvre, d'abord pour écarter Wagnière et l'envoyer à Ferney à la recherche de certains papiers et pour toucher de l'argent à Lyon. Puis elle fit écrire un billet par M. de Thibouville, dans lequel il disait tenir de bon lieu que si Voltaire retournait à Ferney, on lui ferait défense d'en sortir et de revenir à Paris. Sur cette insinuation, le courageux vieillard prit la résolution de rester à Paris, malgré tout son désir de retourner à Ferney et bien que Tronchin lui eût dit : « Je donnerais tout à l'heure cent louis pour que vous fussiez à Ferney. » Cependant sa séparation d'avec Wagnière lui causait une peine énorme. Il voulait aller le conduire à la voiture, au milieu de la nuit ; il pleurait en le tenant étroitement serré sur son cœur, l'appelait son frère et disait qu'il voulait mourir dans ses bras.

Ce point important obtenu, Mme Denis entraîna Voltaire à signer l'acquisition d'une maison à Paris. Puis elle s'étudia à écarter de son oncle tout ce qui pouvait lui rappeler Ferney, et les personnes qu'elle savait contraires à ses desseins. On éloigna Tronchin et l'on fit venir le célèbre Lorry ami de d'Alembert. Le cocher de Voltaire, qui le servait depuis dix-neuf ans et qui lui était attaché, ne put voir son maître qu'à la dérobée et par surprise. Il avait amené de Ferney un fort beau chien que Voltaire affectionnait. L'animal, qui appartenait à Wagnière, reconnut aussitôt Voltaire et lui fit force caresses. « Voyez, dit le vieillard, on m'aime encore à Ferney. » Mme Denis s'arrangea de sorte que la pauvre bête ne reparût plus dans l'appartement.

Cependant Voltaire s'affaiblissait et s'impatientait de ne pas voir revenir Wagnière. Il ordonnait de lui écrire, il lui écrivit lui-même en présence de Tronchin. Mme Denis arrêtait toutes les lettres et, si Wagnière en reçut deux, elles lui furent écrites secrètement par des gens de la maison avec prière de les brûler. Le malheureux secrétaire ne savait à quoi se résoudre, n'ayant pu terminer ce dont il avait été chargé. Dans la nuit du 24 au 25 mai, Voltaire dicta une lettre pour Wagnière au domestique de Mme Denis, qui le veillait. Celui-ci envoya la lettre en cachette, suppliant de ne pas le dire, sans quoi il était perdu. Cependant, le 26 mai, Mme Denis écrit à Wagnière pour lui dire de revenir, tout en marquant que son oncle allait mieux. Le 26, M. d'Ornoi, petit-neveu de Voltaire, écrit aussi à Wagnière, mais en ne taisant pas le danger imminent que courait le malade et en disant à Wagnière : « Tout ce qui lui reste de tête est pour vous désirer. »

Ce même jour, 26 mai, Voltaire, qui se sentait enlacé de tortueux replis et qui malgré ses instances n'avait pu voir son notaire, M. Dutertre, ordonne à Mme Denis de sortir de sa chambre. Mme de Saint-Julien n'avait presque pas quitté le mourant. A deux reprises il la supplia de lui amener M. Dutertre et, comme Mme Denis l'en avait empêchée, Voltaire lui dit avec désespoir : «Ah, madame ! vous êtes donc comme tout le monde, vous me trahissez aussi. » Mme Denis ne revit plus son oncle du 26 au 30 mai, jour de sa mort. Il est probable que son dessein était de modifier son testament, qui faisait sa nièce légataire universelle. Mais ses forces étaient épuisées ; il fut pendant plusieurs jours dans un état comateux, suite d'une trop grande absorption d'opium, et d'ailleurs cette Médée au petit pied veillait sur sa proie. Son triomphe ne se fit pas attendre et nous verrons comment elle usa de sa victoire.

Quant à Wagnière, il n'eut que les 8,000 fr. portés au testament ; elle retint 5,000 fr. sur les 12,000 que Panckoucke lui avait donnés ; puis, sachant que Catherine II lui faisait une pension, elle se dispensa de lui payer celle de 50 louis par an qu'elle lui avait promise. Elle ne donna rien au cocher malgré ses services, n'accorda que 800 fr. à Baba et ne délivra pas intégralement à tous les autres domestiques une année de gages, ainsi que l'avait voulu le mourant.

Wagnière arriva pour voir sortir le corps de son illustre ami. Son émotion fut telle qu'il s'évanouit. A peine était-il remis de ce coup affreux, que la troisième question que lui adressa Mme Denis fut : « Mon oncle a-t-il laissé beaucoup d'argent comptant? »

Je cite encore cet autre trait caractéristique. M. Autran, banquier à Paris, avisa Voltaire qu'il avait reçu de Lyon une traite en sa faveur de 80,000 fr. C'était un envoi de Wagnière. Voltaire confia à son cuisinier une lettre pour prier M. Autran de vouloir bien, vu son état de maladie, lui apporter cette somme. Mme Denis retint le billet de Voltaire.

Quant à ce Ferney qu'elle détestait, au sujet duquel elle écrivait à Christin le 20 septembre 78 et à Wagnière le 29 du même mois : *je voudrais que le feu fût à Ferney*, elle s'en débarrassa quatre mois après la mort de Voltaire et le vendit pour 230,000 fr. à M. de Villette, refusant de le laisser pour le même prix à son neveu d'Ornoi. L'acquéreur, l'ayant vainement offert à l'impératrice Catherine, le revendit lui-même trois ans après.

Enfin Mme Denis, la nièce et l'héritière de Voltaire, se remaria à soixante-neuf ans à M. du Vivier, ancien commissaire des guerres, et mourut peu de temps après ce coup d'éclat, qui achève de la peindre. Son frère, l'abbé Mignot, l'avait déjà quittée et n'avait plus voulu vivre près d'elle. Tous les amis de son oncle, philosophes et académiciens, rompirent avec elle. C'est pour ce dernier motif qu'au lieu d'être envoyée à l'Institut, la belle statue de Houdon fut donnée au Théâtre-Français.

La marquise de Florian était morte en 1771. Son mari possédait une maison à Ferney et fut toujours en liaison étroite avec Voltaire, aussi bien que M. et Mme Dupuits; mais toutes ces personnes habitaient le paisible Ferney, et Voltaire, accablé de fatigue, d'années et de gloire, succombait prématurément à Paris sous les trames d'une femme cupide, indigne de tout intérêt.

Le dur Frédéric n'avait pas tort d'écrire à Voltaire au mois de juin 1760 : « Que je n'entende plus parler de cette nièce

» qui m'ennuie et qui n'a pas autant de mérite que son
» oncle pour couvrir ses défauts. On parle de la servante de
» Molière, mais personne ne parlera de la nièce de Voltaire. »

Ces paroles sont cruelles, mais elles sont justes; et Mme Denis, malgré son esprit et ses talents de société, a fait preuve
de sentiments trop bas pour rester une personne intéressante. Le bon cœur non moins que le bon sens de la vieille
Laforêt ont sauvé son nom de l'oubli.

LES AMIS DE VOLTAIRE

Ce chapitre pourrait devenir bien vite un volume, pour peu que l'on prît plaisir à s'étendre sur les relations affectueuses de Voltaire; mais nous ne saurions le faire sans fausser les proportions de cet ouvrage.

Je distinguerai trois groupes dans le nombre de ses amis : les amis de jeunesse, ceux de l'homme ardent à son œuvre, les amis haut placés par leur situation dans le monde. Je dirai ensuite quelque chose de deux femmes qui furent ses amies, l'une au milieu, l'autre à la fin de son existence.

I

D'Argental, Génonville, Thiriot, Cideville, Formont et M. de Maisons, voilà les principaux amis de la jeunesse de Voltaire. Deux d'entre eux moururent à la fleur de l'âge, Génonville et M. de Maisons; seul, M. d'Argental survécut à Voltaire. Ces liaisons datent du collége ou de l'étude de maître Alain.

M. Lafaluère de Génonville, conseiller au parlement, était un aimable garçon, poëte, spirituel, bon vivant et de beaucoup d'entrain. Il ne reste guère de traces de cette liaison que dans les vers de Voltaire, qui aima beaucoup le charmant conseiller, bien qu'il lui eût enlevé l'amour de Mlle de Livri.

Dix ans après la mort de Génonville, Voltaire adressait à ses mânes une épître, dont voici quelques vers :

> Toi, que le Ciel jaloux ravit dans son printemps,
> Toi, de qui je conserve un souvenir fidèle,
> Vainqueur de la mort et du temps,
> Toi, dont la perte, après dix ans,
> M'est encore affreuse et nouvelle.....

On voit que Voltaire, au milieu de sa vie agitée et laborieuse, avait le culte des souvenirs, et qu'il ressentait vivement l'amitié.

M. le marquis de Maisons, président à mortier au parlement de Paris, riche, bien élevé, presque grand seigneur, habitait ce beau château de Maisons, où Voltaire, atteint de la petite vérole, reçut la plus délicate hospitalité. M. de Maisons s'occupait beaucoup des choses de l'esprit. C'est chez lui qu'eut lieu cette lecture de *la Henriade*, après laquelle Voltaire, désespéré des critiques qui l'assaillirent, jeta le poëme au feu. Le président Hénault rappela à Voltaire qu'il brûla une belle paire de manchettes en sauvant son Henri IV. M. de Maisons devait être un homme d'un solide mérite, si on mesure ce mérite à ce qu'en écrit Voltaire. Le jeune président, moins chanceux que Voltaire, mourut en 1731, de la petite vérole, entre les bras de son ami. Ce fut en vain que Voltaire lui prodigua ses soins et ses larmes. Ce coup lui fut très-sensible, comme on le verra par ces fragments de lettres à Cideville :

A MONSIEUR DE CIDEVILLE, 27 septembre 1731. « Mon cher ami, la mort de M. de Maisons m'a laissé dans un désespoir qui va jusqu'à l'abrutissement. J'ai perdu mon ami, mon soutien, mon père. Il est mort entre mes bras, non par l'ignorance, mais par la négligence des médecins. Je ne me consolerai, de ma vie, de sa perte et de la façon cruelle dont je l'ai perdu... Mon cher Cideville, je vous remercie bien tendrement de la part que vous prenez à la cruelle affliction où je suis. Il n'y a que des amis comme vous qui puissent me consoler. J'ai besoin plus que ja mais que vous m'aimiez... Je ne vous mande aucune nouvelle... Je ne pense qu'à ma douleur et à vous. »

AU MÊME, 2 octobre. « La mort de M. de Maisons occu-

pait toutes mes idées... mais la douleur extrême où j'étais,
et les premiers moments de désespoir qui saisissent le
cœur, quand on voit mourir dans ses bras quelqu'un qu'on
aime tendrement, ne m'ont pas permis de vous écrire...
Hélas! je parlais de tout cela avec ce pauvre M. de Maisons,
au commencement de sa petite vérole; il approuvait ce nouveau plan autant qu'il avait blâmé le premier acte de l'autre.
Tenez-moi lieu de lui avec M. de Formont. Que j'ai envie et
qu'il me tarde de vous voir l'un et l'autre! »

M. de Cideville, conseiller au parlement de Rouen, vécut
dans sa jeunesse comme on vivait sous la Régence et s'éteignit comme on le faisait sous Louis XIV, dans la religion.
Devenu vieux et infirme, il se fit dévot; mais sa dévotion, dit
Voltaire, ne l'a pas empêché de me rendre justice. Magistrat
intègre, homme de plaisir et de goût, Cideville faisait des
vers lui-même et donnait ses avis à Voltaire, qui les lui demandait, ainsi qu'à M. de Formont.

M. de Formont, aimable et bel esprit, d'une trempe un peu
plus forte que Cideville, finit par quitter Rouen, vint habiter
Paris, et y vivre dans l'intimité de Mme du Deffand. Nature
plus froide, mais esprit plus fort que Cideville, Formont était
mieux fait pour la société de Mme du Deffand que pour celle
de Voltaire. Formont mourut en 1759. A ce sujet, Voltaire
mande à Cideville :

« J'ai appris avec douleur la mort de notre ami For-
» mont; c'était le plus indifférent des sages; vous avez le
» cœur plus chaud, avec autant de sagesse pour le moins.
» Je le regrette beaucoup plus qu'il ne m'aurait regretté, et je
» suis étonné de lui survivre. Vivez longtemps, mon ancien
» ami, et conservez-moi des sentiments qui consolent de
» l'absence. »

Les rapports de Cideville avec Voltaire ont été très-fré-
quents jusqu'à la retraite de celui-ci à Cirey. Ils ne furent,
d'ailleurs, jamais interrompus. Cideville fut, après d'Argental, le premier confident de sa liaison avec Mme du Chatelet. Il existe nombre de lettres adressées à Cideville, où
règnent toujours la plus franche expansion et la plus vive
amitié. En 1732, Voltaire lui dit : « Mon Dieu, mon cher Cide-
» ville, que ce serait une vie délicieuse de se trouver logés

» ensemble, trois ou quatre gens de lettres, avec des talents
» et pas de jalousie ; de s'aimer, de vivre doucement, de
» cultiver son art, d'en parler, de s'éclairer mutuellement! »
Puis il lui raconte le succès de *Zaïre* :

« Je parus dans une loge, et tout le parterre me battit des
» mains. Je rougissais, je me cachais, mais je serais un fripon,
» si je ne vous avouais que j'étais sensiblement touché. Il est
» si doux de n'être pas honni dans son pays! Je suis sûr que
» vous m'en aimerez davantage. »

Ce dernier trait, en passant, est un coup de sonde au fond
du cœur de la plupart des humains. Voltaire s'y connaissait.
Il avait déjà trente-huit ans.

Cideville n'a pas été voir son ami à Ferney, ce dont je lui
fais un peu de reproche. Ame faible et molle, lorsque la jeunesse l'abandonna, son indolence prit tout à fait le dessus,
et il n'est pas étonnant qu'à la fin de sa vie il soit revenu à son
berceau. Toutefois, il faut lui savoir gré de n'avoir pas renié
l'ami de jeunesse, dont il avait pu apprécier tous les nobles
sentiments.

A trente ans de *Zaïre*, en 1761, Voltaire apprend que la
santé de son vieil ami Cideville a éprouvé une assez forte atteinte. Aussitôt le vif et alerte ermite de Ferney qui, lui,
vivait de régime et de travail, retrouve tous les accents d'une
gaieté juvénile et les traits d'une verve charmante pour relever le moral de son ami. Où puise-t-il cette cordialité, cette
bonne humeur, cette bienveillance, sinon dans son cœur
toujours jeune et toujours aimant? C'est là son secret.

Ferney, 4 janvier 1761. « Vous vous êtes blessé avec vos
armes, mon cher et ancien ami; il n'y a qu'à ne plus vous
battre, et vous serez guéri. Dissipation, régime et sagesse,
voilà vos remèdes. Je vous proposerais Tronchin, si je me
flattais que vous daignassiez venir dans mes petits royaumes;
mais vous préférez les bords de la Seine au beau bassin de
nos Alpes. Je m'intéresse beaucoup *teretibus auris* de notre
grand abbé, (Duresnel, ami et commensal de Cideville,
homme aimable dans la société, mais médiocre, qui
mourut quelques mois plus tard). Vous êtes des jeunes gens
en comparaison du vieillard des Alpes. Il ne tient qu'à vous
de vous porter mieux que moi. Je suis né faible, j'ai vécu

languissant, j'acquiers dans mes retraites de la force et
même un peu d'imagination. On ne meurt point ici. Nous
avons une femme d'esprit de cent trois ans, que j'aurais mariée avec Fontenelle, s'il n'était pas mort jeune.

» Nous avons aussi l'héritière du nom de Corneille et ses
dix-sept ans. Vous savez toutes mes marches. Il est vrai que
j'ai fait rendre le bien que les jésuites avaient usurpé sur six
frères, tous au service du roi; mais apprenez que je ne m'en
tiens pas là. Je suis occupé à présent à procurer à un prêtre un
emploi dans les galères. (Misérable, coupable d'odieuses vio-
lences, duquel Voltaire a pitié, comme toujours, et qu'il tire
d'affaire en se contentant de lui faire payer à ses victimes
1500 livres de dommages et intérêts). Si je puis faire pendre un
prédicant huguenot, *sublimi feriam sidera vertice.* Je suis
comme le musicien de Dufresny en chantant son opéra : *il
fait le tout en badinant.* Mais je vous aime sérieusement ; autant en fait Mme Denis. Soyez gai et vous vous porterez à
merveille. »

Je cite encore quelques lignes charmantes et bien senties,
à ce toujours très-aimé Cideville :

Février 1765. « J'ai été quelque temps aveugle, mon
cher et ancien ami, et à présent j'ai le quart de mes deux
yeux. C'est avec ce quart que mon cœur tout entier vous
écrit. Vous faites un bel éloge du jour de l'an, mais je vous
aime toute l'année, et tous les jours sont pour moi les
kalendes de janvier. »

Nous croyons que Cideville s'éteignit vers 1776. Il aima
Voltaire, autant qu'il pouvait aimer, et c'est avec plaisir
qu'on voit persister jusqu'à la mort cette amitié d'un caractère tempéré, mais au fond sincère et constante.

Voltaire faisait face à tout et son cœur n'oubliait personne.
En avril 1737, il écrit au bon abbé Moussinot, qui avait bien
voulu se charger de ses affaires pendant sa retraite à Cirey :

« A présent, mon cher abbé, voulez-vous que je vous parle
franchement? Il faudrait que vous me fissiez l'amitié de
prendre par an un petit honoraire, une marque d'amitié.
Agissons sans aucune façon. Vous aviez une petite rétribu-
tion de vos chanoines ; traitez-moi comme un chapitre ;
prenez le double de votre ami le poëte-philosophe, sans pré-

judice du souvenir que j'aurai toujours pour vous. Réglez cela et aimez-moi. »

Pendant son séjour près du roi de Prusse, il reçoit une lettre de M. Devaux, qu'il avait connu à la cour de Lorraine, et dont il appréciait le caractère. M. Devaux lui recommandait quelqu'un.

« Mon cher Panpan (car il n'y a pas moyen d'oublier le nom sous lequel vous étiez si aimable), le jour même que je reçus vos ordres (car prière est ordre, en ce cas) de servir votre ami, je courus chez un prince, puis chez un autre... Adieu, mon très-cher Panpan, conservez quelque bonne volonté pour un homme qui a toujours été enchanté de votre caractère. *Vale et me ama.* Avril 1751. »

Voltaire, à son grand déplaisir, n'ayant pu réussir à obliger M. Devaux, il lui dit dans une autre lettre : « Mon cher Panpan, vous ne sauriez croire combien je suis affligé de n'avoir pu faire tout ce que vous m'avez commandé. Je serais inconsolable si vous pouviez penser que j'ai manqué de bonne volonté. »

La vie de Voltaire fourmille de traits pareils. Quelque occupé qu'il soit, du moment qu'il s'agit de faire du bien, il n'est pas de petite affaire ; d'obliger un ami, il n'est pas de petit service : son plaisir c'est de rendre service, son bonheur de faire le bien.

Cette maxime de Cicéron : *il y a quelque chose de sacré dans les longs attachements,* se trouve souvent sous sa plume ; il la garde surtout au fond de son cœur. On en voit la preuve au sujet de Thiriot, de Mme du Deffand, de Richelieu, de Frédéric, de Mme Denis, etc.

Thiriot fut un des plus anciens, sinon des plus fidèles amis de Voltaire. Thiriot n'avait pas un caractère à la hauteur d'une telle amitié. Avec le goût des lettres et un esprit assez juste, il était paresseux et par trop épicurien ; de plus, il manquait de dignité et de valeur morale. Aussi, dans sa Vie de Voltaire, Condorcet l'a-t-il jugé indigne d'une mention et passe-t-il son nom sous silence. Nous comprenons la sévérité de Condorcet, mais nous imiterons la clémence de Voltaire, qui pardonnait toujours et à tout le monde.

Voltaire s'était lié avec Thiriot dans l'étude de maître Alain.

Non-seulement il lui pardonna ses fautes, mais même il lui demeura toujours attaché en souvenir des jeunes années, et par reconnaissance de quelques petits services. Thiriot avait vécu côte à côte avec Voltaire au commencement de ses succès, il était enthousiaste des talents de son ami, si bien qu'il mérita le nom de *Thiriot-la-Trompette;* il fut le soigner pendant sa petite vérole, comme il avait été le voir à la Bastille. L'âme de Voltaire était trop profondément affectueuse pour briser jamais de tels liens.

Ce n'est pas que le faible et insouciant Thiriot n'y ait donné lieu maintes fois. Il dissipa les souscriptions de *la Henriade* et laissa peser sur Voltaire le mauvais effet produit par cette soustraction. Mais l'occasion où sa conduite fut la plus condamnable et la plus cruelle pour Voltaire, c'est lorsqu'il n'osa pas se ranger courageusement du côté de son ami, après la publication de *la Voltairiomanie* par Desfontaines. La présidente de Bernières écrivit d'elle-même au garde des sceaux pour démentir les calomnies du folliculaire, donnant ainsi une leçon d'équité et de vieille amitié au pauvre Thiriot.

Nous ne reproduisons que quelques traces des souffrances morales de Voltaire au sujet de Thiriot, et des reproches qu'il lui adressait. En 1733, il lui écrivait : « Je vous regarderais comme l'homme le plus barbare et le plus incapable d'humanité, si je ne savais que vous êtes le plus faible. Je suis réduit à croire que vous avez voulu séparer votre cause de la mienne. » Et en 1735 :

« Vous vivez comme si l'homme avait été créé uniquement pour souper, et vous n'avez d'existence que depuis dix heures du soir jusqu'à deux heures du matin. Il n'y a soupeur qui se couche, ni bégueule qui se lève plus tard que vous. Vous restez dans votre trou à dissiper les fumées du souper de la veille jusqu'à l'heure des spectacles : ainsi, vous n'avez pas un moment pour penser à vous et à vos amis. »

En 1736, je note ce passage d'une lettre à Thiriot, qui ne s'applique que trop bien à la façon dont les choses se passaient entre eux : « Mes mœurs sont directement opposées aux infâmes imputations de mes ennemis. J'ai fait tout le bien que j'ai pu, et je n'ai jamais fait le mal que j'ai pu faire. Si ceux que j'ai accablés de bienfaits et de services sont demeurés dans le silence contre mes ennemis, le soin de mon honneur doit me faire parler, ou quelqu'un doit être assez juste, assez généreux pour parler pour moi.

» Celui qui m'a offensé par faiblesse retrouvera toujours une voie pour rentrer dans mon cœur ; un coquin n'en trouvera jamais. »

Enfin Desfontaines a vomi ses abominables calomnies. Tout le monde à Cirey, où Thiriot avait séjourné, tout le monde est non moins surpris que troublé de sa honteuse attitude. M. du Chatelet lui-même écrit à Thiriot, comme Mme de Champbonin. Thiriot ne fait que des sottises, compose une lettre adressée à Mme du Chatelet, lettre qu'il fait courir dans Paris et qu'il envoie à Frédéric. La marquise trouve la lettre blessante et ridicule. Voltaire semble encore plus malheureux qu'exaspéré de la conduite de son pauvre camarade. Entre autres choses, il écrit en 1739 à M. d'Argental :

« Thiriot ne se presse pas de remplir ses devoirs. Je suis, je vous l'avoue, très-affligé de sa conduite. Il devait assurément prendre l'occasion du libelle de Desfontaines pour réparer, par les démonstrations d'amitié les plus courageuses, tous les tours qu'il m'a joués, et que je lui ai pardonnés avec une bonté que vous pouvez appeler faiblesse. Non-seulement il avait mangé tout l'argent des souscriptions de *la Henriade* qu'il avait en dépôt ; non-seulement j'avais payé du mien, et remboursé petit à petit tous les souscripteurs ; mais il me laissait tranquillement accuser d'infidélité sur cet article, et il jouissait du fruit de sa lâcheté et de son silence. Le comble à cette infamie, c'est d'avoir ménagé Desfontaines, dont il avait été outragé, et qu'il craignait, afin de me laisser accabler, moi, qu'il ne craignait pas. Ce que j'ai éprouvé des hommes me met au désespoir, et j'en ai pleuré vingt fois, même en présence de celle qui doit arrêter toutes mes larmes...

» Mais enfin, mon respectable ami, vous qui me raccommodez avec la nature humaine, je cède au sage conseil que vous me donnez sur Thiriot : me plaindre à vous, lui retirer insensiblement ma confiance, ne pas rompre avec éclat. »

Quelques années plus tard, en 1742, toujours pendant son séjour à Cirey, Voltaire écrivait à Mme de Champbonin, alors à Paris :

« Comme on a son bon ange, on a aussi son mauvais ange : malheureusement c'est Thiriot qui fait cette fonction. Je sais qu'il m'a rendu de fort mauvais offices ; mais je les veux ignorer. Il faut se respecter assez soi-même pour ne jamais se brouiller ouvertement avec ses anciens amis, et il faut être assez sage pour ne point mettre ceux à qui on a rendu service à portée de vous nuire. »

Ce pauvre Thiriot contraste effectivement avec le bon ange d'Argental. Sa vie fut toujours décousue, nonchalante, et prouve trop bien, selon le mot de Voltaire, qu'il faisait plus de cas d'une table à manger que d'une table à écrire. Il avait vécu avec Voltaire chez Mme de Bernières, puis chez Mme de Fontaine Martel, qu'il quitta pour suivre en Angleterre Mlle Sallé. Enfin Plutus la Popelinière devint le Mécène de ce très-petit Horace, qui ne manquait pourtant ni d'esprit ni de bon goût et payait son écot en bonne humeur, en historiettes sur la littérature et les choses du moment. Grâce à Voltaire, il fut un des correspondants de Frédéric.

Je crois que Thiriot fit deux fois le voyage de Ferney ; il entretint toujours de loin en loin des rapports avec Voltaire, qui lui avait fait trop de bien pendant sa jeunesse pour ne pas continuer jusqu'à la fin de sa vie. En février 1762, Voltaire dit à sa nièce, Mme de Fontaine :

« *Le Droit du seigneur* n'a été livré que pour procurer quelque argent à Thiriot, qui n'en dira pas moins de mal de moi à la première occasion, quand mes ennemis voudront se donner ce plaisir. Il doit avoir la moitié du profit, et un jeune homme qui m'a bien servi doit avoir l'autre. »

En janvier 1769, il répond en ces termes à une lettre de Thiriot :

« Vous m'avez la mine, mon ancien ami, d'avoir bientôt vos soixante-dix ans et j'en ai soixante-quinze ; ainsi vous m'excuserez de n'avoir pas répondu sur-le-champ à votre lettre.

» Je vous assure que j'ai été bien consolé de recevoir de vos nouvelles, après deux ans d'un profond silence. Je vois que vous ne pouvez écrire qu'aux rois quand vous vous portez bien.

» J'ai perdu mon cher Damilaville, dont l'amitié ferme et

courageuse avait été longtemps ma consolation. Il ne sacrifia jamais son ami à la malice de ceux qui cherchent à en imposer dans le monde. Il fut intrépide même avec les gens dont dépendait sa fortune. Je ne puis trop le regretter, et ma seule espérance, dans mes derniers jours, est de le retrouver en vous.

» Je compte bien vous donner des preuves solides de mes sentiments, dès que j'aurai arrangé mes affaires. Je n'ai pas voulu immoler Mme Denis au goût que j'ai pris pour la plus profonde retraite ; elle serait morte d'ennui dans ma solitude. J'ai mieux aimé l'avoir à Paris pour ma correspondante, que de la tenir enfermée entre les Alpes et les monts Jura. Il m'a fallu lui faire à Paris un établissement considérable. Je me suis dépouillé d'une partie de mes rentes en faveur de mes neveux et de mes nièces. Je compte pour rien ce qu'on donne par son testament ; c'est seulement laisser ce qui ne nous appartient plus.

» Dès que j'aurai arrangé mes affaires, vous pouvez compter sur moi. J'ai actuellement un chaos à débrouiller, et dès qu'il y aura un peu de lumière, les rayons seront pour vous. Je vous souhaite une santé meilleure que la mienne, et des amis qui vous soient attachés comme moi jusqu'au dernier moment de leur vie. »

Au mois de mars de la même année, Voltaire revient sur ce sujet. Une première fois, il lui dit : « Le plus grand plaisir qu'un honnête homme puisse ressentir, celui de faire plaisir à ses amis, m'est refusé. » Puis dans une autre lettre, il s'exprime ainsi :

« Mon ancien ami, je vois que je ne pourrai suivre les mouvements de mon cœur aussitôt qu'il le veut. Figurez-vous que je donne, moi chétif, 32,000 fr. de pension tant à mes neveux et nièces qu'à des étrangers qui sont dans le plus grand besoin; et qu'en comptant à Ferney mes domestiques de campagne, j'en ai soixante à nourrir... Cela est d'autant plus extraordinaire que je suis né avec les 4,000 liv. de rente que vous possédez aujourd'hui. L'idée m'est venue de vous procurer un petit bénéfice cette année... »

Telle fut la conduite de Voltaire avec cet ami de sa jeunesse; elle montre combien son cœur avait besoin d'affec-

tion, combien il était reconnaissant et de quelle indulgence
il était rempli.

Je finis par ce dernier trait de Voltaire. A l'un de ses retours de Ferney, Thiriot en défaisant sa malle y découvrit un
rouleau de cinquante louis, que le malin philosophe y avait
placé à l'insu de son vieux camarade. Thiriot trouva la niche
de bon goût et de bonne guerre, et sans doute ne fit pas de
gorges chaudes à ce sujet.   .

M. le comte d'Argental était le neveu de Mme de Tencin et
du cardinal de ce nom. D'abord conseiller au parlement, il
fut dans la seconde moitié de sa vie chargé d'affaires de l'In-
fant de Parme près la cour de Versailles. M. d'Argental était
lié avec les Chauvelin, les Praslin, les Choiseul, et fut très-
utile à Voltaire en maintes circonstances. Il le servit efficacement dans l'affaire des Calas et contribua au redressement
de cette horrible iniquité. Par ses relations, par sa passion
pour le théâtre et surtout par son inaltérable amitié, d'Argental exerça une heureuse influence sur la destinée de son
ami. Leur liaison prit naissance au collége et persista sans
aucun trouble jusqu'à la mort de Voltaire. D'Argental fut
l'ami de l'homme et du poëte, car la philosophie ne l'occupait
qu'accessoirement. La modération de son caractère, son jugement, sa bonté d'âme et son amabilité lui attiraient tous
les suffrages.

Jamais l'affection de Voltaire ne fut mieux placée. Aussi le
voit-on épancher son cœur à plaisir dans le sein de ce véritable et solide ami. De bonne heure, Voltaire ne trouva pas
d'autre mot que celui d'ange pour caractériser cette nature
droite et sympathique, et pour exprimer la douceur des sentiments qu'elle provoquait en lui. D'Argental ayant associé
à son existence une femme dénuée de fortune mais digne de
lui, l'épithète devint commune aux deux époux. Ils furent
les anges gardiens, sauveurs et consolateurs, suivant les occasions.

D'Argental, qui avait l'âge du siècle, s'éteignit paisiblement
en 1788; mais les dernières années de cet excellent homme
furent adoucies par une amitié de femme, Mme de Courteilles,
laquelle remplit souvent l'office de secrétaire dans la
correspondance incessante des deux amis. Cette correspondance est de beaucoup la plus considérable de toutes celles

de Voltaire, car il y traite ce qui se rapporte au théâtre, souvent à ses affaires, et surtout de ce qui touche son cœur. En mourant, M. d'Argental avait fait don de cette précieuse collection de lettres à une dame de ses amies, qui fut assez intelligente pour les remettre à l'éditeur Panckoucke.

Le lecteur a trouvé et rencontrera encore tant de traces des rapports de Voltaire et de M. d'Argental, que je vais me borner à quelques courtes citations propres à caractériser cette noble intimité. En décembre 58, M. d'Argental voulant avoir un portrait de son ami, Voltaire lui répond : « Je deviens plus » que jamais pomme tapée. Ne comptez jamais de ma part » sur un visage, mais sur le cœur le plus tendre, toujours vif, » toujours neuf, toujours plein de vous. »

Pendant qu'il était à Berlin, au sujet de la mort d'une dame qui vivait avec les d'Argental, Voltaire écrit à son ami, en avril 1751 :

« Mon cher ange, j'apprends que vous avez perdu Mlle Guichard. Vous ne m'en dites rien ; vous ne me confiez jamais vos plaisirs ni vos peines, comme si je ne les partageais pas, comme si trois cents lieues étaient quelque chose pour le cœur et pouvaient affaiblir les sentiments. Voilà donc cette pauvre petite fleur, si souvent battue de la grêle, à la fin coupée pour jamais ! Mon cher ange, conservez bien Mme d'Argental ; c'est une fleur d'une plus belle espèce et plus forte, mais elle a été exposée bien des années à un mauvais vent. »

Encore quelques lignes, qui montrent jusqu'où allait la constante et tendre amitié de Voltaire :

A D'ARGENTAL, septembre 1755. « Vous ne me parlez point de vous, de votre vie, de vos amusements ; vous ne me dites point si vous avez été à la campagne cet été. Vous ne savez pas que vos minuties sont pour moi essentielles. Il faut que vous me parliez de vous davantage, si vous voulez que je sois mieux avec moi-même. »

Dans l'été de 1767, Mme d'Argental fut malade au point de faire craindre pour sa vie. Voici quelques citations qui montrent bien quel était le cœur de Voltaire. Son langage simple.

ému, découvre d'autant mieux son âme, qu'il ne vise jamais à l'éloquence, à l'effet. Point d'homme moins poseur et plus naturel que Voltaire. Il est tout vérité et sentiment, et rien ne le prouve mieux que son admirable correspondance. Dès que le péril a cessé, aussitôt reparaît, malgré les fluxions et les souffrances, la philosophie sereine et gaie du noble vieillard :

« Ah ! mon Dieu ! On me mande que Mme d'Argental est à l'extrémité. Je venais de vous écrire une lettre de quatre pages, je la déchire ; je ne respire point. Mme d'Argental est-elle en vie ? Mon adorable ange, ordonnez que vos gens nous écrivent un mot. Nous sommes dans des transes mortelles. Un mot par vos gens, je vous en conjure. »

A Damilaville, 14 août. « Mon cher ami, votre lettre du 8 ne m'a pas laissé une goutte de sang ; je crains que Mme d'Argental ne soit morte ; c'est une perte irréparable pour ses amis. Que deviendra M. d'Argental ? Je suis désespéré et je tremble. »

A d'Argental, 18 août 1767. « Béni soit Dieu et mes anges !... Dès que Mme d'Argental sera en pleine convalescence et qu'elle pourra s'amuser de balivernes, adressez-vous à moi, je vous amuserai sur-le-champ ; cela est plus nécessaire que des juleps de cresson. Elle a essuyé là une furieuse secousse. Pour moi je ne sais comment je suis en vie avec ma maigreur, qui se soutient toujours, et mon climat qui change quatre fois par jour. Il faut avouer que la vie ressemble au festin de Damoclès ; le glaive est toujours suspendu.

» Portez-vous bien tous deux, mes divins anges, le petit ermitage va faire un feu de joie. »

A la fin de 1774, Mme d'Argental meurt, et en quelques mois M. d'Argental perd sa femme, son frère, M. Pont de Veyle et un ami, M. de Felino, auquel l'honnête et courageux chargé d'affaires de Parme avait offert sa maison, bien que celui-ci fût un ministre disgracié de cette petite cour. Voici une lettre de Voltaire en ces circonstances :

« Mon cher ange, vous passez bien rapidement par de tristes épreuves. Votre lettre, que la douleur a écrite, pénètre mon cœur. Je savais bien que M. de Felino était un homme d'un rare mérite, mais je ne vous savais pas lié avec lui d'une amitié si tendre. La mort vous a donc enlevé frère, femme, amis. Je vous vois presque seul, je ne suis pas fait assurément pour remplir ce vide effroyable. Je partirais sur-le-champ si j'avais la force de me traîner. Que je volerais vite vers vous ! que je partagerais tous vos sentiments ! Je ne voudrais exister dans un coin de Paris que pour être uniquement à vos ordres. Mon cher ange, vous êtes malheureux par votre cœur ; votre douleur porte même avec elle la plus flatteuse des consolations, le secret témoignage de ne souffrir que parce que vous avez une belle âme. Pour moi, je souffre de la tête aux pieds dans mon pauvre corps, et mon esprit est à la torture par ma situation, par le combat continuel entre le désir de venir me jeter entre vos bras et l'impuissance actuelle de m'y rendre.

» Occupez-vous beaucoup, mon cher ange ; je ne connais que ce remède dans l'état où vous êtes ; je suis malade dans mon lit à quatre-vingts ans passés, au milieu des neiges ; je m'occupe et cela seul me fait vivre.

» Mon cher ange, je mets toutes vos douleurs avec les miennes dans mon cœur. Ce cœur est en pièces, les pièces sont à vous. Je vous embrasse de mes très-faibles bras. »

Je quitte cette légère esquisse de l'homme qui inspira à Voltaire la plus douce, la plus tendre et la plus constante amitié, passion qu'il eut la joie et la gloire de partager. Au reste, nous retrouverons souvent M. d'Argental.

Terminons cette série, en consacrant quelques lignes à deux physionomies de femmes, Mmes de Champbonin et de Saint-Julien.

J'ai déjà parlé de la première à l'occasion de Mme du Chatelet. Je ne rappelle ici le nom de cette bonne et véritable amie de Voltaire, que pour montrer une fois de plus qu'il n'oubliait jamais rien des choses du cœur, et pour citer de lui une lettre affectueuse, où se fait jour une gaieté de bon aloi, à travers les ombres que projettent l'éloignement et la vieillesse. La lettre adressée à Mme de Champbonin, dont on n'a pas oublié le petit nom *Gros Chat*, est du 17 novembre 1764 :

« Je ne sais si vous savez, mon cher Gros Chat, que je deviens aveugle ; vous me diriez que je suis très-clairvoyant sur le mérite des Pompignans ; je vous assure que je ne le suis pas moins sur les devoirs de l'amitié. Je vous écrirais plus souvent si j'avais du temps et des yeux, mais tout cela me manque. Vous savez de plus que j'ai l'honneur d'avoir soixante-dix ans, et qu'étant très-faible, je n'acquiers pas de force avec l'âge. On meurt en détail, ma chère amie ; puissiez-vous jouir d'une meilleure santé que la mienne. Je n'ai pas la consolation d'espérer de vous revoir, nous sommes l'un et l'autre dans des hémisphères différents. J'ai un ami dans ce pays-ci qui va souvent en Amérique et qui en revient comme de Versailles. Il n'en est pas de même d'un Gros Chat, dont la gouttière est en Champagne, et d'un aveugle posté dans les Alpes. Il faut se dire adieu, ma chère amie, cela est douloureux. Je sens que je passerais avec vous des moments bien agréables, mais nous sommes cloués par la destinée chacun chez nous. Tout ce que je puis faire, c'est de vous dire que je vous aime de tout mon cœur. Quand cela est dit, je vous le redis encore ; c'est comme l'*Ave Maria* qu'on répète ; on dit qu'il ennuie la sainte Vierge et j'ai peur d'ennuyer Gros Chat par de pareilles répétitions. Que n'êtes-vous la nièce de Corneille ! je vous aurais remariée et vous seriez grosse maintenant, et nous vivrions ensemble le plus gaiement du monde.

» Adieu, mon cher Gros Chat, vivons tant que nous pourrons ; mais la vie n'est que de l'ennui ou de la crème fouettée. »

Mᵐᵉ la comtesse de Saint-Julien, née de la Tour-du-Pin, était apparentée à M. de Choiseul et liée avec le maréchal de Richelieu. C'était une femme de cour, jeune, brillante, chasseresse comme Diane et un peu philosophe. On la voit, dans les dernières années de Voltaire, fréquenter Ferney, où une maison fut bâtie pour elle. Mᵐᵉ de Saint-Julien témoigna au grand vieillard une sincère affection, et l'aida de son crédit et de ses démarches en beaucoup de circonstances. Le lecteur s'en apercevra à plusieurs reprises. Mᵐᵉ de Saint-Julien a reçu un certain nombre de lettres de Voltaire. Je cite un fragment de celle qu'il lui écrivit le 19 mai 1776.

Son petit nom à Ferney était *Papillon Philosophe*, papillon à Versailles, philosophe à Ferney.

« J'ose me servir de ma faible main pour remercier mon charmant papillon de s'être enfin souvenu de son hibou. Vous êtes vraiment, madame, papillon philosophe. Je vous rends votre titre que vous méritez si bien. Ce n'est pas que je me flatte de vous voir voltiger dans nos déserts et reposer vos belles ailes dans un pays dont vous avez été la protectrice et l'ornement. Votre hibou sera toujours bien respectueusement, bien tendrement, bien tristement attaché à son brillant papillon ; mais je péris dans mon corps et dans mon âme. La retraite des deux aigles (Choiseul, Turgot) qui me protégeaient est un coup qui m'accable. »

Pendant la dernière maladie de Voltaire, Mme de Saint-Julien lui prodigua les soins les plus tendres et garda de lui dans la suite un fidèle souvenir, comme on le voit par ses lettres à Wagnière. Un des derniers billets de Voltaire, peut-être celui qui précéda les lignes écrites à Lally, était adressé à cette aimable femme. Le voici : « Je sais bien ce que je désire, mais je ne sais pas ce que je ferai. Je suis malade, je souffre de la tête aux pieds. Il n'y a que mon cœur de sain, et cela n'est bon à rien. »

II

Nous devons nous occuper maintenant du groupe des amis du philosophe, des ouvriers travaillant à côté de lui à la vigne du Seigneur.

L'un des plus importants, celui avec lequel Voltaire fut le plus lié, c'est d'Alembert. On possède la plupart de leurs lettres en deux vol. in-8°. D'Alembert, à deux ou trois reprises, passa quelques jours à Ferney. En toute circonstance, avant comme après la mort de Voltaire, il se montra intelligemment et fidèlement dévoué à son illustre ami. Caractère ferme dans sa modération, esprit droit, cœur sensible, d'Alembert fut digne de l'affection et de la haute estime de Voltaire.

Nous n'en pouvons donner ici même beaucoup de preuves, le lecteur en trouvera çà et là un certain nombre dans les diverses parties de ce volume. Nous citerons seulement deux ou trois passages relatifs à la mort de Mlle de Lespinasse, l'amie de d'Alembert. Aussitôt que Voltaire apprend que la vie de Mlle de Lespinasse est menacée, il écrit pour avoir des nouvelles à la date du 15 avril :

« Mon cher ami, on me mande que Mlle de Lespinasse est très-dangereusement malade. J'en suis très-affligé, car je la connais mieux que personne, puisque je la connais par l'amitié et l'estime que vous avez pour elle. Je vous prie, si vous avez le temps d'écrire un mot, de vouloir bien m'informer au plus tôt du retour de sa santé. Je vous embrasse bien tendrement, mon très-cher philosophe. »

Mlle de Lespinasse mourut, c'était peu de temps après la retraite de Turgot. Ces malheurs publics et privés accablaient les deux philosophes. Le 10 juin, Voltaire essaie de ranimer le courage de son ami et de lui porter quelque consolation :

« C'est pour le coup, mon cher ami, que la philosophie vous a été nécessaire... Voilà toute votre vie changée. Il sera bien difficile que vous vous accoutumiez à une telle privation. Je crains pour votre santé. Le courage sert à combattre, mais il ne sert pas toujours à rendre heureux.

» Je ne vous parle point dans votre perte particulière, de la perte générale que nous avons faite d'un ministre digne de vous aimer et qui n'était pas assez connu chez les Welches de Paris. Ce sont à la fois deux grands malheurs auxquels j'espère que vous résisterez... Ménagez votre existence le plus longtemps que vous pourrez. Vous êtes aimé et considéré, c'est la plus grande des ressources; il est vrai qu'elle ne tient pas lieu d'une amie intime, mais elle est au-dessus de tout le reste.

» Adieu, mon vrai philosophe, souvenez-vous quelquefois d'un pauvre vieillard mourant, qui vous est aussi tendrement dévoué qu'aucun de vos amis de Paris. »

Citons encore cette fin d'une lettre de janvier 1777 :

« Je suis bien malade, mon cher ami, quoique nous ayons dans notre retraite M. de Villevieille qui nous parle de vous et de M. de Condorcet. Je n'en peux plus au moment où je vous écris et je finis parce que la tête me tourne, mais je vous embrasse aussi tendrement que si je me portais bien. »

Cette amitié des deux philosophes les honore l'un et l'autre. Toujours occupés de la sainte cause de la justice et de la vérité, nulle trace d'envie, jamais d'orage, mais confiance, estime et mutuelle sympathie, tels on les voit dans cette correspondance.

Diderot et Voltaire ne se rencontrèrent que tout à fait à la fin de la vie de ce dernier ; ce n'est pas que le désir de se rencontrer ne fût très-vif, du moins de la part de Voltaire. Mais les occasions manquèrent, et sans doute aussi les travaux considérables de Diderot, son habitude constante de se laisser entraîner sur le moment, puis les absences de Voltaire y mirent obstacle.

Voltaire a toujours témoigné à Diderot la plus haute estime, la plus sincère admiration et même une véritable déférence. Il tenta vainement de forcer pour lui les portes de l'Académie, et se montra en toute occasion ardent à servir un homme d'un tel mérite. On verra avec quel dévouement absolu Voltaire se mit au service des directeurs de l'*Encyclopédie*. Quoique Voltaire ait réfuté le *Système de la nature* de d'Holbach, œuvre couvée sous l'aile de Diderot, quoique en recevant *la lettre sur les Aveugles*, il eût répondu à Diderot, en 1749, qu'il ne pouvait partager ses opinions, jamais Voltaire n'a dit un mot contre Diderot, jamais il n'a prononcé son nom en luttant contre l'athéisme. De son côté Diderot a également professé pour le patriarche une constante admiration. Il a tenu envers lui la conduite la plus digne et la plus honorable. On sent que ces grands hommes étaient plus attachés à la sainte cause de la justice que préoccupés de leur personne, comme il convient à de vrais philosophes.

Je ne veux constater ici que, par un seul fragment, la nature des sentiments de Voltaire. La lettre est de décembre 1760 :

« Monsieur et mon très-digne maître, j'aurais assurément bien mauvaise grâce de me plaindre de votre silence, puisque vous avez employé votre temps à préparer neuf volumes de l'*Encyclopédie*. Cela est incroyable. Il n'y a que vous au monde capable d'un si prodigieux effort... L'infâme persécution ne servira qu'à votre gloire ; puisse votre gloire servir à votre fortune, et puisse votre travail immense ne pas nuire à votre santé ! Je vous regarde comme un homme nécessaire au monde, né pour l'éclairer, et pour écraser le fanatisme et l'hypocrisie ; avec cette multitude de connaissances que vous possédez et qui devrait dessécher le cœur, le vôtre est sensible... Adieu, je vous aime, je vous révère, je vous suis dévoué pour le reste de ma vie. »

Ces sentiments de haute estime et de cordiale fraternité, Diderot les éprouvait également pour Voltaire. Je n'en donnerai qu'une preuve par un fragment de lettre datée du 28 novembre 1760 :

« Quel ouvrage ! (il s'agit de l'*Essai sur les mœurs*) C'est là qu'on vous voit élevé au-dessus du globe qui tourne sous nos pieds, saisissant par les cheveux tous ces scélérats illustres qui ont bouleversé la terre, à mesure qu'ils se présentent ; nous les montrant dépouillés et nus, les marquant au front d'un fer chaud et les enfonçant dans la fange de l'ignominie pour y rester à jamais.

» Les autres historiens nous racontent des faits pour nous apprendre des faits. Vous, c'est pour exciter au fond de nos âmes une indignation forte contre le mensonge, l'ignorance, l'hypocrisie, la superstition, le fanatisme, la tyrannie, et cette indignation reste, lorsque la mémoire des faits est passée.

» Adieu, monsieur et cher maître, pardonnez à ma paresse.

» Ayez toujours de l'amitié pour moi. Conservez-vous ; songez quelquefois qu'il n'y a aucun homme au monde dont la vie soit plus précieuse à l'univers que la vôtre. *Et Pompignianos semel arrogantes sublimi tange flagello.* »

J'ai fait connaître dans l'introduction de ce livre comment Diderot témoigna définitivement sa pleine admiration pour Voltaire, lorsqu'il composa son dernier écrit. Les philosophes s'étaient vus et pénétrés. Diderot avait vivement ressenti l'émotion qui s'empara de Paris à la vue du merveilleux vieillard. Sous l'impression de ce triomphe aussi légitime qu'il fut complet, sous celle de cette mort glorieuse entre toutes, l'honnête, l'ardent encyclopédiste ne ménage plus ni son admiration ni ses paroles. Il comprit Voltaire comme le comprendra la postérité, car toute la grandeur de l'homme lui fut révélée par sa gloire et par sa mort.

C'est vers 1760 que Voltaire entra en relation avec Damilaville, premier commis du vingtième. Lié avec Diderot et les encyclopédistes, Damilaville nous représente un admirable soldat de la grande armée des penseurs. Point d'ambition, point de jalousie, simplicité, dévouement, activité, constance, voilà l'humble et digne pionnier. Aussi Voltaire l'aime-t-il avec effusion. Une des premières réponses qu'il lui fait commence ainsi : Dieu me devait un homme tel que vous.

Sa correspondance avec cet ouvrier de la bonne cause a des accents particuliers : c'est son vertueux ami, son frère ; avec lui, Voltaire ne rit presque jamais, mais il se montre ardent, résolu, se servant presque toujours de la fameuse formule, *écr. l'inf.*, écrasons l'infâme. Damilaville fit le voyage de Ferney, et pendant huit ans sa correspondance avec Voltaire devint presque aussi suivie que l'était celle de M. d'Argental. Le caractère de chacune de ces correspondances est nettement accusé. Dans l'une, on voit que Voltaire s'épanche avec l'ami, dans l'autre, qu'il étreint un collaborateur de sa pensée, toute au service des hommes et de la justice.

Voltaire songeait à offrir à Damilaville de se retirer près de lui à Ferney, lorsque celui-ci mourut vers la fin de 1768. Après sa mort, le patriarche s'occupa de son domestique et de faire placer son frère, grâce à Turgot. Voici sur Damilaville, quelques lignes extraites d'une lettre à d'Argental, de décembre 1768 :

« Damilaville était le plus intrépide soutien de cette raison persécutée, c'était une âme d'airain, et aussi tendre que ferme pour ses amis. J'ai fait une cruelle perte, et je la sens jusqu'au fond de mon cœur. Faut-il qu'un tel homme périsse, et que Fréron vive ! Vivez longtemps, mon cher ange. Je vous aimerai jusqu'à ce que ma drôle de vie finisse. »

On retrouve souvent l'expression des regrets de Voltaire sur la perte de l'humble et honnête philosophe.

Un autre bon soldat de l'idée, pour lequel Voltaire professe une haute estime, c'est l'avocat Christin de Saint-Claude. Il

fut son bras droit dans l'affaire des serfs du Jura. En qualité
de voisin, Christin passait souvent du temps à Ferney et Voltaire demeura toujours avec lui en pleine confiance et amitié.
M. Christin fut une des consolations et des bonnes affections
de Voltaire. Deux passages nous diront quel était le ton de
cette forte amitié.

A M. Christin, 20 mai 1773. « Vous êtes, mon cher ami,
meilleur citoyen que les anciens Romains; ils étaient dis-
pensés d'aller à la guerre pour le service de la République,
et vous, à peine êtes-vous marié, que vous faites la campagne
la plus vive en faveur du genre humain, contre les bêtes
puantes appelées moines. Tout ce que je peux faire, à présent, c'est de lever les mains au ciel pendant que vous combattez... L'abolition du droit barbare de main-morte serait
encore plus nécessaire que l'abolition des jésuites... »

A Madame Christin. « Vous me prévenez, c'était à moi de
faire mon compliment à la femme de mon meilleur ami. Je
me serais acquitté de ce devoir, si les suites de ma maladie ne
m'en avaient empêché. Je vous souhaite tout le bonheur que
vous méritez, et je suis sûr que vous l'aurez. On ne peut être
plus sensible que je le suis à la bonté que vous avez eue de
m'écrire : si j'avais eu de la santé, j'aurais été un des garçons
de la noce. »

Au même, 9 janvier 1775. « Celui qui a l'impertinence de
vivre encore dans Ferney, accablé de maladies, celui qui ne
cessera jamais de vous aimer tant qu'il respirera, celui qui
s'intéresse plus que jamais aux esclaves que vous allez rendre
libres, celui qui espère encore faire une fois ses Pâques avec
vous avant de mourir, vous embrasse très-tendrement, mon
cher ami, vous et toute votre famille. »

La correspondance de Voltaire atteste qu'il fut toujours
plein d'égards pour Helvétius, qu'il lui témoigna de l'estime
et de l'affection dès sa jeunesse, en favorisant ses premiers
pas dans la carrière philosophique. Cependant, Helvétius, très-
honnête et fort dévoué à la bonne cause, mais en somme esprit médiocre et fort loin de marcher de pair avec Diderot,
d'Alembert, Condorcet, se détourna un peu de son ancien

patron, on ne sait pourquoi. Si on se donne le plaisir de lire les
lettres de Voltaire à Helvétius, on en sera encore plus étonné,
et l'on n'en croira que davantage à la médiocrité d'esprit
d'Helvétius, à la grandeur d'âme de Voltaire.

Je remarque ce passage dans une lettre de Voltaire adressée à l'auteur du livre *de l'Esprit :* « Vous m'avez un peu mis
dans votre livre *in communi martyrum :* on vous avait assuré,
dites-vous, que vous m'aviez déplu. On avait comme cela dit
à Duclos qu'il m'avait déplu, et que je lui avais refusé ma voix
pour l'Académie. On vous a dit la chose qui n'est pas, comme
s'exprime Swift. »

Je relève ces deux lignes dans une lettre à Marmontel,
du 6 janvier 1772 : « Je regrette Helvétius, avec tous les
» honnêtes gens. Je n'avais pas cependant à me louer
» de cet innocent Helvétius. » Après avoir lu la correspondance de Voltaire, on trouvera la remarque bien indulgente.

Avec le comte de Tressan, l'abbé Morellet, Marmontel,
l'abbé Andra de Toulouse, avec M. d'Argence de Dirac, les
pasteurs Bertrand, Vernes, Moultou, avec Delisle de Salles,
médiocre auteur de *la Philosophie de la nature,* Voltaire se
montre admirable de bonté, de reconnaissance pour leur
concours dans la croisade sainte, dont il est le Pierre l'Ermite. Mais nous n'avons pas assez de place pour nous
occuper de chacun de ces collaborateurs plus ou moins
importants. Dans ses rapports avec La Harpe, Voltaire fut
bienveillant, secourable avec délicatesse, avec efficacité.
La Harpe et sa femme habitèrent Ferney pendant un an, Voltaire travailla à le faire entrer à l'Académie et le soutint au
théâtre. Il lui fit, à son insu, déléguer la moitié de sa pension (1000 francs) et contribua de toute façon à asseoir la
situation de ce littérateur. En août 67, Voltaire écrivait à
Marmontel : « Je vous recommande La Harpe quand je ne
» serai plus. Il sera un des piliers de notre église, il faudra
» le faire de notre académie. » Écrivain de talent mais nullement penseur et pauvrement doué sous le rapport du caractère, La Harpe, qui devait tout aux philosophes, renia ses
dieux et retomba, à la fin de sa carrière, sous les plombs d'anciennes idées, qu'il ne comprenait pas plus qu'il n'avait

compris les idées nouvelles, aliments de sa jeunesse. Il composa des variations catholiques, après avoir d'abord exécuté des variations philosophiques.

Je ne puis mettre Condorcet au nombre des amis de Voltaire, mais il fut un de ses meilleurs et plus illustres petits-fils, et c'est pourquoi j'en veux dire quelque chose. D'Alembert l'avait conduit à Ferney en 1770; Voltaire avait déjà soixante-seize ans et le jeune secrétaire de l'Académie des sciences n'en avait que vingt-sept. Le grand vieillard et le jeune philosophe se comprirent et s'apprécièrent. Dans ses lettres à d'Alembert, Voltaire le met fréquemment de moitié avec son ami : il l'appelle Pascal Condor, par allusion à ses remarques sur Pascal et au plus grand des oiseaux. Cette fois les espérances de Voltaire dans l'avenir du jeune homme ne furent point trompées, comme il arriva pour La Harpe.

Non-seulement Condorcet, associé à Decroix et à Beaumarchais, donna ses soins à l'édition *princeps* faite à Kehl, mais il a publié sur Voltaire la meilleure notice que nous ayons du philosophe de Ferney ; enfin Condorcet a rempli sa vie de travaux aussi utiles que distingués et il est mort à la tâche, broyé par la révolution dans les rangs des Girondins. C'est un noble caractère, un esprit élevé, une belle mémoire. Condorcet fut digne de l'amitié et de l'estime de Voltaire, digne encore de mourir comme Caton sous les coups d'une fortune ennemie, à laquelle il échappa par le poison, à peine âgé de cinquante ans.

Dans sa notice, Condorcet montre quels étaient son grand cœur et l'élévation de son esprit. Il ne cherche pas à faire des phrases académiques comme La Harpe. Il va au fond du caractère de Voltaire et le loue par ses grands côtés. C'est ainsi qu'il dit : « On peut compter Voltaire parmi le petit
» nombre des hommes en qui l'amour de l'humanité a été
» une véritable passion ; » et qu'il ajoute dans un autre endroit : Plus occupé « de vaincre les préjugés que de
» montrer son génie, trop grand pour tirer vanité de ses
» opinions, trop ami des hommes pour ne pas mettre sa
» première gloire à leur être utile... il avait formé en Europe
» une ligue dont il était l'âme et dont le cri de ralliement
» était *raison et tolérance.* »

Nous devons à Condorcet les traits les plus intéressants de la vie de Voltaire. C'est lui qui raconte qu'au milieu des ovations qu'il reçut à Paris, ce qui le toucha le plus sensiblement ce fut cette parole d'une femme du peuple, à laquelle on demandait quel était cet homme que suivait la foule? *Eh! ne savez-vous pas que c'est le sauveur des Calas?* En effet rien ne pouvait mieux aller au cœur de Voltaire; voir le peuple apprécier ses sentiments d'humanité et y applaudir.

Le dernier trait par lequel Condorcet a terminé sa notice de Voltaire mérite d'être conservé.

« Enfin, on se souviendra qu'au milieu de sa gloire, et
» lorqu'il exerçait en Europe sur les esprits un empire
» qu'aucun homme n'avait jamais exercé sur les hommes,
» ce vers si touchant :

J'ai fait un peu de bien, c'est mon meilleur ouvrage.

» était l'expression naïve du sentiment habituel qui remplis-
» sait son âme. »

Cette appréciation fait honneur à Condorcet, et montre qu'il avait pénétré à fond le grand cœur de Voltaire. On ne juge ainsi que lorsqu'on est grand et bon soi-même.

Je ne vois guère qu'une erreur à redresser dans la notice de Condorcet, c'est quand il dit qu'on a vu Voltaire s'exposer à l'orage avec témérité, rarement le braver avec constance, et qu'il croit voir en son héros une certaine faiblesse de caractère. Condorcet écrivait ces lignes en 1784 ou 1785; elles attestent sa fermeté, que sa mort a confirmée, mais il est probable que quelques années plus tard il eût réformé son jugement et mieux compris par l'expérience, que Voltaire avait fait tout ce qu'il pouvait, eu égard aux circonstances. Le succès de son œuvre a justifié la prudence de sa conduite. Voltaire ne connut ni la faiblesse, ni le repos; mais il était aussi habile et pratique qu'il fut laborieux, ferme et persévérant.

III

Parmi les amis haut placés de Voltaire, on pourrait compter Frédéric, Catherine, le bon roi Stanislas, l'Électeur palatin, le margrave de Bareith et quelques autres membres de la famille royale de Prusse, enfin le maréchal de Richelieu, qui ne mourut qu'en 1788.

On verra dans un autre chapitre ce qui regarde les têtes couronnées. Nous ne nous occuperons ici que de Richelieu. Voltaire est une nature si multiple et si complète, qu'il trouvait des points d'attache avec toute individualité ayant une valeur quelconque. C'est ainsi qu'il avait des affinités d'esprit et de caractère avec Frédéric, avec Mme du Deffand, bien que tous deux fussent moralement des créatures assez peu aimables.

Il rencontra Richelieu, dans sa jeunesse, chez la duchesse de Villars. Richelieu fit ses premières armes sous le maréchal dont il était l'aide de camp. De deux ans plus jeune que Voltaire, Richelieu, présenté à la cour, y vécut pendant les trois dernières années du règne du grand roi. Lié avec le régent, quelquefois en rivalité avec lui, il trempa dans la conspiration de Cellamare et fut deux fois mis à la Bastille par ce prince.

Ambassadeur à Venise, où il conclut la paix et plus tard à Vienne, ayant contribué au gain de la bataille de Fontenoy, défendu Gênes victorieusement, conquis le Hanovre et pris l'imprenable Port-Mahon, devenu maréchal de France et premier gentilhomme de la chambre du roi, gouverneur de la Gascogne et de la Guyenne, Richelieu fut une des plus brillantes individualités de son temps. Sous Mme de Châteauroux et aussi sous Mme de Pompadour, il eut à la cour la plus grande situation et une haute influence sur Louis XV.

Avec une instruction superficielle et de grand seigneur, Richelieu avait de l'esprit et une forte organisation physique,

beaucoup d'activité, d'audace et d'ambition personnelle.
Mais le tempérament moral de Richelieu était loin de répondre à tous ces avantages du corps, de la naissance et de
la fortune; c'était un franc égoïste, dans l'acception étroite du
mot, vivant pour lui, se permettant tout ce qui pouvait lui
apporter un plaisir, une sensation. Brisant sans la moindre
pitié les obstacles, hommes et choses, il allait à son but sans
souci des autres, et toujours plein de son absorbante personnalité. Un caractère de cette trempe ne pouvait qu'exercer
une funeste influence sur le roi, et il n'est pas douteux que
Richelieu contribua à le corrompre et à l'avilir.

Il avait été question, à un certain moment, d'introduire
Voltaire dans la familiarité du roi et de le mettre des
soupers des petits appartements. « Moncrif eut ses entrées
» chez le roi et je ne les obtins pas.» (A Richelieu, août 1750.)
Voltaire l'avait naturellement désiré, et qui peut dire qu'un
homme d'une aussi grande séduction n'aurait pu s'emparer
de l'esprit du roi et agir favorablement sur lui? Les entours
du roi firent avorter ce dessein, et il est à croire que Richelieu y était lui-même opposé. Quelque brillant qu'il fût, il ne
pouvait briller auprès de Voltaire et il devait craindre que
le philosophe ne portât atteinte à son crédit sur le prince.
Au reste Louis XV n'avait pas assez de valeur pour soutenir le
contact de Voltaire; timide, peu éclairé, sans habitude de
travail, sans force morale, il n'aurait pu, comme Frédéric, se
familiariser avec le grand homme.

Après Fontenoy et les représentations, à la cour, du *Temple
de la gloire* et de *la Reine de Navarre*, Voltaire, sur le passage
du roi, demanda à Richelieu qui suivait son maître : Trajan
est-il content? Le dieu de Versailles, croyant peut-être que la
question s'adressait à lui, se détourna un instant et jeta
sur Voltaire un regard d'une majesté froide, olym-
pienne, qui aurait anéanti Racine, mais qui glissa sur l'auteur de *la Pucelle* et de *Micromégas*. Déjà, en 1732, à une représentation de *Brutus*, Voltaire, étant derrière le roi, eut le
malheur, dans un moment où la pièce allait aux nues, où il
était emporté lui-même par l'enthousiasme, de toucher l'é-
paule du jeune roi. Le descendant des Capets lui avait encore
asséné un de ces regards qui foudroient les faibles mortels.
Voltaire n'en tint compte, et quelques jours après, le roi l'a-

percevant dans les galeries, demanda au prince de Conti : Que fait-il ici? présumant sans doute que son sujet devait être atterré et peut-être enterré. Le poëte répondit simplement au prince : Voltaire n'est pas ici pour chercher l'œil du maître.

Quoi qu'il en soit, cette personnalité de Richelieu, malsaine et démoralisante pour le roi et généralement pour tous ceux qui l'approchèrent, aurait pu être mauvaise et nuisible à Voltaire lui-même, s'il n'avait possédé un grand cœur, une saine et ferme intelligence. Voltaire témoigna toujours de la déférence au grand seigneur, de la reconnaissance à celui qui lui avait été utile en quelques occasions et une affection vraie au compagnon de jeunesse; mais il ne s'abusa point sur la valeur réelle de Richelieu et ne lui sacrifia rien de son indépendance. Nous allons en fournir quelques preuves. En 1722, il écrivait à Thiriot :

« Je suis fort étonné de la colère de M. de Richelieu. Je
» l'estime trop pour croire qu'il puisse vous avoir parlé avec
» un air de mécontentement, comme si j'avais manqué à ce
» que je lui dois. Je ne lui dois que de l'amitié et non de l'as-
» servissement, et s'il en exigeait, je ne lui devrais plus rien.
» Je viens de lui écrire; je ne vous conseille pas de le revoir
» si vous vous attendez à recevoir de lui, en mon nom, des
» reproches qui auraient l'air d'une réprimande, qu'il lui sié-
» rait mal de faire et à moi de souffrir. »

Au mois de février 71, Voltaire mande à d'Alembert :

« Je m'attendais bien que le maréchal de Richelieu se
» mettrait à la tête de la faction pour le nazillonneur. Il a
» passé sa vie à me faire des plaisirs et des niches ; à me
» caresser d'une main, à me dévisager de l'autre. C'est sa
» façon avec les deux sexes. Il faut prendre les gens comme
» ils sont. »

Dans la correspondance de d'Alembert je remarque ce passage, où il prémunit Voltaire contre ce qu'il croit pouvoir attendre de Richelieu, 27 avril 73 :

« Quant à Childebrand, (Richelieu) je souhaite qu'il vous

» soit utile ; à cette condition je vous pardonnerais de l'ama-
» douer, je vous y exhorterais même

> » Qu'importe de quel bras Dieu daigne se servir,

› mais j'ai peur que vous n'en soyiez pour vos caresses et
» que Childebrand ne se moque de vous. Il est trop vil pour
» oser élever la voix dans le pays du mensonge, en faveur du
» génie calomnié et persécuté.

» Vous vous dégoûteriez de votre confiance, si vous saviez
» à quel point il est méprisé, même de ses valets. »

Le 19 mai, Voltaire répond à son ami : « Au bout du
» compte, je suis sensible et je vous avouerai que la perfidie
» dont vous m'instruisez m'afflige beaucoup, parce qu'elle
» tient à des choses que je suis obligé de taire et qui pèsent
» sur le cœur. »

Le 16 juin, le noble et vieux philosophe revient avec d'A-
lembert sur le même sujet.

« Je supporte assez gaiement toutes les tribulations atta-
» chées à mon métier ; mais je vous avoue qu'il faudrait plus
» de force que je n'en ai pour être insensible à la trahison
» d'une amitié de plus de cinquante ans, dans le temps même
» qu'on me témoignait la confiance la plus intime. On nie
» fortement cette trahison. »

A la même époque, août 73, je trouve cette phrase de Voltaire dans une lettre à d'Argental :

« Je ne vous parle pas des caprices du maître des jeux.
» (Richelieu, premier gentilhomme et dirigeant les théâtres)
» Il y a des petites malices qui me confondent. »

Enfin, le 12 avril 76, reparlant de Richelieu avec d'Alembert, Voltaire s'exprime ainsi :

Vous vous moquez toujours du poëte ignorant,
Qui de tant de héros va choisir Childebrand.

« Mais ce Childebrand a été vingt ans un Adonis, il a été
» Mars. Je lui ai eu, dans deux occasions de ma vie, les plus
» grandes obligations. Je dois donc me taire. »

Ce brillant Richelieu, cuirassé d'un triple égoïsme, aussi dur aux autres qu'il était complaisant pour lui-même, a cependant senti quelque affection pour Voltaire; par exemple lorsqu'il vint le consoler de la mort de Mme du Chatelet. Quoi d'étonnant que Voltaire, si affectueux par nature et qui éprouvait au plus haut degré le sentiment de la reconnaissance, lui ait toujours gardé un fonds d'amitié et de souvenir?

En toute occasion, Voltaire a manifesté de pareils sentiments. En voici une preuve qui se rapporte à Mme de Pompadour, cette autre étoile de Versailles, d'un rayonnement moins dur que Richelieu, s'il fut également corrupteur.

On sait que Voltaire avait abandonné Paris pour Berlin, par suite du peu d'appui qu'il avait trouvé à la cour, de la protection éclatante accordée à Crébillon par Mme de Pompadour, au-dessous duquel elle daignait le placer immédiatement, enfin par suite de tous les déboires que lui suscitaient l'envie, la calomnie et le fanatisme. Mais l'indulgent philosophe conserva ses relations avec la favorite et sut toujours lui rendre justice. Lorsqu'elle mourut en 1764, il écrivait à M. d'Argental :

« Quoique Mme de Pompadour eût protégé la détestable pièce de Catilina, je l'aimais cependant tant j'ai l'âme bonne, elle m'avait même rendu quelques petits services ; j'avais pour elle de l'attachement et de la reconnaissance, je la regrette et mes divins anges approuveront mes sentiments. »

Voltaire avait réellement l'âme si bonne qu'il ne pouvait oublier le plus petit mouvement de bienveillance envers lui. Il se sentait attaché par le plus léger service ; et, quand le diable lui avait montré de la bonté, il disait du bien de ses cornes.

ACTION DE VOLTAIRE

SUR LES GRANDS PERSONNAGES DE SON TEMPS

I

L'action de Voltaire s'étendit sur un certain nombre de têtes plus ou moins élevées. Quelques-unes portaient des couronnes, et le philosophe a pu écrire avec vérité : *j'ai brelan de rois quatrième;* d'autres furent placées à la direction de l'État dans diverses contrées de l'Europe, d'autres enfin furent célèbres dans les arts, les sciences ou l'industrie.

Voltaire dut cette influence générale et considérable à plusieurs causes. Les premières furent incontestablement son génie facile et brillant, son inconcevable activité et la radieuse expansion de son cœur. Mais il en est de secondaires dont on doit tenir compte. Voltaire a toujours vécu dans la haute société et, à la fin de sa carrière, sa vie ressembla par le dehors à l'existence d'un grand seigneur très-répandu dans le monde. Il était d'une politesse exquise et entretenait soigneusement toutes ses relations. Ses succès au théâtre, ses publications incessantes, ses voyages en Angleterre, en Hollande et en Allemagne, sa renommée universelle, les poésies légères qui s'échappaient de sa main prodigue de louanges délicates, les persécutions et les attaques passionnées dont il fut l'objet, tout contribua à le rendre l'homme le plus vivant et le plus intéressant du xviii° siècle. Il attira et força l'attention, si bien qu'il fut de bon ton de connaître Voltaire ou tout au moins de l'avoir lu. Quelqu'un qui n'aurait pu en parler, en bien ou en mal, eût passé pour un homme de mauvaise compagnie et d'esprit inculte.

Tout le monde avait les yeux sur lui. Le savant, aussi bien que le lettré ou le philosophe, lui adressait son œuvre. Voltaire s'était fait centre, et comme il rayonnait pour tous, tous rayonnaient vers lui.

D'Alembert, Diderot, Rousseau, Vauvenargues, Condillac, Condorcet, Franklin, Mairan, Clairault, la Condamine, Maupertuis, Lalande, Bailly, Réaumur, Spallanzani, Parmentier, Turgot, l'abbé d'Olivet, Duclos, Thomas, La Harpe, Marmontel, l'abbé Morellet, Saurin, Piron, la Motte, Rulhière, Suard, Dorat, Dubelloi, Cailhava, Champfort, Sedaine, Saint-Lambert, Goldoni, Algarotti, la Chalottais, Servan, Dupaty, Bourgelat, fondateur des écoles vétérinaires, tous furent à lui.

L'action de Voltaire sur certaines têtes couronnées fut très-considérable. Nous en donnerons quelques preuves.

Le roi dont il s'occupa le plus et qui lui fit concevoir les plus hautes espérances, le grand Frédéric, est peut-être celui qui, par la nature de son caractère absolu et dur, fut le moins accessible à son influence. Voltaire sentait juste, lorsqu'il écrivait en 1759 à d'Argental : « Je ne puis en con- » science aimer Luc (Frédéric), ce roi n'a pas une assez belle » âme pour moi. » Cependant, qui oserait dire que Voltaire ne parvint pas à humaniser l'âme de Frédéric et ne contribua pas à fortifier en lui le sentiment du juste et du vrai, que ce monarque posséda à un certain degré? Ce qui est certain, c'est que le roi aima véritablement le philosophe autant que le permettait sa rude nature, qu'il lui rendit justice et fut rempli d'admiration pour son génie et même pour son grand cœur. Ceci devint particulièrement sensible à la fin de leur vie.

Voltaire s'acquit l'estime et l'affection des autres membres de la famille royale de Prusse, qui lui témoignèrent toujours un véritable attachement.

Nous commencerons par nous occuper de cette liaison

avec Frédéric, qui dura plus de quarante ans. Nous parlerons ensuite de l'amitié contractée avec Catherine II, amitié qui se continua sans nuages jusqu'à la mort de Voltaire. Enfin, nous dirons quelques mots de ses rapports avec le bon roi Stanislas, les rois de Suède, de Danemark et de Pologne, l'Électeur palatin et plusieurs autres princes et princesses d'Allemagne.

II

VOLTAIRE ET FRÉDÉRIC

Nous mettons le nom de Voltaire avant celui de Frédéric, parce que nous croyons que Voltaire restera le plus grand aux yeux de la postérité. En outre, Voltaire a toujours aimé les hommes et leur a fait beaucoup de bien, tandis que Frédéric est au rang de ceux qui les ont broyés pour les mêler.

Quoi qu'il en soit, il y a de beaux côtés dans les rapports de ces deux hommes, et Frédéric est, après tout, un de ceux qui ont le mieux compris Voltaire et lui ont le plus rendu justice. Si Frédéric était haut placé par la naissance, il le fut encore par le génie ; il put donc admirer Voltaire par un côté qui leur était commun, l'intelligence.

Frédéric avait vingt-quatre ans lorsqu'il engagea avec Voltaire une correspondance qui, malgré quelques interruptions, a duré jusqu'à la mort de ce dernier. Cultivant les arts, les lettres et la philosophie, le jeune prince, après avoir cruellement souffert des brutalités féroces de son père, vivait le plus souvent retiré à la campagne et ne revenait à Berlin qu'à certaines époques déterminées. Il importe de dire ici quelques mots du caractère singulier du père de Frédéric pour expliquer le sien.

Le roi Frédéric-Guillaume avait deux goûts dominants, poussés jusqu'à la manie ; une avarice sordide et l'ambition de posséder l'infanterie la mieux exercée et composée des plus beaux hommes du monde. Il joignait à cela des mœurs dures et grossières. Il jetait au feu les livres de son fils et lui cassait ses flûtes ; un beau jour il fit promener et fesser sur la

place publique de Potsdam une malheureuse femme qui
était la maîtresse du jeune homme et l'accompagnait au
piano. Ces procédés inspirèrent au prince le désir de quitter
furtivement le toit paternel, pour voyager en Angleterre et
en Europe avec deux jeunes officiers, ses amis. Le roi le sut,
fit empoigner tout le monde, mit son fils au cachot en attendant qu'on lui fît un procès capital. L'un des officiers parvint à s'échapper; l'autre fut exécuté sous la fenêtre du
prince royal, qui s'évanouit de douleur entre les mains des
quatre grenadiers chargés de le faire assister à ce spectacle,
auquel le roi était lui-même présent.

Heureusement pour Frédéric, l'empereur Charles VI dépêcha à son père un ambassadeur, spécialement chargé de
lui représenter qu'un souverain de l'Empire n'avait pas le
droit de faire mourir un prince royal, comme un sujet
ordinaire. Le terrible Guillaume finit par se rendre à ces
motifs de haute politique. Lorsqu'il découvrit le projet
de son fils, le roi était entré dans une telle colère que, soup-
çonnant l'aînée de ses filles d'y avoir pris part, il faillit la jeter à coups de pied par la fenêtre de l'appartement. La reine
s'attacha aux vêtements de sa fille en désespérée et le crime
ne s'accomplit pas. Voltaire raconte que la margrave de Bareith lui montra, sous le sein gauche, la marque indélébile de
cette paternelle cruauté.

On conçoit aisément que Frédéric dut recevoir de funestes
impressions de traitements aussi barbares. Sa jeunesse s'é-
coula triste et misérable, mais il la remplit d'occupations sérieuses, car il était doué d'une activité dévorante et animé
du plus louable désir de s'instruire.

En août 1736, Frédéric adresse à Voltaire une première
lettre pleine des sentiments les plus nobles et finissant
ainsi :

« J'espère un jour voir celui que j'admire de si loin et
vous assurer de vive voix que je suis, avec toute l'estime et
la considération due à ceux qui, suivant le flambeau de la vérité, consacrent leurs travaux au public, votre affectionné
ami. »

Voltaire lui répond en ces termes le 26 août :

« Mon amour-propre est trop flatté, mais l'amour du genre

humain que j'ai toujours eu dans le cœur et qui, j'ose le dire, fait mon caractère, m'a donné un plaisir mille fois plus pur, quand j'ai vu qu'il y a dans le monde un prince qui pense en homme, un prince philosophe qui rendra les hommes heureux.

» Souffrez que je vous dise qu'il n'y a point d'homme sur la terre qui ne doive des actions de grâces aux soins que vous prenez de cultiver par la philosophie une âme née pour commander.... Pourquoi si peu de rois recherchent-ils cet avantage? Vous le sentez, monseigneur, c'est que presque tous songent plus à la royauté qu'à l'humanité.... Soyez sûr que, si un jour le tumulte des affaires et la méchanceté des hommes n'altèrent point un si divin caractère, vous serez adoré de vos peuples et béni du monde entier. »

En avril 1737, Voltaire écrit à Frédéric :

« Je vous regarde comme un présent que le ciel a fait à la terre. J'admire qu'à votre âge le goût des plaisirs ne vous ait point emporté, et je vous félicite infiniment que la philosophie vous laisse le goût des plaisirs... Nous sommes nés avec un cœur qu'il faut remplir, avec des passions qu'il faut satisfaire sans en être maîtrisés. »

Le 19 avril 1738, je trouve dans une lettre de Frédéric :

« Pour l'amour de l'humanité ne m'alarmez plus par vos fréquentes indispositions, et ne vous imaginez pas que ces alarmes soient métaphoriques... Faites dresser, je vous prie, le *statum morbi* de vos incommodités, afin de voir si peut-être quelque habile médecin ne pourrait vous soulager. » Le 17 juin de la même année, il insiste de nouveau : « Je ne saurais me persuader que vous ayez la moindre amitié pour moi si vous ne voulez vous ménager. En vérité, Mme la marquise devrait y avoir l'œil. Si j'étais à sa place, je vous donnerais des occupations si agréables qu'elles vous feraient oublier toutes vos expériences de laboratoire. » La lettre du prince royal du 24 juillet commence ainsi : « Mon cher ami, me voilà rapproché de plus de soixante lieues de Cirey. Vous ne sauriez concevoir ce que me fait souffrir votre voisinage : ce sont des impatiences, ce sont des inquiétudes, ce sont enfin toutes les tyrannies de l'absence. » Du 6 août même année : « Je viens de recevoir votre belle épitre sur l'*homme;* ces pensées sont aussi dignes de vous que la conquête de l'univers l'était d'Alexandre. Vous recherchez modestement la vérité et vous la publiez avec hardiesse. Non, il ne peut y avoir qu'un Dieu et qu'un Voltaire dans la nature. »

Le 16 février 1739, Voltaire disait au prince, au milieu de l'amertume que lui causaient les persécutions :

« Je suis en France, parce que Mme du Chatelet y est; sans elle il y a longtemps qu'une retraite plus profonde me déroberait à la persécution et à l'envie... Tous les huit jours je suis dans la crainte de perdre la liberté ou la vie. »

Frédéric lui répond, le 15 avril :

« Je voudrais pouvoir soulager l'amertume de votre condition, et je vous assure que je pense aux moyens de vous servir efficacement.

» Consolez-vous toujours de votre mieux, mon cher ami, et pensez que pour établir une égalité de conditions parmi les hommes, il vous fallait des revers capables de balancer les avantages de votre génie, de vos talents et de l'amitié de la marquise. »

Pendant la maladie du roi son père, Frédéric termine ainsi une lettre du 23 mars 1740 :

« Si je change de condition, vous en serez instruit des premiers. Plaignez-moi, car je vous assure que je suis effectivement à plaindre ; aimez-moi toujours, car je fais plus cas de votre amitié que de vos respects. Soyez persuadé que votre mérite m'est trop connu pour ne pas vous donner, en toutes les occasions, des marques de la parfaite estime avec laquelle je serai toujours votre très-fidèle ami, Frédéric. »

Enfin Frédéric est sur le trône : le 6 juin 1740, il écrit à Voltaire :

« Mon cher ami, mon sort est changé et j'ai assisté aux derniers moments d'un roi... Je n'avais pas besoin de cette leçon pour être dégoûté de la vanité des grandeurs humaines... Enfin, mon cher Voltaire, nous ne sommes pas maîtres de notre sort. Le tourbillon des événements nous entraîne et il faut se laisser entraîner. Ne voyez en moi, je vous prie, qu'un citoyen zélé, un philosophe un peu sceptique, mais un ami véritablement fidèle. Pour Dieu, ne m'écrivez qu'en homme.., Adieu, mon cher Voltaire, si je vis, je vous verrai, aimez-moi toujours et soyez sincère avec votre ami, Frédéric. »

Il y a trois époques à distinguer dans la correspondance aussi bien que dans les rapports de Frédéric et de Voltaire. La première comprend les années qui précédèrent l'avénement du prince au trône, la seconde celles qui s'écoulèrent depuis cette date jusqu'à la fin des guerres dont Frédéric sortit vainqueur après avoir été à deux doigts de sa perte, la troisième embrasse les dernières années de leur vie. Dans la première époque, le ton des lettres est celui d'un jeune homme très-sérieusement occupé de s'instruire et très-enthousiaste du génie de son correspondant. L'admiration de Frédéric est profonde, il le témoigne par un juste respect et par une sorte de culte, qui se traduit par mille attentions et des craintes très-vives et très-répétées sur la mauvaise santé de Voltaire. La seconde est celle qui fait le moins d'honneur au monarque. L'ambition s'est presque entièrement emparée de l'homme. L'usage du pouvoir en a fait un despote très-dur et qui souffre peu la contradiction. Le mauvais succès de ses affaires, la nécessité de mener la rude vie des camps au milieu des horreurs qu'entraîne la guerre, l'habitude de manier les hommes pour les asservir à sa volonté et les faire marcher à son but, la goutte et différentes incommodités, le poids d'une couronne de conquérant et de roi absolu, toutes ces causes troublèrent profondément l'âme de Frédéric. Il y a loin du ton du jeune prince à celui de l'homme mûr.

Cette période comprend aussi les relations directes de Frédéric et de Voltaire. L'amour-propre d'auteur, l'humeur despotique du souverain, les basses manœuvres de leur entourage troublèrent bientôt ces rapports, malgré leur admiration mutuelle et la grâce incomparable de l'esprit de Voltaire. Le roi lui fit subir à Francfort de grossières avanies, tout à fait dignes de la barbare rusticité de son père. Jamais Voltaire ne put les oublier, tant elles furent odieuses, et jamais Frédéric ne les a convenablement réparées, tant était absolu le caractère de ce despote de génie. La margrave de Bareith principalement, et les autres membres de la famille royale de Prusse, firent au contraire tout ce qui dépendait d'eux pour panser cette blessure profonde. A deux reprises cependant, Voltaire se donna le plaisir, digne d'une âme généreuse, d'essayer d'être utile à Frédéric en le raccommodant avec la cour de France ; puis de consoler et de fortifier son héros, lorsque, dans une crise suprême, quelque temps avant la bataille de Rosbach, il avait pris la résolution de mettre fin à sa vie. En cette circonstance grave, Voltaire montra autant de cœur que de raison et agit heureusement sur l'âme de Frédéric et sur celle de la malheureuse margrave de Bareith, plus digne de ces preuves de haute sympathie. Le lecteur retrouvera quelques traces touchantes de ces rapports affectueux dans les circonstances les plus extrêmes.

Après avoir désespéré de sa cause et résolu de s'ôter la vie (1757), Frédéric auquel Voltaire avait écrit deux lettres très-nobles et très-affectueuses pour l'en détourner, Frédéric abandonna ce funeste dessein.

> Pour moi, menacé du naufrage,
>   Je dois, affrontant l'orage,
> Penser, vivre ou mourir en roi.

Voltaire répond à l'épître qui se termine par ces trois vers :

« Non-seulement ce parti désespérait un cœur comme le mien, qui ne vous a jamais été assez développé et qui a toujours été attaché à votre personne, quoi qu'il ait pu arriver, mais ma douleur s'aigrissait des injustices qu'une partie des hommes ferait à votre mémoire.

» J'oserai ajouter que Charles XII, qui avait votre courage avec infiniment moins de lumières et moins de compassion pour ses peuples, fit la paix avec le czar, sans s'avilir. Il ne m'appartient pas d'en dire davantage, et votre raison suprême vous en dit cent fois davantage.

» Je dois me borner à représenter à Votre Majesté combien sa vie est nécessaire à sa famille, aux États qui lui demeureront, aux philosophes qu'elle peut éclairer et soutenir, et qui auraient, croyez-moi, beaucoup de peine à justifier devant le public une mort volontaire, contre laquelle tous les préjugés s'élèveraient. Je dois ajouter que quelque personnage que vous fassiez, il sera toujours grand.

» Je prends du fond de ma retraite plus d'intérêt à votre sort que je n'en prenais dans Potsdam et Sans-Souci. Cette retraite serait heureuse et ma vieillesse infirme serait consolée, si je pouvais être assuré de votre vie, que le retour de vos bontés me rend encore plus chère... C'est être véritablement roi que de soutenir l'adversité en grand homme (13 novembre 1757). »

Plus tard, lorsque l'ambition de Frédéric est satisfaite, lorsqu'il n'est plus aux prises avec la fortune et plongé dans les horreurs et les crimes de la guerre, il semble retrouver la trace des sentiments de sa jeunesse. Il est vrai que la brillante activité de Voltaire lui fait une auréole lumineuse qui ne pouvait manquer de frapper un homme tel que Frédéric. Malgré la mauvaise opinion qu'il a de l'humanité, le despote ne peut s'empêcher de l'admirer en Voltaire.

En témoignant au philosophe un sincère enthousiasme pour son génie inépuisable, il est forcé de reconnaître son grand cœur; et il s'associe à quelques-unes de ses bonnes actions. Enfin on voit avec plaisir chez cette âme, endurcie par la guerre et la rude besogne qui incombe à tout despote, des éclairs de sensibilité et des retours d'affection pour le noble vieillard, que la maladie et les années assiègent sans jamais l'abattre.

Voici quelques extraits des lettres échangées entre le roi et le philosophe dans la fin de la seconde et pendant la troisième époque, que j'ai déterminées.

Voltaire a Frédéric, 19 mai 1759. « Je tombe des nues quand vous m'écrivez que je vous ai dit des duretés. Vous avez été mon idole pendant vingt années de suite ; *je l'ai dit à la terre, au ciel, à Gusman même;* mais votre métier de héros et votre place de roi ne rendent pas le cœur très-sensible. C'est dommage, car ce cœur était fait pour être humain et sans l'héroïsme et le trône vous auriez été le plus aimable des hommes dans la société.

» En voilà trop si vous êtes en présence de l'ennemi, et trop

peu si vous êtes avec vous-même dans le sein de la philosophie, qui vaut encore mieux que la gloire.

» Comptez que je suis toujours assez sot pour vous aimer,
autant que je suis assez juste pour vous admirer. Reconnais-
sez la franchise et recevez avec bonté le profond respect du
Suisse Voltaire. »

Au même, 21 avril 1760. « Vous m'avez fait assez de mal,
vous m'avez brouillé avec le roi de France; vous m'avez fait
perdre mes emplois et mes pensions ; vous m'avez maltraité
à Francfort, moi et une femme innocente, une femme considérée, qui a été traînée dans la boue et mise en prison.
Ensuite, en m'honorant de vos lettres vous corrompez la
douceur de cette consolation par des reproches amers. Est-il
possible que ce soit vous qui me traitiez ainsi, quand je
suis occupé depuis trois ans, quoique inutilement, de vous
servir sans aucune autre vue que celle de suivre ma façon de
penser ?

» . . . . . . C'est vous qui me faites des reproches et ajoutez ce triomphe aux insultes des fanatiques! Cela me fait
prendre le monde en horreur avec justice ; j'en suis heureusement éloigné dans mes domaines solitaires. Je bénirai le
jour où je cesserai, en mourant, d'avoir à souffrir et surtout
à souffrir par vous ; mais ce sera en vous souhaitant un bonheur dont votre position n'est peut-être pas susceptible et
que la philosophie pouvait seule vous procurer dans les
orages de votre vie, si la fortune vous permet de vous borner à cultiver longtemps ce fonds de sagesse que vous avez
en vous ; fonds admirable mais altéré par les passions insé-
parables d'une grande imagination, un peu par humeur, et
par des situations épineuses qui versent du fiel dans votre
âme, enfin par le malheureux plaisir que vous vous êtes toujours fait de vouloir humilier les autres hommes, de leur
dire, de leur écrire des choses piquantes, plaisir indigne de
vous, d'autant plus que vous êtes plus élevé au-dessus d'eux
par votre rang et par vos talents uniques. Vous sentez sans
doute ces vérités.

» Pardonnez à ces vérités que vous dit un vieillard qui a
peu de temps à vivre ; et il vous le dit avec d'autant plus de
confiance que, convaincu lui-même de ses misères et de ses

faiblesses infiniment plus grandes que les vôtres, mais moins dangereuses par son obscurité, il ne peut être soupçonné par vous de se croire exempt de torts pour se mettre en droit de se plaindre de quelques-uns des vôtres. Il gémit des fautes que vous pouvez avoir faites autant que des siennes, et il ne veut plus songer qu'à réparer avant sa mort les écarts funestes d'une imagination trompeuse, en faisant des vœux pour qu'un aussi grand homme que vous soit aussi heureux et aussi grand en tout qu'il doit l'être. »

Réponse du Roi, 12 mai 1760. « Je sais très-bien que j'ai des défauts et même de grands défauts. Je vous assure que je ne me traite pas doucement et que je ne me pardonne rien, quand je me parle à moi-même ; mais j'avoue que ce travail serait moins infructueux si j'étais dans une situation où mon âme n'eût pas à souffrir de secousses aussi impétueuses.....

» Je n'entre pas dans la recherche du passé. Vous avez eu sans doute les plus grands torts envers moi. Votre conduite n'eût été tolérée par aucun philosophe. Je vous ai tout pardonné et même je veux tout oublier. Mais si vous n'aviez pas eu affaire à un fou amoureux de votre beau génie, vous ne vous en seriez pas tiré aussi bien chez tout autre. Tenez-vous le donc pour dit et que je n'entende plus parler de cette nièce qui m'ennuie... »

Sans doute, Frédéric avait encore sur le cœur le refus de Mme Denis de venir à Berlin, avec de brillants avantages de sa part, pour y tenir la maison de son oncle. Le roi songeait peut-être que si cette Parisienne avait fait moins la dédaigneuse et marqué plus d'affection à Voltaire, il eût gardé toujours près de lui le plus aimable et le plus grand homme de son siècle. *Vous ne vous en seriez pas tiré aussi bien chez tout autre*, on sent là cette main qui tint enfermé ce malheureux baron de Trenck.

De Frédéric, 31 octobre 1760. « Le gros de notre espèce est sot et méchant. Tout homme a une bête féroce en soi, peu savent l'enchaîner ; la plupart lui lâchent le frein, lorsque la terreur et les lois ne les retiennent pas.

» Vous me trouverez peut-être un peu misanthrope. Je suis malade, je souffre, et j'ai affaire à une demi-douzaine de co-quins et de coquines qui démonteraient un Socrate, un Antonin. Vous êtes heureux de suivre les conseils de Candide et de vous borner à cultiver votre jardin. Il n'est pas donné à tout le monde d'en faire autant. Il faut que le bœuf trace un sillon, que le rossignol chante, que le dauphin nage et que je fasse la guerre. »

DE FRÉDÉRIC, 24 octobre 1765. « Je vous félicite de la bonne opinion que vous avez de l'humanité. Pour moi, qui, par le devoir de mon état, connais beaucoup cette espèce à deux pieds sans plume, je vous prédis que ni vous ni tous les philosophes du monde ne corrigeront le genre humain de la superstition... Cependant je crois que la voix de la raison, à force de s'élever contre le fanatisme, pourra rendre la race future plus tolérante que celle de notre temps ; et c'est beaucoup gagner.

» On vous aura l'obligation d'avoir corrigé les hommes de la plus cruelle, de la plus barbare folie qui les ait possédés et dont les suites font horreur. »

DE FRÉDÉRIC, 14 octobre 1773. « J'ai été en Prusse abolir le servage, réformer des lois barbares, en promulguer de plus raisonnables, ouvrir un canal qui joint la Vistule, la Nètre, la Vaste, l'Oder et l'Elbe ; rebâtir des villes détruites depuis la peste de 1709, défricher vingt milles de marais et établir quelque police dans un pays où ce nom était même inconnu... De plus j'ai arrangé la bâtisse de soixante villages dans la haute Silésie, où il restait des terres incultes. Chaque village a vingt familles. J'ai fait faire des grands chemins dans les montagnes et rebâti deux villes brûlées.

» Je ne vous parle point de troupes, cette matière est trop prohibée à Ferney pour que je la touche. Je vous souhaite cette paix, accompagnée de toutes les prospérités possibles et j'espère que le patriarche de Ferney n'oubliera pas le philosophe de Sans-Souci, qui admire et admirera son génie, jusqu'à extinction de chaleur humaine. *Vale.* Frédéric. »

DE VOLTAIRE, 8 novembre 1773. « Je vous bénis de mon village de ce que vous en avez tant bâti ; je vous bénis au bord de mon marais de ce que vous en avez tant desséché ; je vous bénis avec mes laboureurs de ce que vous en avez tant délivré de l'esclavage, et que vous les avez changés en hommes. »

De Frédéric, 26 novembre 1773. « Quoique je sois venu trop tôt en ce monde, je ne m'en plains pas ; *j'ai vu Voltaire*, et, si je ne le vois plus, je le lis et il m'écrit. Continuez long-temps de même et jouissez de toute la gloire qui vous est due... »

Du même, 18 novembre 1774. « Votre lettre m'a affligé. Je ne saurais m'accoutumer à vous perdre tout à fait, et il me semble qu'il manquerait quelque chose à notre Europe si elle était privée de Voltaire. »

Du même, 10 décembre 1774. « Non, vous ne mourrez pas de sitôt ; vous prenez les suites de l'âge pour les avant-coureurs de la mort. Ce feu divin, que Prométhée déroba aux cieux et qui vous remplit, vous soutiendra et vous conservera encore longtemps. *Vos sermons ne baissent pas.* »

Du Roi, 18 juin 1776. « La raison se développe journellement dans notre Europe, les pays les plus stupides en ressentent les secousses... C'est vous, ce sont vos ouvrages qui ont produit cette révolution dans les esprits. La bonne plaisanterie a ruiné les remparts de la superstition..... Jouissez de votre triomphe ; que votre raison domine longues années sur les esprits que vous avez éclairés, et que le patriarche de Ferney, le coryphée de la vérité, n'oublie pas le solitaire de Saus-Souci. »

Du même, 22 octobre 1776. « Faites-moi au moins savoir quelques nouvelles de la santé du vieux patriarche. Je n'entends pas raillerie sur son compte, je me flatte que le quart d'heure de Rabelais sonnera pour nous deux dans la même minute... et que je n'aurai pas le chagrin de lui survivre et d'apprendre sa perte, qui en sera une pour l'Europe. Ceci est sérieux : ainsi, je vous recommande à la sainte garde d'Apollon, des Grâces qui ne vous quittent jamais et des Muses qui veillent autour de vous. »

Du même, décembre 1776. « Quelle honte pour la France de persécuter un homme unique... Quelle lâcheté plus révoltante que de répandre l'amertume sur vos derniers jours ! Ces indignes procédés me mettent en colère... Cependant soyez sûr que le plus grand crève-cœur que vous puissiez faire à vos ennemis, c'est de vivre en dépit d'eux. »

Du même, 10 février 1777. « Vous aurez toutefois eu l'avantage de surpasser tous vos prédécesseurs par le noble héroïsme avec lequel vous avez combattu l'erreur. »

Du même, 9 novembre 1777. « Vous êtes l'aimant qui attirez à vous tous les êtres qui pensent, chacun veut voir cet homme unique qui est la gloire de notre siècle. »

Du même, 25 janvier 1778. « D'impitoyables gazetiers avaient annoncé votre mort, tout ce qui tient à la république des lettres et moi indigne, nous avons été frappés de terreur... Vivez, vivez pour continuer votre brillante carrière, pour ma satisfaction et pour celle de tous les êtres qui pensent. »

On est heureux de voir se terminer, avec dignité et affection, une amitié, née dans l'enthousiasme et l'estime réciproques, presque rompue par de cruels orages, enfin ravivée par le malheur et consacrée par le temps, car elle ne dura pas moins de quarante-deux ans. Frédéric voulut faire lui-même l'éloge de son ami, de l'homme du siècle, dans le sein de l'Académie de Berlin.

Et il est juste de constater que dans cet éloge, sous l'influence de l'âge et de ses regrets sincères, l'ambitieux, le despote, le dur et victorieux capitaine a prononcé ces paroles : « Quelque précieux que soient les dons du génie, ces présents, que la nature ne prodigue que rarement, ne l'emportent cependant jamais sur les actes d'humanité et de bienfaisance : on admire les premiers et l'on bénit et vénère les seconds. » Il est beau pour la mémoire de Voltaire, que sa noble existence ait inspiré de tels sentiments à Frédéric ; et il est assez curieux de remarquer à cette occasion que Laharpe, en digne académicien, n'a indiqué comme unique ressort de la prodigieuse activité de Voltaire que *l'amour de la gloire*. « A mesure, dit-il, qu'il sentait la vie lui échapper, il embrassait plus fortement la gloire... Il ne respirait plus que pour elle et par elle. »

D'Alembert, Condorcet, Diderot, Frédéric, Catherine, Turgot, Franklin, Gœthe, ont bien vengé Voltaire de la myopie du panégyriste Laharpe, myopie caractéristique et qui donne la juste mesure de la pauvreté de cœur et d'intelligence de ce faiseur de phrases.

Quoi qu'il ait écrit et quoi qu'il ait fait, on doit dire à l'honneur et à la décharge de Frédéric : *Il admira Voltaire et il l'aima autant qu'il pouvait aimer.*

Le roi survécut huit ans à son ami et mourut en 1786, à l'âge de 74 ans.

III

VOLTAIRE ET CATHERINE II

Voltaire avait été invité par l'impératrice Elisabeth à écrire l'histoire de Pierre le Grand. A la suite de ces premières relations avec la cour de Russie, des rapports s'établirent naturellement entre lui et Catherine II. A son insu, Voltaire avait beaucoup contribué au développement intellectuel et moral de l'illustre souveraine du Nord. Elle lui écrit en 1763, au commencement de son règne :

« Je regrette aujourd'hui pour la première fois de ma vie de ne pas savoir faire de vers, je ne peux répondre aux vôtres qu'en prose, mais je peux vous assurer que depuis 1746, que je dispose de mon temps, je vous ai les plus grandes obligations. Avant cette époque je ne lisais que des romans, mais par hasard vos ouvrages me tombèrent sous la main. Depuis je n'ai pas cessé de les lire et n'ai voulu d'aucuns livres qui ne fussent aussi bien écrits et où il n'y eût autant à profiter. Assurément, monsieur, si j'ai quelque connaissance c'est à vous seul que je le dois. Je lis à présent l'*Histoire générale,* je voudrais savoir chaque page par cœur. »

Dans cette même lettre se trouve encore ce passage remarquable, qui fait un égal honneur aux deux correspondants :

« Il n'y a point de casuistes dans mon empire et jusqu'ici je n'en étais pas bien fâchée. Mais, voyant le besoin d'être ramenée à mon devoir, j'ai trouvé qu'il n'y avait pas de meilleur moyen que de céder au tourbillon qui m'emporte et de prendre la plume pour prier M. de Voltaire, très sérieuse-

ment, de ne me plus louer avant que je l'aié mérité. Sa réputation et la mienne y sont également intéressées.

Au reste, pour Catherine, il y avait, à l'égard de Voltaire,
une sorte de tradition.

En 1749, la princesse d'Anhalt-Zerbst, mère de Catherine,
remerciant le philosophe de l'envoi de ses œuvres, lui disait :
« Vous me mettez dans l'obligation de former une bibliothèque pour soutenir la réputation de femme lettrée que
votre présent me donne. »

Dans cette correspondance assez étendue, Voltaire se complaît à coqueter avec l'impératrice, bien qu'elle fût mal ap-
préciée à la cour de France, entre autres par M. de Choiseul,
mais le motif de Voltaire est toujours le même : rallier tout
le monde pour faire le bien, au nom de la raison et de l'humanité.

C'est ainsi qu'il écrit à l'impératrice, janvier 1768.

« Le triomphe de la raison est mon *salutaire*, et en qualité
d'être raisonnable, je mourrai sujet dans mon cœur de Votre
Majesté Impériale, bienfaitrice du genre humain. » Dans un
autre passage le philosophe s'exprime ainsi : « Vous ne serez
point des dieux qu'on mange, mais de ceux qui donnent à
manger. »

Catherine l'ayant prié de lui envoyer ses ouvrages et son
buste, elle l'en remercie en ces termes :

« J'ai reçu l'un et l'autre avec une égale satisfaction, et ils
sont depuis six mois le plus bel ornement de mon appartement, et mon étude journalière... Un morceau de papier
griffonné, rempli de mauvais français, est un remercîment
stérile pour un tel homme, ai-je pensé; il faut lui faire mon
compliment par une action qui puisse lui plaire. Différents
faits, dont le détail serait trop long, se sont présentés, enfin
j'ai vu que le meilleur serait de donner par moi-même un
exemple qui serait utile aux hommes. J'ai fait venir d'Angleterre le fameux docteur Dimsdale. Il m'a inoculée le
12 octobre... je vais faire inoculer mon fils unique. Nombre de courtisans ont suivi mon exemple. Voilà, monsieur, des nouvelles du pôle, j'espère qu'elles ne vous seront
pas indifférentes.

» J'aimerais bien vous envoyer des vers en échange des vôtres, mais qui n'a pas assez de cervelle pour en faire de bons, fait mieux de travailler de ses mains. J'ai tourné une tabatière que je vous prie d'accepter. Elle porte l'empreinte de la personne qui a pour vous le plus de considération ; vous la reconnaîtrez aisément.

» J'oubliais de vous dire, monsieur, que j'ai augmenté le peu ou point de médecine qu'on donne pendant l'inoculation de trois ou quatre excellents spécifiques; c'est de se faire lire: *Candide*, l'*Ingénu*, l'*Homme aux quarante écus*, la *Princesse de Babylone*.

» P. S. — (Trois mois après.) Pour nouvelle, je vous dirai que tout le monde généralement veut être inoculé, et qu'on a inoculé ici plus de personnes en un mois qu'à Vienne dans huit. Je prends encore une fois la plume pour vous prier de vous servir de cette fourrure contre le vent de bise et la fraîcheur des Alpes qu'on m'a dit vous incommoder quelquefois. »

Si Voltaire usait de coquetterie avec la czarine, celle-ci n'en manquait pas non plus, et cette coquetterie se traduisait par des actes d'une haute portée sociale, mieux faits encore pour aller au cœur du grand homme que les souvenirs personnels les plus flatteurs.

Dans sa réponse, Voltaire, 27 mai 1769, s'exprime ainsi :

« Permettez-moi de vous dire qu'ayant pensé comme vous sur toutes les choses qui ont signalé votre règne, je les ai regardées comme des événements qui me devenaient en quelque façon personnels. Les colonies, les arts de toute espèce, les bonnes lois, la tolérance, sont mes passions ; et cela est si vrai qu'ayant dans mon obscurité et dans mon hameau, quadruplé le petit nombre des habitants, bâti leurs maisons, civilisé mes sauvages et prêché la tolérance, j'ai été très-violemment persécuté par les prêtres. »

Dans une lettre de Voltaire à cette date, août 1770, je remarque le petit paragraphe suivant, à propos des succès de la czarine contre les Turcs :

« Je voudrais du moins avoir contribué à vous tuer quelques Turcs : on dit que pour un chrétien c'est une œuvre

fort agréable à Dieu. Cela ne va pas à mes maximes de tolérance, mais les hommes sont pétris de contradictions, et
d'ailleurs Votre Majesté me tourne la tête. » Le philosophe
de 76 ans ne manque jamais de donner à ses compliments
une forme piquante, bien que le fond en soit très-sérieux.

Cette correspondance, qui fait autant d'honneur au philosophe qu'à la souveraine, montre combien le grand vieillard
est heureux d'admirer en Catherine un continuateur de Pierre,
une femme sans préjugés, sans superstition, cherchant le
bien et le réalisant dans la mesure du possible. On voit encore de quelle sincère et profonde estime la czarine était
remplie pour l'homme le plus éminent de son siècle. Pétersbourg contraste ici avec Versailles, où Voltaire avait toujours
à se défendre. Aussi conçoit-on aisément son enthousiasme
très-légitime, en trouvant chez une femme, à l'extrême nord
de l'Europe et dans un empire sortant à peine de la barbarie,
un accueil sympathique, efficace pour ce monde d'idées et de
sentiments nouveaux, dont il était le plus glorieux et le plus
ancien représentant.

On rencontre, dans les lettres de Catherine, de nombreuses
marques de la vérité de ses sentiments, sentiments qui se
manifestèrent avec éclat après la mort de Voltaire. Tel est
le passage d'une lettre de mars 1771 :

« Je ne veux pas perdre une seule ligne de ce que vous
écrivez. Jugez par là du plaisir que j'ai à lire vos ouvrages,
du cas que j'en fais, et de l'estime et de l'amitié que j'ai pour
le saint ermite de Ferney, qui me nomme sa favorite; vous
voyez que j'en prends les airs. »

Catherine, qui avait acheté à Diderot sa bibliothèque à
condition qu'il la garderait jusqu'à sa mort et qui eut le plaisir de recevoir à Pétersbourg le célèbre encyclopédiste, écrivait à Voltaire : « Je trouve à Diderot une imagination
intarissable, et je le range parmi les hommes les plus
extraordinaires qui aient existé. Je le vois très-souvent et nos
conversations ne tarissent pas. S'il n'aime pas Mustapha, au
moins je suis sûre qu'il ne lui veut point de mal; la bonté de
son cœur ne le lui permettrait pas, malgré l'énergie de son
esprit et son penchant à incliner la balance de mon côté. »

Voltaire répond : « Je n'ai jamais eu la consolation de voir cet homme unique; il est la seconde personne de ce monde avec qui j'aurais voulu m'entretenir. Il me parlerait de Votre Majesté; majesté, ce n'est pas cela que je veux dire, c'est de votre supériorité sur les êtres pensants, car je compte les autres êtres pour rien. (Mars 1774.) »

Il y a un fond très-sérieux dans cet échange de lettres, aimables, flatteuses, enthousiastes. Catherine n'entretient pas seulement Voltaire du succès de ses armes contre les Turcs, mais surtout de ses fondations, de ses établissements, de la réforme des lois de l'empire. Elle lui écrit : « Je serai contente de moi, toutes les fois que j'aurai votre approbation; et lui fait entendre dans toutes ses lettres qu'elle tient à être près de lui dans la plus haute estime.

Après la mort de Voltaire, les sentiments de l'impératrice pour le philosophe se manifestèrent de la façon la plus sérieuse et la plus touchante. Elle poussa le culte pour la mémoire du grand homme jusqu'à faire bâtir dans son parc de Pétershof un édifice exactement pareil au petit château de Ferney. Elle acheta de Mme Denis la bibliothèque et les manuscrits de son oncle et les paya 150,000 francs, ajoutant encore à ce prix des diamants et des présents d'une valeur considérable. Puis elle fit venir Wagnière à Pétersbourg, afin qu'il rangeât les livres dans l'ordre où ils étaient à Ferney.

Il semble que la grande Catherine ait trouvé dans son cœur tous les sentiments pieux qu'on aurait voulu voir à Mme Denis et qu'au point de vue moral l'impératrice a été la véritable héritière du grand homme. C'est ainsi qu'elle donna une pension de 1,200 francs à Wagnière, le fidèle et dernier compagnon du vieillard et qu'elle fit compter cinq cents écus au cocher qui l'avait servi pendant dix-neuf ans. Disons encore que Catherine envoya à Panckoucke un bon de 150,000 fr. pour commencer l'édition des œuvres de Voltaire. Mais Beaumarchais venait de signer son traité et ne voulut pas le rompre.

Telle fut la conduite de la Sémiramis du Nord envers son poëte, ou plutôt de la femme supérieure envers celui qui, selon ses expressions, *plaida, avec toute l'étendue de son génie, la cause de l'humanité.*

Entre tous les actes de Catherine, il nous paraît que ses

généreux procédés envers Voltaire et Diderot ne sont pas ceux qui lui font le moins d'honneur. La postérité, dans le jugement qu'elle portera sur cette femme illustre, lui tiendra grand compte de sa sincère et profonde admiration pour de tels hommes. N'oublions pas de mentionner qu'au début de son règne en 1762, Catherine proposa aux philosophes de venir terminer l'*Encyclopédie* dans ses États et sous sa protection. Voltaire, en correspondance avec M. de Schouvaloff, fut chargé de cette négociation. Il est bon de rappeler encore que la czarine fit offrir à d'Alembert, qui refusa de se charger de l'éducation de son fils, un royal traitement de cent mille livres.

IV

RAPPORTS DE VOLTAIRE AVEC QUELQUES AUTRES PRINCES

A l'époque de sa liaison avec Mme du Chatelet, Voltaire passa un certain temps à la cour du bon roi Stanislas, qui lui témoigna toujours une véritable affection. Il fut le consoler dans sa chambre, après la mort de son amie et ne cessa d'entretenir avec lui quelque relation jusqu'à sa mort, arrivée en 1765.

Stanislas, devenu aveugle dans les dernières années de sa vie et de plus en plus circonvenu par les intrigues du jésuite Menou, auquel il donna plus d'un million tout en lui faisant une pension de 24,000 livres par an, demeura néanmoins constamment attaché à Voltaire.

Voici l'une de ses lettres :

« J'ai cru, mon cher Voltaire, jusqu'à présent que rien n'était plus fécond que votre esprit supérieur ; mais je vois que votre cœur l'est encore plus. J'en reçois des marques bien sensibles ; j'aime son style au delà du style le plus éloquent. Je veux tâcher de me mettre au niveau, en répondant à vos sentiments par ceux que votre incomparable mérite m'a inspirés et par lesquels vous me reconnaîtrez toujours tout à vous et de tout mon cœur. A Lunéville, mai 1748. »

Quelques fragments d'une lettre de Voltaire à Stanislas,

août 1760, feront comprendre la juste importance que le philosophe attachait à ses rapports avec les sommités sociales :

« Sire, je n'ai jamais que des grâces à rendre à Votre Majesté. Je ne vous ai connu que par vos bienfaits, qui vous ont mérité votre beau titre. Vous instruisez le monde, vous l'embellissez, vous le soulagez, vous donnez des préceptes et des exemples. Il faut que chacun dans sa chaumière fasse à proportion autant de bien que Votre Majesté dans ses États... Si vous soulagez mille malheureux, il faut que nous autres petits nous en soulagions dix. Le devoir des princes et des particuliers est de faire chacun dans son état tout le bien qu'il peut faire. Le dernier livre de Votre Majesté, que le cher frère Menou m'a envoyé de votre part, est un nouveau service que Votre Majesté rend au genre humain. Si jamais il se trouve quelque athée dans le monde (ce que je ne crois pas), votre livre confondra l'absurdité de cet homme... Continuez, Sire, à seconder les philosophes de votre autorité et de votre éloquence, continuez à faire voir au monde que les hommes ne peuvent être heureux que quand les rois sont philosophes et qu'ils ont beaucoup de sujets philosophes. Encouragez de votre puissante voix la voix de ces citoyens qui n'enseignent dans leurs écrits que l'amour de Dieu, du monarque et de l'État ; confondez ces hommes insensés, livrés aux factions, ceux qui commencent par accuser d'athéisme quiconque n'est pas de leur avis sur des choses indifférentes...

» Les rois méprisent toutes ces petites querelles ; ils font le bien général, tandis que leurs sujets, animés les uns contre les autres, font les maux particuliers. Un grand roi, tel que vous, Sire, n'est ni moliniste, ni janséniste, ni anti-encyclopédiste ; il n'est d'aucune faction ; il rend la raison respectable et toutes les factions ridicules. Il tâche de rendre les jésuites utiles en Lorraine tandis qu'ils sont chassés du Portugal ; il donne une belle maison de douze mille livres de rente à notre cher frère Menou, afin qu'il fasse du bien : il sait que la vertu et la religion consistent dans de bonnes œuvres et non pas dans les disputes ; il se fait bénir et les calomniateurs se font détester.

» Je me souviendrai toujours, Sire, avec la plus tendre et la plus respectueuse reconnaissance, des jours heureux que j'ai passés dans votre palais ; je me souviendrai que vous daigniez faire le charme de la société comme vous faisiez la félicité de vos peuples ; et que si c'était un bonheur de dépendre de vous, c'en était un plus grand de vous approcher. »

L'habileté de cette lettre aussi bien que la grandeur du but toujours poursuivi par Voltaire n'échapperont point au lecteur attentif. Faire des appuis à la sainte cause de la raison, y rallier les petits et les grands, les y maintenir par des louanges délicates, par d'adroites concessions, empêcher que le faisceau, qui représente la philosophie, perde le plus faible de ses brins de paille ou l'une de ses flèches d'or, telle est sa pensée constante et le point capital de sa politique. Voltaire savait ce que valait Menou, qu'il désigne ailleurs comme le prêtre le plus hardi et le plus intrigant qu'il ait jamais connu. C'est lui qui, en rivalité d'influence avec la marquise de Boufflers, maîtresse de Stanislas, enragé de ne pouvoir la gouverner comme il avait gouverné la reine, par les importunités de laquelle il avait tant obtenu du roi, c'est ce Menou qui fut à Cirey pour attirer à la cour de Stanislas Mme la marquise du Chatelet, dans l'espoir de susciter à Mme de Boufflers une rivale qui l'écarterait à jamais. Mais il arriva tout le contraire ; les dames s'entendirent et se moquèrent ensemble du jésuite, mais en femmes de cour et avec tous les égards dus à son rang et à son ordre.

En 1759, le bon Stanislas, déjà aveugle, griffonnait à tâtons ces trois lignes dans une lettre, que M. de Tressan écrivait par son ordre à Voltaire pour certifier l'exactitude de son Histoire de Charles XII :

« Je vous réponds de cœur, au défaut de la vue, pour vous montrer que je conserve toujours les sentiments d'une parfaite estime et amitié pour vous. »

On a recueilli plusieurs lettres de l'Électeur Palatin, Charles Théodore, lequel eut pour Voltaire beaucoup d'estime et d'affection, comme le prouve cette fin de lettre du premier octobre 1764 :

« Soyez persuadé, mon cher vieux Suisse, que tous les Frérons du monde ne pourront jamais diminuer la vraie estime que j'ai toujours eue pour la personne et le génie d'un homme tel que vous. C'est avec ces sentiments et l'espoir de vous voir encore que je serai toujours votre bien affectionné. »

Voltaire avait placé chez l'Électeur une partie de sa fortune, et l'un de ses plus fidèles serviteurs, le florentin Collini, devint le secrétaire de cette altesse allemande.

Le roi de Pologne, Poniatowski, l'ancien protégé de la bonne Mme Geoffrin et l'ancien favori de Catherine II, prince aimable, bien intentionné, mais placé dans des circonstances plus fortes que lui, eut aussi quelques relations avec Voltaire. Elles témoignent encore de cette universelle influence qui pénétrait au loin toutes les âmes un peu bien douées. Voici une lettre du 1er février 1767 :

« M. de Voltaire, tout contemporain d'un homme tel que vous, qui sait lire, qui a voyagé et ne vous a pas connu, doit se trouver malheureux. Si le roi mon prédécesseur avait vécu un an de plus, j'aurais vu Rome et vous. C'est un des plaisirs que me coûte ma couronne et dont elle ne m'ôtera jamais le regret. Vous l'augmentez par votre lettre du 3 de ce mois, vous m'y tenez compte de faits qui ne sont malheureusement que des intentions. Plusieurs des miennes ont leur source dans vos écrits. Il vous serait souvent permis de dire : *Les nations feront des vœux pour que les rois me lisent*, etc. »

De toutes les oligarchies, l'oligarchie polonaise s'est montrée la plus impuissante, la plus folle, la plus vénale et la plus nuisible aux intérêts de la nation qu'elle était chargée de diriger. Le partage de la Pologne en 1772 eut pour cause moins l'ambition de Catherine et de Frédéric que l'anarchie violente, entretenue dans l'État par cette noblesse corrompue et par un clergé fanatique.

Le 6 décembre 1769, Voltaire écrivait à Poniatowski : « Je m'imagine que la Pologne serait beaucoup plus riche, plus peuplée, plus heureuse, si les serfs étaient affranchis, s'ils avaient la liberté du corps et de l'âme, si les restes du gouvernement gothico-sclavonico-romano-sarmatique étaient un jour abolis par un prince qui ne prendrait pas le titre de

fils aîné de l'Église, mais de fils aîné de la Raison...Les Polo-
nais seraient cent fois plus heureux si le roi était absolument
le maître, rien n'étant plus doux que de remettre ses intérêts
entre les mains d'un prince qui a justesse dans l'esprit et
justice dans le cœur. »

On sait que depuis, et sous l'influence des plus cruels en-
seignements, la noblesse polonaise a fait d'héroïques efforts
pour reconstituer sa nationalité; mais, pour atteindre un aussi
grand but, il faut que cette noblesse ait en vue, non pas ses
droits et ses intérêts, mais ceux de la nation elle-même.
Espérons que l'avenir lui réserve cette joie souveraine, achetée au prix de son sang et des plus généreux sacrifices. L'Italie est ressuscitée, la Pologne ressuscitera.

En novembre 1770, Voltaire écrivait au jeune roi de Danemark, souscripteur de sa statue par Pigalle.

« Ce n'était pas à un simple citoyen comme moi qu'il fallait une statue. L'Europe en doit aux rois qui voyagent pour
répandre des lumières, qui ont la modestie de croire en
acquérir, qui donnent des exemples en prétendant qu'ils en
reçoivent, qui emportent les vœux de tous les peuples chez
lesquels ils ont été, qui ne reviennent chez leurs sujets que
pour les rendre heureux, pour en être chéris et pour les
venger des barbares. »

Le roi répondit : « Je dois à votre politesse ce que vous
méritez de ma part et de celle de tout le public par une
longue suite de vos actions. Vous réussissez à faire des heureux en éclairant les hommes et en leur apprenant à penser
librement. Je suis moins heureux avec la meilleure volonté
du monde et le pouvoir d'un souverain. »

Le 10 janvier 1772, Gustave III, roi de Suède, adressait à
Voltaire la lettre suivante :

« Monsieur de Voltaire, vous jetez donc quelquefois un
coup d'œil sur ce qui se passe dans notre Nord ! Soyez persuadé que du moins nous y connaissons le prix de votre suf-
frage, et que nous le regardons comme le plus grand encou-
ragement à bien faire dans tous les genres. Je prie tous les
jours l'Être des êtres pour qu'il prolonge vos jours, si pré-

cieux à l'humanité entière, et si utiles aux progrès de la raison et de la philosophie. »

La correspondance de Voltaire avec la plupart des membres de la famille royale de Prusse est assez considérable. Assurément, au point de vue du cœur, tous les membres de cette famille valaient beaucoup mieux que leur illustre chef. Ici, plus de traces d'amour-propre d'auteur, plus de paroles sentant le despote ayant mauvaise opinion de l'espèce humaine. On ne voit que des preuves d'une affection sincère, d'une véritable admiration, et souvent d'une reconnaissance très-réelle. La margrave de Bareith et le prince royal qui succéda à son oncle le grand Frédéric, méritent d'être particulièrement distingués.

Par son dévouement à son frère, par la part qu'elle prit à ses malheurs, par ses communications plus fréquentes et plus importantes avec Voltaire, par la manière gracieuse avec laquelle s'efforça de réparer l'indigne conduite de Frédéric à Francfort, la margrave de Bareith occupe naturellement la première place dans ce recueil. Cette princesse avait vécu avec Voltaire pendant son séjour en Prusse. Elle avait de l'instruction et un esprit sans préjugés. On voit de ses lettres qui commencent ainsi : « Sœur Guillemette à frère Voltaire, » salut, car je me compte parmi les heureux habitants de » votre abbaye » (allusion à la société des soupers intimes de Frédéric).

Mais c'est pendant la guerre de Sept Ans, lorsque Frédéric, attaqué à la fois par l'Autriche, la France et la Russie, faillit succomber sous tant d'ennemis, que les lettres de la margrave empruntent à la gravité des circonstances et à l'état violent de son âme désespérée un intérêt extrême. Voltaire songea à opérer un rapprochement entre la cour de Berlin et celle de Versailles. Il en écrivit à cette princesse et au maréchal de Richelieu qui commandait une de nos armées en Allemagne. C'était quelques mois avant Rosbach. Le roi de Prusse semblait perdu et Voltaire, qui ne désirait point la ruine de son ancien disciple, ne songea qu'à le consoler et à essayer de le tirer de ce mauvais pas. Cette négociation n'aboutit pas, quoiqu'elle fût opportune et dans l'intérêt de la France. Mais Frédéric avait blessé l'amour-propre de Mme de

Poinpadour et l'abbé de Bernis, sa créature, était ministre des affaires étrangères.

Le 19 août 1757, la margrave répondait à Voltaire :

« On ne connaît ses amis que dans le malheur ; la lettre que vous m'avez écrite fait bien de l'honneur à votre façon de penser. Je ne saurais vous témoigner combien je suis sensible à votre procédé. Le roi l'est autant que moi... Je suis dans un état affreux et je ne survivrai pas à la destruction de ma maison et de ma famille. C'est l'unique consolation qui me reste. Vous aurez de beaux sujets de tragédies... Je ne puis vous en dire davantage, mon âme est si troublée que je ne sais ce que je fais. Quoi qu'il puisse arriver, soyez persuadé que je suis plus que jamais votre amie, Wilhelmine. »

Vingt-huit jours après, le 12 septembre, la malheureuse princesse continue ainsi : « Votre lettre m'a sensiblement touchée, celle que vous m'avez adressée pour le roi a fait le même effet sur lui. Je m'étais flattée que vos réflexions feraient quelque impression sur son esprit. Vous verrez le contraire par le billet ci-joint. Il ne me reste qu'à suivre sa destinée, si elle est malheureuse ; je ne me suis jamais piquée d'être philosophe, j'ai fait mes efforts pour le devenir. Le peu de progrès que j'ai fait m'a appris à mépriser les grandeurs et les richesses, mais je n'ai rien trouvé dans la philosophie qui puisse guérir les plaies du cœur que le moyen de s'affranchir de ses maux en cessant de vivre. L'état où je suis est pire que la mort... Plût au Ciel que je fusse chargée seule de tous les maux que je viens de vous décrire ! je les souffrirais avec fermeté ! Pardonnez-moi ce détail. Vous m'engagez, par la part que vous prenez à ce qui me regarde, à vous ouvrir mon cœur. Hélas ! l'espoir en est presque banni. Que vous êtes heureux dans votre ermitage, je vous y souhaite tout le bonheur imaginable. Si la fortune nous favorise encore, comptez sur toute ma reconnaissance, je n'oublierai jamais toutes les marques d'attachement que vous m'avez données ; ma sensibilité vous en est garant. Je ne suis jamais amie à demi et je le serai toujours véritablement de frère Voltaire. Bien des compliments à Mme Denis. Continuez, je vous prie, d'écrire au roi. Wilhelmine. »

Après la bataille de Rosbach, 6 novembre 1757, les affaires

du roi de Prusse, quoique toujours en fâcheux état, prirent une meilleure tournure ; mais la santé de la margrave avait reçu des atteintes trop profondes pour qu'elle pût se remettre. Cette princesse mourut le 14 octobre 1758.

Frédéric écrivait à Voltaire le 6 novembre de cette année : « Il vous a été facile de juger de ma douleur par la perte que j'ai faite... Si cela eût dépendu de moi, je me serais volontiers dévoué à la mort pour prolonger les jours de celle qui ne voit plus la lumière. N'en perdez jamais la mémoire et rassemblez, je vous prie, toutes vos forces pour élever un monument en son honneur. Vous n'avez qu'à lui rendre justice, et, sans vous écarter de la vérité, vous trouverez la matière la plus ample et la plus belle. Je vous souhaite plus de repos et de bonheur que je n'en ai.   FRÉDÉRIC. »

Le poëte satisfit aux désirs du roi comme aux besoins de son cœur et loua la grandeur d'âme et l'intelligence élevée de la princesse dans une ode qui courut l'Europe.

Le prince de Prusse, depuis Frédéric-Guillaume II, s'adresse ainsi à Voltaire le 12 novembre 1770 : « Je vous admire, monsieur, depuis que je vous lis... J'ai vu avec un extrême plaisir que la même plume, qui travaille depuis si longtemps à frapper la superstition et à ramener la tolérance, s'occupe aussi à renverser le funeste principe du *Système de la Nature...* Souffrez, monsieur, que je vous demande pour ma seule instruction, si en avançant en âge vous ne trouvez rien à changer à vos idées sur la nature de l'âme... Je n'aime pas à me perdre dans des raisonnements métaphysiques, mais je voudrais ne pas mourir tout entier et qu'un génie tel que le vôtre ne fût pas anéanti. Je regrette souvent, monsieur, en vous lisant, de n'avoir pas été en âge de profiter des charmes de votre conversation dans le temps que vous étiez ici. Je n'ignore pas combien le feu prince de Prusse, mon frère, vous estimait ; je vous prie de croire que j'ai hérité de ses sentiments. J'embrasserai avec plaisir l'occasion de vous en donner des preuves et de vous convaincre, monsieur, combien je suis votre très-affectionné ami. »

Le 28 du même mois, Voltaire répond : « Il est vrai qu'on ne sait pas trop bien ce que c'est qu'une âme, on n'en a jamais vu. Tout ce que nous savons, c'est que le maître éternel

de la nature nous a donné la faculté de penser et de connaître la vertu. Il n'est pas démontré que cette faculté vive après
notre mort, mais le contraire n'est pas démontré non plus.
Il se peut sans doute que Dieu ait accordé la pensée à une
monade, qu'il fera penser après nous : rien n'est contradictoire dans cette idée. Au milieu de tous les doutes, le plus
sage est de ne jamais rien faire contre sa conscience. Avec ce
secret, on jouit de la vie et l'on ne craint rien à la mort.

» Il est bien extravagant de définir Dieu, les anges, les esprits, et de savoir précisément pourquoi Dieu a formé le
monde, quand on ne sait pas pourquoi on remue son bras à
sa volonté. Nous ne savons rien des premiers principes.

» Le système des athées m'a toujours paru extravagant.
Spinosa lui-même admettait une intelligence universelle. Il
ne s'agit plus que de savoir si cette intelligence a de la justice. Or il me paraît impertinent d'admettre un Dieu injuste.
Tout le reste me semble caché dans la nuit. Ce qui est sûr,
c'est que l'homme de bien n'a rien à craindre. »

Le prince répond, 10 mars 1771 : « Pour avoir l'esprit en
repos sur l'avenir, il ne faut qu'être homme de bien. Je le serai
toujours : j'en ferai toute ma vie honneur à vos sages exhor-
tations et j'attendrai patiemment que la toile se lève pour
voir dans l'éternité. Vous êtes assez heureux, monsieur, pour
que je ne puisse vous être bon à rien. S'il se présentait néanmoins quelque occasion de vous faire plaisir, disposez, je vous
prie, de votre très-affectionné ami. »

Je citerai encore quelques extraits des lettres de la famille
royale de Prusse.

8 février 1762 : « Monsieur, lorsque je lis un ouvrage qui
m'intéresse et m'enlève, je m'écrie : C'est du Voltaire ; voilà
le sentiment que vous m'inspirez, je n'en connais point d'autre.
Après cet aveu, je puis vous dire que l'ode que vous réclamez
en faveur d'un autre m'a plu ; j'y ai trouvé un cœur pénétré
des maux de l'humanité, de la hardiesse dans les expressions
et plusieurs vérités. Ces sentiments sont dignes de vous.

» Puissiez-vous jouir longtemps de l'heureux avantage d'é-
clairer les hommes ! et puissé-je avoir celui de vous donner
des preuves de l'estime avec laquelle je suis votre très-affectionné ami et serviteur, HENRI, prince de Prusse. »

Du même, le 13 février 1773 : « Monsieur, je n'ai pas voulu être de vos admirateurs indiscrets. Dérober du temps dont vous faites un si noble usage, c'est faire un rapt aux hommes que vous éclairez par vos lumières. Je lis et relis vos ouvrages, mais j'ai résisté au plaisir que j'aurais eu à vous écrire. Combien de lettres recevez-vous dont la vanité est l'objet! Montrer une lettre de Voltaire, c'est un trophée... Ayez égard au souvenir que je conserve de vous, j'étais trop jeune pour avoir pu profiter de votre société autant que je l'aurais dû ; conservant l'impression que vos lumières et votre esprit m'ont donnée, et celle de l'estime et de la considération avec laquelle je suis votre très-affectionné ami, HENRI. »

La margrave de Bade-Bourlach, princesse aimable et d'un esprit cultivé, écrivait à Ferney, 17 août 1758 : « Votre pastel est en train. Jamais je n'ai travaillé avec plus de plaisir ; je m'abandonne à l'idée charmante que cela vous empêchera d'oublier une personne qui vous est tout acquise. N'oubliez pas de revenir chez moi, le margrave et moi nous vous en sollicitons. Vous savez bien qu'une écolière vous attend. »

Au mois de janvier 1759, une autre lettre de la princesse commence ainsi : « Monsieur, je commets peut-être une indiscrétion de vous dérober des moments dont vous savez faire meilleur usage ; mais pouvez-vous penser que je puisse recevoir vos vers charmants, que j'admire en rougissant, et étouffer ma reconnaissance? Non, en vérité. Je ne suis pas digne de votre lyre, mais je le suis réellement de votre amitié : ne la refusez donc pas à l'estime la plus pure et la plus vraie. Je fais de bien sincères vœux pour votre santé. Tout m'y intéresse et la promesse que vous nous faites de nous revoir chez nous en redouble l'ardeur. »

A propos du mémoire pour les Calas, la princesse, 17 août 1762, s'exprime ainsi : « Il est bien louable à moi de donner sujet à votre cœur de se signaler autant que votre génie. L'un et l'autre sont si parfaits que non-seulement nous, mais la postérité la plus reculée ne cessera de vous chérir et de vous admirer. Conservez-moi votre amitié, je vous en conjure; j'ose y prétendre par l'estime très-distinguée avec laquelle je suis pour toute la vie, etc., CAROLINE. »

Le 4 février 1763, Voltaire, répondant à la princesse, lui dit : « Je marie dans quelques jours la nièce de Corneille à un jeune gentilhomme de mon voisinage ; la consolation de la vieillesse est de rendre la jeunesse heureuse. S'il faisait plus beau et si j'étais moins décrépit, je mènerais la noce danser devant votre château, comme faisaient les anciens troubadours ; nous y chanterions les plaisirs de la paix, dont l'Allemagne avait besoin comme nous. »

Voici maintenant le prince héréditaire de Brunswick, de passage à Genève, 16 juillet 1764 : « Ce ne sont pas les images des honneurs que l'on cherche quand on vient vous voir ; leur réalité réside dans l'opinion que des hommes tels que vous portent de nous, et c'est à ces honneurs que j'aspirerais si j'avais la vanité de croire que je puis y prétendre. »

Je trouve dans une lettre de Voltaire au landgrave de Hesse-Cassel : « La justesse de votre esprit et la vérité de vos sentiments m'ont charmé. Vous êtes éclairé et bienfaisant ; que de princes ne sont ni l'un ni l'autre ! mais en récompense ils ont un confesseur et gagnent le paradis en mangeant le vendredi pour deux cents écus de marée. 25 août 66. »

Le landgrave répond, le 9 septembre : « Je suis charmé que vous soyez content de ma façon de penser. Je tâche de me défaire des préjugés, et si, en cela, je pense différemment du vulgaire, c'est aux entretiens que j'ai eus avec vous que j'en ai l'unique obligation. »

Le même prince s'exprime ainsi dans une lettre du 17 avril 1773 : « C'est d'un cœur pénétré de la plus vive reconnaissance que je vous remercie, mon cher ami, de l'intérêt que vous prenez à mon mariage. Il est des plus heureux..... Que je suis charmé que les cinquante accès de fièvre n'aient pas dérangé une santé si chère à tous vos amis et à moi en particulier, qui vous aime au delà de toute expression. Vivez, cher Nestor de la littérature, vivez encore longtemps pour le bien de l'humanité ; conservez-moi toujours votre amitié... »

Au mois de mai 1773, d'Alembert écrivait à Voltaire : « Le » duc d'Albe, celui qui a été ambassadeur en France, homme

» de beaucoup d'esprit, vient de m'envoyer vingt louis pour
» votre statue. La lettre qu'il m'écrivit est pleine des choses
» les plus honnêtes pour vous. » Condamné, me dit-il, à cul-
» tiver en secret ma raison, je saisirai avec transport cette
» occasion de donner un témoignage public de ma gratitude
» et de mon admiration au grand homme, qui le premier
» m'en a montré le chemin. »

Franklin écrit dans une de ses lettres : « Le traité de Voltaire
sur la tolérance a produit sur le bigotisme un effet si subit et
si grand qu'il l'a presque détruit. »

Ah! quand l'admirable bonhomme Richard, le modèle de
l'honnête homme et du citoyen, qui vivra à jamais dans la
postérité à côté de Washington, noms immortels qui feront
pâlir aux yeux de nos neveux des noms plus brillants aujourd'hui, quand Franklin demandait à Voltaire une dernière bénédiction pour son petit-fils, son cœur ne l'égarait
pas, non plus que son bon sens. Qui donc avait préparé les
esprits en France en faveur des *insurgens* d'Amérique ? Qui
donc avait échauffé toute cette noblesse, se précipitant à la
suite de Lafayette pour secourir la jeune république? Sous
Louis XIV, on *allait en Candie* combattre les Turcs, en souvenir des croisades. Avec Voltaire et les encyclopédistes, on
partait pour le Nouveau-Monde, à la conquête de la liberté.

Au reste, de quelque côté que l'on tourne les yeux dans les
deux mondes, qu'il s'agisse de Franklin, du comte d'Aranda
qui abolit l'inquisition en Espagne, ou d'un homme de quelque valeur dans la politique ou les lettres, quel est donc celui qui ne doive répéter avec Gœthe ce qu'il écrivait à Ercht-
man sur la fin de sa vie : « Vous n'avez pas d'idée du rôle
» que jouaient dans ma jeunesse Voltaire et ses grands con-
» temporains, et de la domination morale qu'ils exer-
» çaient » ?

Nous ne pouvons insister sur l'importance de toutes ces voix
qui, dans un concert unanime, célèbrent à l'envi l'homme du
siècle et lui paient un juste tribut d'hommages et de reconnaissance. Le lecteur saura bien suppléer à notre silence
et s'associer à notre muette admiration. Il n'a qu'à laisser
parler son cœur.

LES ENNEMIS DE VOLTAIRE

Il n'y a peut-être pas d'homme qui ait été plus injurié, plus
envié et plus calomnié que ne le fut Voltaire. A cet égard le
doute est permis. Mais où le critique des faits et le lecteur de
sa correspondance ne sauraient hésiter, c'est à reconnaître
avec bonheur l'indulgence et la magnanimité de l'auteur de
Zadig et de *Candide,* envers tous ceux qui l'ont attaqué. Ce
n'est pas qu'il ne souffrît cruellement de leur ingratitude et
de leur bassesse. Il leur pardonna et fit même du bien à beaucoup d'entre eux après comme avant d'en avoir éprouvé
d'odieux procédés. Mais comment son âme généreuse n'eut-
elle pas été abreuvée d'amertume, en voyant de si près ces
dégradations de la nature humaine ?

Voltaire aimait trop les hommes et il désirait trop ardemment en être aimé, pour ne pas déplorer avec horreur, avec
larmes, toutes ces déviations du cœur humain : envie, hypocrisie, calomnie, ingratitude. Certes, sans sa droite raison, sa
haute et saine philosophie, son travail absorbant et sa gaieté
naturelle, le malheureux n'eût pas résisté à cette torture et
serait mort de chagrin. Il l'a écrit plus d'une fois et l'a senti
plus souvent encore. Aussi, dès 1739, disait-il plaisamment à
Thiriot : « J'envie aux bêtes deux choses, leur ignorance du
» mal à venir et de celui qu'on dit d'elles. » Il faudrait plusieurs volumes pour raconter en détail la honteuse histoire
de cette guerre, faite au plus honnête homme de son temps.

Nous nous estimons heureux de ne pouvoir consacrer un grand nombre de pages à ce sujet, qui ne nous montre que le vilain côté des hommes. Toutefois, nous en disons assez pour faire voir quelle fut l'attitude de Voltaire en ces cruelles circonstances et pour convaincre le lecteur que le misérable Desfontaines a proclamé la plus éclatante vérité, lui qui n'en disait guère, lorsqu'il s'exprimait ainsi dans sa lettre de remercîment à Voltaire : *Votre bon cœur est bien au-dessus de votre esprit. Vous êtes l'ami le plus généreux qui ait jamais été.*

Voltaire s'est défendu longtemps de répondre à ses ennemis et ce n'est qu'après vingt ans de patience qu'il a pris la férule et le fouet. Au reste, plus Voltaire grandissait, plus il était attaqué et plus aussi la défense lui devenait un devoir, car il ne s'agissait pas seulement de sa personne, mais des intérêts de la justice et de la vérité que l'on persécutait en lui.

Heureusement, Voltaire était gai et sa gaieté lui fut un baume souverain, pour panser les blessures de son cœur navré. On en rencontre souvent la preuve. Il écrivait à Formey en 1752 : « Quand on m'attaque je me défends comme un » diable, je ne cède à personne; mais je suis un bon diable » et je finis par rire. » Oui, rien n'est plus vrai, Voltaire finissait par rire, par oublier et pardonner. Il rit même au sujet de Fréron, comme il riait aux fourbes, aux hypocrites, avec lesquels il était obligé de conserver de bons rapports extérieurs. C'est ainsi qu'il adressait cet apologue au jésuite Menou, confesseur de Stanislas :

« Une dévote en colère disait à sa voisine : Je te casserai la » tête avec ma marmite. Qu'as-tu dans ta marmite? dit » l'autre. Un bon chapon, répondit la dévote. Eh bien! man- » geons-le ensemble, dit la bonne femme » (juillet 1760).

« Voilà comme il faut en user, ajoute l'auteur de *Candide*. » Nous avons l'un et l'autre du bon vin de Bourgogne, si vous » étiez plus près de moi, nous le boirions au lieu de nous » disputer. »

Voltaire eut des ennemis de toute espèce, de grands et de petits, de puissants et de misérables. La plupart furent les ennemis des idées et du progrès moral, qu'il personnifiait. Beaucoup d'autres composaient la tourbe des envieux, des jaloux ou des *pauvres diables*, gagnant le pain du jour par le débit de leurs injures et de leurs calomnies. Parmi les ennemis puissants on en trouve de secrets ou de timides.

Le premier de tous par son importance fut Louis XV. Il l'était à un triple titre : comme roi de droit divin sentant d'instinct que Voltaire frappait l'arbre à sa racine ; comme corrompu, ayant perdu tout sens moral ; comme dévot superstitieux, ayant peur de l'enfer et ne voyant de salut que dans les formes religieuses qui l'étreignaient traditionnellement. Cet ennemi tout-puissant ne fut pas aussi nuisible qu'il y avait lieu de le craindre, parce que son apathie morne et cynique l'avait dépouillé de toute virilité, parce que beaucoup de ses entours étaient désarmés par Voltaire ou lui étaient acquis, enfin parce que Voltaire, ayant servi l'État en plusieurs occasions, était muni de plusieurs préservatifs respectables ; l'amitié et la protection de plusieurs souverains, sa qualité de gentilhomme et de seigneur de paroisse, l'Académie française, et par-dessus tout la notoriété de son génie et l'universalité de sa gloire.

Louis XV fut donc paralysé, dans ses mauvaises dispositions, par sa propre impuissance et par la conduite habile et la noble énergie de Voltaire.

Il faut ranger encore dans ces ennemis secrets et puissants, le cardinal de Fleury et M. de Maurepas. Fleury, esprit modéré et médiocre, ayant de plus les goûts de son grand âge, redoutait l'activité de Voltaire et le mouvement dont il était l'âme. Ce ministre, sous lequel le philosophe essuya plus d'une avanie et fut obligé de fuir en Hollande pour sa petite pièce du *Mondain*, lui fit du mal avec une modération conforme à son caractère. Maurepas haïssait Richelieu et regardait Voltaire comme une sorte d'âme damnée du courtisan. De plus, ce ministre, qui aimait les petits soupers et faisait des vers galants, ne pouvait pardonner à Voltaire d'avoir (croyait-il) éclipsé sa réputation d'homme du monde. Sans lui trop nuire directement, Maurepas fit de son mieux pour que Voltaire restât sous l'eau.

Dans le principe, en raison des bons rapports que Voltaire conserva toujours avec ses anciens professeurs, les Jésuites ménagèrent le philosophe. Il n'en fut plus ainsi vers la fin de sa carrière. Pour les jansénistes, qui rivalisèrent d'influence avec leurs ennemis intimes et finirent par l'emporter dans les dernières années de Louis XV, ils furent très acharnés contre Voltaire et très violents contre les encyclopédistes en général. Les parlements et la Sorbonne, où ils dominaient, se couvrirent de honte et de ridicule. Ils condamnèrent l'inoculation et brûlèrent les lettres sur les Anglais, le poëme sur la loi naturelle, etc. L'avocat général Omer Joly de Fleury fit un réquisitoire en forme contre l'encyclopédie, bien qu'elle eût un privilége et des censeurs royaux. D'après une lettre de M. de Malesherbes à Voltaire, le conseiller Pasquier, rapporteur de l'affaire du chevalier de la Barre, fut la principale cause du maintien de l'absurde et cruel arrêt rendu à Abbeville. Ce Pasquier mit traîtreusement le *Dictionnaire philosophique* au nombre des livres du jeune officier.

Ce même Pasquier, partagé entre la honte et l'orgueil, écrivit à Voltaire une lettre où les menaces perçaient sous les formes de la justification. Le noble philosophe lui répondit en lui citant ce trait de l'histoire de Chine : *Je vous défends*, disait un empereur au chef du tribunal de l'histoire, *de parler davantage de moi*. Le mandarin se mit à écrire. *Que faites-vous donc?* dit l'empereur. *J'écris l'ordre que Votre Majesté vient de me donner*.

Cependant Palissot, protégé par la cour, aussi bien que Fréron, donnait sa comédie des *Philosophes*, où d'Alembert, Diderot, Duclos et Rousseau étaient odieusement vilipendés. L'ambitieux et superbe Pompignan, à l'Académie, s'efforçait de les noyer dans les flots de son emphatique éloquence.

La reine, qui trouvait dans les pratiques d'une étroite piété un refuge à une situation morale fort triste ; le dauphin, fils unique de Louis XV, étaient facilement circonvenus par la gent dévote, et de là tombèrent souvent des orages qu'il fallait conjurer. Cette malheureuse princesse s'imaginait, entre autres choses, que Voltaire et Mme du Chatelet étaient les confidents du goût du roi son père pour Mme de Boufflers et qu'ils l'entraînaient dans l'irréligion, pour lui ôter ses remords.

En ces hautes régions et contre de tels ennemis, Voltaire ne pouvait agir directement. Aux diverses époques de sa vie, il fut soutenu par les frères Paris et Mme de Prie, le bon roi Stanislas, quelquefois par Richelieu, par Mme de Chateauroux

et Mme de Pompadour, le ministre Voyer d'Argenson, le duc
de La Vallière, par M. de Choiseul, le chancelier Maupeou,
Turgot et par d'autres personnes de la cour, plus ou moins
haut placées.

Si nous descendons de cet Olympe, où se forgeaient les
foudres et d'où l'on jetait d'un mot les faibles mortels à la
Bastille, nous rencontrons d'abord l'abbé Desfontaines. Ce
pirate littéraire, enfermé à Bicêtre pour ses mœurs infâmes
et libéré grâce à Voltaire, le paya de l'ingratitude la plus
noire. Non content d'avoir publié une édition frauduleuse de
la Henriade, composé un libelle sous le nom du libraire Jore,
machiné une dénonciation habile à propos du *Mondain*, ca-
balé contre les pièces de Voltaire, il épancha toute sa bile
dans le pamphlet de *La Voltairiomanie*. Très-sensible à cette
indignité d'un homme qu'il avait traité avec égard et qui lui
devait la liberté, Voltaire lui intenta un procès criminel et
ne s'arrêta que devant un désaveu authentique, que Desfontaines fut contraint de signer entre les mains de M Hérault,
lieutenant de police, en avril 1739.

C'est au marquis d'Argenson, qui lui représentait l'indignité de sa conduite, que l'abbé répondit : *Que voulez-vous,
Monseigneur, il faut bien que je vive.*

On trouve dans la correspondance de Voltaire quelques
lettres bienveillantes adressées à ce malheureux et, en outre,
plusieurs passages qui lui sont relatifs et montrent la grandeur d'âme du philosophe. Je n'en citerai que deux. En 1736,
Voltaire écrit à M. Berger : « Qu'est devenu l'abbé Desfon-
» taines ? Dans quelle loge a-t-on mis ce chien qui mordait
» ses maîtres ? Hélas ! je lui donnerai encore du pain, tout
» enragé qu'il est. » Le 29 janvier de la même année il dit à
l'abbé Asselin : « J'apprends que l'abbé Desfontaines est mal-
» heureux. Dès ce moment je lui pardonne. Si l'on sait où il
» est, mandez-le-moi. Je pourrai lui rendre service et lui faire
» voir par cette vengeance qu'il ne devait pas m'outrager. »

La conduite de Voltaire envers ce vilain homme fut
pleine de magnanimité. Elle ressemble de tous points à celle
de Zadig, lequel emprunte à Zoroastre cette maxime plus que
chrétienne : *Quand tu manges, donne à manger aux chiens,
dussent-ils te mordre.*

Ce triste personnage mourut en 1745 et nous sommes heureux de n'avoir plus à nous occuper de lui.

J.-B. Rousseau, dit le Lyrique, avait un certain talent de
versificateur, et Voltaire lui témoigna d'abord beaucoup de
déférence. Plus tard, même après avoir eu à s'en plaindre, il
lui rendit justice dans son *Temple du Goût* et le plaça, comme
poëte, au-dessus de Lamotte, quoiqu'il n'eût qu'à se louer de
celui-ci.

Malheureusement, Rousseau manquait de sens moral. Dévot dans ses odes, cynique dans ses épigrammes, humilié de
sa naissance, jaloux de la gloire de Voltaire qui jetait de l'ombre sur la sienne, exilé par un arrêt du Parlement pour avoir
attribué à Saurin de l'Académie des sciences des vers injurieux qui étaient de lui (1712), Rousseau nous offre un personnage chez qui le talent n'est pas en rapport avec le caractère. La conduite de sa vie s'en ressentit ; il s'attacha à plusieurs personnes et ne put se fixer nulle part. Secrétaire du
baron de Breteuil, père de Mme du Chatelet, il fit, après
l'avoir quitté, un pamphlet contre lui. Mais nous ne voulons
pas mentionner ici tous les faits et gestes de Rousseau.

Il accusa Voltaire d'athéisme et le calomnia dans les ga-
zettes de Hollande. Cependant, en 1738, nous voyons dans
une lettre de Voltaire à Thiriot que ce bon apôtre lui proposa
une sorte de baiser Lamourette.

« Rousseau m'envoie son ode et m'a fait dire qu'il me l'en-
» voyait par humilité chrétienne et qu'il m'avait toujours
» fort estimé. Je lui ai fait dire que je m'entendais fort mal en
» humilité chrétienne, mais que je me connaissais fort bien
» en probité et en odes ; que s'il m'avait estimé il n'aurait
» pas dû me calomnier, et que puisqu'il m'avait calomnié il
» aurait dû se rétracter, que je ne pouvais pardonner qu'à ce
» prix. »

A quelque temps de là, le pauvre Rousseau publiait contre
Voltaire un dernier libelle : *Précis de ma jeunesse.*

Il mourut en 1741 et voici ce que Voltaire répondit à M. Sé-
gui, éditeur des œuvres de J.-B. Rousseau : « Je me mets
» très-volontiers au rang de vos souscripteurs, quoique j'aie
» été malheureusement au rang de ses ennemis les plus dé-
» clarés. Je vous avouerai même que cette inimitié pesait

» beaucoup à mon cœur. J'ai toujours pensé, j'ai dit, j'ai
» écrit que les gens de lettres devaient être tous frères. »

On rencontre dans la correspondance générale un grand
nombre de lettres adressées à Maupertuis et certes on ne vit
jamais plus de politesse, de noble franchise et d'admiration
enthousiaste pour le mérite. Mais Maupertuis avait un orgueil intraitable et fut profondément blessé de la faveur de
Voltaire auprès de Frédéric. L'envie le rongeait et finit par
lui faire perdre toute mesure et toute raison.

A peine si Voltaire est à Berlin depuis quelques mois, qu'il
écrit à d'Argental : « Voyez-vous quelquefois M. de Mairan ?
» Voulez-vous bien le faire souvenir de moi ? Son ennemi
» (Maupertuis) est un homme un peu dur, médiocrement so -
» ciable et assez baissé; mais point de vérité odieuse. » Le
24 août Voltaire dit à Mme Denis : « Je supporte Maupertuis,
» n'ayant pu l'adoucir. Dans quel pays ne trouve-t-on pas
» des hommes insociables avec qui il faut vivre ? »

On voit quelles étaient les dispositions de Voltaire ; elles
étaient d'un chrétien et d'un excellent homme. Mais Maupertuis, ligué avec la Baumelle, machina mille intrigues, pros-
crivit M. Kœnig de son académie et publia des folies sous le
nom de Lettres philosophiques. Voltaire, poussé à bout, défendit Kœnig et finit par couvrir de ridicule ce malheureux
Maupertuis, dans son amusante diatribe du docteur Akakia ,
médecin du pape. Furieux, hors de lui, Maupertuis l'appelle
en duel, veut le tuer et déclare qu'il le poursuivra jusqu'aux
enfers.

Ici, comme avec mille autres, la raison, les procédés, la
bienveillance sont du côté de Voltaire. Cela ressort visiblement des faits et de toute sa correspondance.

Je ne dirai que quelques mots de la Baumelle, chassé du
Danemark, chassé de Berlin, chassé de Munich, qu'il quitta
avec une femme de chambre ayant volé sa maîtresse. Ce misérable vivait de pillage en littérature, sans oublier l'injure
et la calomnie. Il n'envoya pas moins de 95 lettres anonymes
à Ferney, et fit des éditions falsifiées du *Siècle de Louis XIV*
et de *la Pucelle*.

Je relève ce fragment de lettre (1739) à l'abbé Moussinot :

« Au chevalier de Mouchy encore cent francs et mille ex-

» cuses ; encore deux cents francs et deux mille excuses à
» Prault fils. Un louis d'or à d'Arnauld sur-le-champ. J'ai par-
» donné à Demoulin (qui lui avait dissipé 20,000 fr.), je par-
» donne à Jore. Le premier est repentant, le second a donné
» son désistement à M. Hérault (lieutenant de police). Il a
» avoué ce que j'avais deviné. (Il avait signé un factum de
» Desfontaines.) Il est pauvre, je ferai quelque chose pour
» lui. (Il eut une pension sa vie durant.) Je suis un peu ma-
» lade, mais je vous aime comme si je me portais bien. »

L'aimable auteur de *Manon Lescaut*, l'abbé Prévost, car, en
ce siècle dévot et licencieux, on coudoie toujours quelque
abbé, avait écrit à Voltaire pour lui offrir d'écrire son apolo-
gie. La lettre existe ainsi que la réponse de Voltaire, qui refusa par ce motif qu'il eût fallu accuser trop de monde,
entre autres le faible Thiriot. En homme généreux, l'auteur
de *Candide* répugnait invinciblement à rappeler le souvenir
des Lamare, Linant, Sainte-Hyacinthe, Bonneval et bien d'autres, car, comme il l'écrit à M. Berger : « L'abbé Macarthy
» n'est pas le dixième qui m'ait marqué de l'ingratitude,
» mais c'est le seul qui ait été empalé. » Assurément si Voltaire eût été consulté, il eût trouvé que cette revanche à
la turque dépassait la mesure de la faute.

Pendant son séjour à Berlin, Voltaire eut l'occasion de
déployer toutes les qualités de sa nature bienveillante, car
les compétitions d'amour-propre étaient ardentes et nombreuses autour de Frédéric. Personne ne donna plus de
preuves de bon vouloir que Voltaire pour obtenir la paix, et
rester avec tout le monde sur le pied de l'amitié. On me dira
que cela lui était très-facile, parce qu'il était le premier par le
génie. Sans doute, mais il fut le premier aussi par le cœur, ce
qui n'arrive pas toujours.

Il s'agit cette fois d'une méprise et d'un mauvais mouvement du marquis d'Argens envers Voltaire, à l'un des soupers
du roi. Je ne crois pas qu'on puisse montrer plus de cœur et
de sens, une franchise et une fraternité plus délicates et plus
complètes. Cette lettre au marquis d'Argens est de 1752.
« Dans le temps que je fais vos affaires temporelles, vous
» mettez mes affaires spirituelles, celles de mon cœur, dans
» un cruel état. Comment avez-vous pu vous fâcher d'une

» plaisanterie innocente sur Muller? En quoi cette plaisanterie
» pouvait-elle vous regarder? Était-ce de vous qu'on pouvait
» rire? Peut-il vous entrer dans la tête que j'aie voulu vous
» déplaire? Songez avec quelle dureté, quelle mauvaise hu-
» meur et de quel ton vous avez dit et répété qu'il y avait des
» gens qui craindraient de perdre trois mille écus; songez que
» vous me reprochiez à table avec véhémence d'aimer ma
» pension, dans le temps même que j'offrais de sacrifier
» mille écus pour travailler avec vous. Le roi a bien senti la
» dureté et la hauteur avec laquelle vous parliez. Je vous jure
» que je n'en ai pas été blessé; mais je vous supplie d'être
» plus juste, plus indulgent avec un homme qui vous aime,
» qui ne peut jamais avoir envie de vous déplaire et dont vous
» faites la consolation. Au nom de l'amitié, soyez moins
» épineux dans la société: c'est la douceur des mœurs, la fa-
» cilité qui en fait le charme. N'attristez plus votre frère,
» la vie a tant d'amertume, qu'il ne faut pas que ceux qui
» peuvent l'adoucir y versent du poison. Les fripons sont
» emmiellés, faut-il que les honnêtes gens soient difficiles ?
» Pardonnez mes plaintes, elles sont d'un cœur tendre qui
» est à vous. »

Je cite encore, sur cette époque de la vie de Voltaire, ces
quelques lignes à M. de Formey, secrétaire de l'Académie :
« Venez dîner avec moi, vous vous en trouverez mieux que
» de m'attaquer en vers et en prose. La vie est courte et il
» vaut mieux boire ensemble que de se houspiller. »

Voltaire pardonnait toujours, mais cela l'affligeait, pour le
bien qu'il voulait penser des hommes, d'être dans la situation de pardonner à ceux qui ne le connaissaient que par ses
bienfaits. C'est ainsi qu'il écrit à Thiriot, en 1750, au sujet de
ce même d'Arnauld auquel il envoyait de l'argent au collége
par l'abbé Moussinot et qu'il avait placé près de Frédéric avec
des appointements de 4,000 fr. :

« Je ne me repens pas du bien que j'ai fait à d'Arnauld,
» mais j'en suis bien honteux. S'il n'avait été ingrat qu'en-
» vers moi je ne vous en parlerais pas. Après tout, en plai-
» gnant les méchants et ceux qui les tolèrent, en plaignant
» jusqu'à d'Arnauld, tombé par l'opprobre dans la misère, je
» ne laisse pas de jouir d'un repos assez doux. »

Il dit encore, à propos d'un pamphlet, *la Bigarrure*, du chevalier de Mouchy, où il était maltraité : « Il ne faut pas se fâcher contre ceux qui ne peuvent pas nuire. »

Voltaire fit une guerre impitoyable aux Pompignans. Lorsqu'ils furent hors de combat et contraints d'aller cacher leur défaite dans le village qu'ils illustraient, en ajoutant son nom à celui de Le Franc, beaucoup de bonnes âmes, oublieuses des circonstances, s'attendrirent sur leur sort.

La vérité est que Voltaire eut toujours pour M. Pompignan, auteur de *Didon* et traducteur de la Prière universelle de Pope, beaucoup d'égards et les meilleurs procédés. Plusieurs lettres en font foi. Mais ces Le Francs étaient riches et ambitieux ; ils ne visaient à rien moins, l'un, l'évêque du Puy, qu'à être chargé de l'éducation du dauphin ; l'autre, le poëte, qu'à devenir surintendant de la maison de la reine. Dans ce but glorieux, Pompignan, ayant été reçu à l'Académie française, composa un discours emphatique où il déclama contre la philosophie et foudroya tous les philosophes, notamment Voltaire quoiqu'il ne fût pas nommé. En outre, ledit Pompignan avait obtenu de l'académicien qui lui répondait, Dupré de Saint-Maur, l'emploi d'hyperboles qui dépassent la mesure permise en pareille circonstance, mesure cependant bien large comme on le sait. Dupré, sur la demande du nouvel élu, ne craignit pas de le comparer à Moïse et du même coup d'encensoir de jeter au nez de son frère, l'évêque, le nom biblique d'Aaron.

Citons encore un autre trait comique de ce glorieux Pompignan. Les comédiens du Théâtre-Français l'avaient prié de vouloir bien faire quelques corrections à sa tragédie. Le magnifique Lefranc leur répondit : « Je suis fort surpris, mes » sieurs, que vous exigiez une seconde lecture d'une tragédie » telle que *Zoraïde*. Si vous ne vous connaissez pas en mérite, » je me connais en procédés, et je me souviendrai assez long- » temps des vôtres pour ne plus m'occuper d'un théâtre, où » l'on distingue si peu les personnes et les talents ; je suis, » messieurs, autant que vous méritez que je le sois, votre, etc. »

Le lecteur peut juger d'après cela à quel degré était montée la superbe des sieurs de Pompignan. Il va sans dire que le

traducteur du déiste Pope se mit à traduire les Psaumes de
David. A chaque jour suffit sa peine et, s'il est agréable d'être
philosophe avec Voltaire, il est quelquefois utile de l'insulter
le lendemain.

Par malheur pour le pot au lait des Le Francs ou la haute
fortune des Pompignans, ils avaient à faire à un frondeur
très adroit et qui visait très juste. Les pierres de Voltaire
cassèrent le pot des Lefrancs et leurs espérances s'envolèrent
comme se répandit le lait de Perrette; mais cette petite guerre
ne dura pas moins de trois ou quatre ans. Les Pompignans
étaient riches, tenaces, dévorés d'ambition. Et c'est merveille
de voir s'échapper des mains du vieux lutteur tant de petites
flèches acérées : les *si*, les *car*, les *que*, les *quand*, les *qui*, les
quoi, sans compter une chanson en forme de ronde et autres
légères fusées. Tant il y a qu'un jour le superbe Pompignan,
étant à Versailles, eut la douleur d'entendre le dauphin murmurer en se détournant de lui :

> Et l'ami Pompignan pense être quelque chose.

Ce dernier vers de la satire de Voltaire sur *la Vanité* fut pour
l'ambitieux un trait mortel qui lui perça le cœur. Le ballon
étant dégonflé par la piqûre de cette épingle, Le Franc retourna
dans son village de Pompignan et les libres penseurs n'eurent
plus à redouter la verge de ce Moïse de moderne fabrication.

Voici quelques lignes de Voltaire qui se rapportent à cet
épisode.

A D'ARGENTAL, août 1760. « Si on avait laissé dire et faire
» les Pompignan, les Palissot, les Fréron et même les Joly de
» Fleury, les philosophes auraient passé pour une troupe de
» gens sans honneur et sans raison. Jérôme Carré, Catherine
» Vadé ont rendu grand service à une certaine partie de la
» nation qui n'est pas peu de chose. »

A DAMILAVILLE, mars 1763. « On a oublié, ce me semble,
» dans les petites plaisanteries que mérite Simon Le Franc,
» *La guerre éternelle qu'il a jurée aux incrédules*, dans le vil-
» lage de Pompignan. Remercions bien Dieu de l'excès de
» son ridicule. Je vous réponds que si ce petit président des
» aides de province n'était pas le plus impertinent des hom-
» mes, il serait le plus dangereux.

A Cideville, septembre 1763. « Je n'aime pas la guerre, je
» n'ai attaqué personne en ma vie; mais l'insolence de ceux
» qui osent persécuter la raison était trop forte. Si on n'avait
» pas couvert Le Franc d'opprobre, l'usage de déclamer
» contre les philosophes, dans les discours de l'Académie,
» allait passer en loi et nous allions passer par les armes
» toutes les années. Encore une fois, je n'aime pas la guerre,
» mais quand on est obligé de la faire, il ne faut pas se
» battre mollement. »

Cette guerre contre les Pompignans fut aussi vive que bien
menée par Voltaire. L'exaspération de ces ambitieux, décon-
fits par les railleries du malin philosophe, les porta à toutes
sortes d'extrémités. On en peut juger par cet extrait d'une
lettre de Voltaire à M. de Choiseul.

« J'ignore ce que mes oreilles ont fait aux Pompignans.
» L'un me les fatigue par ses mandements, l'autre me les
» écorche par ses vers, et le troisième me menace de me
» les couper. Je vous prie de me garantir du spadassin ; je
» me charge des deux écrivains. »

Attaqué méchamment et calomnié tous les jours par Fréron, auquel il fut sur le point d'intenter un procès, à l'occasion de Mlle Corneille, Voltaire avait l'âme si haut placée
qu'il ne haïssait même pas le folliculaire. Il souffrait parfois
de ses morsures venimeuses; il souffrait surtout de ses infâmes manœuvres pour entraver le bien qu'il faisait, car Fréron répandit autant de bave au sujet des Calas, Sirven, de
l'adoption de Mlle Corneille que sur *Sémiramis* ou *Tancrède*;
mais le plus habituellement Voltaire plaignait son sort, et la
pitié l'emportait sur la colère du premier moment. En décembre 1760 il écrivait à d'Argental : « Je suis très-fâché que
» Fréron soit au For-l'Évêque. Toutes les plaisanteries vont
» cesser, il n'y aura plus moyen de se moquer de lui; » et encore au même le 16 février 1761 : « Je n'ai point de fiel contre
» Fréron, c'est à lui de me détester puisque je l'ai rendu ridi-
» cule. »

Voltaire regardait Fréron comme un être disgracié, une
sorte de monstre, privé des bons sentiments qui distinguent
la nature humaine et sont la source de nos plus douces jouis-

sances. A ses yeux, *c'était un Marsyas qu'Apollon doit écorcher.*
Ce malheureux était d'ailleurs soutenu par le parti dévot, il
avait réussi à obtenir pour parrain de l'un de ses enfants le
bon roi Stanislas. La reine voyait dans le folliculaire un défenseur de la religion. Avant d'être chassé de chez les jésuites
il avait été, à Louis-le-Grand, professeur de M. de Choiseul.
Fréron était donc protégé et recevait de toutes mains argent
et communications. Son cabinet était à la fois une sentine de
corruption et un arsenal de guerre. Il paraît que, bon an mal
an, ledit Fréron était parvenu à se faire quarante mille livres,
grosse somme pour le temps ; mais il menait une vie de désordre où tout se fondait, si bien qu'à sa mort Voltaire reçut
une lettre pour le prier, tant sa générosité était connue, de
faire pour la fille de Fréron ce qu'il avait fait pour Mlle Corneille. Voltaire, alors âgé de 82 ans, trouva la charge trop
forte, et répondit que comme Fréron n'avait fait ni *le Cid* ni
les Horaces, il ne se croyait pas tenu en conscience de faire
pour son enfant ce qu'il avait fait pour Mlle Corneille.

Un trait qui peint Fréron et qui n'a pas été assez remarqué,
c'est la volte-face qu'il essaya de faire en 1764, par l'entremise
de son libraire Panckoucke. La proposition cachait-elle un
piége ? Fréron était-il de bonne foi ? Le doute est permis avec
une âme de cette trempe, avec un misérable voué au triste
rôle d'esclave insulteur de l'homme de bien et de génie. Quoi
qu'il en soit, M. Panckoucke écrivit à Ferney, le 16 mai 1764,
la lettre suivante, que je cite presque tout entière :

« Il y a bien de l'imprudence sans doute au libraire de l'*An-*
» *née littéraire* de vous demander des grâces ; mais je vous
» ai déjà prié de croire, monsieur, que je suis bien loin d'ap-
» prouver tout ce que fait M. Fréron. Il vous a donné sans
» doute bien des raisons de le haïr, et cependant il ne vous
» hait point. Personne n'a de vous une plus haute estime,
» personne n'a plus lu vos ouvrages et n'en sait davantage.
» Ces jours derniers encore, dans la chaleur de la conversa-
» tion, il trahissait son secret et disait du fond du cœur que
» vous étiez le plus grand homme de notre siècle. Quand il
» lit vos ouvrages immortels, il est ensuite obligé de se dé-
» chirer les flancs pour en dire du mal qu'il ne pense pas.....
» Si vous daigniez prendre confiance en moi, vous verriez,

» monsieur, que celui que vous regardez comme votre plus
» cruel ennemi, deviendrait de votre admirateur secret votre
» admirateur public. »

Voltaire répondit une lettre de refus, très-courte, et fort
polie pour M. Panckoucke, d'où je détache ces lignes :

« Vous me proposez la paix avec maître Aliboron dit Fré‹
» ron... Vous ajoutez qu'il m'a toujours estimé et qu'il m'a
› toujours outragé. Vraiment voilà un bon petit caractère ;
» c'est-à-dire que, quand il dira du bien de quelqu'un, on
» peut compter qu'il le méprise. Vous voyez bien qu'il n'a pu
» faire de moi qu'un ingrat... *Paix aux hommes de bonne vo-*
› *lonté*, mais vous m'apprenez que maître Aliboron a toujours
» été de volonté très maligne. »

Laissons Fréron, le pauvre diable, et, sans passer en revue
toute la meute des aboyeurs, donnons quelques preuves dernières de l'indulgence et de la bonté d'âme de Voltaire.

L'abbé Trublet l'avait attaqué et le philosophe s'était agréablement moqué de lui : on se souvient encore de ces vers du
pauvre diable, tableau charmant et bien venu.

On dirait un Téniers, un petit Rembrandt, où se joue
gaiement un rayon de lumière.

> L'abbé Trublet alors avait la rage
> D'être à Paris un petit personnage ;
> Au peu d'esprit que le bonhomme avait
> L'esprit d'autrui par supplément servait.
> Il entassait adage sur adage,
> Il compilait, compilait, compilait ;
> On le voyait sans cesse écrire, écrire
> Ce qu'il avait jadis entendu dire
> Et nous lassait sans jamais se lasser.
> Il me choisit pour l'aider à penser,
> Trois mois entiers ensemble nous pensâmes,
> Lûmes beaucoup et rien n'imaginâmes.

Trublet, ayant été reçu à l'Académie française, envoya à
Voltaire son discours de réception avec une lettre de politesse.

Voici la réponse du 17 avril 1761 ; si elle est gaie et plaisante, on la trouvera encore pleine d'une franche cordialité.

« Votre lettre et votre procédé généreux, monsieur, sont
» des preuves que vous n'êtes pas mon ennemi et votre livre
» vous faisait soupçonner de l'être. J'aime bien mieux en
» croire votre lettre que votre livre : vous aviez imprimé que
» je vous faisais bâiller, et moi j'ai laissé imprimer que je me
» mettais à rire. Il résulte de tout cela que vous êtes difficile
» à amuser et que je suis mauvais plaisant ; mais enfin, en
» bâillant et en riant, vous voilà mon confrère, et il faut tout
» oublier en bons chrétiens et en bons académiciens..... Je
» suis obligé, en conscience, de vous dire que je ne suis pas
» né plus malin que vous et que dans le fond je suis bon-
» homme. Il est vrai qu'ayant fait réflexion, depuis quelques
» années, qu'on ne gagnait guère à l'être, je me suis mis à être
» un peu gai, parce qu'on m'a dit que cela est bon pour la
» santé.....
» Je vous dis très sincèrement que je trouve des choses
» utiles et agréables dans tout ce que vous avez fait, que je
» vous pardonne de m'avoir pincé, que je suis fâché de vous
» avoir donné quelques coups d'épingle, que votre procédé
» me désarme pour jamais, que bonhomie vaut mieux que
» raillerie, et que je suis, monsieur, mon cher confrère, de
» tout mon cœur, avec une véritable estime et sans compli-
» ment, comme si de rien n'était, votre, etc. »

Un M. Berger, autrefois secrétaire du prince de Carignan, et pendant plusieurs années en correspondance avec Voltaire, qui lui vint en aide, avait eu la faiblesse de se laisser arracher des lettres de Voltaire, que l'on avait publiées en les falsifiant. M. Berger lui écrivit pour pallier sa faute. Voici la réponse, février 1765.

« Vous craignez que l'impression de ces chiffons de papier
» ne me fasse mourir de chagrin. Rassurez-vous ; j'ai de bons
» parents qui ne m'abandonnent pas dans ma vieillesse dé-
» crépite. Mlle Corneille, bien mariée et devenue ma fille, a
» grand soin de moi, j'ai dans ma maison un jésuite qui me
» donne des leçons de patience ; car, si j'ai haï les jésuites
» lorsqu'ils étaient puissants et un peu insolents, je les aime

» quand ils sont humiliés. Je ne vois d'ailleurs que des gens
» heureux, cela ragaillardit. Mes paysans sont tous à leur aise;
» ils ne voient jamais d'huissiers avec des contraintes. J'ai
› bâti, comme M. de Pompignan, une jolie église où je prie
» Dieu pour sa conversion et celle de Catherine Fréron. Je le
» prie aussi qu'il vous inspire la discrétion de ne plus laisser
» prendre des copies infidèles des lettres qu'on vous écrit.
» Portez-vous bien. Si je suis vieux, vous n'êtes pas jeune. Je
» vous pardonne de tout mon cœur votre faiblesse; j'ai par-
» donné à d'autres jusqu'à l'ingratitude. Il n'y a que la mé-
» chanceté orgueilleuse et hypocrite qui m'a quelquefois ému
» la bile, mais à présent rien ne me fait de la peine que les
» mauvais vers que l'on m'envoie quelquefois de Paris. »

En septembre 1770, Voltaire mandait au comte de la Tourraille :

« M. Dorat m'a galvaudé deux fois sans que je lui en aie
» donné le moindre sujet; je lui ai pardonné deux fois.
» Comme je me meurs et que je veux mourir en bon chrétien,
» s'il me fait une troisième algarade, je lui pardonnerai une
» troisième fois, parce que je trouve qu'il a beaucoup de ta-
» lents et de grâces : mais ne lui en dites mot, parce que je
› ne veux pas qu'on sache jusqu'à quel point je pousse les
» bonnes œuvres. »

A la mort de Voltaire, on trouva dans ses papiers une
épître louangeuse de Piron, datée de 1723, épître qui contraste avec les épigrammes, les lazzis et les bons mots que
le spirituel Bourguignon, souvent noyé dans le jus de la treille,
eut la faiblesse de décocher contre Voltaire, son cadet de six
ans et par malheur plus célèbre que lui; ce qui offensait sa
vanité.

Or voici comment Voltaire parlait de Piron, mort en 1773,
à l'abbé Duvernet. La lettre est de 1776.

« Mes amis m'ont toujours assuré que dans la seule bonne
› pièce que nous ayons de Piron, il m'avait fait jouer un rôle
› ridicule. J'aurais bien pu le lui rendre, j'étais aussi malin
› que lui, mais j'étais plus occupé. Il a passé sa vie à boire,
» à chanter, à dire des bons mots, à faire des priapées et à ne
» faire rien de bien utile. Le temps et les talents, quand on

» en a, doivent, ce me semble, être mieux employés. On en
» meurt plus content. »

Quelle belle leçon de morale en quelques lignes ! et quelle
noble réponse à ceux qui, au lieu de vivre pour faire le bien
comme Voltaire, ont passé leur temps à critiquer, insulter,
calomnier les meilleurs et les plus illustres d'entre eux !

Voltaire ne fit aucun usage de cette pièce louangeuse et ne
s'occupa jamais de Piron. Il oublia ou détourna les yeux,
comme il le fit avec tant d'autres.

Terminons ce triste chapitre, sans nous occuper des Nonotte, Paulian, Patouillet, Guyon, Berthier, Clément de Dijon et mille autres. Que toutes ces larves rentrent dans la
nuit, aujourd'hui que la lumière est faite et que la justice a
commencé son œuvre.

Je ne veux dire qu'un mot sur le reproche de jalousie qu'on
a quelquefois et bien injustement élevé contre Voltaire. Il en
avait essuyé tant d'autres qu'il y aurait lieu de s'étonner que
celui-ci ne lui eût pas été adressé.

Or, jamais homme de lettres, doué d'une vive sensibilité,
ne fut moins jaloux, parce que la justice et la bienveillance
remplissaient son cœur. Tel était son préservatif contre le poison de jalousie.

Voltaire ne pouvait être jaloux de Crébillon, bien qu'on
eût tout fait pour qu'il le devînt, bien que Crébillon ait
commis la faiblesse de refuser, comme censeur, l'autorisation
de jouer *Mahomet*. N'oublions point que Voltaire fit l'éloge
de Crébillon.

Le seul homme envers qui le prétexte de jalousie eût pu
paraître fondé, c'était Montesquieu. Or, la vérité sur ce point,
c'est que s'il y eut un jaloux, et, pour notre part nous pensons qu'il y en eut un, ce jaloux ne fut pas Voltaire. Montesquieu affecta toujours d'ignorer Voltaire et conserva vis-à-vis
de lui une attitude hautaine et froide.

Pour Voltaire, voici sa conduite. Il fit un commentaire sur
l'*Esprit des lois* où, sans abdiquer son indépendance d'esprit
et de sentiment, il poussa l'éloge jusqu'à dire : *L'humanité
avait perdu ses titres, Montesquieu les a retrouvés et les lui a rendus.* Dans son article de l'*Encyclopédie* sur le *gouvernement anglais*, Voltaire écrit : *Après avoir lu le travail de Montesquieu,*

j'ai voulu jeter au feu le mien. En un mot, tout en faisant ses réserves et ses critiques, généralement justes, ce qui était naturel, Voltaire a toujours défendu Montesquieu et proclamé que son livre *respire l'amour des lois et de l'humanité.*

Je prends encore ce passage d'une lettre à M. M..., janvier 1759 :

« J'avoue que Montesquieu manque souvent d'ordre, mal-
» gré ses divisions en livres et en chapitres ; quelquefois il
» donne une épigramme pour une définition, et une antithèse
» pour une pensée nouvelle ; qu'il n'est pas exact dans ses
» citations ; mais ce sera à jamais un génie heureux qui pense
» et fait penser. Son livre devrait être le bréviaire de ceux
» qui sont appelés à gouverner les autres. Il restera et les
» folliculaires seront oubliés. »

Voilà comment Voltaire était jaloux.

Inutile après cela d'entrer dans d'autres détails au sujet de Buffon et d'Helvétius.

Voltaire ne connut ni la haine ni la jalousie, parce que son âme était trop grande et trop belle pour subir de semblables déformations. S'il souffrit cruellement de l'envie et de la haine des autres, il ne se vengea que par amour de la justice et dans l'intérêt de la vérité. Jamais il n'a attaqué personne, souvent il a dédaigné l'injure, toujours il a pardonné. Son cœur fut rempli de bons sentiments, comme sa vie de bonnes actions. Voilà la vérité ; elle ressort avec évidence d'une étude approfondie de son œuvre. Est-ce à dire que Voltaire ne fût pas de son temps et ne participât point de la nature humaine ? Est-ce à dire, qu'en cherchant bien on ne trouve-rait pas çà et là quelque peccadille à sa charge ? Il y aurait autant de folie à l'affirmer que d'injustice à méconnaître le trait fondamental de son caractère, une souveraine bienveil-lance.

Et maintenant, que celui qui est sans péché lui jette la pre-mière pierre.

IDÉES GÉNÉRALES DE VOLTAIRE

PHILOSOPHIE

Avec quelle légèreté dédaigneuse n'avons-nous pas été habitués à traiter la philosophie de Voltaire? On ne saurait assez l'admirer, comme l'on ne saurait trop déplorer le succès de cette conspiration du passé contre l'avenir. A entendre les hommes qui ont eu la parole sous l'Empire et la Restauration, Voltaire n'a aucune importance philosophique; l'esprit et la célébrité de l'écrivain couvrent seuls la faiblesse du penseur.

Il faut le reconnaître, Voltaire n'a nul pédantesque appareil; il n'est ni lourd, ni diffus, ni confus. Sa pensée se dégage toujours vive et claire; sa phrase, leste et court vêtue, se hâte comme un loyal messager, porteur de bonnes nouvelles. Le philosophe sait toujours ce qu'il dit et l'on comprend toujours ce qu'il veut dire. Combien de métaphysiciens n'ont ni cet avantage ni ce malheur, qui laisserait voir le vide de leur esprit.

Nous développerons plus complétement que nous ne le ferons ici la philosophie de Voltaire. Toutefois nous croyons devoir expliquer comment cette philosophie a été généralement méconnue, lorsqu'elle n'a pas été odieusement calomniée. La philosophie de Voltaire fut celle d'un homme de grand cœur et de l'esprit le plus sain et le plus juste. Or, il ne faudrait pas s'y tromper, le sentiment n'est pas moins nécessaire au vrai philosophe que l'intelligence. Cette philosophie s'éloigne des excès où conduit le sensualisme de Locke et de Condillac, excès où tombèrent Helvétius et d'Holbach, de même qu'elle repousse le surnaturel et le pathos transcendantal. Ni sceptique, ni mystique, Voltaire est tout simplement homme de raison et de foi, sans nuages, sans ambages et avec une admirable sincérité.

Nous verrons que l'auteur de *Zadig* ne nia ni Dieu ni l'homme; il accepta résolûment ces deux termes s'il ne put déterminer nettement leur rapport. Dans la dernière partie de sa carrière il rejeta la conception scolastique et psychologique du libre arbitre, qu'il avait d'abord défendue contre Frédéric, mais il admit la spontanéité humaine comme un fait d'évidence. Si Voltaire ne sépare pas Dieu du monde, il ne refuse pas à l'être absolu la qualité fondamentale de l'être, la personnalité, bien que nous ne puissions en comprendre les conditions.

Pourquoi cette philosophie, très-saine dans sa simplicité et que nous ferons apprécier, fut-elle reléguée dans l'ombre et cachée aux générations issues de 89? Rien de plus facile à comprendre. L'Empire aussi bien que la Restauration réagirent également contre 89 et contre les penseurs qui avaient produit la Révolution. Sans nous étendre sur les motifs de cette réaction, rappelons ici quelques-uns de ses effets

Ce n'est pas seulement aux masses, au gros des intelligences que l'on cria sur tous les tons : *C'est la faute de Voltaire, c'est la faute de Rousseau*. Ce concert de réprobations eut aussi son retentissement dans les hautes régions de la pensée. On maudissait, on anathématisait en bas, en haut on faisait de la transcendance et l'on enveloppait de l'écharpe multicolore d'Iris toutes ces idées, filles de l'enfer, qui avaient enfanté 89. A ce sujet, nous ne voulons citer qu'un nom, le plus brillant de tous, M. Cousin.

Nature d'artiste, caractère mobile, enthousiaste, unissant à l'éloquence de l'orateur le don le plus précieux du comédien, l'émotion facile, prompte, multiple; en outre, animé par l'amour de la gloire, ayant la soif des honneurs et un culte singulier pour l'aveugle fortune, disons le mot cru, pour l'argent, M. Cousin n'avait rien du philosophe que le titre, l'éti. quette et le vain appareil. Ce n'est pas sans une vive pointe de raison que notre spirituel Béranger disait à ce faux Platon : C'était à vous de faire des chansons à ma place et à moi de la philosophie à la vôtre. Tout embrasser pour ne rien étreindre, accumuler à plaisir, avec art, les contradictions les plus éblouissantes, telle devait être la mission d'un pareil homme. L'Éclectisme moderne fut son œuvre.

Après avoir d'abord salué le sensualisme dans La Romiguière, puis la psychologie dans Reid, les Écossais et Royer-Collard, son protecteur, M. Cousin, que sa grandeur n'attachait pas encore au rivage, passa le Rhin comme il avait passé la Manche. Avec une bravoure non moins avide que curieuse, il moissonna dans les champs de l'Allemagne tout ce qui lui tomba sous la main : le scepticisme méthodique et transcendantal de Kant, l'idéalisme de Schelling, le panthéisme de Hégel. M. Cousin, riche de toutes ces conquêtes, vint les étaler à nos regards, en emplissant nos oreilles des flots de sa merveilleuse éloquence.

Ce fut superbe, et le succès porta le triomphateur au Capitole : comme il nous avait jeté beaucoup de poudre aux yeux, comme l'Éclectisme contenait toutes les doctrines, correspondait à toutes les opinions, en s'inclinant respectueusement devant tous les cultes, M. Cousin fut bientôt tout-puissant et l'Éclectisme trôna victorieusement à la Sorbonne, au Collége de France, à l'Académie, et dans le conseil du roi. Jamais philosophie ne fut moins digne de ce nom, mais jamais succès ne fut plus éclatant. Aussi le manteau de pair de France couvrit-il bientôt les épaules de celui qui s'était revêtu du manteau troué des philosophes. Ce fut le manteau de cet Arlequin de grand style.

' Toujours est-il que, grâce à ces merveilleux tours de passe-passe, exécutés dans les plus hautes régions de la pensée, la vraie et saine philosophie du xviiie siècle, qui s'était clairement affirmée par 89, fut enveloppée et cachée aux petits-fils de Voltaire, par ce voile chatoyant et diapré de mille couleurs.

M. Cousin régna en maître souverain et son royaume fut de ce monde qui passe. Aujourd'hui son esprit domine encore le haut enseignement officiel. La première attaque sérieuse que subit ce bel édifice, cette Babel d'idées disparates, ornée de brillantes mosaïques, ne se produisit qu'assez tard, vers 1840, par l'*Encyclopédie nouvelle* de Jean Reynaud et de Pierre Leroux. Quoiqu'elle eût au fond une grande valeur, la *Réfutation de l'Éclectisme* ne put faire crouler le palais enchanté de l'Armide de la philosophie moderne. Depuis, il a reçu bien d'autres atteintes, il laisse voir d'affreuses lézardes, il menace ruine. On peut prévoir le moment où l'esprit de la France soufflera définitivement sur cette fantasmagorie, aussi méprisable pour le fond qu'elle fut prestigieuse par la forme.

Quoi qu'il en soit, le clergé pour la foule, les politiques et les habiles pour la bourgeoisie, les professeurs du haut enseignement pour la jeunesse et les esprits cultivés, de toute part on s'évertua à rejeter, dans une nuit profonde, la lumineuse, l'humaine tradition philosophique du xviiie siècle.

Notre devoir nous oblige à mentionner le concours que prêtèrent à cette œuvre malfaisante nos plus grands poëtes, ces échos inconscients, à la fois victimes eux-mêmes et hérauts de ce mouvement rétrograde.

Le romantisme, révolutionnaire dans la forme, fut réactionnaire au point de vue de l'idée. Se jetant tête baissée dans la fantaisie, évoquant le moyen âge, il se fit une sorte de religion bâtarde du gothique, du pittoresque; il admira la foi naïve et barbare de cet âge de fer et de ténèbres. Ces poétiques entraînements se traduisirent en hozannas puérils pour le passé, en malédictions furibondes contre le xviiie siècle et ses penseurs.

Musset, Hugo ne sont que de trop fidèles et de trop illustres témoins de cette vérité. Aussi violents que M. de Maistre, l'on dirait qu'ils se sont inspirés de la colère de l'*homme des doctrines anciennes*. En 1840, le plus artiste et le plus personnel de nos poëtes intimes, ce charmant Musset, le sceptique fantaisiste et sensuel, dans un de ses meilleurs poëmes, *Rolla*, a lancé contre Voltaire une tirade magnifique d'ironie et d'indignation.

A la même époque, dans *les Rayons et les Ombres*, notre grand Hugo, le premier et le plus puissant de nos lyriques, a craché à la face de Voltaire et mordu le xviiie siècle de certains vers où l'outrage déborde. Je n'en citerai que quatre, c'est assez pour

rappeler la marque des temps et montrer à quel degré la
réaction avait monté les esprits.

> Voltaire alors régnait, ce singe de génie,
> Chez l'homme en mission par le diable envoyé.....
> O dix-huitième siècle, impie et châtié!....
> Honte à tes écrivains devant les nations!....
>
> (Regard jeté dans une mansarde.)

Il est vrai

> Que depuis, mais alors il était Vendéen,   ·

il est vrai que depuis Hugo, mûri par l'expérience, instruit
par les événements, a changé de langage. Mais cette modifi-
cation radicale du poëte des *Châtiments* et des *Misérables* ne
donne que plus de poids à notre remarque sur l'influence
déplorable de la réaction contre 89 et ses promoteurs.

Maintenant abordons directement notre sujet. Il nous paraît impossible, *lorsqu'on a lu Voltaire*, de ne pas demeurer
frappé d'étonnement en présence de tous les travaux accu-
mulés par lui sur les questions les plus générales, qui peuvent occuper l'esprit humain. Non-seulement Voltaire a beaucoup écrit sur ces matières, non-seulement il a varié avec
une admirable souplesse l'expression de sa pensée, mais, ou
nous nous trompons fort ou il a généralement vu juste,
et n'a pas été dépassé par les penseurs les plus éclairés de nos
jours.

L'œuvre critique de Voltaire est si considérable qu'on n'a
pas pris garde à l'importance de ses affirmations en politique,
en morale et en métaphysique. Il passe aux yeux de presque
tout le monde, pour le plus spirituel et le plus malin des scep-
tiques. Voltairien est synonyme de sceptique, et l'épithète jouit
près de la foule d'une sorte de faveur.

Rien de moins exact que cette assimilation ; mais comment s'étonner qu'un homme qui avait attiré sur sa tête tant
de colères, qui fut l'objet de tant de jalousies et de calomnies ; comment s'étonner que cet homme, religieux comme
le furent Socrate et Marc-Aurèle, ne soit encore pour le plus
grand nombre que le bel esprit sceptique par excellence ? En
outre, le rôle imposé à Voltaire par les circonstances fut

celui d'un lutteur ; mais il n'a si bien combattu que parce
qu'il s'appuyait sur des principes, sur des affirmations très-
nettes et très-fortement établies dans son esprit. Chez Voltaire, la foi n'a pas été moins forte que la raison. Le lecteur
va pouvoir en juger.

Grâce à sa justesse d'esprit, à son amour de la vérité et
des hommes, Voltaire devait être préservé des abîmes où
tombe la pensée, plus facilement encore quand il s'agit de
métaphysique que de toute autre matière. Il repoussa avec
une force égale : l'athéisme qui nie l'être à sa source, le fétichisme, ce fils honteux de la superstition et le fatalisme
inintelligent des Turcs qui absorbe toutes les virtualités en
l'être absolu.

L'athéisme n'a jamais été que le partage de quelques
esprits révoltés ou mal faits, tandis que nous voyons que le
pur fatalisme a servi de lien commun à des peuples nombreux. Rien de plus concevable et de plus instructif. L'a-
théisme, niant le principe de la vie, ne peut rien édifier, rien
conserver. Le fatalisme, caractérisant l'excès d'une foi mal
entendue, produit ces résultats, qu'il soutient toujours l'individu et un peuple pour quelque temps. L'individu meurt
heureux puisqu'il meurt plein de foi ; mais la nation qui s'im-
mobilise doit nécessairement disparaître. Ce que nous disons
du fatalisme, il convient de l'appliquer au fétichisme dans
une mesure moins rigoureuse. La foi, dans sa naïveté, re-
pose nécessairement sur une abdication plus ou moins complète de la raison. Et cet état est évidemment contradictoire
avec la nature de l'esprit humain, qui est de faire usage de la
raison et d'accroître chaque jour la somme de ses connaissances.

Quel spectacle nous présente la race des hommes dans ses
évolutions religieuses ! Embrassant dans son délire les cultes
les plus étranges et les plus monstrueux, elle n'a pas ménagé
sa foi. L'histoire en est le témoin frémissant. Mais est-il une
preuve plus forte du premier besoin de l'homme, de l'invincible nécessité où il est de croire au principe supérieur de
son existence ? Plutôt que de vivre sans foi et pour combler
le vide de son âme, l'homme a tout adoré !...

Voltaire aimait trop la vérité pour ne pas l'avoir ardemment poursuivie pendant tout le cours de sa vie. Aussi sa

croyance s'affermit-elle sans cesse et n'est-ce que dans ses derniers ouvrages que l'on trouve sa pensée entièrement assise. Impatient de tout joug, libre de tout préjugé, n'écoutant que sa conscience et sa raison, Voltaire, nourri de Newton et de Locke, ayant étudié Leibnitz, Malebranche, Clarke, Collins, Bayle, Voltaire a une autre portée métaphysique que Jean-Jacques, malgré ses allures dogmatiques, son éloquence grave et chaleureuse. Esprit net et intrépide, le plus libre penseur qui fut jamais, Voltaire ne pouvait s'arrêter au convenu, accepter sans le comprendre ce qui était admis couramment dans le domaine des idées générales.

C'est pourquoi il eut de bonne heure le courage et la force de reconnaître : que l'on ne peut pénétrer la substance puisqu'elle est sous les phénomènes et que les phénomènes et leurs rapports sont seuls accessibles à notre connaissance; que les mots *esprit, matière* ne sont que des mots, point des définitions, et qu'ils ne représentent que des idées chimériques.

Après avoir ainsi débarrassé le champ de ses recherches et de sa méditation de toute entité et de tout fantôme, le philosophe éleva dans sa pensée un autel immuable au Dieu inconnu, inaccessible, mais nécessaire, principe éternel, auteur intelligent de tout ce qui est. Voltaire demeura ferme et inébranlable dans cette foi en Dieu. Il défendit cette conviction avec la même vigueur et la même constance qu'il combattit toujours la superstition et le fanatisme, soit chez les catholiques, soit chez les Juifs et les protestants. Sincèrement attaché à la vérité, il ne pactisa jamais avec l'erreur, de quelque côté qu'elle lui apparût.

Voici d'abord comment il s'exprime, au sujet de l'athéisme, duquel Montaigne avait dit en sa langue forte et naïve : L'athéisme étant une proposition comme déréglée et monstrueuse, difficile aussi et malaisée d'establir en l'esprit humain, pour insolent et déréglé qu'il puisse être.

« L'athéisme et le fanatisme sont deux monstres qui peuvent dévorer et déchirer la société ; mais l'athée, dans son erreur, conserve sa raison qui lui coupe les griffes, et le fanatique est atteint d'une folie continuelle qui aiguise les siennes.

» L'athéisme est le vice de quelques gens d'esprit, et la superstition est le vice des sots.

» Dans le système qui admet un Dieu, on n'a que de grandes difficultés à surmonter, et dans tous les autres systèmes on a des absurdités à dévorer. »

Ces idées se retrouvent dans maints passages de la correspondance de Voltaire. Je n'en prendrai que deux ; l'un est adressé à Mme du Deffand, en août 73 ; le second fait partie d'une belle lettre à Diderot, peut-être la première que Voltaire lui ait écrite.

« Notre terre est un temple de la Divinité. J'estime fort tous ceux qui veulent nettoyer ce temple de toutes les abominables ordures dont il est infecté, mais je n'aime pas qu'on veuille renverser le temple de fond en comble. »

A Diderot, juin 1749. « J'ai lu avec un extrême plaisir votre livre : (*Lettre sur les aveugles*) qui dit beaucoup et qui fait entendre davantage. Il y a longtemps que je vous estime autant que je méprise les barbares stupides qui condamnent ce qu'ils n'entendent point, et les méchants qui se joignent aux imbéciles pour proscrire ce qui les éclaire.

» Mais je vous avoue que je ne suis pas du tout de l'avis de Saunderson, qui nie un Dieu parce qu'il est aveugle. Je me trompe peut-être, mais j'aurais à sa place reconnu un être très intelligent qui m'aurait donné tant de suppléments de la vue ; et, en apercevant par la pensée des rapports infinis dans toutes les choses, j'aurais soupçonné un ouvrier infiniment habile. Il est fort impertinent de prétendre deviner ce qu'il est et pourquoi il a fait ce qui existe, mais il me paraît bien hardi de nier qu'il est.

» Je désire passionnément m'entretenir avec vous, soit que vous soyez un de ses ouvrages, soit que vous pensiez être une portion nécessairement organisée d'une matière éternelle et nécessaire. Quelque chose que vous soyez, vous êtes une partie bien estimable de ce grand tout que je ne connais pas.

» Je voudrais bien avant mon départ pour Lunéville obtenir de vous, Monsieur, que vous me fassiez l'honneur de faire un repas philosophique chez moi avec quelques sages. Je n'ai pas l'honneur de l'être, mais j'ai une grande passion pour ceux qui le sont à la manière dont vous l'êtes ; comptez que je sens tout votre mérite et que c'est pour lui rendre encore plus de justice.... »

Maintenant, voici les affirmations définitives de Voltaire, telles qu'on les trouve dans ses derniers écrits philosophiques. Nous donnons d'abord ce qui se rapporte à la conception de Dieu, à la manière dont l'auteur comprend son action sur tous les êtres.

« La pensée a quelque chose de divin ; oui sans doute, c'est pour cela que je ne saurai jamais ce que c'est que l'être pensant...

» Les mots de *matière* et *d'esprit* ne sont que des mots ; nous n'avons nulle notion complète de ces deux choses ; donc au fond il y a autant de témérité à dire qu'un corps organisé par Dieu même ne peut recevoir la pensée de Dieu même, qu'il serait ridicule de dire que l'esprit ne peut penser. » (*Philosophe ignorant*, 1769.)

« Tout est action, la mort même est agissante... Il faut que le principe de cette action soit unique. Une uniformité constante dans les lois qui dirigent la marche des corps célestes, dans les mouvements de notre globe, dans chaque espèce d'animal, de végétal, de minéral indique un seul moteur. S'il y en avait deux, ils seraient ou divers, ou contraires, ou semblables ; si divers, rien ne correspondrait ; si contraires, tout se détruirait ; si semblables, c'est comme s'il n'y en avait qu'un, c'est un double emploi.

» Ce principe d'action est très-puissant, puisqu'il dirige une machine si vaste et si compliquée. Il est très intelligent, puisque le moindre des ressorts de cette machine ne peut être égalé par nous qui sommes intelligents.

» Il est éternel ; car il ne peut être produit du néant, qui n'étant rien ne peut rien produire ; et dès qu'il existe quelque chose il est démontré que quelque chose est de toute éternité. Cette vérité sublime est devenue triviale.

» Il est un être nécessaire ; puisque sans lui la machine n'existerait pas.

» Il y a une contradiction absurde à dire : l'Être agissant a passé une éternité sans agir, l'Être formateur a été éternel sans rien former, l'Être nécessaire a été pendant une éternité l'Être inutile. » (*Du principe d'action ou de l'éternité des choses.* 1772.)

« Je ne prononce le nom de Dieu que comme un perroquet ou un imbécile, si je n'ai pas l'idée d'une cause nécessaire, immense, agissante, présente à tous ses effets, en tout lieu, en tout temps. » (*C. sur Malebranche.* 1769.)

« La lumière est de tous les êtres ou de tous les modes du grand Être, celui qui nous donne l'idée la plus étendue de la divinité, tout loin qu'elle soit de la représenter.

» La lumière est réellement un messager rapide qui court dans le grand tout de mondes en mondes. Elle a quelques propriétés de la matière et des propriétés supérieures, et si quelque chose peut fournir une faible idée commencée, une notion imparfaite de Dieu, c'est la lumière : elle est partout comme lui, elle agit partout comme lui. » (*Id.*)

Je ne m'arrêterai pas à faire sentir au lecteur la beauté simple et grande de cette image. Voltaire n'a pas besoin de commentateur. Autant il voit juste, autant il est clair.

« ... Si je cherche quel est le principe universel d'action, la première chose que j'entrevois avec une secrète douleur mais avec une résignation entière, c'est qu'étant une partie imperceptible de ce grand tout, étant, comme dit Hermès Trismégiste, un point entre deux éternités, il me sera impossible de comprendre ce grand tout et son maître, qui m'engloutissent de toutes parts.

» Que m'importe que l'espace soit un être réel ou une simple appréhension de mon entendement? Que m'importe que l'Être nécessaire, intelligent, puissant, éternel, formateur de tout être, soit dans cet espace imaginaire ou n'y soit pas? En suis-je moins son ouvrage? en suis-je moins dépendant de lui? en est-il moins mon maître? Je vois ce maître puissant par les yeux de mon intelligence, mais je ne le vois pas au delà du monde.

» Notre dépendance du grand Être ne vient pas de ce qu'il est présent hors du monde, mais de ce qu'il est présent dans le monde.

» Le grand Être a tout fait nécessairement, parce que si ses ouvrages n'étaient pas nécessaires ils seraient inutiles. Mais cette nécessité lui ôterait-elle sa liberté ? Non sans doute ; je veux nécessairement être heureux, je n'en veux pas moins ce bonheur, au contraire je le veux avec d'autant plus de force que je le veux invinciblement.

» La liberté ne peut être que le pouvoir d'agir, l'Être suprême étant très puissant est donc le plus libre des êtres.

» L'homme (comme tous les êtres) n'a rien que ce que le grand Être lui a donné. Ce serait une étrange contradiction, une singulière absurdité que tous les astres, tous les élémens, tous les animaux, tous les végétaux obéissent irrésistiblement aux lois du grand Être, et que l'homme seul pût se conduire par lui-même. » (*Du principe d'action ou de l'éternité des choses*, 1772.)

« Le principe universel d'action fait tout en nous, il ne nous a pas exceptés du reste de la nature.... Des expériences continuellement réitérées convaincront tout homme qui réfléchit, que nos idées, nos volontés, nos actions ne nous appartiennent pas.

» Personne ne sait ni ne peut savoir quelle idée lui viendra dans une minute, quelle volonté il aura, quel mot il proférera, quel mouvement son corps fera.

» Si vous créez le mouvement, si vous créez des idées parce que vous le voulez, vous êtes Dieu pour ce moment-là, car vous avez tous les attributs de Dieu, volonté, puissance, création.

» Il faut que vous choisissiez entre ces deux partis, ou d'être Dieu quand il vous plaît ou de dépendre continuellement de Dieu. Le premier est extravagant, le second seul est raisonnable.

» S'il y avait dans notre corps un petit dieu nommé *âme libre*, qui devient si souvent un petit diable, il faudrait, ou que ce petit dieu fût créé de toute éternité, ou qu'il fût créé au moment de votre conception, ou qu'il le fût quand vous êtes embryon, ou quand vous naissez, ou quand vous commencez à sentir. Tous ces partis sont également ridicules.

» Un destin inévitable est donc la loi de toute la nature, et c'est ce qui a été senti par toute l'antiquité.

» L'homme est libre encore une fois quand il peut ce qu'il veut ; mais il n'est pas libre de vouloir, il est impossible qu'il veuille sans cause. Si cette cause n'a pas son effet infaillible, elle n'est plus une cause. Cette vérité ne peut nuire à la morale.

» Le vice est toujours le vice, comme la maladie est toujours la maladie. » (*Principe d'action*)

« Nous osons mettre en question si l'âme intelligente est *esprit* ou *matière*, si elle est créée avant nous, si après nous avoir animés un jour sur la terre, elle vit après nous dans l'éternité. Ces questions paraissent sublimes ; que sont-elles ? Des questions d'aveugles qui disent à d'autres aveugles : Qu'est-ce que la lumière ?

» Avons-nous un creuset pour y mettre l'âme ? Elle est *esprit*, dit l'un, mais qu'est-ce qu'un esprit ? Personne assurément n'en sait rien ; c'est un mot si vide de sens qu'on est obligé de dire ce que l'esprit n'est pas, ne pouvant dire ce qu'il est. L'âme est *matière*, dit l'autre, mais qu'est-ce que la matière ? Nous n'en connaissons que quelques apparences et quelques propriétés, et nulle de ces apparences, nulle de ces propriétés ne paraît avoir le moindre rapport avec la pensée.

» ... La pensée n'est ni du bois, ni du sable, ni du métal... Faibles et hardis raisonneurs, la gravitation, le mouvement, la végétation, la vie ne sont rien de tout cela et cependant ils sont donnés à la matière. Dire que Dieu ne peut rendre la matière pensante, c'est dire la chose la plus insolemment absurde... Nous ne sommes pas assurés que Dieu en ait usé ainsi ; nous sommes seulement assurés qu'il le peut. » (*Dict. phil.*, Ame.)

« L'homme est un être agissant, sentant et pensant, voilà tout ce que nous en savons : il ne nous est donné de connaître ni ce qui nous rend pensants et sentants, ni ce qui nous fait agir, ni ce qui nous fait être. La faculté agissante est aussi incompréhensible pour nous que la faculté pensante. La difficulté est moins de concevoir comment ce corps de fange a des sentiments et des idées que de concevoir comment un être, quel qu'il soit, a des idées et des sentiments. » (*Dict. phil.*, Ame.)

« Continuez à cultiver la vertu, à être bienfaisant, à regarder toute superstition avec horreur ou avec pitié, mais adorez avec moi le dessein qui se manifeste dans toute la nature et par conséquent l'auteur de ce dessein, la cause primordiale et finale de tout ; espérez avec moi que notre monade, qui raisonne sur le grand Être éternel, pourra être heureuse par ce grand Être même.

» Il n'y a point là de contradiction. Vous ne m'en démontrerez pas l'impossibilité, de même que je ne puis pas vous démontrer mathématiquement que la chose est ainsi » (*Dieu et dieux, Dict. phil.*)

Sous une forme familière et plus accessible encore, dans une lettre importante adressée en décembre 1768 à M. L. C., occupé de sciences naturelles, le philosophe va confirmer de nouveau cet ensemble d'idées, longuement et conscieusement acquises.

« Oui, monsieur, je l'ai dit, je le redis et je le redirai, malgré la certitude d'ennuyer, que la doctrine des qualités occultes est ce que l'antiquité a produit de plus sage et de plus vrai. La formation des éléments, l'émission de la lumière, animaux, végétaux, minéraux, notre naissance, notre vie, notre mort, la veille, le sommeil, les sensations, la pensée, tout est qualité occulte.

» Descartes se crut fort au-dessus d'Aristote, lorsqu'il répéta en français ce que ce Sage avait dit en grec : *Il faut commencer par douter.* Il ne devait pas, après avoir douté, créer un monde avec des dés, faire de ces dés une matière globuleuse, une rameuse et une subtile, composer des astres avec de pareils ingrédients et imaginer, dans la nature, une mécanique contraire à toutes les lois du mouvement. Cet extravagant roman réussit quelque temps, parce que les romans étaient alors à la mode ; *Cyrus* et *la Clélie* valaient beaucoup mieux parce qu'ils n'induisaient personne en erreur. Apprenez-moi l'histoire du monde, si vous la savez, mais gardez-vous de l'inventer. Newton a calculé la gravitation, mais il n'en a pas découvert la cause. Pourquoi cette cause est-elle occulte ? C'est qu'elle est premier principe. Nous savons les lois du mouvement, mais la cause du mouvement, étant premier principe, sera éternellement cachée. Vous êtes en vie, mais comment ? Vous n'en saurez jamais rien. Vous avez des sensations, des idées, mais devinez-vous ce qui vous les donne ? Cela n'est-il pas la chose du monde la plus occulte ?

» On a donné des noms à un certain nombre de facultés qui se développent en nous, à mesure que nos organes prennent un peu de force au sortir des téguments où nous avons été renfermés neuf mois. Si nous nous souvenons de quelque chose, on dit, c'est de la mémoire ; si nous mettons quelques idées en ordre, c'est du jugement ; si nous formons un tableau suivi de quelques autres idées éparses, dont le souvenir s'est présenté à nous, cela s'appelle de l'imagination ; et le résultat ou le principe de ces qualités est appelé *âme*, chose mille fois plus occulte encore.

» Or, s'il vous plaît, puisqu'il est très vrai qu'il n'y a pas en vous un être à part qui s'appelle *sensibilité*, un autre qui soit *mémoire*, un troisième qui s'appelle *jugement*. un quatrième qui s'appelle *imagination*, concevez-vous aisément que vous en ayez un cinquième composé des quatre autres qui n'existent point ?

» Qu'entendait-on autrefois quand on prononçait en grec le mot ψυχή (nature) ou celui de νοῦς (être) ; entendait-on une propriété de l'homme ou un être particulier caché dans l'homme ? N'était-ce pas l'expression occulte d'une chose très-occulte ? Toutes les ontologies, toutes les psychologies ne sont-elles pas des rêves ? Le premier raisonneur qui s'écarta de cette ancienne philosophie des qualités occultes, corrompit l'esprit du genre humain.

» Combien plus sage avait été le premier ignorant, qui avait dit à l'Être, auteur de tout :

« Tu m'as fait sans que j'en eusse connaissance et tu me conserves sans que je puisse deviner comment je subsiste. J'ai accompli les lois les plus abstruses de la physique, en mangeant et en digérant les aliments dont tu me nourris. Je sais encore moins comment les idées entrent dans ma tête pour en sortir le moment d'après sans jamais reparaître, et comment d'autres y entrent, quelque effort que je fasse pour les en chasser. Je suis un effet de ton pouvoir occulte et suprême, à qui les autres obéissent comme moi. Un grain de poussière que le vent agite ne dit point : c'est moi qui commande aux vents. *In te vivimus, movemur et sumus ;* tu es le seul Être, tout le reste est mode.

» C'est là cette philosophie des qualités occultes que le père Malebranche entrevit dans le dernier siècle. S'il avait pu s'arrêter sur le bord de l'abîme, il eût été le plus grand ou plutôt le seul métaphysicien ; mais il voulut parler au Verbe, il sauta dans l'abîme et disparut......

» Un peu avant ce temps, il y avait un philosophe qui était leur maître, sans qu'ils le sussent ; Dieu me garde de le nommer !

» Depuis ce temps nous n'avons eu que des gens d'esprit, desquels il faut excepter le grand Locke, qui avait plus que de l'esprit, etc. »

Tout lecteur, quelque peu initié aux études philosophiques, devinera aisément que le penseur que Voltaire ne veut point nommer, n'est autre que l'immortel auteur de l'*Éthique*. Génie méconnu, incompris, encore couvert d'un nuage, Spinoza a néanmoins exercé en Allemagne une influence souveraine, et l'universel Gœthe reste l'un de ses plus brillants disciples. Nous n'en voulons dire ici qu'un mot. C'est que Spinoza est la pierre angulaire de la philosophie moderne et qu'il n'est pas étonnant que Voltaire ait fini par le comprendre, et se rallier à ce grand dominateur des esprits. Mais ce n'est pas ici le lieu d'insister sur cet homme immense, dont l'intelligence fut aussi haute que la vie fut pure et sainte.

En résumé, si Voltaire n'est pas spiritualiste parce qu'il a sagement reconnu ne pouvoir comprendre ce que l'on entend par l'*esprit*, en tant que substance, il n'est pas non plus matérialiste, attendu que la substance, ainsi considérée, n'échappe pas moins à notre connaissance. Qu'est-il donc en métaphysique ? une sorte de spinosiste, qui admet un Dieu personnel et non séparé du monde. On n'a pas pris garde à ce vers :

Si Dieu n'est pas dans nous il n'exista jamais;

Ce vers recèle une pensée profonde sous sa formule nette et concise. Évidemment, Voltaire croyait que l'homme participe de l'infini et que toute chose est intimement vivifiée par lui. Et ce vers ne résume pas moins fortement sa pensée que cet autre, si connu :

Si Dieu n'existait pas il faudrait l'inventer.

Mais il est un point, sur lequel nous insisterons en nous occupant de Rousseau, et par lequel Voltaire tranche avec le spinosisme. Son profond amour de l'humanité l'a toujours

fait hésiter sur la question du mal. Il ne sait quelle solution
lui donner et n'en voit aucune qui soit acceptable. De même
que le juge romain, il déclare n'être pas suffisamment éclairé.
Non liquet.

C'est ainsi que, pour ne pas nier Dieu avec les athées ou
accuser sa bonté, il préfère se résoudre à douter de sa toute-
puissance. Il explique ainsi ses doutes dans ses *Lettres de Mem-
mius à Cicéron*, 1771.

Au point de vue absolu, il y a là un manque de logique,
chose rare chez Voltaire, mais c'est plutôt chez lui bonté de
cœur que faiblesse d'intelligence. Son sentiment triomphe
de sa raison. Incapable de procéder avec la rigueur d'un faiseur de systèmes et de synthèses, il s'arrête, le cœur ému en
présence de la souffrance humaine. Ne pouvant soulager son
âme par un palliatif, ni satisfaire son esprit par aucune explication, péché originel ou autre, il se retourne vers Dieu en
doutant de son pouvoir mais avec un cri d'espérance en l'avenir du monde.

Je ne puis omettre encore ce qu'il a dit autre part, en combattant d'Holbach : « On ne trouve à cette objection ancienne,
commune et terrible de la présence du mal, on ne trouve de
réponse que dans l'espérance d'une vie meilleure. Et quelle
est encore cette espérance ? Nous n'en pouvons avoir aucune
certitude par la raison. Mais j'ose dire que quand il nous est
prouvé qu'un vaste édifice construit avec le plus grand art est
bâti par un architecte quel qu'il soit, nous devons croire à
cet architecte, quand même l'édifice serait teint de notre
sang, souillé de nos crimes et qu'il nous écraserait dans sa
chute » (*Dict. phil.*).

J'ai avancé que Voltaire était homme de foi ; ces énergiques paroles sont bien faites pour montrer combien il est ridicule de faire de voltairien le synonyme de sceptique.

En outre, en sa qualité d'homme pratique, vivant dans la
sphère d'activité la plus intense, il répugnait à Voltaire de se
placer au point de vue absolu. C'est pour cela qu'en discu-
tant dans le *Dictionnaire philosophique* le fameux axiome :
tout est bien, il distingue et, s'adressant à Pope, Schaftesbury,
Bolingbrocke, il leur demande : « Cela signifie-t-il : tout est
arrangé, tout est ordonné selon la théorie des forces mou-
vantes ? Je comprends et je l'avoue. Entendez-vous que

chacun se porte bien et que personne ne souffre ? Vous savez
combien cela est faux. Votre idée est-elle que les calamités
qui affligent la terre sont bien par rapport à Dieu et le réjouis-
sent ? Je ne crois point à cette horreur ni vous non plus. »

Tel est le grand cœur de l'intrépide vieillard ! Il gardera
l'espérance du bien, en ne se fiant qu'à son sentiment, il ne
reniera pas Dieu que sa raison lui démontre, et, dans son
horreur pour le mal, il se résignera à croire qu'en Dieu, la
puissance, non la bonté, peut avoir une limite.

Conséquent avec cette idée fondamentale sur Dieu, Voltaire affirme une conception nouvelle de l'homme. Il ne le
voit plus comme une antinomie, un monstrueux mélange
d'esprit et de matière, un composé hétérogène de principes
qui s'excluent. Celui qui a combattu toutes les folies du surnaturel ne pouvait ne pas combattre la chimérique entité
du libre arbitre, entendu à la façon des scolastiques et des
psychologues. Néanmoins, nous le verrons, Voltaire avait le
juste sentiment de la spontanéité et de la moralité humaines.
Sa belle vie a été un splendide commentaire de ses convic-
tions.

Cette question du libre arbitre occupa longtemps l'esprit
de Voltaire et ce ne fut que dans la dernière partie de sa
vie, à plus de soixante ans, qu'il arrêta définitivement ses
idées sur cette grave question. Il soutint avec Frédéric, disciple de Wolf, le Leibnitzien, une longue discussion à ce
sujet, en défendant contre lui les anciennes idées de l'école,
idées vagues mais encore acceptées généralement aujour-
d'hui. La *Simple métaphysique*, écrite pour Mme du Chatelet,
en 1734, est dans ce sentiment, et nous retrouvons la trace
de cet état de son esprit dans une lettre à Helvétius, de 1739.
Un passage de cette lettre montre quelle est la sincérité, le
besoin de croire de Voltaire et combien l'amour du vrai le
tourmente.

« Il me semble que Dieu peut avoir donné à l'homme le
» pouvoir de choisir quelquefois entre des idées, quelle que
» soit leur nature. Je vous avouerai enfin qu'après avoir
» erré bien longtemps dans ce labyrinthe, après avoir cassé
» mille fois mon fil, j'en suis revenu à dire que le bien de la
» société exige que l'homme se croie libre. Nous nous con-

» duisons tous suivant ce principe, et il me paraît un peu
» étrange d'admettre dans la pratique ce que nous rejette-
» rions dans la spéculation. Je commence à faire plus de cas
» du bonheur de la vie que d'une vérité, et, si malheureuse-
» ment le fatalisme était vrai, je ne voudrais pas d'une vé-
» rité si cruelle. Pourquoi l'Être souverain qui m'a donné un
» entendement qui ne peut se comprendre, ne m'aurait-il
» pas donné aussi un peu de liberté ? Nous nous sentons
» tous libres. Dieu nous aurait-il trompés tous ? Voilà des
» arguments de bonne femme. Je suis revenu au sentiment,
» après m'être égaré dans le raisonnement. »

Arguments de bonne femme ! le mot est juste autant qu'il
est joli, et les hommes ont dû s'en contenter longtemps,
parce qu'ils n'étaient pas de force à en produire d'autres et
parce que ces arguments de bonne femme correspondaient
aux circonstances aussi bien qu'à l'état des esprits. Chaque
chose et chaque idée viennent à l'heure marquée.

Le moment de cette évolution considérable chez le penseur, dont la vieillesse n'arrêta jamais l'incessante activité,
ne se produisit qu'à la fin de sa vie. La transformation n'en
fut que mieux assurée et plus complète.

Toutefois, nous prions le lecteur de vouloir bien suspendre
son jugement sur cette question du libre arbitre, qu'il trouvera élucidée dans un chapitre à part. Il y a un fond de
vérité dans cette lettre de Voltaire à Helvétius et nous le ferons ressortir.

Voici comment Voltaire parle du libre arbitre dans *le
Philosophe ignorant*, après avoir victorieusement rompu ses
liens avec le passé :

« Il n'y a rien sans cause. Un effet sans cause n'est qu'une
parole absurde. Toutes les fois que je veux, ce ne peut être
qu'en vertu de mon jugement bon ou mauvais, ce jugement
est nécessaire, donc ma volonté l'est aussi. En effet, il serait
bien singulier que toute la nature, tous les astres obéissent
à des lois éternelles, et qu'il n'y eût qu'un petit animal, haut
de cinq pieds, qui, au mépris de ces lois, pût agir toujours
comme il lui plairait, au gré de son caprice. Il agirait au
hasard, et on sait que le hasard n'est rien. Nous avons in-

venté ce mot pour exprimer l'effet connu de toute cause connue.

» Être véritablement libre, c'est pouvoir. Quand je peux faire ce que je veux, voilà ma liberté; mais je veux nécessairement ce que je veux, autrement je voudrais sans raison, sans cause, ce qui est impossible. Ma liberté consiste à marcher quand je veux marcher et que je n'ai pas la goutte.

» Ma liberté consiste à ne point faire une mauvaise action quand mon esprit se la représente nécessairement mauvaise; à subjuguer une passion quand mon esprit m'en fait sentir le danger et que l'horreur de cette action combat puissamment mon désir. Nous pouvons réprimer nos passions, mais alors nous ne sommes pas plus libres en réprimant nos désirs qu'en nous laissant entraîner à nos penchants; car dans l'un et l'autre cas, nous suivons irrésistiblement notre dernière idée, et cette dernière idée est nécessaire, donc je fais nécessairement ce qu'elle me dicte. Il est étrange que les hommes ne soient pas contents de cette mesure de liberté. Nous nous figurons que nous avons le don incompréhensible et absurde de vouloir sans autre raison, sans autre motif que celui de vouloir.

» Pour embarrasser la chose davantage, on a imaginé de distinguer encore entre nécessité et contrainte; mais au fond la contrainte est-elle autre chose qu'une nécessité dont on s'aperçoit? et la nécessité n'est-elle pas la contrainte dont on ne s'aperçoit point? Archimède eut également nécessité à rester dans sa chambre quand on l'y enferme et quand il y est si fortement occupé d'un problème qu'il ne reçoit pas l'idée d'en sortir.

Ducunt volentem fata, nolentem trahunt.

» L'ignorant qui pense ainsi n'a pas toujours pensé de même, mais enfin, il est contraint de se rendre. » (*Le Philosophe ignorant*)

Pour le moment, je bornerai là l'exposition de la métaphysique de Voltaire. On trouvera dans un chapitre complémentaire de nouveaux éclaircissements sur cet ordre d'idées.

II

MORALE DE VOLTAIRE

De même que Voltaire affirme Dieu, cause et principe unique de la vie, de même il va affirmer que l'homme, en recevant la raison, a été également doué des sentiments supérieurs qui lui font aimer le juste, le bien et le vrai, sentiments sans lesquels la société eût été impossible. Voltaire demeure sur ce terrain aussi ferme et aussi résolu que sur le premier problème, Dieu.

Déjà, en 1738, dans une lettre à Frédéric, Voltaire avait développé très-largement cette thèse lumineuse : l'homme est né pour la société, or, il ne peut y avoir de société sans justice, donc l'homme est né avec la faculté de connaître le juste et l'injuste, comme il est né avec la faculté de raisonner et de marcher. Nous n'avons point d'*idées innées*, mais nous venons au monde avec des facultés propres à notre condition d'hommes.

Plus tard, tout en combattant les *idées innées*, Voltaire s'élève également contre Locke, dont il est si grand admirateur, lorsque ce philosophe prétend que l'homme naît sans aucun principe de morale et de raison : Ici Voltaire abandonne résolûment Locke pour dire avec Newton : « La nature » est toujours semblable à elle-même. Si la gravitation agit » sur tous les corps célestes quelles que soient leurs diffé- » rences, la loi fondamentale de la morale agit également sur » toutes les nations, quelque diverse qu'en soit l'interpré- » tation. Le fond subsiste toujours le même, et le fond c'est » l'idée du juste et de l'injuste. C'est l'unique cause qui fait » subsister la société humaine, cause subordonnée au besoin » que nous avons les uns des autres.

» Quel est l'âge où nous connaissons le juste et l'injuste? » L'âge où nous connaissons que deux et deux font quatre. » La notion de quelque chose de juste me semble si natu-

» relle, si universellement acquise par tous les hommes,
» qu'elle est indépendante de toute loi, de tout pacte, de
» toute religion..... L'idée de justice me paraît tellement une
» vérité de premier ordre, que les plus grands crimes qui
» affligent la société humaine sont tous commis sous un faux
» prétexte de justice. » (*Philosophe ignorant*.)

Voltaire proteste encore contre Hobbes, qui a cru pouvoir
établir le droit de la force en prétendant qu'il n'y avait pas de
morale universelle, et qu'à cet égard, tout était conventions
qui a été jusqu'à proclamer que, selon la loi de la nature,
tous les hommes ayant même droit, chacun a droit sur la vie
de son semblable.

Rien de plus absurde et de plus contradictoire que l'accou-
plement de ces deux mots : *droit de la force*. Car qu'est-ce
qu'un droit qui périt quand la force cesse, comme l'observe
judicieusement Jean-Jacques ? Une force qui surmonte la première succède à son droit. En somme, la force demeure
seule et le droit n'a nulle place dans cette théorie, qui n'est
que celle du plus fort.

Après avoir établi ce point de départ que l'homme est né
pour la justice comme il l'est pour la raison, et que cette
double lumière éclaire tout homme venant au monde, le phi·
losophe s'exprime ainsi sur les mobiles et les passions de
l'âme humaine.

« Les raisonneurs, qui veulent établir la chimère que
l'homme était né sans passions et qu'il n'en a eu que pour
avoir désobéi à Dieu, auraient aussi bien fait de dire que
l'homme était d'abord une belle statue que Dieu avait formée,
et que cette statue fut depuis animée par le diable.

» L'amour-propre (plus exactement amour de soi) et toutes
ses branches sont aussi nécessaires à l'homme que le sang
qui coule dans ses veines ; et ceux qui veulent lui ôter ses
passions, parce qu'elles sont dangereuses, ressemblent à celu
qui voudrait ôter à un homme tout son sang, parce qu'il peut
tomber en apoplexie.....

» Il est donc très-clair que c'est à nos passions et à nos
besoins que nous devons cet ordre et ces inventions utiles,
dont nous avons enrichi l'univers ; et il est très-vraisemblable
que Dieu ne nous a donné ces besoins, ces passions qu'afin

que notre industrie les tournât à notre avantage.... Ainsi, de
proche en proche, les passions réunirent les hommes et tirèrent du sein de la terre tous les arts et les plaisirs. C'est avec
ce ressort, que Dieu, appelé par Platon l'éternel géomètre et
que j'appelle ici l'éternel machiniste, a animé et embelli la
nature : Les passions sont les roues qui font aller toutes les
machines. » (*Simple métaphysique*, 1734.)

« Le bien de la société est la seule mesure du bien et du
mal moral.

» Mais, dira-t-on, ce ne sera donc que par rapport à nous
qu'il y aura du crime et de la vertu, il n'y aura donc pas de
bien en soi et indépendant de l'homme? Je demanderai
à ceux qui font cette question, s'il y a du froid et du
chaud, du doux et de l'amer, de la bonne ou mauvaise
odeur, autrement que par rapport à nous? Notre bien et
notre mal physique n'ont d'existence que par rapport à
nous; pourquoi notre bien et notre mal moral seraient-ils
dans un autre cas ? » (*Id.*)

Au point de vue de la pratique sociale, l'homme ne peut
avoir évidemment d'autre mesure du bien et du mal que
l'avantage ou le trouble apportés au corps social dont il fait
partie. Là se trouve son indispensable point de départ pour
comprendre et aimer le bien sur un plus vaste théâtre, sur
ce qu'il peut percevoir des harmonies de l'univers.

Mais l'homme étant lié à l'infini par l'intermédiaire direct
de ses semblables, il est naturel qu'il cherche encore l'ordre
et le bien au delà de cette première sphère où il vit. Voilà
pourquoi il poursuit le souverain bien, pourquoi il s'est toujours inquiété, non pas seulement de ce qui le touche immédiatement, mais de tout ce que son idéal et ses facultés de
généralisation lui permettent d'atteindre et d'entrevoir. Si
cette observation est incontestable, il n'est pas moins certain
que Voltaire, esprit pratique et net, a bien raison de poser
cette règle : c'est une folie périlleuse que la recherche du
souverain bien en soi, *indépendant de l'homme.*

Qui ne sait qu'en recherchant le souverain bien, indépendant de l'homme, on a inondé la terre de sang et qu'on l'a
déshonorée par les plus effroyables supplices? Votre souverain bien est d'aller au ciel et je vous fais brûler pour votre

salut. Combien d'abominables variations n'a-t-on pas jouées sur ce thème sacré ?

Dans ses *discours sur l'homme*, Voltaire s'exprime ainsi :

> Quand l'ennemi divin des scribes et des prêtres,
> Chez Pilate autrefois fut traîné par des traîtres;
> De cet air insolent qu'on nomme dignité,
> Le Romain demanda : Qu'est-ce que vérité?
> L'Homme Dieu, qui pouvait l'instruire ou le confondre,
> A ce juge orgueilleux dédaigna de répondre ;
> Son silence éloquent disait assez à tous
> Que le vrai tant cherché ne fut pas fait pour nous.
> Mais lorsque, pénétré d'une ardeur ingénue,
> Un simple citoyen l'aborda dans la rue,
> Et que, disciple sage, il prétendit savoir
> Quel est l'état de l'homme et quel est son devoir ;
> Sur ce grand intérêt, sur ce point qui nous touche,
> Celui qui savait tout ouvrit alors la bouche,
> Et dictant d'un seul mot ses décrets solennels,
> Aimez Dieu, lui dit-il, mais aimez les mortels.
> Voilà l'homme et sa loi, c'est assez : le ciel même
> A daigné tout nous dire en nous disant qu'on aime.

Voltaire ajoute ensuite cette note (*édition de* 1748) :

« Comme presque tous les mots d'une langue peuvent être entendus en plus d'un sens, il est bon d'avertir ici qu'on entend par le mot *passions* des désirs vifs et continus de quelque bien que ce puisse être.

» Ce mot vient de *pâtir*, souffrir, parce qu'il n'y a aucun désir sans souffrance ; désirer un bien c'est souffrir de l'absence de ce bien, c'est pâtir, c'est avoir une passion. Les vicieux et les gens de bien ont également de ces désirs vifs et continus appelés *passions*, qui ne deviennent des vices que par leur objet. Le désir de réussir dans son art, l'amour conjugal, l'amour paternel, le goût des sciences sont des passions qui n'ont rien de criminel.»

On peut lire encore, dans ce même poëme, le passage suivant, où se retrouve le même ordre d'idées :

> Chez de sombres dévots l'amour-propre est damné,
> C'est l'ennemi de l'homme, aux enfers il est né.

Vous vous trompez, ingrats ; c'est un don de Dieu même.
Tout amour vient du ciel ; Dieu nous chérit, il s'aime.
Nous nous aimons dans nous, dans nos biens, dans nos fils,
Dans nos concitoyens, surtout dans nos amis ;
Cet amour nécessaire est l'âme de nos âmes,
Notre esprit est porté sur ses ailes de flammes.

. . . .

Partout d'un Dieu clément la bonté salutaire
Attache à nos besoins un plaisir nécessaire.

. . . .

Tout mortel au plaisir a dû son existence,
Par lui le corps agit, le cœur sent, l'esprit pense.

Impossible d'être plus net et plus explicite. Voltaire l'est toujours, mais il est bon de faire remarquer que le langage du philosophe moraliste n'a jamais varié, qu'il n'a jamais maudit la nature humaine, anathématisé les passions. Il blâme et condamne tous les excès ; nous avons vu jusqu'où l'a entraîné son horreur pour le mal ; Voltaire, en face des maux de l'humanité, a pu douter en gémissant de la puissance infinie de Dieu ; mais, de même qu'il a toujours affirmé Dieu, toujours il a pensé que son œuvre, l'homme et ses passions, étaient essentiellement bonnes, c'est-à-dire dignes du grand architecte des mondes.

Le philosophe, par une note de son poëme sur le désastre de Lisbonne, publié en 1756, revient sur le même sujet :

« Schaftetsbury, élève de Locke, dit formellement que l'intérêt particulier bien entendu fait l'intérêt général. Aimer le bien public et le nôtre est non-seulement possible, mais inséparable. Pope développe le même principe dans son *Essai sur l'Homme.*

» La raison et les passions répondent au grand but de Dieu. Le véritable amour-propre et l'amour social sont le même. Une si belle morale a toujours charmé l'auteur des poëmes sur Lisbonne et la Loi naturelle, et voilà pourquoi il a dit :

Mais Pope approfondit ce qu'ils ont effleuré
Et l'homme avec lui seul apprend à se connaître.

Dans son poëme sur *la loi naturelle*, Voltaire se complaît à développer sa morale, qui est simple, pratique, humaine. La

modération en tout est sagesse ; le plaisir vient de Dieu ; s
l'on ne peut pas s'attendre à un bonheur parfait, l'homme ne
doit pas se plaindre, car Dieu a fait les choses de telle sorte
qu'il doit l'en remercier; la vertu consiste à faire du bien à
ses semblables et non dans la pratique des mortifications ;
nos conditions, en apparence si différentes, sont telles qu'il y
a en toutes une mesure de biens et de maux qui les rend
égales.

Cette idée sur l'égalité des conditions humaines procède
d'une philosophie profonde autant qu'elle est humaine. Elle
est faite pour apaiser les âmes et les rapprocher. Voltaire devait la trouver dans son cœur, qui fut toujours si plein d'une
pitié active pour les maux de ses semblables. Cette philosophie le consolait en éclairant sa raison, en la préservant des
abîmes du mysticisme et des vues fausses d'une misanthro-
pie atrabilaire.

Donnons quelques développements à cette vue philosophique.

Larochefoucauld avait déjà émis cette maxime : quelque
différence qui paraisse entre les fortunes, il y a une certaine
compensation de biens et de maux qui les rend égales.

J.-J. Rousseau ne pouvait goûter une semblable doctrine.
Il avait trop souffert dans sa vanité, il était trop personnel
pour ne pas réagir contre la société et l'accuser follement.
Aussi formule-t-il à ce sujet un nouveau paradoxe : Le peuple, dit-il, n'est malheureux que par la mauvaise constitution de la société, les grands le sont par leurs fautes.

Jean-Jacques n'est guère frappé que par les apparences,
ou par ce qui le blesse directement ; il ne va pas au fond des
choses. Il ne voit pas que, si les petits étaient les grands, ils se
comporteraient comme eux, et que si les grands étaient les
petits, ils seraient tout pareils Car, comme le dit Etienne de
la Boétie : Nous sommes tous faits à mesme pâte et à mesme
moule. Rousseau, apôtre de la fraternité humaine, brise
l'unité et la solidarité, qui sont l'essence même de la vie de
notre espèce. Il nous sépare en deux camps, les pauvres et
les riches; il nous fait ennemis les uns des autres, au lieu de
nous rapprocher dans notre commune misère et pour notre
mutuel soulagement.

Le sophiste ne voit que les maux du peuple, et ceux des

grands lui échappent. Il semblerait qu'à ses yeux il suffise d'être riche pour être heureux.

Il oublie que les grands connaissent des souffrances morales mille fois plus cruelles encore que les souffrances physiques; que l'ambition déçue, la vanité trompée, les craintes, l'oisiveté, l'ennui sont le partage des riches. Il oublie qu'ils jouissent rarement de la santé, ce premier des biens, parce qu'ils ne l'entretiennent pas par le travail et la ruinent par leurs excès. Le peuple des campagnes et des villes possède à cet égard une incomparable supériorité de condition. Ne vaut-il pas mieux être vêtu de bure et marcher dans des sabots, libre de tous ses mouvements, que d'être impotent et traîné dans une voiture, couvert d'habits de velours et de soie ? Et n'est-il pas préférable de manger avec appétit un repas grossier, que de s'asseoir, sans faim ou avec un estomac délabré, devant une table somptueuse ? Le travail, qui est notre loi, par lequel on se sent vivant, porte avec lui sa récompense : la santé, le sentiment intime d'avoir accompli sa fonction, l'oubli des chagrins. Le riche, né malingre ou rachitique, n'en ressent que plus vivement ce qui lui manque, et ce n'est pas sa faute.

L'analyse des maux qui assiégent les riches pourrait être longue. Elle ne doit pas nous faire oublier ceux dont souffre le peuple, et Voltaire ne l'oublie jamais. Il faut garder bonne mémoire de toutes ces misères pour nous soutenir les uns les autres, pour nous entr'aider et mieux combattre ce qui fait obstacle à la vie de chacun de nous. Nous diviser, c'est faiblesse et ignorance. Nous réunir et nous entendre, c'est le seul moyen de triompher de nos maux originels, et d'écraser la tête du serpent de la légende biblique.

Voltaire avait vu de près les grands et les petits, les riches et les pauvres. Il avait touché aux différents états de la vie et avait observé l'homme dans toutes ses conditions. Son expérience était complète et son observation juste, parce que ni la vanité ni la sensation ne les troublaient. A l'inverse de Rousseau, il raisonnait d'autant mieux qu'il était plus maître de ses impressions.

Voltaire avait vu Frédéric glorieux et redouté; puis il l'avait consolé vaincu et désespéré au point de vouloir s'ôter la vie. Il avait vu Louis XV, au milieu des splendeurs et des

voluptés de Versailles, le cœur vide, la tête faible, rongé
d'ennuis et moralement l'un des hommes les plus misérables
de son royaume.

Le colon de Ferney, le petit laboureur, le mainmortable de
Saint-Claude, le moine mendiant, la sceptique Mme du Deffand qui meurt d'ennui, son parent Daumart paralysé à la
fleur de l'âge et qui aime la vie comme un fou, l'invalide
Laflamme, le petit Pichon, orphelin recueilli par lui, Adrienne
Lecouvreur, adorée à la ville et au théâtre, mourant empoisonnée entre ses bras, Génonville et M. de Maisons emportés
dans leur printemps, Mlle Clairon triomphante, abreuvée de
dégoûts et jetée au Fort-l'Évêque, tous ces tableaux lui
étaient présents, car sa sollicitude s'étendait à tous, et il avait
réfléchi avec une philosophique sympathie sur toutes les
conditions de l'humanité. En Prusse, en Hollande, en Angleterre, en Suisse, en France, au haut et au bas de l'échelle, à
la cour, à la ville, à l'atelier, aux champs, rien de ce qui
touchait l'homme ne lui était étranger.

Lui-même, il avait vécu en exil, en prison, caché et sous le
coup de l'arbitraire; il avait été persécuté, calomnié, envié,
trahi, abandonné par ses amis, bâtonné par les laquais d'un
grand seigneur et, ce qui est pire que tous les maux réunis,
il fut toujours d'une santé misérable, comme s'il devait tout
éprouver pour tout connaître par son intelligence et tout embrasser dans son cœur ; puis il avait été riche, bienfaisant,
aimé, glorifié et toujours laborieux jusqu'à l'excès. Connaissant les extrêmes des biens et des maux de la vie, il ne la
maudissait pas malgré ses peines et se résignait à son fardeau,
le portant de son mieux avec un sourire et plaignant surtout
les autres, au lieu de s'apitoyer lâchement sur lui-même.

Oui, pour une tête bien faite, pour un cœur droit et largement sympathique, tout crie, tout proclame la solidarité,
l'unité de l'espèce et l'égalité de nos conditions. La vertu
c'est de faire le bien, et la mesure de notre moralité nous
est nettement indiquée par la valeur sociale de nos actions.
Personne ne peut déterminer la part de libre arbitre ou plutôt
de spontanéité, apportée dans leurs actes, par un Fénelon, un
Mandrin, mais tout le monde est fixé sur la moralité de l'un
et de l'autre. Tels étaient les sentiments de Voltaire et telles
furent les pensées qu'il garda jusqu'à la fin de sa vie.

Si l'on se prend à réfléchir à la cause générale des agitations, des mouvements de l'âme humaine, au but toujours si ardemment poursuivi, au désir toujours vivace qui résume tous les autres désirs, la recherche du bonheur, ces idées de Voltaire en recevront une nouvelle et vive lumière.

Le bonheur!... nous ne vivons que pour lui, mais qui donc peut en assurer les conditions, qui donc le mesure? Qui peut juger qu'un autre est heureux? qui peut dire avec certitude qu'il le sera lui-même dans tel moment précis? Aveugles et faibles humains, que savons-nous sur cette question, la plus. importante et la première de celles que nous nous faisons chaque jour.

Examinons et scrutons ensemble quelques-uns de ses aspects.

Quel bien est plus précieux que la santé? Ce bien est tel qu'il n'y en a pas d'autres sans lui, pour ainsi parler. Cependant lorsqu'on jouit de la santé, quel bien est plus négligé, moins apprécié et plus inaperçu! Il semble ici que la privation seule soit capable de faire estimer la jouissance. Que dirons-nous des autres biens, l'amour, les honneurs, la fortune; peuvent-ils se comparer à la santé, le premier des biens? Personne n'oserait le soutenir. D'abord ces biens dépendent peu de nous et beaucoup des autres, ils sont fugitifs, instables et soumis à mille chances adverses.

Il est une autre considération importante qui ne doit pas nous échapper non plus. Si avide que l'homme soit du bonheur, il est certain qu'il le ressent d'autant plus vivement que ce bonheur contraste avec le malheur, avec la souffrance. Il semble que le mal entre dans notre joie, comme s'il en était l'aiguillon ou l'assaisonnement nécessaire. Telle est l'infirmité de la condition humaine.

Ainsi, pour la santé, ce premier des biens, ne passe-t-il pas inaperçu pour nous si la maladie ne nous le fait sentir? Est-ce trop dire? Au moins personne ne contestera les joies de la convalescence. Elles sont si fortes et si douces que l'on a pu la comparer à une résurrection de tous les sens, à une sorte de nouvelle prise de possession de la vie, dont nous avons conscience. C'est comme si nous assistions à notre propre création. Voilà une joie très-positive et très-grande, dont n'a jamais joui celui qui s'est toujours bien porté.

Quel amour profond, délicieux, noble, délicat, s'emparant

de tout notre être pour l'exalter et le diviniser, a jamais existé sans craintes, sans larmes, sans désespoirs, sans nous faire passer par toutes les douleurs comme il nous a donné toutes les voluptés? Aucune passion n'est plus propre que l'amour à montrer à quelles étranges et souveraines compensations la nature humaine est soumise.

Les soins, les inquiétudes, les souffrances de la mère n'égalent-ils pas ses joies et ses triomphes?

Considérons maintenant que la disposition intérieure dans laquelle nous sommes est la condition essentielle de ce qui fait notre joie ou notre peine. Sans doute les circonstances extérieures agissent sur nous et nous modifient, mais elles ne peuvent prévaloir contre notre manière d'être que dans les limites les plus restreintes. N'avons-nous pas vu au sein du luxe et des plaisirs, dans une atmosphère où tout semble ordonné à souhait, des individus atteints d'une mélancolie qui touche au spleen le plus noir? Au contraire, les gens accablés du travail le plus rude, font souvent meilleur visage ; et la misère elle-même rit sous ses guenilles.

Ce n'est pas à la surface qu'il faut juger du bonheur d'un homme, nous risquerions ainsi d'apprécier les choses tout de travers. Il s'agit de pénétrer dans le for intérieur de cet homme, de savoir ce qu'il sent, ce qu'il pense et comment il est impressionné par le milieu qui le presse de toute part.

> Dieu mesura le vent à ma pauvreté nue.

Ce vers d'Hégésippe Moreau contient une grande vérité et, dans l'échelle sociale, les plus haut placés ne sont pas toujours ceux qui réunissent le plus de conditions de bonheur, malgré des apparences contraires.

Que conclure, sinon que les éléments de notre bonheur sont presque nuls en eux-mêmes et qu'ils ne dépendent pas de nous. L'homme n'est maître ni de ses joies ni de ses peines, et ce pouvoir est évidemment celui qu'il lui importerait le plus de posséder. C'est que nous ne sommes maîtres de rien et que nous dépendons d'une cause qui a tout ordonné. L'homme a tout reçu ; il agit en raison de ses facultés, il jouit ou il souffre selon une loi supérieure, qui nous dépasse. Notre bonheur n'est pas entre nos mains et Dieu seul le mesure.

Deux exemples entre mille, en nous mettant en présence des faits, donneront un vif relief à ces considérations générales. Je vais prendre deux femmes célèbres et que nous connaissons assez bien par ce qui nous reste d'elles, Mme de Maintenon et Mme Roland.

La première, raisonnable et sensée, parfaitement maîtresse d'elle-même, fut une ambitieuse réussie, au delà même de toute espérance. Orpheline sans fortune, après avoir traversé une enfance malheureuse et tourmentée, la pauvrette dut regarder comme un avantage d'épouser ce spirituel cul-de-jatte Scarron. Cependant la maison du poëte ne nageait pas dans l'abondance, et souvent l'esprit de sa femme tenait lieu de rôti à sa table indigente. De là, s'étant retirée d'abord aux Ursulines, la jeune veuve eut la fortune d'être choisie pour élever les enfants de Louis XIV et de Mme de Montespan. Enfin, créée marquise de Maintenon en 1674 par ce roi, qu'elle *renvoyait toujours malheureux jamais désespéré*, Mlle d'Aubigné, veuve Scarron, devint, après la mort de la reine, 1683, l'épouse morganatique du grand roi. Elle fut la compagne de son âge mûr, de sa vieillesse et lui survécut.

Certes cette destinée est étrange, et la fin en est brillante à la surface. Mais écoutons maintenant les cris étouffés et les paroles arrachées à la femme au comble d'une fortune inespérée. Ces paroles sont si tristes, qu'elles projettent une ombre sur les années de sa jeunesse et qu'on peut croire que, sans les secours d'une dévotion austère et minutieuse, elle serait morte de désespoir.

Voici quelques lignes écrites à Mme de la Maisonfort par la belle Esther de l'Assuérus des Gaules :

« Que ne puis-je vous faire voir l'ennui qui dévore les
» grands et la peine qu'ils ont à remplir leur journée ? Ne
» voyez-vous pas que je meurs de tristesse dans une fortune
» qu'on aurait eu peine à imaginer ? J'ai été jeune et jolie,
» j'ai goûté les plaisirs, j'ai été aimée partout. Dans un âge
» plus avancé, j'ai passé des années dans le commerce de
» l'esprit, je suis venue à la faveur, et je vous proteste que
» tous les états laissent un vide affreux. »

Mme de Maintenon disait à son frère : *Je n'y puis plus tenir,*

je voudrais être morte. D'Aubigné, qui gardait souvenir de
l'ambition de sa sœur, lui fit une réponse où se voit la
marque d'un esprit juste, mais d'un cœur dur et peu reconnaissant, car il lui devait son état : *Vous avez donc parole
d'épouser Dieu le père*. Hélas ! l'ambitieuse était assez punie.
On doit tout pardonner, et d'Aubigné y était doublement
obligé.

Mme Roland va nous offrir un noble contraste avec la
femme qui remplit trente ans le rôle de lune du roi-soleil
au firmament de Versailles.

Mme Roland avait passé sa vie dans le recueillement, l'é-
tude, la pratique innocente et sérieuse de tous ses devoirs
de fille, d'épouse et de mère, et de plus dans le culte ardent
de la vérité, du bien et de l'amour des hommes. La noble
femme était faite pour tous les rôles, celui d'héroïne et celui
de martyre, celui d'apôtre et d'ouvrier de la sainte cause de
la justice. Elle avait trente-cinq ans quand sonna 89 et sa
grande âme fut remplie de toutes les ivresses, que fit naître
l'aurore de la Révolution. Son cœur expansif s'ouvrit tout
entier sous le souffle des plus généreuses passions. La crise
suprême de sa patrie et du monde l'occupait nuit et jour,
et, près de son mari, elle y prit une part active. On sait que
dans cette grande tempête, brisée comme tant d'autres,
l'admirable femme fut jetée en prison pour monter ensuite
sur l'échafaud, qui lui est un immortel piédestal.

Mme Roland passa près de cinq mois dans ces terribles prisons d'où l'on ne sortait guère que pour mourir. Quelles ne
devaient pas être ses souffrances morales ! Sa patrie déchi-
rée, envahie par l'étranger, la liberté perdue, la révolution
noyée dans le sang, le salut de la nation devenant sa perte,
ses amis en prison ou dispersés, son mari en fuite, sa fille
loin d'elle et sans doute bientôt orpheline. On pourrait ajouter à ce sombre tableau qui n'est pas complet. Certes, si
quelqu'un doit nous paraître plongé dans un abîme de malheurs infinis, c'est bien elle. Que lui reste-t-il, quels peuvent
être sa consolation et son espoir ? Et n'est-ce pas une effroyable ironie que d'employer de tels mots en présence
d'une aussi cruelle infortune ? Où peut être la compensation ?

Cependant nous allons tout à l'heure trouver sous sa plume

des paroles, qui contrastent singulièrement avec celles de Mme de Maintenon.

Mme Roland avait vingt ans de moins que son mari, qui penchait déjà vers la vieillesse, tandis qu'elle était pleine de vie, de grâce, de charme et à l'apogée de sa beauté, par le bénéfice de la pureté de ses mœurs et la richesse de son organisation. Mme Roland estimait le beau caractère de son mari et lui demeura toujours fidèlement dévouée, mais enfin il est visible que si son âme tendre, généreuse, enthousiaste, était faite pour ressentir l'amour, la personne de son mari n'était point telle qu'elle pût lui inspirer ce sentiment. Or, au commencement de 91, M. et Mme Roland étant à Paris, ils se trouvèrent en relations avec Buzot et sa femme. Cette dernière était une honnête personne, mais fort loin de comprendre son mari. Buzot, de cinq ans plus jeune que Mme Roland, avait le plus noble caractère, ferme, simple, désintéressé ; c'était, comme l'a dit Mme Roland, l'homme juste, la probité même, revêtue des formes douces de la sensibilité. Ils s'aimèrent ardemment, profondément, avec une passion qu'accroissait encore le feu de la Révolution dont ils étaient acteurs, et dont ils furent les victimes intrépides et glorieuses. Tous deux comprimèrent leur cœur et restèrent, non sans combats et sans peine, fidèles à leur devoir. Le puissant et magnifique amour qui envahit irrésistiblement ces deux âmes, fut à la fois une souffrance et une ivresse suprêmes, indicibles, dans leur existence si courte et si remplie.

On a retrouvé et publié récemment cinq lettres de Mme Roland à Buzot, écrites de sa prison. En voici quelques passages, et le lecteur pourra comparer la disposition morale de la prisonnière de l'Abbaye, vouée à l'échafaud, avec celle de l'épouse triomphante de Louis XIV. Rien de plus propre à montrer comment nous sommes souvent mauvais juges de ce que nous appelons le bonheur et de quelles compensations la nature paye les douleurs les plus extrêmes. Ces quelques lignes sont bien dignes de toute l'attention du lecteur.

« Mon ami, ne nous égarons point jusqu'à frapper le sein de notre mère, en disant du mal de cette vertu qu'on achète, il est vrai, par de cruels sacrifices, mais qui les paye, à son tour, par des dédommagements d'un si grand prix. Dis-moi, connois-tu des moments plus doux que ceux passés dans l'innocence et le charme d'une affection que la nature avoue et que règle la délicatesse, et qui fait hommage au devoir des privations qu'il lui impose, et se nourrit de la force même de les supporter?

» Je m'honore de t'aimer et d'être chérie de toi... Connois-tu de plus grands avantages que celui d'être supérieur à l'adversité, à la mort?... As-tu jamais mieux éprouvé ces effets que par l'attachement qui nous lie malgré les contradictions de la société?...

» Comme je chéris les fers où il m'est libre de t'aimer sans partage !... Je ne veux point pénétrer les desseins du ciel, je ne me permettrai pas de former de coupables vœux, mais je le remercie d'avoir substitué mes chaînes présentes à celles que je portois auparavant, et ce changement me paroit un commencement de faveur ; s'il ne doit pas m'accorder davantage, qu'il me conserve cette situation jusqu'à mon entière délivrance d'un monde livré à l'injustice et au malheur.

» ... Je me suis fait apporter il y a quatre jours *this dear picture* que, par une sorte de superstition, je ne voulois pas mettre dans une prison ; mais pourquoi donc la refuser, cette douce image, faible et précieux dédommagement de la présence de l'objet ? Elle est sur mon cœur, cachée à tous les yeux, sentie à tous les moments et souvent baignée de mes larmes...

» Quelle douceur inconnue aux tyrans, que le vulgaire croit heureux dans l'exercice de leur puissance ! Et s'il est vrai qu'une sublime intelligence répartisse les biens et les maux entre les hommes suivant les lois d'une rigoureuse compensation, puis-je me plaindre de mon infortune lorsque de telles délices me sont réservées ? »

Après ces aveux, après ces poignantes et suprêmes révélations sur la destinée de ces deux femmes, qui oserait préférer le sort de M. de Maintenon s'éteignant à plus de quatre-vingts ans dans sa retraite de Saint-Cyr, à celui de Mme Roland, héroïque, sublime, dont la vie fut tranchée en pleine floraison et dans l'ivresse du plus noble amour !

Et le vieux philosophe, que sa raison éclairait non moins

que son cœur, tout rempli d'une pitié profonde pour les maux de ses semblables, n'embrassait-il donc qu'une erreur décevante, lorsqu'il aimait à croire qu'il y a dans nos conditions, quelque diverses qu'elles soient, une sorte d'égalité ? Son amour de la justice, le vif sentiment de sa solidarité avec ses semblables, le trompaient-ils, quand il se complaisait dans cette vue philosophique ?

Aussi bien, pourquoi n'insisterions-nous pas à cette place sur le fond de la philosophie de l'auteur de *Candide* et de *Zadig*. Grâce à son esprit facile, enjoué, lumineux, Voltaire s'est fait lire, mais pas toujours comprendre, car, sans avoir l'air d'y toucher, il va au fond des choses.

Dans ses romans comme dans ses livres d'histoire, Voltaire accepte l'idée de l'ordre universel et de la faiblesse humaine, qui lui sont démontrés par toutes les lumières de sa raison. Il est providentialiste ou fataliste, les mots ne changent pas l'idée. Cependant le philosophe ne dérive pas jusqu'au fatalisme turc ou jusqu'au *tout en Dieu* de Malebranche. Dans Micromégas, il prête à ce dernier cette réponse : si c'est Dieu qui fait tout en nous, autant vaudrait ne pas être. Quoique les maux de l'humanité lui soient si présents, si intimes, qu'il craigne que la puissance de Dieu ne soit pas infinie, il dira cependant avec Zadig : « S'il n'y avait que du bien et point de mal, cette terre serait une autre terre. L'enchaînement des événements serait parfait ; mais un tel ordre ne peut exister que dans la demeure éternelle de l'Être suprême, duquel le mal ne saurait approcher. »

Si Voltaire n'est pas un simple spiritualiste, connaissant partaitement l'esprit et la matière, le corps et l'âme, il déclare qu'il ne se croit nullement fondé à fermer les portes du ciel à l'espérance des hommes. Il se borne à affirmer que, s'il ne peut connaître l'avenir par les lumières de sa raison, on peut espérer qu'il en est un pour l'être qui pense et que rien ne prouve non plus qu'on doive désespérer de cet avenir. Mais où l'espoir du philosophe est ferme, inébranlable, consolateur, c'est dans l'amélioration de la destinée humaine sur la terre, c'est dans le progrès du bien et de la justice parmi nous. Où sa conviction est profonde, entière, c'est dans la nécessité du travail, qui éloigne de nous trois grands fléaux : l'ennui, le vice et le besoin. C'est pourquoi il termine son roman de *Candide*, par cette phrase sacramentelle : *il faut cultiver son jardin*; pourquoi il met dans la bouche de l'un de ses personnages ces mots : travaillons sans raisonner, c'est le seul moyen de rendre la vie supportable. Et nul plus que Voltaire, par son activité dévorante et un travail acharné, n'a donné à sa doctrine un commentaire éloquent.

III

POLITIQUE DE VOLTAIRE.

On peut la résumer tout entière en cet axiome : *plus les hommes seront éclairés, plus ils seront libres.*

Esprit trop juste pour se payer de mots, pour s'arrêter aux formes et ne pas aller au fond des choses, Voltaire sentait parfaitement que les diverses espèces de gouvernements n'ont de valeur que par le degré de lumière et de moralité de ceux qui sont gouvernés aussi bien que de ceux qui gouvernent. C'est pourquoi il demande toujours plus de lumière, pourquoi il use sa longue existence à éclairer ses semblables, à combattre la superstition, pourquoi ce cri, *écrasons l'infâme*, sort de sa poitrine oppressée avec tant de passion et de constance.

En effet, là est bien toute la question. Prenez le mécanisme gouvernemental le mieux combiné, où rien de ce que peuvent le savoir, la prévoyance et l'amour des hommes n'aura échappé au législateur. Ne voyez-vous pas que le sort de votre admirable machine politique va dépendre des hommes auxquels vous allez l'appliquer? L'état de leurs sentiments et de leurs intelligences fixera le destin de votre organisation sociale. Comment avoir de bons magistrats, d'honnêtes administrateurs, des jurés consciencieux, des électeurs compétents, si vous n'avez affaire qu'à un peuple vivant dans l'ignorance et la misère? Bien plus et pour marquer d'un grand trait la situation, quelle est la religion de ce peuple? Ce fait est capital, car la religion résume les idées et les sentiments d'un peuple dans ce qu'ils ont de plus général. Si votre peuple est fétichiste, que pourrez-vous attendre de ce troupeau de moutons ou de bêtes fauves ? Si, débarrassé de ce que cette croyance religieuse a de plus grossier, votre peuple croit encore au surnaturel, à des livres sacrés, émanés de Dieu même, s'il croit que l'interprétation de ces livres est exclusivement réservée au prêtre et que la raison humaine doit se taire et s'humilier devant lui et devant eux, que peut attendre le législateur d'un tel peuple ? Ce peuple n'est-il pas plus ou moins entièrement placé sous le joug théocratique ? Pour le moment, je ne vais pas plus loin sur ce sujet, me bornant à constater que ce peuple, victime de la superstition, peut être fréquemment en proie à toutes les horreurs du fanatisme, comme on ne l'a que trop vu.

L'individu et la société, voilà les êtres réels, vivants ; une constitution n'est que leur habit et il faut qu'il leur soit approprié. Plus exactement encore, disons qu'une charte, une loi sociale ne peut être que l'expression de ce que valent l'homme et la société. Bouddha, Zoroastre, Moïse, Lycurgue, Numa, Mahomet n'ont créé des institutions durables que parce qu'elles étaient en rapport avec l'état des peuples auxquels ils s'adressaient. Si ces grands hommes s'élevèrent au-dessus de la foule, ils surent demeurer en accord avec elle, avec ses besoins physiques et moraux. Comparables aux hommes de génie dans la science, aux Copernic, Galilée, Keppler et Newton, ils marchaient en tête ; mais ils furent suivis parce qu'ils ne dépassèrent pas une juste mesure. Ils se tinrent dans le possible, comme les savants furent dans le vrai.

Là où le peuple est ignorant, superstitieux, corrompu, c'est en vain qu'on tenterait l'application du mécanisme politique le plus perfectionné, l'idée de *république* est directement contradictoire avec un tel état de choses ; c'est même en vain qu'y régneraient des Trajan et des Marc-Aurèle. Qui oserait dire que Washington et Francklin valaient mieux que ces grands hommes et eussent pu davantage, au temps de la décadence romaine ?

Les hommes aiment et cherchent la justice, mais leur sentiment est d'abord faible et confus, et leur intelligence est comme leur sentiment. Leur première conception d'un idéal

de société ne saurait être que rudimentaire. La famille leur
offrait un premier modèle. Il y eut des chefs et des rois parce
qu'il y avait des pères de famille. D'une part l'ignorance, de
l'autre le besoin de croire poussèrent les hommes à se créer
des intermédiaires avec le ciel : sorciers, devins, prophètes,
messies. Tout devait se courber devant une autorité émanant
d'une telle origine: et les théocraties ont fondé les plus vastes et les plus puissants empires. Elles ont gouverné la terre,
et, à bien des égards et dans ses plus grandes parties, la gouvernent encore. Il suffit de citer le brahmanisme, le boud-
dhisme, l'islamisme et le catholicisme.

N'oublions pas non plus que la force eut ses grands jours,
ou plutôt son rôle transitoire et nécessaire. Cela était inévitable, attendu notre état primitif d'ignorance et de misère.

Voltaire avait l'esprit trop juste pour prendre le change en
matière politique, non plus qu'en toute autre. Il ne lâchait
jamais la proie pour l'ombre. Donc, il s'inquiéta moins des
formes de gouvernement que de ce qui seul peut produire un
bon gouvernement, c'est-à-dire du développement intellectuel, moral et industriel de l'homme. *Éclairer les hommes,
c'est les rendre libres.* C'est en vain que vous parlerez de
liberté et d'égalité, de droit et de justice à des malheureux,
courbés sous le double joug de la superstition et de la misère.
Ils ne sont pas plus aptes à la liberté qu'un vieux coche à
courir sur nos chemins de fer, ou qu'une pirogue de sauvages
à traverser l'Atlantique en neuf jours comme nos steamers.
C'est l'affaire des esprits faux et superficiels de ne s'attacher
qu'aux formes et de ne pas aller au fond des choses. En nous
occupant de la politique de Jean-Jacques, nous aurons l'occasion de nous convaincre fortement de cette vérité[1].

---

1. C'est ici le cas de recommander, autant qu'il est en nous, *la ligue
de l'enseignement*, projet dû à l'initiative de M. Jean Macé, l'aimable
auteur d'*Une bouchée de pain*, l'utile et persévérant promoteur des
bibliothèques communales.

Puisse cette sainte ligue des clairvoyants avoir autant de succès pour
le bien qu'en eut pour le mal l'horrible ligue des Guises! Qui bâtit une
école fait plus que qui défriche un champ, car l'esprit et le cœur de
l'homme constituent son plus riche capital.

Toute sa vie et dans tous ses écrits, Voltaire a donné la preuve que les plus fortes et les plus constantes aspirations à la liberté et à la justice animaient et vivifiaient son âme.

En 1722, il écrivait d'Amsterdam à Mᵐᵉ de Bernières :

« J'ai vu avec respect cette ville qui est le magasin de l'univers. Il y avait plus de mille vaisseaux dans le port. De cinq cent mille hommes qui habitent Amsterdam, il n'y en a pas un d'oisif, pas un pauvre, pas un petit-maître, pas un insolent. Nous rencontrâmes le Pensionnaire à pied, sans laquais, au milieu de la populace. On ne voit là personne qui ait de cour à faire. On ne se met point en haie pour voir passer un prince. On ne connaît que le travail et la modestie. »

Vingt ans plus tard, 1743, il disait au marquis d'Argenson :

« La Haye est un séjour délicieux l'été, et la liberté y rend les hivers moins rudes. J'aime à voir les maîtres de l'État simples citoyens. Je vois avec admiration un des principaux membres de l'État marcher à pied, sans domestiques, habiter une maison faite pour ces consuls romains qui faisaient cuire leurs légumes, dépenser à peine deux mille florins pour sa personne et en donner plus de vingt mille à des familles indigentes. Ces grands exemples échappent à la plupart des voyageurs ; mais ne vaut-il pas mieux de telles curiosités que les processions de Rome, les Récollets au Capitole et le miracle de saint Janvier? Des hommes de bien, des hommes de génie, voilà mes miracles. »

Dans l'*Essai sur les mœurs*, il s'exprime ainsi au sujet de l'égalité :

« Ceux qui disent que tous les hommes sont égaux disent la plus grande vérité, s'ils entendent que les hommes ont un droit égal à la liberté, à la propriété de leurs biens, à la protection des lois. Ils se tromperaient beaucoup s'ils croyaient que tous les hommes doivent être égaux par les emplois, puisqu'ils ne le sont pas par les talents. »

Répondant à Linguet, 15 mars 1767, il s'écrie :

« Non, monsieur, tout n'est pas perdu quand on met le peuple en état de s'apercevoir qu'il a un esprit. Tout est

» perdu, au contraire, quand on le traite comme une troupe
» de taureaux, car tôt où tard ils vous frappent de leurs
» cornes. »

A propos de l'éloge du Dauphin (1766) par Thomas, Voltaire,
dans un irrésistible élan de colère, s'emporte en ces paroles
brûlantes :

« Ravir aux hommes la liberté de penser! Juste ciel !
» Tyrans fanatiques, commencez donc par nous couper les
» mains qui peuvent écrire; arrachez-nous la langue qui parle
» contre vous; arrachez-nous l'âme, qui n'a pour vous que
» des sentiments d'horreur. »

Dans le *Dictionnaire philosophique*, nous allons voir comment Voltaire parle du gouvernement de l'Angleterre. Il y
avait vécu, il avait appris sur place et par comparaison avec
ce qui se faisait en France, gouvernement de grâce et de
bon plaisir, combien étaient précieuses pour le citoyen les
garanties déjà réalisées dans la patrie de Locke et de Newton.
Voltaire, qui définissait le despotisme l'abus de la royauté,
et l'anarchie l'abus de la république, connaissait et appréciait bien l'une et l'autre de ces formes de gouvernement.

« Être libre, c'est ne dépendre que des lois.
» Voici à quoi la législation anglaise est enfin parvenue : à
remettre chaque homme dans tous les droits de la nature
dont ils sont dépouillés dans presque toutes les monarchies.
Ces droits sont : liberté entière de la personne, de ses biens;
de parler à la nation par l'organe de la plume; de ne pouvoir
être jugé, en matière criminelle, que par un jury formé
d'hommes indépendants ; de ne pouvoir être jugé, en aucun
cas, que suivant les termes précis de la loi; de professer en
paix quelque religion que l'on veuille, en renonçant aux emplois dont les seuls anglicans peuvent être pourvus. Cela
s'appelle des prérogatives. Et, en effet, c'est une très-grande
et très-heureuse prérogative, par-dessus toutes les nations,
d'être sûr qu'en vous couchant vous vous réveillerez le lendemain avec la même fortune que vous possédiez la veille ;
que vous ne serez pas enlevé, la nuit, des bras de votre
femme et de vos enfants pour être conduit dans un donjon
ou dans un désert. »

Après cette énumération, Voltaire s'écrie dans son enthousiasme :

« .... Établissement en comparaison duquel la république de Platon n'est qu'un rêve ridicule et qui semblerait inventé par Locke, par Newton ou par Archimède... J'ose dire que si l'on assemblait le genre humain pour faire des lois, c'est ainsi qu'il les ferait pour sa sûreté.

» Il est à croire qu'une constitution qui a réglé les droits du roi, des nobles et du peuple, et dans laquelle chacun trouve sa sûreté, durera autant que les choses humaines peuvent durer.

» Il est à croire aussi que tous les États qui ne sont pas fondés sur de tels principes éprouveront des révolutions. » (*Dict. phil.*, Gouvernem.,)

Quand Voltaire cherche à se rendre compte des causes pour lesquelles le gouvernement de la France diffère autant de celui de l'Angleterre, il en trouve deux qui sont capitales et qui ne devaient pas échapper à sa pénétration.

« N'est-ce point que l'Angleterre étant une île, le roi n'a pas besoin d'entretenir continuellement une forte armée de terre, qui serait plutôt employée contre la nation que contre les étrangers ? — N'est-ce point que, s'étant toujours plaints de la cour de Rome, les Anglais en ont entièrement secoué le joux honteux, tandis qu'un peuple plus léger l'a porté en affectant d'en rire et en dansant avec ses chaînes ? »

Mais les aspirations de Voltaire étaient plus hautes et plus fermes ; il les a marquées très-nettement dans l'un de ces courts écrits qu'il lançait incessamment sur la France et l'Europe. En 1765, il publia sous ce titre : *Idées républicaines par un citoyen de Genève*, quelques pages dont les unes contiennent une saine critique du *Contrat social*, et les autres des vues aussi radicales qu'elles sont justes, sur le gouvernement des sociétés humaines. Cette sorte de profession de foi politique serait à citer entièrement, mais elle n'a pas moins de vingt pages divisées en cinquante paragraphes, et nous sommes obligé de nous borner à quelques extraits. Ils suffiront pour faire connaître toute la pensée de Voltaire.

« Le pur despotisme est le châtiment de la mauvaise con-

duite des hommes. Si une communauté d'hommes est maî-
trisée par un seul ou par quelques-uns, c'est visiblement
parce qu'elle n'a eu ni le courage ni l'habileté de se gouverner elle-même.

» Un peuple est ainsi subjugué ou par un compatriote
habile qui a profité de son imbécillité et de ses divisions,
ou par un voleur appelé conquérant, qui est venu avec d'autres voleurs s'emparer de ses terres, qui a tué ceux qui ont
résisté et qui a fait esclaves les lâches auxquels il a laissé la
vie.

» Ce voleur, qui mériterait la roue, s'est fait quelquefois
dresser des autels. Le peuple asservi a vu dans les enfants du
voleur une race de dieux ; ils ont regardé l'examen de leur
autorité comme un blasphème, et le moindre effort pour la
liberté comme un sacrilège.

» Le plus absurde des despotismes, le plus humiliant pour
la nature humaine, le plus contradictoire, le plus funeste est
celui des prêtres ; le plus criminel est sans contredit celui
des prêtres de la religion chrétienne. C'est un outrage à
notre Évangile....

» Nous avons renvoyé l'évêque papiste qui osait se dire
notre souverain ; nous n'avons fait que rentrer dans les
droits de la raison et de la liberté, dont on nous avait dépouillés.

» Nous avons repris le gouvernement municipal et il a été
illustré et affermi par cette liberté achetée de notre sang.
Nous n'avons pas connu cette distinction odieuse et humi-
liante de nobles et de roturiers, qui dans son origine ne
signifie que seigneurs et esclaves. Nés tous égaux, nous
sommes demeurés tels, et nous avons donné les dignités,
c'est-à-dire les fardeaux publics, à ceux qui nous ont paru
les plus propres à les soutenir.

» Nous avons institué des prêtres afin qu'ils fussent uniquement ce qu'ils doivent être, des précepteurs de morale
pour nos enfants.

» C'est insulter la raison et les lois que de prononcer ces
mots : *gouvernement civil et ecclésiastique :* il faut dire : gouvernement civil et règlements ecclésiastiques ; et aucun de ces
règlements ne doit être fait que par la puissance civile.

» Le gouvernement civil est la volonté de tous exécutée

par un seul ou par plusieurs, en vertu des lois que tous ont portées.

» Dans une république digne de ce nom, la liberté de publier ses pensées est le droit naturel du citoyen. Il peut se servir de sa plume comme de sa voix. Les délits faits avec la plume doivent être punis comme les délits faits avec la parole : telle est la loi d'Angleterre, pays monarchique, mais où les hommes sont plus libres qu'ailleurs parce qu'ils sont plus éclairés.

» ..... Il arrive quelquefois qu'un petit État est plus troublé qu'un grand.

» Quel est le remède à ce mal? La raison, qui se fait entendre à la fin, quand les passions sont lasses de crier.

» Un tribunal doit avoir des lois fixes pour le criminel comme pour le civil, rien ne doit être arbitraire, et encore moins quand il s'agit de l'honneur et de la vie que lorsqu'on ne plaide que pour de l'argent.

» A l'égard des finances, on sait assez que c'est aux citoyens à régler ce qu'ils croient devoir fournir pour les dépenses de l'État.

» Le plus tolérable de tous les gouvernements est sans doute le républicain, parce que c'est celui qui nous rapproche le plus de l'égalité naturelle.

» Un pays gouverné en commun doit être plus riche et plus peuplé que s'il était gouverné par un maître; car chacun dans une vraie république étant sûr de la propriété de ses biens et de sa personne, travaille pour soi-même avec confiance et, en améliorant sa condition, il améliore celle du public. Il peut arriver le contraire sous un maître.

» Sera-ce par des livres, qui détruisent la superstition et qui rendent la vertu aimable, qu'on parviendra à rendre les hommes meilleurs? oui : si les jeunes gens lisent ces livres avec attention, ils seront préservés de toute espèce de fanatisme; ils sentiront que la paix est le fruit de la tolérance et le véritable but de toute société. »

Le *Dictionnaire philosophique* et la plupart des écrits de Voltaire sont remplis de toutes les revendications, qui plus tard servirent de formules aux demandes des cahiers des députés

aux États-Généraux. On y trouve les réformes les plus généreuses et les idées les plus progressives :

Adoucir les peines et rendre les supplices utiles afin que
ceux qui ont fait tort aux hommes servent les hommes ;

Assurer des ressources à quiconque serait tenté de mal
faire pour avoir moins à punir ;

Transformer le mendiant en ouvrier utile ou en invalide
assisté ;

Réorganiser les hospices qui doivent être des établissements municipaux ;

Appliquer l'armée aux travaux publics en temps de paix ;
assurer, par une retraite, le sort des vieux soldats, laissés
chez eux et non réunis dans un hôtel fastueux.

Voltaire avait des connaissances positives en économie politique, sur le commerce et les finances. Ces connaissances
lui furent utiles et servirent à la création et à l'entretien de sa
fortune. La plupart de ses idées sur ces matières étaient
justes, si l'on se reporte à son époque. On en pourrait citer
maintes preuves. En 1759, il écrivait au marquis de Florian,
au sujet des désordres financiers qui accablaient la France,
désordres auxquels on ne trouvait pas de remèdes : « Il faut
» faire du public une grande compagnie qui prête au public ;
» c'est la méthode de Londres. »

Mais notre énumération serait trop longue ; ce que nous
avons dit doit suffire pour donner un aperçu des idées générales de Voltaire en politique. Toutefois nous serions un
écho infidèle de l'auteur, si nous ne faisions voir qu'il a
employé tous les tons pour servir sa grande cause. Nous
terminerons donc, en donnant un échantillon des plaisanteries par lesquelles il intéressait tout le monde et mettait les
rieurs de son côté, en couvrant de ridicule les institutions
fausses ou barbares, aussi bien que les ennemis de la vérité
et des peuples.

« Un poulailler est visiblement l'état monarchique le plus
parfait. Il n'y a point de roi comparable à un coq. S'il marche
fièrement à la tête de son peuple, ce n'est point par vanité.
Si l'ennemi approche, il ne donne point l'ordre à ses sujets
d'aller se faire tuer pour lui, en vertu de sa certaine science
et pleine puissance ; il y va lui-même, range ses poules der-

rière lui et combat jusqu'à la mort. S'il est vainqueur, c'est
lui qui chante le *Te Deum*. Dans la vie civile, il n'y a rien de
si galant, de si honnête, de si désintéressé; il a toutes les
vertus. A-t-il dans son bec royal un grain de blé, un vermis-
seau, il le donne à la première de ses sujettes qui se présente.
Enfin Salomon dans son sérail n'approchait pas d'un coq de
basse-cour.

» Les fourmis passent pour une excellente démocratie.
Elle est au-dessus de tous les autres États, puisque tout le
monde y est égal, et que chaque particulier y travaille pour
le bonheur de tous.

» La république des moutons est l'image de l'âge d'or. »

Après ces railleries à l'emporte-pièce, le penseur laisse
échapper de son âme, toujours brûlante de l'amour des
hommes, cette profonde et mélancolique réflexion :

« Il faut vingt ans pour amener l'homme de l'état de plante
où il est dans le ventre de sa mère, et de l'état de pur animal
qui est le partage de sa première enfance, jusqu'à celui où la
maturité et la raison commencent à poindre. Il a fallu trente
siècles pour connaître un peu sa structure. Il faudrait l'éternité pour connaître quelque chose de son âme. Il ne faut
qu'un instant pour le tuer. » (*Dict. Phil.*)

Nous le disons, en terminant ici cet article, Voltaire ne fut
jamais déclamateur et sophiste. Génie essentiellement pratique, il ne composa ni Contrat social, ni République de Sa-
lente ou de Platon. Mais, animé du plus ardent amour de
l'humanité, il travailla incessamment à éclairer les hommes,
à combattre la superstition et la force brutale sous toutes
leurs formes, il prépara pour ses semblables un meilleur
avenir et ne passa pas un seul jour sans s'occuper de leur
sort. D'autres ont pu, Rousseau par exemple, obtenir près de
la foule, un renom de démocrate plus pur et plus avancé;
aucun ne l'a mieux mérité que Voltaire.

DES ACTES RELIGIEUX

DU ROI TRÈS-CHRÉTIEN, LOUIS XV,
ET DE SON GENTILHOMME ORDINAIRE, LE SEIGNEUR DE FERNEY

— —

Si Dieu n'existait pas, il faudrait l'inventer.
Si Dieu n'est pas dans nous, il n'exista jamais.

En 1768, les amis et les ennemis de Voltaire, c'est-à-dire toute l'Europe lisante et pensante, apprirent, les uns avec étonnement, les autres avec horreur, que l'illustre chef des philosophes avait rendu le pain bénit et même communié dans l'église paroissiale de Ferney, relevée de ses mains. Ce fut un bruit, un scandale, qui défraya longtemps la cour et la ville. Chacun disait son mot et presque tout le monde condamnait Voltaire, soit par un motif, soit par un autre tout différent. Voici ce qui s'était passé. A la suite de plusieurs violents accès de fièvre et se jugeant en danger de mort, le grand vieillard, pour ne laisser aucun embarras à sa famille et ne donner aucun avantage à ses ennemis, fit demander au curé de Ferney de venir l'administrer selon les rites ordinaires de la religion professée dans son pays et par le roi, son maître. Tout cela ne s'accomplit point sans difficultés de plus d'une sorte, et sans qu'il fût nécessaire d'y apporter beaucoup de diplomatie.

Nous allons mettre sous les yeux du lecteur divers actes authentiques, les lettres de l'évêque d'Annecy et les réponses de Voltaire, en faisant suivre le tout des explications données à quelques-uns de ses amis.

Ces commentaires, non moins précieux que les actes dont ils rendent compte, mettent en lumière la fausseté d'une situation, aussi triste que ridicule, pour les âmes religieuses et les consciences élevées.

Louis XV, roi très-chrétien, menait, comme on le sait, une vie très-peu chrétienne. Ce n'est pas qu'il fût un imbécile ou un méchant homme, mais il était la victime d'une institution malfaisante, le pouvoir absolu. Louis XV a été une sorte de Sardanapale timide et honteux, et tout autour de lui a conspiré pour le rendre à la fois un pauvre monarque, un père insouciant, un débauché pitoyable, un dévot superstitieux, un cynique égoïste, et finalement un des hommes les plus ennuyés et les plus malheureux de son royaume. Louis XV n'a guère signalé sa virilité que par la débauche. Dans l'ordre des sentiments et de l'intelligence, il avait abdiqué. Ici son impuissance a été radicale. Les rênes de l'État, flottantes autour de lui, tombaient aux mains de ses maîtresses ou de ses courtisans.

Cependant, ce roi très-chrétien de nom et de droit, en réalité corrompu jusqu'au cœur, avait une crainte horrible de la mort et de l'enfer, et gardait, de ses impressions d'enfance, des formes du culte catholique qui lui avaient été traditionnellement imposées, une sorte de dévotion étroite et misérable, qui avait sa sincérité. Donc, ce roi du Parc-aux-Cerfs vivait dans l'Église, pratiquait tous ses rites et croyait ainsi se laver de son infâme existence. Ce fait, qui nous paraît étrange, est fort commun et se répète trop souvent. Tel était Louis XI au moyen âge, s'agenouillant devant ses madones, les mains teintes de sang et marmottant ses patenôtres des mêmes lèvres qui venaient de commettre le parjure. Mais passons, il y aurait trop à citer et il n'en est nul besoin.

Aux yeux de cet homme, qui était le pouvoir et la loi vivante de son pays, le noble vieillard de Ferney, chargé d'années et de gloire, menant une vie toute consacrée à la bienfaisance, à la recherche de la vérité, à la pratique de la justice, à l'éducation et à l'instruction de ses semblables, Voltaire apparaissait comme un mécréant plein d'esprit, l'honneur de la littérature française, le coryphée de la moderne philosophie et le plus dangereux ennemi de la religion, au dire de ses ministres ou de ceux qui parlaient en son nom. De plus, ce bel esprit, libre et remuant, avait un jour accepté de passer au service de Frédéric, préférence injurieuse dont le roi garda le souvenir. Donc, Louis XV était naturellement mal disposé pour Voltaire, quoi que le poëte eût fait pour célébrer la victoire de Fontenoy et rendre hommage au monarque en plusieurs circonstances. L'énervement, l'insouciance et la timidité du roi l'empêchaient seules de manifester ses sentiments d'antipathie ; de même il n'avait pas la force de s'occuper des affaires de l'État, de celles de sa famille, n'agissant au dehors que poussé par la nécessité.

Il était donc sage de tout appréhender d'une pareille disposition d'esprit. Ame de boue pétrie par la superstition, Louis XV, pris à temps et surexcité, pouvait parfaitement signer contre Voltaire une lettre de cachet soit pour l'exiler, soit pour le remettre une troisième fois à la Bastille.

Sans doute, Voltaire avait des intelligences dans la place. et des compères jusque dans les conseils du roi ; de plus, il occupait un tel rang dans l'opinion publique, qu'il était difficile de toucher à sa tête vénérable. Le roi, qui ne manquait que de cœur mais point de justesse d'esprit, sentait cette situation. Toutefois, il ne tint à rien que le roi très-chrétien ne fît un mauvais parti à son vieux gentilhomme ordinaire.

Homme pratique, doué d'une finesse et d'un tact exquis, Voltaire ne s'endormait pas sur les bords de l'abîme. Il consulta deux avocats, et sur leur avis, résolut de se mettre complétement en règle vis-à-vis de son gracieux souverain et de la sainte Église, dont il était le fils ainé.

Sans doute, il était pénible pour lui d'avoir recours aux moyens qu'il dut employer. Heureusement, malgré l'âge et les maladies, sa gaieté, cette fidèle et gracieuse compagne de toute sa vie, ne l'avait point abandonné. Cette gaieté lui fut d'un grand secours pour sortir d'une situation qui n'offrait que tristesse et danger. Le malin philosophe, qui connaissait les mœurs de son roi et de son entourage, qui avait vu de près ce polisson très-spirituel mais très-ridicule de cardinal Dubois, lequel, par la grâce du saint-siége, fut affublé d'une barrette de cardinal, et sut encore, par artifice, échapper aux sacrements et mourir en paix; le malin philosophe prit admirablement toutes ses mesures pour mettre les formes de son côté, se réservant par-dessus d'avoir les rieurs, ainsi qu'il en avait l'habitude. Voltaire se dit qu'il serait bien sot et par trop bête de se laisser prendre aux piéges des fanatiques, et que, puisqu'il ne s'agissait que de vaines formalités, il fallait s'y soumettre de bonne grâce, en imitant le roi très-chrétien.

Fort de sa conscience d'honnête homme, uniquement occupé de faire le bien et d'éclairer ses semblables, il trouva bon et juste de ne pas compromettre sa liberté, son action dans le monde et ses établissements de Ferney, aussi bien que les intérêts de sa famille, et de ne pas donner aux ennemis de la raison et de la tolérance la cruelle joie de rire de sa chute.

Maintenant voyons les faits, ils portent avec eux leur enseignement.

Le siége de saint François de Sales, Annecy, était occupé par un certain abbé Biord, fanatique de bas étage, lequel étant habitué d'une paroisse de Paris, avait été obligé de quitter la ville sous le coup d'un arrêt du Parlement, rendu contre lui à l'occasion d'un refus de sacrement pendant la fameuse querelle des billets de confession. Ce Biord surveillait d'un œil jaloux le glorieux asile de Ferney. Le jésuite Nonotte à Besançon, l'aumônier de l'ambassade à Genève et mille autres âmes pieuses secondaient son zèle.

Donc, le 11 avril 1768, le susdit Biord écrivit à Voltaire une longue lettre pastorale dont voici les passages les plus importants :

« Monsieur, on dit que vous avez fait vos pâques ; bien des personnes n'en sont rien moins qu'édifiées, parce qu'elles s'imaginent que c'est une nouvelle scène que vous avez voulu donner au public, en vous jouant encore de ce que la religion a de plus sacré. Pour moi, monsieur, qui pense plus charitablement, je ne saurais me persuader que M. de Voltaire, ce grand homme de notre siècle, qui s'est toujours montré comme élevé par les efforts d'une raison épurée et par les principes d'une philosophie sublime au-dessus des respects humains, des préjugés et des faiblesses de l'humanité, eût été capable de trahir et de dissimuler ses sentiments par un acte d'hypocrisie, qui suffirait seul pour ternir toute sa gloire et l'avilir aux yeux de toutes les personnes qui pensent. J'ai dû croire que la sincérité avait toujours fait le caractère de vos démarches.

» ..... Si le jour de votre communion on vous avait vu annoncer au peuple, comme un autre Théodose, par vos soupirs, vos gémissements et vos larmes, la pureté de votre foi, la sincérité de votre repentir et le désaveu de tous les sujets de mésédification qu'il a cru entrevoir par le passé, par votre façon de penser et d'agir, alors personne n'aurait plus été dans le cas de regarder comme équivoques vos démonstrations apparentes de religion..... Mais quoi qu'il en soit du passé, que je dois laisser au jugement du souverain scrutateur des cœurs et des consciences, ce seront les fruits qui feront juger des qualités de l'arbre ; et j'espère, par ce que vous ferez à l'avenir, que vous ne laisserez aucun lieu de douter de la droiture et de la sincérité de ce que vous avez déjà fait. Je me le persuade d'autant plus facilement que je le souhaite avec plus d'ardeur, n'ayant plus rien à cœur que votre salut......

» Je ne vous dirai pas, monsieur, combien j'ai déjà gémi sur votre état, ni combien j'ai déjà offert de prières et de supplications au Dieu des miséricordes pour qu'il daignât enfin vous éclairer de ses célestes lumières... Je me bornerai à vous faire remarquer que le temps presse et qu'il vous importe de ne point perdre aucun des moments précieux que vous pouvez encore employer pour l'éternité..... »

Le 15 avril, Voltaire répond en ces termes :

« Monsieur, j'aurais dû répondre sur-le-champ à la lettre dont vous m'avez honoré, si mes maladies me l'avaient permis. Cette lettre me cause beaucoup de satisfaction, mais elle m'a un peu étonné. Comment pouvez-vous me savoir gré de remplir des devoirs dont tout seigneur doit donner l'exemple dans ses terres, dont aucun chrétien ne doit se dispenser et que j'ai si souvent remplis ? Ce n'est pas assez d'arracher ses vassaux aux horreurs de la pauvreté, d'encourager leurs mariages, de contribuer, autant qu'on le peut, à leur bonheur temporel, il faut encore les édifier, et il serait bien extraordinaire qu'un seigneur de paroisse ne fît pas dans l'église qu'il a bâtie, ce que font tous les prétendus réformés dans leur temple, à leur manière.

» Je ne mérite pas assurément les compliments que vous voulez bien me faire, de même que je n'ai jamais mérité les calomnies des insectes de la littérature, qui sont méprisés de tous les honnêtes gens et qui doivent être ignorés d'un homme de votre caractère. Je dois mépriser les impostures, sans pourtant haïr les imposteurs. Plus on avance en âge, plus il faut écarter de son cœur tout ce qui pourrait l'aigrir, et le meilleur parti que l'on puisse prendre contre la calomnie, c'est de l'oublier. Chaque homme doit s'imposer des sacrifices, chaque homme sait que tous les petits incidents qui pourront troubler cette vie passagère se perdent dans l'éternité, et que la résignation à Dieu, l'amour de son prochain, la justice, la bienfaisance sont les seules choses qui nous restent devant le Créateur des temps et de tous les êtres. Sans cette vertu, que Cicéron appelle *caritas generis humani*, l'homme n'est que l'ennemi de l'homme ; il n'est que l'esclave de l'amour-propre, des vaines grandeurs, des distinctions frivoles, de l'orgueil, de l'avarice et de toutes les passions. Mais s'il fait le bien pour l'amour du bien même, si ce devoir (épuré et consacré par le christianisme) domine dans son cœur, il peut espérer que Dieu, devant qui tous les hommes sont égaux, ne rejettera pas des sentiments dont il est la source éternelle. Je m'anéantis avec vous devant lui et, n'oubliant pas les formules introduites chez les hommes, j'ai l'honneur d'être avec respect... »

Le sieur Biord répliqua le 25 avril à cette lettre qu'il avait provoquée :

« Je n'ai pu qu'être très-surpris, qu'en affectant de ne pas entendre ce qui était fort intelligible, vous ayez supposé que je vous savais bon gré d'une communion politique dont les protestants eux-mêmes n'ont pas été moins scandalisés que les catholiques. J'en ai gémi plus qu'un autre ; et, si vous étiez moins éclairé, je croirais devoir vous apprendre, en qualité d'évêque et de pasteur.... qu'une communion faite suivant les vrais principes de la morale chrétienne exigeait préalablement de votre part des réparations éclatantes, et que, jusque-là, aucun ministre instruit de son devoir n'a pu et ne pourra vous absoudre, ni vous permettre de vous présenter à la table sainte....

» J'en reviens encore à vous inviter, à vous prier, à vous conjurer de ne pas perdre de vue votre éternité, à laquelle vous touchez de si près, et dans laquelle iront bientôt se perdre non-seulement *tous les petits incidents de la vie*, mais encore le faîte des grandeurs, l'opulence des richesses, l'orgueil des beaux esprits, les vains raisonnements de la prétendue sagesse humaine et tout ce qui appartient à la figure trompeuse de ce monde. Si mes avis ne sont pas tout à fait de votre goût, je me flatte que vous n'en serez pas moins convaincu qu'ils me sont dictés par l'amour de mon devoir.... »

Voici la seconde lettre de Voltaire, datée du 29 avril :

« Monsieur, votre seconde lettre m'étonne encore plus que la première. Je ne sais quels faux rapports ont pu m'attirer tant d'aigreur de votre part. On soupçonne beaucoup un nommé Auclan, curé du village de Noëns, qui eut un procès criminel au parlement de Besançon, en 1761, procès dans lequel je lui rendis service en portant les parties qui le poursuivaient à se contenter d'un dédommagement de 1500 livres... Tous les autres procès entre mes voisins, je les ai tous assoupis. Je ne vois donc pas que j'aie donné lieu à personne de vous écrire contre moi.

» Je sais que tout Genève accuse l'aumônier de la résidence, dont j'ignore le nom, d'écrire de tous côtés, de semer partout la calomnie ; mais à Dieu ne plaise que je lui impute de faire un métier aussi infâme sans avoir les preuves les plus convaincantes. Il vaut mieux mille fois se taire et souffrir que de troubler la paix par des plaintes hasardées.

» Mais, en établissant cette paix précieuse dans mon voisinage, j'ai cru depuis longtemps devoir me la procurer à moi-même. MM. les syndics des États du pays, les curés de mes terres, un juge civil, un supérieur de maison religieuse étant un jour chez moi et étant indignés des calomnies qu'on croyait alors répandues par le curé Auclan, pour prix de l'avoir tiré des mains de la justice, me signèrent un certificat qui détruisait ses impostures. J'ai l'honneur de vous envoyer cette pièce authentique, afin de prévenir l'effet des manœuvres qui auraient pu surprendre votre candeur et votre équité. Vous verrez combien il est faux que les devoirs dont il est question n'aient été remplis que cette année. Vous serez indigné sans doute qu'on ait osé vous en imposer si grossièrement.

» Je pardonne de tout mon cœur à ceux qui ont osé ourdir cette trame odieuse. Je me borne à les empêcher de nuire sans vouloir leur nuire jamais...

» Les bagatelles littéraires n'ont aucun rapport avec les devoirs du citoyen et du chrétien, les belles-lettres ne sont qu'un amusement. La bienfaisance, la piété solide et non superstitieuse, l'amour du prochain, la résignation à Dieu doivent être les principales occupations de tout homme qui pense sérieusement.... Je m'anéantis encore une fois avec vous devant la Providence divine, sachant qu'on n'apporte devant Dieu que trois choses qui ne peuvent entrer dans son immensité : notre néant, nos fautes et notre repentir. Je me recommande à vos prières autant qu'à votre équité. »

Copie authentique de l'attestation des États du pays de Gex, du 28 avril 1768 :

« Nous soussignés certifions que M. de Voltaire, gentilhomme ordinaire de la chambre du roi, seigneur de Ferney et Tourney, a non-seulement rempli les devoirs de la religion catholique dans la paroisse de Ferney, où il réside, mais qu'il a fait bâtir et orner l'église à ses dépens ; qu'il a entretenu un maître d'école, qu'il a défriché à ses frais les terres incultes de plusieurs habitants, a mis ceux qui n'avaient pas de charrue en état d'en avoir une ; leur a bâti des maisons, leur a concédé des terrains, et que Ferney est aujourd'hui plus peuplé du double qu'il ne l'était avant qu'il en prît possession ; qu'il n'a refusé aucun secours à aucun habitant du voisinage. Requis de rendre ce témoignage, nous le donnons comme la plus exacte vérité.

> Gros, curé ; Sauvage de Verny, syndic de la noblesse ;
> Fabri, premier syndic général et subdélégué de
> l'intendance ; Christin, avocat ; David, prieur des
> Carmes ; Adam, prêtre ; Fournier, curé. »

Mons Biord, furieux de voir échapper la victime, ne fit pas attendre une troisième lettre, dont voici quelques passages :

« Monsieur, vous attribuez donc à l'aigreur ce qui n'est, au vrai, de ma part, que l'effet du zèle dont je dois être animé pour tout ce qui intéresse le salut des âmes et l'honneur de la religion dans mon diocèse....

» Vous connaissez les ouvrages qu'on vous attribue, vous n'ignorez pas que tous les incrédules de notre siècle se glorifient de vous avoir pour leur chef et d'avoir puisé dans vos écrits les principes de leur irréligion; c'est donc au monde entier et à eux-mêmes, et non à quelques particuliers, que vous devez vous en prendre de ce que l'on vous impute. Si ce sont des calomnies, il faut vous en justifier. Il n'est pas difficile à qui est véritablement chrétien d'esprit et de cœur de faire connaître qu'il l'est; il ne serait pas permis d'en démentir le caractère dans ce que vous appelez des *bagatelles littéraires....*

» Je vous laisse après cela, monsieur, à juger ce que vous aurez à faire.... Je souhaite qu'un retour de votre part me mette à même de vous convaincre de la droiture de mes intentions et de la sincérité du désir de votre salut... »

J'ai déjà dit que Voltaire fit prier le curé de Ferney de lui apporter le viatique. Le curé, sous la pression de l'évêque Biord, répondit qu'il ne le pouvait à moins que Voltaire ne rétractât ses mauvais ouvrages. L'auteur de *Candide* lui renouvela sa demande par ce billet : « Il n'y a que d'infâmes calomniateurs qui aient pu, monsieur, vous dire les choses dont vous parlez. Je puis vous assurer qu'il n'y a pas un mot de vrai et que rien ne doit s'opposer aux usages reçus. Vous êtes instruit sans doute des règlements faits par les parlements, et je ne doute pas que vous vous conformiez aux lois du royaume. Vous êtes d'ailleurs bien persuadé de mon amitié. »

Puis le 31 mars, Voltaire fit la déclaration suivante, en forme authentique :

« Au château de Ferney, le 31 mars 1769, par-devant le notaire Baffozet en présence des témoins ci-après dénommés, est comparu messire François-Marie de Voltaire, gentilhomme honoraire de la chambre du roi, l'un des quarante de l'Aca-

démie française, seigneur de Ferney, etc., lequel a déclaré
que le nommé Nonotte, ci-devant soi-disant jésuite et le
nommé Guyon, soi-disant abbé, ayant fait contre lui des libelles aussi insipides que calomnieux, dans lesquels ils accusent ledit messire de Voltaire d'avoir manqué de respect à
la religion catholique, il doit à la vérité, à son honneur et à la
piété, de déclarer que jamais il n'a cessé de respecter et de
pratiquer la religion catholique professée dans le royaume,
qu'il pardonne à ses calomniateurs, que, si jamais il lui était
échappé quelques indiscrétions préjudiciables à la religion de
l'État, *il en demanderait pardon à Dieu et à l'État*, et qu'il a vécu
et veut mourir dans l'observance de toutes les lois du
royaume et dans la religion catholique étroitement unie à ses
lois.

» Fait et prononcé audit château de Ferney, lesdits jour,
mois et an que dessus, en présence de R. P. Antoine Adam,
prêtre, etc., etc., témoins requis et soussignés avec ledit M de
Voltaire et moi dit notaire. »

Autre déclaration du 1er avril 1769 :

« Au même château de Ferney, à neuf heures du matin, par-
devant ledit notaire et en présence des témoins ci-après
nommés est comparu messire François-Marie Arouet de Voltaire, lequel, immédiatement après avoir reçu dans son lit
où il est détenu malade, la sainte communion de M. le curé
de Ferney, a prononcé les paroles suivantes :

« *Ayant mon Dieu dans ma bouche, je déclare que je pardonne
sincèrement à ceux qui ont écrit au roi des calomnies contre moi
et qui n'ont pas réussi dans leurs mauvais desseins.*

» De laquelle déclaration ledit messire de Voltaire a requis
acte que je lui ai octroyé en présence du révérend sieur
Pierre Gros, curé de Ferney, d'Antoine Adam, prêtre, etc., etc.,
témoins soussignés avec ledit M. de Voltaire et moi dit notaire, audit château de Ferney, lesdits jour, mois et an que
dessus. »

Donnons-nous maintenant le plaisir de lire quelques-unes
des explications de Voltaire.

Le 5 avril, il écrit à M Saurin de l'Académie française :

« J'ai été sur le point de mourir il y a quelques jours. J'ai rempli, à mon dixième accès de fièvre, tous les devoirs d'un officier de la chambre du roi très-chrétien, et d'un citoyen qui veut mourir dans la religion de sa patrie. J'ai pris acte formel de ces deux points par-devant notaire et j'enverrai l'acte à notre cher secrétaire, pour le déposer dans les archives de l'Académie, afin que la prêtraille ne s'avise pas après ma mort de manquer de respect au corps dont j'ai l'honneur d'être. Je vous prie d'en raisonner avec M. D'Alembert. Vous savez que pour avoir une place en Angleterre, quelle qu'elle puisse être, fût-ce celle de roi, il faut être de la religion du pays, *telle qu'elle est établie par acte du parlement.* »

Le 9 avril, il mande une première fois à M. d'Argental :

« J'ai toujours un peu de fièvre depuis six semaines et j'en ai essuyé dix accès assez violents. On rira tant qu'on voudra; mais j'ai été obligé de faire au dixième accès ce qu'on fait dans un diocèse ultramontain. Quand cette cérémonie passera de mode, je ne serai pas assurément un des derniers à me déclarer contre elle; mais je ne vois pas qu'il faille se faire regarder comme un monstre par les barbares au milieu desquels je suis, pour un mince déjeuner. C'est d'ailleurs un devoir de citoyen; le mépris marqué de ce devoir aurait entraîné des suites désagréables pour ma famille. Il faut être poli et ne point refuser un dîner parce que la chère est mauvaise. »

Le 24 du même mois, il s'explique en ces termes avec sa spirituelle correspondante, Mme du Deffand :

« Eh bien, madame, je suis plus honnête que vous, vous ne voulez pas me dire avec qui vous soupez, et moi je vous avoue avec qui je déjeune. Vous voilà bien ébaubis, messieurs les Parisiens ! La bonne compagnie chez vous ne déjeune pas, parce qu'elle a trop soupé; mais moi je suis dans un pays où les médecins sont italiens et où ils veulent absolument qu'on mange un croûton à certains jours. Il faut même que les apothicaires donnent des certificats en faveur des estomacs qu'on soupçonne d'être malades. Le médecin du canton que j'habite est un ignorant de très-mauvaise humeur, qui s'est imaginé que je faisais très-peu de cas de ses ordonnances.

» Vous ignorez peut-être, madame, qu'il écrivit contre moi au roi l'an passé et qu'il m'accusa de vouloir mourir comme Molière, en me moquant de la médecine : cela même amusa fort le Conseil. Vous ne savez pas sans doute qu'un soi-disant ci-devant jésuite francomtois, nommé Nonotte, qui est encore plus mauvais médecin, me déféra il y a quelques mois, à Rezzonico (Clément XIII) premier médecin de Rome, tandis que l'autre me poursuivait auprès du roi, et que Rezzonico envoya à l'ex-jésuite Nonotte, résidant à Besançon, un bref dans lequel je suis atteint et convaincu de plus d'une maladie incurable. Il est vrai que le bref n'est pas tout à fait aussi violent que celui dont on a affublé le duc de Parme, mais enfin j'y suis menacé de mort subite.

» Vous savez que je n'ai pas 200,000 hommes à mon service et que je suis quelquefois un peu goguenard. J'ai donc pris le parti de rire de la médecine avec le plus profond respect, et de déjeuner comme les autres, avec des attestations d'apothicaires. Sérieusement parlant, il y a eu, à cette occasion, des friponneries de la Faculté si singulières, que je ne peux vous les mander pour ne pas perdre de pauvres diables qui, sans m'en rien dire, se sont saintement parjurés pour me rendre service. (Allusion à une fausse profession de foi de Voltaire fabriquée par ceux qui avaient signé la déclaration authentique). Je suis un vieux malade et dans une position très-délicate et il n'y a point de lavements et de pilules que je ne prenne tous les mois, pour que la Faculté me laisse vivre et mourir en paix.

» N'avez-vous jamais entendu parler d'un nommé Lebret, trésorier de la marine, que j'ai fort connu et qui, en voyageant, se faisait donner l'extrême-onction dans tous les cabarets ? J'en ferai autant quand on voudra. Oui, j'ai déclaré que je déjeunais à la manière de mon pays : mais, si vous étiez Turc, m'a-t-on dit, vous déjeuneriez donc à la façon des Turcs ? Oui, messieurs. »

Le 23 mai, Voltaire revient avec M. d'Argental sur cette grave affaire :

« A l'égard du déjeuner, je vous répète qu'il était indispensable. Vous ne savez pas avec quelle fureur la calomnie sacerdotale m'a attaqué. Il me fallait un bouclier pour repous-

ser les traits mortels qu'on me lançait. Voulez-vous toujours
oublier que je suis dans un diocèse italien et que j'ai dans
mon portefeuille la copie d'un bref de Rezzonico contre moi?
Voulez-vous oublier que j'allais être excommunié comme le
duc de Parme et vous? Voulez-vous oublier enfin que lorsqu'on mit un bâillon à Lally et qu'on lui eut coupé la tête
pour avoir été malheureux et brutal, le roi demanda s'il s'é-
tait confessé? (premier acte que fit Louis XV après s'être mis
au lit lors de l'attentat de Damiens). Voulez-vous oublier que
mon évêque savoyard, le plus fanatique et le plus fourbe des
hommes, écrivit contre moi au roi, il y a un an, les plus absurdes impostures? Il est très-faux que le roi lui ait fait répondre, par M. de Saint-Florentin, qu'il ne voulait pas lui
accorder la grâce qu'il demandait. Cette grâce était de me
chasser du diocèse, de m'arracher aux terres que j'ai défri-
chées, à l'église que j'ai rebâtie, aux pauvres que je loge et
que je nourris. Le roi lui fit écrire qu'il me ferait ordonner
de me conformer à ses sages avis; c'est ainsi que la lettre
fut conçue... Le roi veut qu'on remplisse ses devoirs de chrétien : non-seulement je m'acquitte de mes devoirs, mais j'envoie mes domestiques catholiques régulièrement à l'église,
et mes domestiques protestants régulièrement au temple ; je
pensionne un maître d'école pour enseigner le catéchisme
aux enfants. Je me fais lire publiquement l'*Histoire de l'Église*
et les *Sermons de Massillon* à mes repas. Je mets l'imposteur
d'Annecy hors de toute mesure et je le traduirai hautement
au parlement de Dijon, s'il a l'audace de faire un pas contre
les lois de l'État.....

» Je sais ce qu'ont dit certains barbares et, quoique je
n'aie donné aucune prise, je sais ce que peut leur méchanceté. Ce n'est pas la première fois que j'ai été tenté d'aller
chercher une mort paisible à quelques pas des frontières où je
suis. Je n'ai pas longtemps à vivre, mais je mourrai en remplissant mes devoirs, en rendant les fanatiques exécrables,
et en vous chérissant autant que je les abhorre. »

Voltaire termine ainsi sa lettre du 19 juin à M. d'Argental :

« Trémoussez-vous, mes chers anges, pour écraser habile-
ment le monstre du fanatisme. Comptez que vous lui porterez un rude coup, en donnant aux *Guèbres* quelque accès

dans le monde. Vous me direz peut-être que le fanatisme triomphe d'une certaine cérémonie qu'un certain ennemi des coquins a faite, il y a quelques mois ; mais *cette cérémonie servira un jour à mieux manifester la turpitude de ce monstre infernal.* Il y a des choses qu'on ne peut pas dire à présent. Le public juge de tout à tort et à travers ; laissez faire, tout viendra à son temps. Je me mets à l'ombre de vos ailes. »

Le 24 juin, dans une lettre à M. le comte de Rochefort, je trouve ce passage :

« Je ne sais comment finira l'affaire du prélat dont je vous ai tant parlé, et qui m'a forcé à des démarches qui ont paru très-extraordinaires et qui pourtant étaient fort raisonnables. J'ai rendu compte de tout au marquis (M. de Choiseul) ; il m'a paru qu'il n'approuvait pas la conduite de ce prêtre et qu'il était fort content de la mienne. Mais je voudrais être bien sûr de ses sentiments pour moi. Je vous aurais une très-grande obligation de lui parler...... Ayez la bonté de me mander ce qu'il aura dit, vous ne pourrez me rendre un meilleur office. »

Le 7 juillet, Voltaire confirme à M. d'Argental ses premières explications :

« Eh bien ! mon cher ange, il faut vous dire le fait. Vous savez déjà que j'ai affaire à un fanatique, qui a donné à plein dans les billets de confession. C'est un des méchants hommes qui respirent. Il a ôté les pouvoirs à mon aumônier et il me ménageait une excommunication formelle, qui aurait fait un bruit diabolique. Il faisait plus, il prenait des mesures pour me faire accuser au parlement de Dijon d'avoir fait des ouvrages très-impies. Je sais bien que j'aurais confondu l'accusation devant Dieu et devant les hommes ; mais il en est de ces procès comme de ceux des dames qui plaident en séparation, elles sont toujours soupçonnées. Je n'ai fait aucune démarche dans cette affaire que par le conseil de deux avocats. J'ai toujours mis mon curé et ma paroisse dans mes intérêts. J'ai d'ailleurs agi en tout conformément aux lois du royaume.

» A l'égard du *Massillon,* j'ai pris juste le temps qu'un président du parlement de Dijon est venu dîner chez moi, et c'était une bonne réponse aux discours licencieux et punissables que le scélérat (Biord) m'accusait d'avoir tenu à table. En un mot, il m'a fallu combattre cet homme par ses propres armes. Quand il a vu que j'entendais parfaitement cette sorte de guerre, le croquant s'y est pris d'une autre façon. Il a eu la bêtise de faire imprimer les lettres qu'il m'avait écrites et ses réponses. Il a poussé l'indiscrétion jusqu'à mettre dans ce recueil une lettre de M. de Saint-Florentin, sans lui en demander la permission. Il a encore eu la sottise d'intituler cette lettre de façon à choquer le ministre. Je me suis contenté d'envoyer le tout à M. le comte de Saint-Florentin, sans faire la moindre réponse. Le ministre m'en a su très-bon gré et a fort approuvé ma conduite.

» Vous n'êtes pas au bout. L'énergumène, voyant que je ne répondais pas et que j'étais bien loin de tomber dans le piége qu'il m'avait si grossièrement tendu, a pris un autre tour beaucoup plus hardi et presque incroyable. Il a fait imprimer une prétendue profession de foi... »

Une lettre de Voltaire à d'Alembert, du 24 juin, achève de jeter une poignée de sel sur ces explications.

« Le petit-fils de mon maçon devenu évêque d'Annecy, n'a pas, comme vous le savez, le mortier liant ; c'est un drôle qui joint aux fureurs du fanatisme une friponnerie consommée... Ce scélérat a mis dans sa tête de faire de moi un martyr..... Je fus exposé à une lettre de cachet et à une excommunication majeure ; mais que peut la calomnie contre l'innocence ? La faire brûler quelquefois, me direz-vous ; oui, il y en a des exemples dans notre sainte et raisonnable religion. Mais n'ayant pas la vocation du martyre, j'ai pris le parti de m'en tenir au rôle de confesseur, après avoir été fort singulièrement confessé.

» Or, voyez, je vous prie, ce que c'est que les fraudes pieuses. Je reçois dans mon lit le saint viatique, que m'apporte mon curé devant tous les coqs de ma paroisse ; je déclare, ayant Dieu dans ma bouche, que l'évêque d'Annecy est un calomniateur, et j'en passe acte par-devant notaire. Voilà mon maçon d'Annecy furieux, désespéré comme un damné, menaçant mon bon curé, mon pieux confesseur et mon notaire. Que font-ils ? Ils s'assemblent secrètement au bout de quinze jours et ils dressent un acte dans lequel ils assurent par serment qu'ils m'ont entendu faire une profession de foi, qui n'est pas celle du *Vicaire savoyard* mais celle de tous les curés de Savoie (elle est en effet du style d'un ramoneur). Ils envoient cet acte au maçon, sans m'en rien dire et viennent ensuite me conjurer de ne pas les désavouer. Ils conviennent qu'ils ont fait un faux serment pour tirer leur épingle du jeu. Je leur remontre qu'ils se damnent, je leur donne pour boire et ils sont contents.

» Cependant, ce poison d'évêque, à qui je n'ai pas donné pour boire, jure toujours comme un diable qu'il me fera brûler en ce monde et dans l'autre. Je mets tout cela aux pieds de mon crucifix, et pour n'être pas brûlé, je fais provision d'eau bénite... Quoique cet énergumène soit Savoyard et moi Français, cependant il peut me nuire beaucoup, et je ne puis que le rendre odieux et ridicule : ce n'est pas jouer à un jeu égal. Toutefois, j'espère que je ne perdrai pas la partie, car, heureusement, nous sommes au XVIIIe siècle, et le maroufle croit être au XIVe. »

Ainsi finit la comédie qui pouvait avoir des effets tragiques ; elle n'en eut que de ridicules et de honteux, en contraignant à des actes religieux, contraires à sa conscience, le déiste le plus convaincu et l'un des hommes les plus religieux qui aient existé.

Quel contraste entre le roi très-chrétien et son gentilhomme ordinaire ! Et quel spectacle instructif, édifiant, que la double conduite du clergé envers l'un et envers l'autre !

Le premier, par ses mœurs infâmes, est le scandale de son royaume et la risée de l'Europe ; et tous les jours, il est encensé, béni, confessé, communié, loué, glorifié par Rome et l'Église, ses dignitaires et ses prêtres, car il est roi. Le second passe toute sa vie à faire du bien à ses semblables, dans les grandes comme dans les petites choses, car par son bon cœur et sa haute raison il vit dans les autres et pour l'humanité, il pratique la doctrine de Jésus-Christ, aimant Dieu par-dessus tout et le prochain comme soi-même ; donc il sera haï avec rage, calomnié, persécuté avec fureur, car il tonne contre les fanatiques, couvre de ridicule les hypocrites, et il n'est pas roi !... Cette horrible comédie n'est que la répétition de celle qui s'est jouée mille fois depuis l'origine des sociétés humaines et qui se jouera toujours, tant que les hommes n'auront pas pour guide la raison, pour principe la justice.

Et si l'on croit devoir s'élever ici contre la profanation des choses saintes, je ferai remarquer que le grand coupable en cette occasion et en ce siècle, c'est l'Église elle-même, qui avait couvert de la pourpre romaine ce *polisson* de Dubois, l'immoral Tencin et le très-léger Bernis, l'Église, qui avait... mais cela suffit.

Après la comédie, il y a une petite pièce pour faire rire de nouveau, et nous croyons bon de n'en pas priver le lecteur.

Voltaire avait toujours conservé des relations avec le cardinal de Bernis, alors ambassadeur à Rome. Bernis, homme aimable et de plaisir, devait son chapeau à Mme de Pompadour. Tout en conservant avec cette Éminence folâtre, et quelque peu licencieuse, un ton de parfaite convenance, Voltaire était fort à l'aise avec celui qu'il appelait autrefois *Babet la bouquetière*, en raison de ses petits vers trop fleuris. Donc pendant que Bernis était à Rome pour faire un pape, Voltaire lui écrivait le 8 mai :

« Il y a un mois que quelques étrangers étant venus dans ma cellule, nous nous mîmes à jouer le pape aux trois dés : je jouai pour le cardinal Stopani et j'amenai râfle ; mais le Saint-Esprit n'était pas dans mon cornet. Ce qui est sûr, c'est que l'un de ceux pour qui nous avons joué sera pape. Si c'est vous, je me recommande à Votre Éminence. Conservez, sous quelque titre que ce puisse être, vos bontés pour le vieux laboureur, V. »

Un mois auparavant, l'aimable vieillard envoyait à sa nièce, la marquise de Florian, la même boutade versifiée cette fois :

> Quand, d'un saint zèle possédés,
> On nous vit jouer aux trois dés
> De Simon le bel héritage,
> On râlla pour Cavalchini,
> Pour Corsini, pour Negroni.
> Stopani m'échut en partage,
> Et mon dé se trouva béni.
> Stopani du monde est le maître,

Mais il n'en jouira pas longtemps ;
Il a soixante et quatorze ans,
C'est mourir pape et non pas l'être.
J'aime les clés du paradis,
Mais c'est peu de chose à notre âge,
Un vieux pape est, à notre avis,
Fort au-dessous d'un jeune page.

» Dans la vieillesse on tolère la vie, dans la jeunesse on en abuse. Ainsi tout est vanité, à commencer par le pape et à finir par moi. J'ai eu douze accès de fièvre, je n'ai vu le médecin qu'une fois, j'ai envoyé chercher le saint viatique et je suis guéri. Je fais des papes et des miracles. »

Le 12 juin, le malin vieillard s'adressait de nouveau à l'abbé de Bernis. Ganganelli venait d'être nommé :

« Je ne crois pas que Clément XIV soit un Bembo, mais puisque vous l'avez choisi, il mérite sûrement la petite place que vous lui avez donnée. Or, monseigneur, comme dans les petites places on peut faire de petites grâces, il peut m'en faire une et je vous demande votre protection ; elle ne coûtera rien ni à Sa Sainteté, ni à Votre Éminence, ni à moi ; il ne s'agit que de la permission de porter la perruque. Ce n'est pas pour mon vieux cerveau brûlé que je demande cette grâce, c'est pour un autre vieillard soi-disant ci-devant jésuite, ne vous en déplaise, lequel me sert d'aumônier.

» Ferney est comme Albi (siége du cardinal) auprès des montagnes ; mais notre hiver est incomparablement plus rude que celui d'Albi... Nos curés, qui sont nés dans le pays, peuvent supporter l'horreur de nos frimas ; et, quoiqu'ils soient tous des têtes à perruques, ils n'en portent cependant pas, ils ont même fait vœu d'être chauves en disant la messe. Mon aumônier est Lorrain, il n'a point fait le vœu de s'enrhumer ; il est malade et sujet à de violents rhumatismes. Il priera Dieu de tout son cœur pour Votre Éminence, si vous voulez bien avoir la bonté d'employer l'autorité du vicaire de Jésus-Christ pour couvrir le crâne de ce pauvre diable.

» Je ne vous cacherai pas que notre évêque d'Annecy est un fanatique... En un mot, j'ai besoin de toute la plénitude du pouvoir apostolique pour coiffer celui qui me dit la messe. Je ne puis avoir d'autre aumônier que lui, il est à moi depuis dix ans ; je vous aurai une très-grande obligation, monseigneur, si vous daignez m'envoyer le plus tôt possible un beau bref à perruque...

» M. le duc de Choiseul me fit avoir, haut la main, de la part de Clément XIII, des reliques pour l'autel de ma paroisse. M. le cardinal Bembo n'aurait-il pas le pouvoir de me faire avoir une tignasse de Clément XIV ? »

Le 3 août, Voltaire envoie ses remercîments à Babet, la bouquetière pourprée :

> Par pitié pour l'âge caduque
> D'un de mes sacrés estaffiers,
> Vous abritez sa vieille nuque,
> Quand on est couvert de lauriers,
> On peut donner une perruque.
> Prêtez-moi quelque rime en uque,
> Pour orner mes vers familiers.
> Nous n'avons que celle d'eunuque,
> Ce mot me conviendrait assez ;
> Mais ce mot est une sottise,
> Et les beaux princes de l'Église
> Pourraient s'en tenir offensés.

« Je remercie très-tendrement Votre Éminence de la perruque de mon pauvre aumônier, qui ne verra pas ma lettre. Mais souffrez qu'il vous rende de très-humbles actions de grâces : il ne les dit jamais à table, et j'en suis fâché. »

Cette histoire de perruques avait un peu couru, on en faisait des gorges chaudes, on s'en amusait, si bien que dans une lettre du 30 août Voltaire répond à M. d'Argental :

« Vous me demandez ce que c'est que l'aventure du pape et de la perruque : c'est que mon ex-jésuite Adam voulait me dire la messe en perruque pour ne pas s'enrhumer, et que j'ai demandé cette permission au pape qui me l'a accordée. Mais l'évêque, qui est une tête à perruque, est venu à la traverse et il ne tient qu'à moi de lui faire un procès en cour de Rome, ce qu'assurément je ne ferai pas. »

Il n'y a pas cent ans que se jouaient ces scènes de la vie
réelle, comiques et ridicules par un côté, tristes et odieuses
par un autre. Il nous a semblé que ce temps n'était pas si
loin de nous que nous n'ayons quelque profit et quelque morale à tirer de ces historiettes, qui nous offrent un curieux
détail des mœurs du bon temps du droit divin.

Terminons par cette prière de Voltaire, qui couronne son
poëme de la Loi naturelle :

> O Dieu qu'on méconnaît, ô Dieu que tout annonce,
> Entends les derniers mots que ma bouche prononce,
> Si je me suis trompé, c'est en cherchant ta loi,
> Mon cœur peut s'égarer, mais il est plein de toi.

Pour être complétement exact et pour qu'aucun trait ne
manque à cette comédie, nous devons déclarer que Wagnière, et lui seul était à même de le savoir pertinemment,
nous assure que Voltaire ne fut point plus malade que de
coutume. Le philosophe aurait utilisé le temps où il était
seul à Ferney pour jouer, au profit de sa sécurité, cette farce
sacrée. Il se tint plusieurs jours au lit, attira dans sa chambre, par un bel écu neuf de six livres, un honnête capucin
auquel il déclara vouloir se confesser pour obtenir l'absolution. Celui-ci sortit timidement de sa poche un modèle de
rétractation telle que l'exigeait l'évêque. Le vieux philosophe,
sans y prendre garde, se mit à prêcher avec beaucoup d'é-
loquence, à faire entendre à ce néophyte en robe longue combien il mettait véritablement l'Évangile en pratique et prouvait efficacement chaque jour son amour de Dieu et du prochain. Le pauvre capucin, sous le charme de cette parole
pleine de lumière et d'autorité, retirait et avançait son papier;
enfin vaincu par le noble Lucifer (porte-lumière) il lui donna
en tremblant une absolution en forme et sans condition. On
a vu le parti qu'en tira Voltaire.

Déjà en 1754, étant à Colmar, il avait communié en compagnie du florentin Collini, son secrétaire, parce qu'il fut averti
que la cour de France le faisait espionner. En outre il était
circonvenu et enveloppé par les trames ténébreuses des jésuites de la province, lesquels venaient de faire brûler publiquement le *Dictionnaire* de Bayle. Voltaire sentait déjà le

roussi ; heureusement il était gai, avisé, il avait de la malice
à revendre aux bons Pères, et d'ailleurs il s'était bien promis
de n'être jamais assez sot pour se laisser rôtir par des fanatiques ou des imbéciles.

Qui oserait dire qu'il n'a pas mieux fait que de suivre
l'exemple de Louis XV, mort dans la fange, mais dans le sein
de l'Église qu'il respectait et redoutait.

Mentionnons encore ici un trait des mœurs du temps, qui
se rapporte à ce qu'on vient de lire. En vieillissant, le roi devenait chaque jour plus superstitieux. Mme de Pompadour,
qui ne songeait qu'à conserver son pouvoir, eut la singulière
inspiration de faire demander à Voltaire de traduire les Psaumes en vers, promettant que l'édition serait faite au Louvre,
aux frais de l'État, que de plus Voltaire, gardant tous les dehors convenables, aurait un chapeau de cardinal.

Cette perspective fit sourire le malin ermite de Ferney mais
ne put le séduire. Seulement cette proposition ayant quelque
peu couru, et les ennemis du poëte ayant naturellement
déclaré qu'il n'avait refusé que par incapacité, l'auteur de *la
Pucelle* traduisit *l'Ecclésiaste* et *le Cantique des cantiques*. Telle
est la trace qui nous reste du beau projet de la favorite ; ce
projet n'avait en lui-même rien d'irréalisable, mais le caractère de Voltaire le rendait impossible. Rien n'était plus simple
que de faire un cardinal de ce léger et complaisant Bernis, aussi
bien que du corrompu et du corrupteur Dubois. Mais Voltaire,
n'étant ni complaisant, ni corrompu, ni léger, ne pouvait être
cardinal, de la façon de Mme de Pompadour.

CANONISATION DE SAINT CUCUFIN

ET DE CELLE DE VOLTAIRE

Quid vetat ridendo dicere verum? Et pourquoi ne pas dire la
vérité en riant? Voltaire l'a fait avec tant de succès qu'il
nous sera bien permis de l'imiter en passant et pour lui
rendre justice.

Le 8 octobre 1766, Clément XIII canonisa un capucin d'Ascoli, du nom trop réjouissant de Cucufin, de sorte que les
moines ses frères (rusés comme tous les moines, depuis que
le monde moinant moina de moinerie, au dire de Rabelais)
obtinrent de rebaptiser celui-ci du nom de Séraphin. Cet
honnête capucin était célèbre, dit-on, par ses miracles et son
humilité. Plusieurs fois on le vit passer le ruisseau Potenza
sans se mouiller; dînant chez le cardinal Berneri, évêque
d'Ascoli, il renversa par humilité un œuf frais sur sa barbe
et mangea de la bouillie avec sa fourchette : en récompense
de quoi la sainte Vierge lui apparut. Il fit encore beaucoup
d'autres miracles et si, comme la chose eut lieu aux noces de
Cana, il ne changea pas de l'eau en vin (ce qui eût été trop
fort pour un simple moine), il lui arriva une fois de rendre
du vin gâté tout à fait potable. C'est pour ces hauts faits et

gestes, et moyennant cent mille écus, que la sainte congrégation des rites le déclara digne d'être canonisé.

De nos jours, nous avons vu canoniser saint Labre. Il est vrai
qu'il porta plus loin que l'honnête Cucufin le culte de l'humilité et le mépris de son corps. Il voulut être, dit son bio-
graphe, *le rebut et la balayure du monde*. Vivant d'aumônes,
vêtu de loques immondes, allant de pèlerinage en pèlerinage, il se nourrissait des débris qu'il disputait aux chiens
vaguant dans les rues. Son corps était couvert de plaies et
d'ulcères, et il mourut de consomption à trente-cinq ans.
M. de Montalembert nous a appris que sainte Élisabeth de
Hongrie lavait les plaies des lépreux et buvait l'eau qui avait
servi à cet usage. Jamais on ne fit une plus sanglante critique de Voltaire, qui était très-propre et qui, en prenant soin
de son corps délicat, prolongea sa vie jusqu'à quatre-vingt-
quatre ans.

M. Veuillot, dans ses *Odeurs de Paris*, nous remontre encore vertement tous les périls de la propreté. C'est à faire
frémir, et jamais son coup d'œil d'aigle ne s'éleva à de plus
hautes considérations. De combien ces quelques lignes ne
dépassent-elles pas en profondeur tous les travaux historiques de Voltaire ! mais Voltaire n'était qu'un *navet*, tandis
que M. Veuillot est un vrai catholique, digne de s'entendre
avec le bouddhiste le plus pieux des forêts de Ceylan. Écoutons ce saint homme, nous n'aurons pas à nous plaindre de
lui avoir donné quelque attention :

« Nous sommes, dit-il, un peuple très-propret. Nous avons
pris le pli de la propreté. Or, il n'y a que les peuples négligés
sur cet article qui aient empire sur eux-mêmes ; ils ont le
même empire sur le monde. *L'empire appartient aux peuples
malpropres*. Je me contente d'énoncer cette grande vérité
pratique. Je pourrais ici la démontrer historiquement.
L'axiome suffit à un esprit d'une trempe supérieure. Tous les
amants de la propreté sont faibles, et cela doit être. Quoi
qu'ils prétendent, le corps humain est fait de saleté. Dieu le
tira de la boue ; naturellement il ne peut trouver de force
que dans ses principes constituants. Mais feignant de croire,
comme dit *l'autre*, qu'il est né de sa propre puissance, qu'il
est maître, ce stupide corps renie son origine et se vautre

dans toutes les propretés imaginables, ce qui l'énerve et le
tue... Les Moscovites se flattent de prendre l'empire du
monde, et la chose aurait lieu que je n'en serais pas étonné.
Ce triomphe ne dépend pas de leur civilisation, mais de la
force et de la durée de leur goût pour la chandelle. Ceux qui
oignent de suif et d'huile rance leur barbe et leurs cheveux,
voilà les vainqueurs du monde. »

Ce discours de crasseux en délire est bien un peu en contradiction avec la *civilité puérile et honnête*. Il l'est bien davantage avec le rêve parfumé du Turc. Si quelque chose pouvait
étonner un aussi ferme croyant que M. Veuillot, ce seraient
les conquêtes de ces Arabes, auxquels Mahomet prescrit cinq
ablutions par jour. La brillante civilisation des Maures de
l'Espagne a laissé dans l'histoire une trace ineffaçable. Le
pape Sylvestre II fut leur écolier. Il devint très-savant à Cor-
doue et nous en rapporta les chiffres arabes, l'horloge à ba-
lancier, etc. Ce pape, instruit chez les mécréants chevale-
resques de l'Espagne, doit sentir l'hérésie aux yeux de l'ortho-
doxe écrivain des *Odeurs de Paris*. Quoi qu'il en soit, il est
certain que ces Musulmans, bien lavés, ont fait la conquête
de plusieurs peuples très-malpropres, ce qui est une pierre
d'achoppement pour la théorie infaillible de M. Veuillot.

Toutefois, il faut tirer l'échelle après ce beau morceau, qui
ferait honte à Bossuet. Je reviens à mon propos.

Voltaire remarque que si de tout temps les peuples policés
ont adoré un Dieu formateur du monde, de tout temps aussi
ils ont composé à ce Dieu, qui n'en a pas besoin, une cour où
ils ont placé leurs grands hommes, pour avoir des protecteurs auprès du maître. Les anciens ont eu Bacchus, Cérès,
Hercule et tous les dieux inférieurs. Les Romains ont mis
dans leur ciel Divus Trajanus et Divus Antoninus. Beaucoup
plus tard, les chrétiens imitèrent la Grèce et Rome, et finirent,
après avoir fait des saints, par prendre audacieusement leurs
noms, irrévérence que ne commirent pas les anciens. C'est
ainsi que nous avons eu des Matthieu, des Roch, des Pancrace
et des Cunégonde.

Sur cette idée, compatible avec la faiblesse des hommes et
qui leur sert de degrés pour se rapprocher de Dieu, le philosophe se résigne très-bien à honorer les saints dans tous les

grands hommes qui ont rendu service à leurs semblables et
les ont aimés. Il en propose quelques-uns, tels que Bayard,
Catinat, Turenne, de Thou, Michel de L'Hospital et surtout
Henri IV. Si on lui dit qu'il faut aussi des saintes, il acquiesce
avec empressement, disant que les dames ne sauraient être
ni trop honorées ni trop festoyées, et il propose la vaillante
pucelle d'Orléans et Marguerite d'Anjou, qui livra douze batailles pour délivrer son imbécile mari.

Eh bien ! puisqu'il y a des *saints à faire*, puisqu'il en faut
aux hommes et que cet usage leur est utile, nous voulons
user de la permission et nous allons en proposer un à la
sainte congrégation, non pas des rites, mais des gens de cœur,
qui aiment l'humanité et croient en son avenir comme ils
croient en Dieu.

Voici donc la légende de Divus Voltairius, pour faire suite
à celles de Divus Antoninus, Divus Socrates, Divus Henri-
cus quartus (car on ne peut séparer le héros et le poëte).
Nous n'avons pas besoin d'ajouter que ces diverses légendes
ne s'accordent pas trop avec celle de saint Cucufin ou Séraphin d'Ascoli.

Nous diviserons cette requête , à fin de la béatification
de Voltaire, en trois points, comme tout bon et honnête sermon. Le premier contiendra ses gestes humanitaires, le second aura pour objet le compte sommaire des verres d'eau
donnés au pauvre, selon le sentiment évangélique, par le seigneur de Ferney, le troisième nous servira à mettre sous les
yeux des juges quelques autres preuves écrites de l'humanité
du philosophe.

PREMIER POINT

Les gestes de Voltaire

1º Avoir vivement mais vainement tenté de sauver l'amiral
Bing du supplice injuste, auquel il fut condamné par la politique du premier Pitt et pour satisfaire l'amour-propre national
des Anglais.

2º Avoir, pendant trois ans, soutenu, protégé et finalement
sauvé la famille Calas, en faisant casser l'arrêt qui avait condamné l'innocent au supplice de la roue.

3° Avoir, pendant dix ans, protégé, défendu la famille Sirven et gagné son procès.

4° Avoir, pendant douze ans, vengé le meurtre du chevalier de la Barre, condamné pour impiété, à l'âge de dix-sept ans, à subir la torture ordinaire et extraordinaire, à avoir le poing coupé, la langue arrachée et le corps jeté au feu, ce qui fut en partie exécuté en 1765.

5° Avoir recueilli chez lui, défendu en France et protégé en Prusse d'Etallonde de Morival, jeune officier condamné avec de la Barre.

6° Avoir obtenu justice pour la veuve Montbailli, dont le mari innocent avait été roué, et qui était condamnée au même supplice.

7° Avoir, pendant les douze dernières années de sa vie, plaidé à Besançon et devant le conseil du roi, en faveur de douze mille pères de famille, serfs et mainmortables des moines de Saint-Claude. Disons qu'en 1778, l'année de la mort de Voltaire, Louis XVI abolit la servitude dans ses domaines et qu'il n'y eut plus d'esclaves que dans ceux de l'Église, à laquelle on n'osa toucher.

8° Avoir rendu à la culture la petite province de Gex, dépeuplée par suite de la révocation de l'édit de Nantes ; avoir laissé douze cents habitants dans le bien-être là où il en avait trouvé quarante-neuf dans la misère ; avoir soustrait lesdits habitants à la tyrannie des fermes générales.

9° Avoir, pendant douze ans, travaillé à la réhabilitation de Lally-Tollendal.

10° Avoir gagné le procès criminel fait au Mestre de camp de Morangiès, accusé faussement d'un vol de cent mille écus.

11° Avoir obtenu la délivrance des prisonniers suisses faits par Frédéric pendant la guerre de sept ans ; et secouru par son banquier de Berlin, les prisonniers français, après la bataille de Rosbach.

12° Avoir contribué à tirer des galères l'*honnête criminel*, Fabre, qui avait obtenu de prendre la place de son père, condamné au bagne et privé de ses biens pour avoir recueilli un prédicateur protestant et lui avoir donné à souper ; item, au sujet d'Espinas, pareillement condamné et puni.

13° Avoir recueilli, élevé, marié et doté Mlle Corneille et soutenu son père et sa mère.

14º Item, avoir marié chez lui Mlle Dupuits, et en dernier lieu Mlle de Varicourt au marquis de Villette.

15º Avoir gardé chez lui, pendant deux ans, M. Durcy de Morsan, interdit, exilé par sa famille, incapable de se conduire ; et par surcroît, l'ayant tiré de presse, avoir marié une nièce de l'abbé Nollet de l'Académie des sciences, laquelle avait été attachée à ce Durcy pendant quatorze ans ; avoir par-dessus assuré la position de leur fille naturelle.

16º Avoir fait connaître, propagé, vulgarisé en France, en Russie, en Europe, l'inoculation, service qui n'est pas mince, quand on songe qu'en 1723, la petite vérole avait enlevé à Paris seulement vingt mille personnes. Mentionnons, à cette occasion, qu'un pieux journaliste écrivit cette phrase, bonne à noter : *Il n'y a qu'un athée, imbu des folies anglaises, qui puisse proposer à notre nation de faire un mal certain pour un bien incertain.*

17º Avoir fait connaître et vulgarisé en France la physique de Newton et la métaphysique de Locke, lorsque nous étions perdus dans les tourbillons de Descartes, la matière subtile et cannelée, etc. Ce pourquoi Voltaire fut traité d'athée, comme Descartes l'avait été cinquante ans auparavant pour avoir combattu Aristote.

18º Avoir fait connaître en France Shakespeare duquel il a dit : *son génie n'est qu'à lui, ses fautes sont à son siècle*, et en même temps toute la littérature anglaise, Milton, Dryden, Pope, Congrève, etc.

19º Avoir fait rentrer dans leurs biens MM. de Crassi, dont un excellent père jésuite, nommé Fesse (ces jésuites ont des noms faits exprès !) les avait adroitement plus d'à moitié dépouillés. Je dois déclarer que ledit Fesse, à l'exemple de saint Cucufin, changea son nom malencontreux en y substituant un *i* à l'*e* final. Ce changement n'était pas sans importance, car peut-être ce dévot personnage était-il honoré du prénom de Jean, ce qui lui permettait de porter décemment ses noms et qualités, en signant Jean Fessi et non Fesse. Si ce bon jésuite avait emprunté le nom de l'évangéliste Matthieu, l'alliance de ces mots : Fesse, Matthieu, n'eût pas été moins fâcheuse.

20º Avoir recueilli en sa chaumière plusieurs capucins et le père Adam, jésuite, qui n'était pas le premier homme du monde, mais jouait aux échecs, mariait les pupilles de Voltaire et disait fort proprement la messe dans l'église élevée des deniers du philosophe. Ces jésuites m'avertissent qu'il est temps d'arriver à mon second point.

SECOND POINT

Les verres d'eau du seigneur de Ferney.

A CIDÉVILLE, 1733. « C'est un jeune homme nommé Lefèvre, qui fait aussi des vers harmonieux et qui est né, comme Linant, poëte et pauvre. Je voudrais bien que ma fortune fût assez honnête pour leur rendre la vie plus agréable ; mais n'ayant point de richesse à leur faire partager, ils daignent partager ma pauvreté. Je ne suis pas comme la plupart de nos Parisiens, j'aime mieux avoir des amis que du superflu, et je préfère un homme de lettres à un bon cuisinier et à deux chevaux de carrosse. On a toujours assez pour les autres quand on sait se borner pour soi. »

A L'ABBÉ MOUSSINOT, décembre 1737. — « Voici, mon cher ami, une bonne œuvre que je vous prie de ne pas négliger. Il y a, rue Sainte-Marguerite, une demoiselle d'Amfreville, fille de condition, qui a une espèce de terre à Cirey. Je ne la connais guère ; mais elle est, me dit-on, dans un extrême besoin. Vite, mon cher abbé, prenez une voiture, allez trouver cette demoiselle ; dites-lui que je prends la liberté de lui prêter dix pistoles et que je suis à son service si elle en a encore besoin. »

(A CIDEVILLE, 1741). « Mon Dieu ! mon cher ami, qu'il y a des gens malheureux en ce monde ! Vous souvenez-vous de votre compatriote et ancien camarade Lecoq ? Je viens de voir arriver chez moi une figure en linge sale, un menton de galoche, une barbe de quatre doigts : c'était Lecoq qui traîne sa misère de ville en ville. Cela fait saigner le cœur. »

A D'ARGENTAL, février 1751. « O destinée ! destinée ! ô neiges (de Berlin), ô maladies ! ô absence ! Comment vous portez-vous, mes anges ? Sans la santé tout est amertume... J'ai appris avec délices que M. de la Bourdonnaie (il s'agit du vain-

queur de Madras aussi injustement traité que le fut Lally)
avait gagné son procès, mais qui lui rendra ses dents qu'il a
perdues à la Bastille ?

» Je perds ici les miennes ; une affection scorbutique m'a
attaqué. Qui croirait qu'on eût les mêmes maux à la Bastille
et dans les palais du roi de Prusse ? »

A Mme DENIS, janvier 1753. « Le pauvre Dubordier doit être
à présent chez moi à Paris. Sa destinée est bien cruelle. Il
y a des gens devant qui on n'ose se dire malheureux. Cet
homme est demandé à Berlin, il y arrive en poste. Il em-
barque sur un vaisseau sa femme, son fils unique et sa fortune. Le vaisseau périt à la rade de Hambourg. Dubordier se
trouve à Berlin sans ressources. On se sert de ses dessins,
on ne l'emploie point et on le renvoie sans même lui donner
l'aumône. Logez-le, nourrissez-le. Qu'il raccommode mon
cabinet de physique. »

A M. FABRY, 16 septembre 1761. « Je vous supplie d'avoir
la bonté de lire cette pancarte et d'avoir la bonté de me dire
ce que je dois faire. Il est très-certain que le nommé François
Collet, charpentier, domicilié à Ferney, a acheté deux coupes
de blé au marché de Gex. Les employés lui volent son cheval et son blé, sous prétexte qu'il n'avait pas d'acquit à caution...

» Je vous demande pardon de vous importuner d'une telle
misère, mais cette misère est très-essentielle pour ce pauvre homme et ces vexations sont bien cruelles... »

A Mme DU DEFFAND, mai 1764. « Je conviens avec vous que
la vie est très-courte et assez malheureuse, mais il faut que
je vous dise que j'ai chez moi un parent (Daumart) de 23 ans,
beau, bien fait, vigoureux, et voici ce qui lui est arrivé. Il
tombe un jour de cheval à la chasse, il se meurtrit un peu la
cuisse, on lui fait une petite incision, et le voilà paralytique
pour le reste de ses jours, mais paralytique à ne pouvoir se
servir d'aucuns de ses membres, à soulever sa tête, avec la
certitude entière de n'avoir jamais le moindre soulagement.
Il s'est accoutumé à son état et il aime la vie comme un
fou. »

A M. LE COMTE DE BOISGELIN, mars 1764. « On m'a parlé
d'un homme de Nancy qu'on dit fourré à la Bastille, sur la

dénonciation d'un jésuite ; il s'appelle, je crois, Leclerc. Il avait la protection de Mme la comtesse de Boufflers, votre belle-mère, si on ne m'a pas trompé. En ce cas, je présume que vous daignerez agir tous deux en sa faveur. Rien ne rafraîchit le sang comme de secourir les malheureux. »

Voltaire apprend qu'un pauvre domestique , dont une parente était au service de sa nièce, vient de mourir à Paris en laissant plusieurs orphelins en bas âge. Aussitôt le patriarche écrit pour en demander un qu'il se chargera d'élever. L'enfant a dix ans et Voltaire se le fait expédier par le coche, en le recommandant à son banquier de Lyon en ces termes : « Ce pauvre petit arrive je ne sais comment, il est à la garde de Dieu, je vous prie de le prendre sous la vôtre.» L'enfant, une fois à Ferney, y tombe malade au bout de trois mois. Voltaire, très-inquiet et très-occupé de son petit protégé, veille lui-même dans le détail et de très-près sur son état. Sans cesse il en entretient Tronchin et ne montre pas moins de suite, d'intérêt et de cœur dans cette petite affaire que dans les grandes qu'il a sur les bras. Voici une de ses lettres au célèbre docteur :

« Mon cher Esculape, mon petit malade, après avoir pris sa seconde tasse d'émétique avant-hier, fut encore bien purgé et rendit un paquet de vers, parmi lesquels il y en avait un de six pouces de long. Je lui donnai une décoction de rue, de petite centaurée, de menthe, de chicorée sauvage, et, pour adoucir la vivacité que cette tisane pouvait porter dans le sang déjà irrité par la fièvre, je lui fis prendre de demi-heure en demi-heure, entre ces potions, une émulsion légère. La fièvre subsiste, continue avec redoublement, mais avec moins de violence. Il a dormi un peu. La tête n'est plus embarrassée, mais il y a toujours mal. Le bout de la langue est du rouge le plus vif. Il s'en faut beaucoup que l'œil soit net, il ne l'est guère, je crois, dans ces maladies. La peau n'est pas ardente. Ne conviendrait-il pas de lui ôter sa tisane anti-vermineuse, qui peut l'échauffer, et continuer à délayer beaucoup les humeurs ? Il a toujours la bouche ouverte et il lui est difficile de la fermer.

» J'entre dans tous ces détails ; je voudrais sauver ce petit garçon... »

Qu'aurait-il fait de plus pour son fils et peut-on témoigner une plus vive sollicitude? Voltaire méritait bien son titre de patriarche, à tous les points de vue. Aussi était-il aimé de ses gens et de ses colons. Aussi l'a-t-il été de tous les cœurs honnêtes qui l'ont approché.

A M. Fabry, 7 novembre 1772. « Monsieur, voilà un pauvre homme de Sacconex qui prétend qu'il fournit du lait d'ânesse à Genève; il dit que ses ânesses portaient du son pour leur déjeuner et qu'on les a saisies avec leur son. Je ne crois pas que ce soit l'intention du roi de faire mourir de faim les ânesses et les ânes de son royaume. Je recommande ce pauvre diable, qui a six enfants, à votre charité, et je saisis cette occasion de vous renouveler les respectueux sentiments avec lesquels, etc. »

A M. Christin, octobre 1773. « Mon cher philosophe humain, défenseur des opprimés, je vous adresse une infortunée, dépouillée de tous ses biens, en vertu de cette abominable main-morte. Un ancien conseiller au parlement de Besançon a fait condamner cette femme. On lui a pris jusqu'à ses nippes et ses habits, on a fouillé dans ses poches, il ne lui reste que ses papiers qu'elle vous remettra... Cette pauvre femme est venue de Gray dans ma retraite : que puis-je pour elle, que lui donner le couvert et quelque argent? Je vous prie de lire son mémoire et de lui donner un conseil. »

A M. le comte de la Tourraille, 1768. « A propos de générosité, je prends la liberté de demander à monseigneur le prince de Condé le congé d'un soldat de sa légion. J'ai fait un peu les honneurs de ma chaumière à cette légion romaine. »

A M. le baron d'Espagnac, 9 mai 1777. « Monsieur, ces jours derniers je rencontrai Eustache Prévot, dit *La Flamme*, l'un des invalides que vous avez eu la bonté de me donner. Il me dit qu'il était presque aveugle; je lui répondis que je ne voyais pas trop clair. Il ajouta qu'il était très-malade; je lui répondis que j'étais tombé en apoplexie il y a près de deux mois, comme cela n'est que trop vrai. Il m'avoua en soupirant qu'il était cassé de vieillesse; je lui fis confidence que j'avais 83 ans. Enfin il me conjura d'obtenir de

vous que vous daignassiez l'admettre parmi les invalides de
votre hôtel. Il me protesta qu'il voulait avoir la consolation
de mourir sous vos lois et sous vos yeux. Je vous demanderais la même grâce pour moi, mais il faut donner la préférence à un vieux soldat qui a essuyé plus de coups de fusil
que je n'en ai jamais donné à des lapins.

» Permettez donc que je vous présente ma requête pour *La
Flamme*, qui me paraît en effet un peu éteinte. Ajoutez cette
grâce à toutes celles dont vous m'avez honoré, et soyez persuadé de l'attachement et de la profonde estime avec laquelle
j'ai l'honneur, etc. »

Quelle admirable gaieté! Quelle habileté insinuante et per-
suasive! Et Voltaire a quatre-vingt-trois ans! Où donc sa
vieille tête puise-t-elle ces abondantes et vives paroles de
salut pour l'un et pour l'autre? Dans le trésor de son *jeune
cœur*, toujours ouvert, inépuisable, que la mort seule pourra
refroidir.

TROISIÈME POINT

*Quelques traces des sentiments d'humanité et de justice
du philosophe.*

La correspondance et les œuvres de Voltaire en sont partout vivifiées, illuminées. On peut les ouvrir au hasard, on
est sûr de tomber à un bon endroit, mais nous sommes obligé de nous borner et nous composons notre petite gerbe en
déclarant que chacun fera bien de la compléter et de glaner
comme nous dans ce riche domaine. Le lecteur remarquera
sans doute avec quelle énergie Voltaire revient sur la crainte
que M. de Choiseul ne le regarde comme un ingrat. Rien ne
pouvait blesser plus au vif un cœur aussi généreux que celui
de ce grand homme. L'ingratitude est le vice qui accuse le
plus nettement l'absence du sentiment de justice, dont Voltaire fut toujours dévoré : c'est encore le vice des âmes faibles et sans bienveillance. Quelle injure pour l'intrépide
vieillard! pour l'homme bon ou le bonhomme, comme on
voudra. Au reste, il y a une histoire là dessus et il faut d'a-
bord que le lecteur la connaisse.

A la fin d'une journée pénible où tout Paris était venu ren-

dre hommage au saint ermite de Ferney, M. d'Argental lui
» dit : Si quelqu'un a dû jamais être fatigué d'honneurs et de
» louanges, c'est vous. On vous en accable. Jamais ce mot de
» grand homme n'a été prononcé par tant de bouches. Mais
» c'est un éloge trop rebattu... Que ces MM. vous appellent
» avec la postérité grand homme tant qu'ils voudront; moi,
» qui vous connais mieux et depuis plus longtemps qu'eux
» tous, je vous réserve un éloge aussi vrai et plus neuf, car
» aucun de nos Parisiens ne s'en est encore avisé. — Eh!
» quoi ? dit Voltaire. — C'est que vous êtes un bonhomme
» et que vous l'avez toujours été. — Par ma foi, vous avez
» raison, cet éloge me touche plus que tous les autres et il a
» cela de bon qu'on peut l'accepter sans trop blesser la mo-
» destie. »

Chose étrange et assez folle, notre amour-propre est plus
blessé de l'avantage que quelqu'un prétend tirer de la supériorité de son esprit que de la bonté de son cœur! comme si
nous avions plus de mérite à posséder l'un plutôt que l'autre;
ou comme si l'un valait moins que l'autre!

Par malheur pour sa tranquillité, Voltaire unissait à la
bonté du cœur l'éclat d'un vif esprit et c'est ce dernier don
qui lui attira le plus d'envieux et d'ennemis. En réalité, la
grande et incessante occupation de sa vie fut d'être utile et
de faire le bien. Ses lettres sont pleines de traits qui décou-
vrent à chaque page ce premier et fondamental besoin de son
âme. En septembre 1736, il dit en courant à Thiriot : « Nous
» sommes bons, on abuse de notre bonté, mais ne nous cor-
» rigeons pas. » Et à Helvétius, février 1739 : « Le plus beau
» partage de l'humanité c'est de faire le bien. » A M. de Thibouville, en janvier 1778, cinq mois avant de mourir : « Ou-
» bliez encore une fois les ingrats et ne vous ressouvenez que
» des cœurs reconnaissants. »

La correspondance de Voltaire fourmille de traits pareils,
et c'est à regret que nous ne pouvons les rapporter tous. On
connaîtrait mieux ce que valait Voltaire et l'on en vaudrait
mieux soi-même.

A D'ARGENTAL, août 1757. « Il me semble que ce n'est pas
une entreprise désagréable de crayonner cette création nouvelle : c'est un beau spectacle de voir Pétersbourg naître au

milieu d'une guerre ruineuse et devenir une des plus belles et des plus grandes villes du monde; de voir des flottes où il n'y avait pas une barque, des mers se joindre, des manufactures se fonder, les mœurs se polir et l'esprit humain s'étendre. »

A M. Vernes, pasteur a Lausanne, décembre 1757. « Puissent tous vos confrères perpétuer cette heureuse paix, cette humanité, cette tolérance qui console le genre humain de tous les maux auxquels il est condamné ! Qu'ils détestent le meurtre abominable de Servet et les mœurs atroces qui ont conduit à ce meurtre, comme le parlement de Paris doit détester l'assassinat infâme d'Anne Dubourg et les Hollandais doivent pleurer sur la cendre des Barneweld et des Witt. Chaque nation a des horreurs à expier, et la pénitence qu'on en doit faire c'est d'être humain et tolérant. »

A d'Alembert, février 1762. « Si j'ai lu la belle jurisprudence de l'inquisition ! Eh oui, mordieu, je l'ai lue et elle a fait sur moi la même impression que fit sur les Romains le corps sanglant de César. Les hommes ne méritent pas de vivre puisqu'il y a encore du bois et du feu et qu'on ne s'en sert pas pour brûler ces monstres dans leurs infâmes repaires. Mon cher frère, embrassez pour moi le digne frère qui a fait cet ouvrage excellent. »

A M. Pinto, juif portugais, juillet 1762. « Les lignes dont vous vous plaignez, monsieur, sont injustes et violentes. Il y a parmi vous des hommes très-instruits et très-respectables, votre lettre m'en convainc assez. J'aurai soin de faire un carton dans la prochaine édition. Quand on a un tort il faut le réparer, et j'ai eu tort d'attribuer à une nation les vices de plusieurs particuliers.

» Je vous dirai avec la même franchise que bien des gens ne peuvent souffrir ni vos lois, ni vos livres, ni vos superstitions. Ils disent que, de tout temps, votre nation s'est fait beaucoup de mal à elle-même et en a fait au genre humain. Si vous êtes philosophe comme vous paraissez l'être, vous pensez comme ces personnes, mais vous ne le direz pas.

» La superstition est le plus abominable fléau de la terre, c'est elle qui a fait égorger tant de Juifs et tant de chrétiens, c'est elle qui vous envoie encore au bûcher chez des peuples d'ailleurs estimables. Il y a des aspects sous lesquels la nature humaine est la nature infernale. On sécherait d'horreur si on la regardait toujours par ces côtés; mais les honnêtes gens, en passant par la Grève, où l'on roue, ordonnent à leur cocher d'aller vite et vont se distraire à l'Opéra du spectacle affreux qu'ils ont vu sur leur chemin.

» Voltaire, chrétien,
ex-gentilhomme ordinaire du roi très-chrétien. »

A d'Argental, septembre 1765. « Je sais bien que j'ai été un peu trop loin avec Mlle Clairon ; mais j'ai cru qu'il fallait un tel baume sur les blessures qu'elle avait reçues au For-l'Évêque... Plus on a voulu l'avilir plus j'ai voulu l'élever. J'espère qu'on me pardonnera un peu d'enthousiasme pour les beaux-arts; j'en ai dans l'amitié, j'en ai dans la recon-naissance. »

Au prince Gallitzin, ambassadeur de Russie, août 1767. « Je vois avec plaisir qu'il se forme en Europe une république immense d'esprits cultivés. La lumière se communique de tous les côtés. Il me vient souvent du Nord des choses qui m'étonnent. Il s'est fait depuis environ quinze ans une révo-lution dans les esprits qui fera une grande époque. »

Au comte de Rochefort, mai 1768. « Ah ! que j'aime qu'un philosophe soit sensible! Pour moi je suis plus sensible que philosophe, et je le suis passionnément à vos bontés et à votre mérite. Je présente mes respects au couple heureux qui mérite tant de l'être. »

A Mme du Deffand, janvier 1769. « Il est plaisant que vous vous donniez le droit de haïr tous ces MM. (les philosophes) et que vous ne vouliez pas que j'aie la même passion pour La Bletterie. Vous voulez donc avoir le privilège exclusif de la haine? Eh bien ! madame, je vous avertis que je ne hais plus La Bletterie, que je lui pardonne, et que vous aurez, seule, le plaisir de haïr tout le monde. »

A d'Argental, 30 août 1769. « Je ne me mêle point de l'af-faire de Martin, elle n'est que trop vraie... Je ne peux pas être le don Quichotte de tous les roués et de tous les pendus. Je ne vois de tous côtés que les injustices les plus barbares. Lally et son bâillon, Sirven, Calas, Martin, le chevalier de la Barre se présentent quelquefois à moi dans mes rêves. On croit que notre siècle n'est que ridicule , il est horrible. J'ai

toujours la fièvre le 24 du mois d'Auguste, vous savez que
c'est le jour de saint Barthélemy, mais je tombe en défaillance
le 14 de mai, où l'esprit de la ligue catholique, qui dominait
encore dans la moitié de la France, assassina Henri IV par les
mains d'un révérend père feuillant. »

Voltaire, quoi qu'il en dise, ne pouvait ne pas se mêler d'une
injustice qui lui était connue. On le voit, au sujet de l'affaire
Martin, dans deux ou trois de ses lettres à d'Alembert, de
cette même année 1769.

Six ans plus tard, on rencontre dans les lettres de Voltaire
une nouvelle preuve qu'il se mêla de l'affaire Martin, car ,
comme il le dit à Richelieu en 1769 : « *Je suis un peu le don
Quichotte des malheureux.* » Un peu est une calomnie. En effet
son cœur saignait *toujours* du mal d'autrui, et le philosophe
se calomnie encore dans cette même lettre quand il dit modestement : « *Il y a des choses qui me font saigner le cœur longtemps.* »

Voici quelques fragments de ce que mande Voltaire à son
ami Christin à propos de cette affaire. Le conseiller dont il
parle est sans doute son neveu, l'abbé Mignot.

A M. Christin, octobre 1775. « Vous souvenez-vous, mon
cher ami, du nom de celui qui vous manda de Bar l'aventure
du nommé Martin, qu'on s'avisa de rouer sur quelques indi-
ces, lequel Martin fut quelques jours après reconnu innocent?... Il y a un conseiller au parlement de Paris, que vous
connaissez et qui vous aime, puisqu'il aime la vérité et la
justice, il veut s'informer de tout ce qui concerne ce pauvre
Martin et rendre, s'il se peut, service à cette malheureuse famille. Ne négligeons pas cette occasion, en attendant que
nous puissions servir nos mainmortes. »

A Mᵐᵉ DU DEFFAND, août 1770. « Votre homme, qui ne s'intéressait qu'à ce qui le regardait, doit vous raccommoder
avec la philosophie. Tout ce qui regarde le genre humain
doit nous intéresser essentiellement, parce que nous sommes
du genre humain. N'avez-vous pas une âme? n'est-elle pas
remplie d'idées ingénieuses et d'imagination? S'il y a un
Dieu qui prend soin des hommes et des femmes , n'êtes-vous
pas femme? S'il y a une providence, n'est-elle pas pour vous

comme pour les plus sottes bégueules de Paris ? Si la moitié
de Saint-Domingue vient d'être abîmée, si Lisbonne l'a été,
la même chose ne peut-elle arriver à votre appartement de
Saint-Joseph ? »

Au maréchal Richelieu, octobre 1770. « Vous me reprochez
toujours les philosophes et la philosophie. Si vous avez le
temps et la patience de lire ce que je vous envoie et de le
faire lire à Mme votre fille, vous verrez bien que je mérite vos
reproches bien moins que vous ne croyez. J'aime passionnément la philosophie qui tend au bien de la société et à l'instruction de l'esprit humain, et je n'aime point du tout
l'autre. »

Au maréchal Richelieu, 1771. « J'ai dans toutes mes passions
détesté le vice de l'ingratitude ; et si j'avais de l'obligation au
diable je dirais du bien de ses cornes.

» Comme je n'ai pas longtemps à ramper sur ce globe, je
me suis mis à être plus naïf que jamais ; je n'ai écouté que
mon cœur et, si l'on trouvait mauvais que je suivisse ses leçons, j'irais mourir à Astracan plutôt que de me gêner. J'aime
passionnément à dire des vérités que d'autres n'osent pas
dire et à remplir des devoirs que d'autres n'osent pas remplir. Mon âme s'est fortifiée à mesure que mon pauvre corps
s'est affaibli. »

A Mme de Saint-Julien, 1772. « J'attends la mort... mais je
croirais mourir damné si j'avais oublié un moment mes sentiments pour mon bienfaiteur (M. de Choiseul). Je mourrai en
l'aimant et je vous supplie par mon testament de le lui faire
savoir. »

A Mme du Deffand, 1772. « J'ai autant d'horreur pour l'ingratitude que pour les assassins du chevalier de la Barre. »

A d'Argental, 1772. « Vous m'avez tiré un poids de quatre
cents livres qui pesait sur mon cœur, en me disant que M. de
Choiseul avait toujours des bontés pour moi ; mais ce n'est
pas assez et je mourrai certainement d'apoplexie foudroyante,
s'il n'est pas persuadé de mon inviolable attachement et de
la reconnaissance la plus vive que ce cœur oppressé lui conserve. L'idée qu'il en peut douter me désespère. »

A D'ARGENTAL, mai 1774. « Tout ce qui me fâche, c'est l'injustice de celui qui règne à Chanteloup (Choiseul). Non-seulement je ne lui ai jamais manqué, mais j'ai toujours été pénétré pour lui de la reconnaissance la plus inaltérabl · Devait-il me savoir mauvais gré d'avoir haï cordialement les assassins du chevalier de la Barre et les ennemis de la couronne (les parlements)? Cette injustice, encore une fois, me désespère. J'ai quatre-vingts ans, mais je suis avec M. de Chanteloup comme un amant de dix-huit ans quitté par sa maîtresse. »

A Mᵐᵉ DU DEFFAND, novembre 1773. « Je conçois que l'état de Mᵐᵉ de la Vallière vous attriste; vous n'avez point, dites-vous, de courage; cela veut dire que vous êtes sensible, car le courage de voir périr autour de soi, sans s'émouvoir, toutes les personnes avec lesquelles on a vécu, est la qualité d'un monstre ou d'un bloc de pierre de roche. Je fais grand cas de votre faiblesse, tant qu'on est sensible on a de la vie. »

A Mᵐᵉ DUVOISIN NÉE CALAS, 15 janvier 1772. « Toute la famille Sirven se rassembla chez moi hier en versant des larmes de joie; le nouveau parlement de Toulouse venait de condamner les premiers juges à payer tous les frais du procès criminel : cela est presque sans exemple. Je regarde ce jugement que j'ai obtenu avec tant de peines comme une amende honorable. La famille Sirven était errante depuis dix années entières. Puissent Mᵐᵉ Calas ainsi que ses enfants goûter toute leur vie un bonheur aussi grand que leurs malheurs ont été cruels! »

A Mᵐᵉ DE SAINT-JULIEN, octobre 1775. « Mon papillon est un aigle, mon papillon est un phénix, mon papillon a volé à tire-d'aile pour faire du bien. La lettre qu'elle daigne m'écrire en arrivant nous a remplis d'étonnement, de joie, de reconnaissance, d'attendrissement. Nous sommes à ses pieds, madame, avec toute la colonie et tous les entours. »

A D'ALEMBERT, 26 novembre 1776. « Je m'occupe maintenant de la conversion de M. de Villette, à qui j'ai fait faire le meilleur marché qu'on puisse jamais conclure. Il a épousé, dans ma chaumière de Ferney, une fille qui n'a pas un sou et dont la dot est de la vertu, de la philosophie, de la can-

deur, une extrême beauté, l'air le plus noble, le tout à dix-
neuf ans. Les nouveaux mariés s'occupent nuit et jour à me
faire un petit philosophe. Cela me ragaillardit dans mes horribles souffrances, et cela ne m'empêche pas de vous regretter tous les jours de ma vie. »

(A M. Delisle de Salles, novembre 1777.) — « J'ajoute
à ma lettre que M. de Villette épouse Mlle de Varicourt que
vous avez vue chez nous. Il la préfère aux partis les plus
brillants et les plus riches qu'on lui a proposés, et, quoiqu'elle n'ait précisément rien, elle mérite cette préférence.
M. de Villette fait un très-bon marché en épousant une
fille qui a autant de bon sens que d'innocence, qui est née
vertueuse et prudente, comme elle est née belle; qui le sau-
vera de tous les piéges de Babylone et de la ruine qui en est
la suite. Nous jouissons, Mme Denis et moi, de faire deux
heureux. »

Citons, pour terminer, quelques fragments d'un morceau
où l'on voit bouillonner le sang de Voltaire, où sa pitié a des
accents terribles, où la Révolution mugit au loin sous l'humble prière.

Requête à tous les magistrats du royaume.

« La portion la plus utile du genre humain, celle qui
» vous nourrit, crie du sein de la misère à ses protec-
» teurs :
» Vous connaissez les vexations qui nous arrachent si
» souvent le pain que nous préparons pour nos oppresseurs
» mêmes. La rapacité des préposés à nos malheurs n'est pas
» ignorée de vous. Vous avez tenté plus d'une fois de soula-
» ger le poids qui nous accable, et vous n'entendez de nous
» que des bénédictions, quoique étouffées par nos sanglots et
» par nos larmes.
» Nous payons les impôts sans murmurer, taille, taillon,
» capitation, double vingtième, ustensiles, droits de toute
» espèce, impôts sur tout ce qui sert à nos chétifs habille-
» ments et enfin la dîme à nos curés de tout ce que la terre

22

» accorde à nos travaux, sans qu'ils entrent en rien dans nos
» frais. Ainsi, au bout de l'année, tout le fruit de nos peines
» est anéanti pour nous. Si nous avons un moment de re-
» lâche, on nous traîne aux corvées à deux ou trois lieues
» de nos habitations, nous, nos femmes, nos enfants, nos
» bêtes de labourage également épuisées et quelquefois mou-
» rantes pêle-mêle de lassitude sur la route...

» Tous ces détails de calamités accumulées sur nous ne
» sont pas aujourd'hui l'objet de nos plaintes. Tant qu'il
» nous restera de forces, nous travaillerons ; il faut, ou mou-
» rir, ou prendre ce parti.

» C'est aujourd'hui la permission de travailler pour vivre
» et pour faire vivre que nous vous demandons. Il s'agit de
» la Quadragésime et des fêtes. » (Ceci était relatif au chômage
des fêtes gardées, ce qui suit au carême, qu'on était contraint d'observer rigoureusement, parfois sous peine de
mort de par l'autorité civile.)

« Tous nos jours sont des jours de peine. L'agriculture
» demande nos sueurs pendant la Quadragésime comme
» pendant les autres saisons. Notre carême est de toute
» l'année. Est-il quelqu'un qui ignore que nous ne man-
» geons presque jamais de viande ? Hélas ! il est prouvé
» que si tout le monde en mangeait, il n'y en aurait pas
» quatre livres par mois pour chacun. Peu d'entre nous ont
» la consolation d'un bouillon dans leurs maladies. On nous
» déclare que, pendant le carême, ce serait un grand crime
» de manger un morceau de lard rance avec notre pain
» bis. Nous savons qu'autrefois, dans quelques provin-
» ces, les juges condamnaient au dernier supplice ceux
» qui, pressés d'une faim dévorante, auraient mangé en
» carême un morceau de cheval ou d'autre animal jeté à la
» voirie. »

En résumé, Voltaire a pardonné toute sa vie à ses amis et
à ses ennemis, il a passé son existence laborieuse à éclairer
les hommes et à leur faire du bien, il ne s'est jamais lassé,
jamais reposé ; aussi Dieu lui a-t-il fait la grâce de mourir
content.

A cette fin, nous requérons, non la sainte Congrégation
des Rites, à laquelle il nous faudrait donner cent mille écus,

ce qui nous embarrasserait, nous devons en faire l'aveu ; nous requérons tous les gens de cœur et d'intelligence de mettre, dans leur calendrier, à la place de saint Cucufin ou Séraphin d'Ascoli, sanctus Voltairius, qui a dit que, si saint Crépin est le saint des cordonniers, la Vérité est le saint des philosophes.

VOLTAIRE ÉCLAIRÉ PAR J.-J. ROUSSEAU

ESQUISSE DU CARACTÈRE ET DES IDÉES DE L'AUTEUR
DE *L'ÉMILE*

I

Le nom de Voltaire appelle naturellement celui de Rousseau, puisque tous deux ont exercé l'influence la plus considérable sur leur siècle et sur la révolution grandiose qui le couronna. En outre, leurs caractères contrastent fortement et l'analyse de l'un n'est pas d'un médiocre secours pour faire mieux connaître l'autre. Rousseau est un excellent miroir pour retrouver la physionomie de Voltaire sous une vive et nouvelle clarté.

Il importe de montrer quel était Jean-Jacques avant d'exposer ses idées, celles-ci n'ayant fait que commenter et traduire l'homme. La tâche est facile, grâce à la nature très-tranchée de Rousseau et parce qu'il s'est épuisé en des analyses infinies de lui-même, ayant été amoureux de son sujet jusqu'à la manie. Ses *Confessions*, ses *Dialogues*, ses *Promenades et Rêveries d'un Solitaire*, sa *Correspondance* forment à peu près la moitié de son œuvre, une dizaine de volumes, remplis de sa personnalité, tournée et retournée de mille façons. Nous n'avons pas à nous en plaindre, car il y a là de précieuses analyses, de délicates dissections morales, faites sur le vif et par un fin scalpel, sans compter de charmants récits que tout le monde a lus.

Né en 1712, dix-huit ans après Voltaire, Rousseau eut pour père un citoyen de Genève, pratiquant avec un certain talent la profession d'horloger. Sensible, enthousiaste, M. Rousseau obtint après une longue attente la main d'une jeune fille, dont la condition était supérieure à la sienne. Cet amour mutuel les rendit heureux, mais leur bonheur fut court, Mme Rousseau mourut en donnant le jour à son second fils, Jean-Jacques. Ce fut le premier malheur de l'enfant, car Mme Rousseau était une femme distinguée et gouvernait son mari, qui en avait besoin. L'enfance de Jean-Jacques fut néanmoins assez heureuse. Il la passa en partie chez son père avec lequel il lisait des romans et la vie des grands hommes de Plutarque, quelquefois jusqu'au jour ; en partie chez un pasteur où il était en pension avec un de ses cousins. Puis il fut mis en apprentissage chez un maître graveur; ce milieu, assez grossier, ne lui fut guère favorable. Rousseau s'enfuit un beau jour, redoutant la brutalité de son maître et commence ces aventures, où on le voit, tour à tour, catéchumène, domestique, séminariste, professeur de musique; familier de Mme de Warens, précepteur, secrétaire d'un ambassadeur; enfin compositeur de musique, écrivain éminent, copiste de musique et de ses manuscrits.

Nous n'entrerons point dans des détails qu'il faut lire dans *les Confessions*. Nous ne saurions si bien dire et l'espace nous manque. Il suffit de faire entrevoir au lecteur quelle fut dès son origine l'existence difficile, décousue et quelque peu humiliée du futur citoyen de Genève.

Physiquement, Rousseau était de petite taille mais d'une complexion saine et assez robuste. Bon marcheur, il fit par plaisir plusieurs longs voyages à pied. Vers sa quarantième année, il commença à souffrir d'une inflammation de la prostrate, inflammation reconnue par le fameux frère Côme qui le sonda, en présence du Maréchal de Luxembourg. Rousseau souffrit de cette incommodité jusqu'à la fin de sa vie. Il paraît cependant, d'après l'autopsie, que l'incommodité de Jean-Jacques ne doit être attribuée qu'aux violentes contractions spasmodiques d'un organe trop excitable.

« Je suis l'homme du tempérament le plus combustible
» mais en même temps le plus timide que la nature ait jamais
» produit. » Ces deux lignes des *Confessions* sont confirmées
en cent endroits de l'auto-biographie de Rousseau. Timidité
ultra-féminine et tempérament de faune, tel est le fond de
cette nature singulière et contradictoire. Dans son *deuxième
dialogue*, on trouve ces passages importants :

« Jean-Jacques dépend beaucoup de ses sens, et il en dé-
» pendrait bien davantage, si la sensibilité morale n'y faisait
» diversion, et c'est encore souvent par celle-ci que l'autre
» l'affecte si vivement... Jamais il n'y eut de plus mauvais
» observateur, quoiqu'il ait longtemps cru en être un très-
» bon, parce qu'il croyait toujours bien voir quand il ne fai-
» sait que sentir vivement. »

Ces révélations sont essentiellement caractéristiques de la
nature de Rousseau. Que de gens, comme Jean-Jacques,
croient voir juste, quand ils ne font que sentir vivement !
C'est le propre de tous les êtres impressionnables et de la
plupart des femmes.

Fortement teintée d'espérance, l'imagination de Jean-
Jacques n'était pas moins ardente que ses sens. Dans sa jeunesse, il subit la tyrannie de l'une et des autres, comme dans
sa vieillesse il y trouva les causes de ses consolations et de
ses désespoirs.

Il y a beaucoup de la femme en Rousseau. Si son orgueil
est grand, sa vanité est excessive et prédominante. Il en résulte que non-seulement Rousseau est timide mais méfiant
de la façon la plus incroyable et la plus folle. En cela, pareil
au cheval ombrageux qui est sur l'œil et sur l'oreille, toujours il craint la raillerie, le ridicule et s'imagine qu'on veut
se jouer de lui. Jamais il n'osa s'abandonner à son entraînement, malgré la violence de ses sens, même dans les occasions les plus singulièrement propres à le dépouiller de cette
triste méfiance.

Comme cette disposition morale est la clé du caractère de
Jean-Jacques, nous allons insister sur ce point capital.

C'est à vingt-cinq ans que Rousseau, s'étant imaginé qu'il
avait un polype au cœur et courant les chemins en chaise
pour se rendre à Montpellier, rencontre l'aimable Mme de Lar-

nage. Il doute de sa conquête jusqu'au dernier moment et
confesse qu'il n'eût pu triompher de sa méfiance, si cette
gracieuse femme, du bon temps de la poudre et des mouches,
ne l'avait enfin directement provoqué ; non sans avoir au
préalable usé en vain de toutes les ressources d'une coquette
de bonne compagnie.

La jeunesse n'ayant pu donner à Rousseau le moindre degré d'énergie virile et de confiance en lui, on comprend que
l'âge mûr ait augmenté cette triste et fâcheuse disposition.
Ayant douté de Mme de Larnage, Jean-Jacques doutera de
Mme d'Houdetot, sa grande passion, *passion la plus vive qu'aucun homme ait jamais sentie.* Il avoue, en effet, qu'en lui écrivant, il avait pris la précaution de la tutoyer, « par la sotte et
» vive crainte d'être persiflé et pour que ses lettres fussent
» à l'abri des communications. Elle s'en plaignit plusieurs
» fois assez vivement mais sans succès ; ses plaintes ne firent
» que réveiller ma défiance. »

Liée avec Saint-Lambert d'une affection qui dura jusqu'à
la fin de sa vie, Mme d'Houdetot rendait à Rousseau 'une douce
amitié, mais ne flatta jamais son amour. Et, Rousseau le dit
lui-même, l'aimable femme était franche jusqu'à l'étourderie.
La méfiance de Jean-Jacques s'alimentait sans doute de tout ce
qu'il y avait de faux et d'assez ridicule dans sa situation, de
poursuivant passionné et non toujours généreux d'une femme,
qui n'éprouvait pas d'amour pour lui et qui était la maîtresse
heureuse de son ami.

Aussi, dans ses *Confessions,* ressent-il le besoin de se relever aux yeux du lecteur. Il dit donc, en achevant de conter
la scène du bosquet d'Eaubonne, au clair de la lune : « Je fus
» sublime. Que d'enivrantes larmes je versais sur ses genoux !
» Que je lui en fis verser malgré elle ! Dans un transport in-
» volontaire, elle s'écria : Non, jamais homme ne fut si aima-
» ble et jamais amant n'aima comme vous ! mais votre ami
» Saint-Lambert nous écoute et mon cœur ne saurait aimer
» deux fois. » Après s'être décerné cette couronne de héros de
roman, Jean-Jacques ajoute encore, au sujet de Mme d'Houdetot, qu'il lui rendit ses lettres et qu'elle n'en put faire
autant, parce qu'elle prétendait avoir brûlé les siennes. Mais
Jean-Jacques n'en crut rien. « Jamais, dit-il, une femme qui

» a inspiré une pareille passion n'aura le courage d'en brûler
» les preuves. »

Il est un autre fait très-grave de la vie de Rousseau, si grave
qu'il ne s'en ouvrit jamais à personne, pas même à Mme de
Warens. Ce fait contribua beaucoup à le décider à écrire
ses *Confessions*, afin de décharger sa conscience. Il est trop
caractéristique de sa nature pour que nous ne le mentionnions
pas ici. Il s'agit de son fameux vol d'un ruban, vol dont il
accusa une jeune fille innocente, qu'il estimait et qu'il aimait
pour son bon cœur. Mais toute la maison était rassemblée, le
coupable Jean-Jacques, il avait dix-sept ans, bourrelé de remords, mentit avec une *impudence infernale*. « Je craignais la
» honte plus que la mort, plus que le crime, plus que tout au
» monde. J'aurais voulu m'enfoncer, m'étouffer dans le cen-
» tre de la terre : l'invincible honte l'emporta sur tout, la
» honte seule fit mon impudence ; plus je devenais criminel,
» plus l'effroi d'en convenir me rendait intrépide. »

Tel était Rousseau, par suite de son excessive et prédominante vanité. L'erreur une fois lancée dans le public, le
paradoxe devenu l'affaire de Jean-Jacques, il persistera avec
une effronterie folle, il persistera jusqu'à la mort. Car, avant
tout, la vanité l'emporte et le sentiment du juste ne vient
que plus tard lui imposer le remords. Rousseau garda celui-
ci pendant toute sa vie et ne put en délivrer son cœur qu'en
écrivant sa faute. Ce fait montre nettement que, si Rousseau
avait à un assez haut degré le sentiment de la justice, la maîtresse pièce de son organisme était une vanité féroce, le mot
n'est pas trop fort.

Rousseau est une sorte d'androgyne. Il est si vibrant, si impressionnable, que la flottante tunique de la femme enveloppe sa virilité et son intelligence. Il est femme par sa sensibilité, par sa vanité, par la faiblesse de son caractère ; il est
homme par la violence de ses sens et la vigueur de son
esprit.

Il adore la vertu, la nature l'enivre et les femmes lui font
tourner la tête ; la raison arrive ensuite, en boitant, quand elle
peut. Jamais Rousseau n'a pu composer à froid. Il lui faut la
promenade ou l'insomnie. Toute chose l'impressionne trop vivement pour que, sur le coup, il puisse la juger et soit prêt à

en parler. Si vous lui donnez le temps de se remettre de ses émotions et de les digérer dans la solitude, alors il sera plein de vigueur, d'éloquence et même il aura quelquefois raison. Mais son impressionnabilité est si grande qu'elle touche à l'état morbide. Il pleure dans les grandes et les petites choses, chez lui les larmes sont faciles comme chez les femmes. Il pleure quand il part, il pleure quand il arrive, il pleure de joie, il pleure de douleur, il pleure de reconnaissance, il pleure d'attendrissement, il pleure d'admiration, il pleure de souvenir, il pleure quand il communie, il pleure toujours.

Tantôt planant dans les nuages, tantôt rampant dans la fange, son imagination vive et ardente l'emporte dans de folles espérances ou le précipite dans les craintes les plus bizarres. Au milieu de ses affirmations les plus contradictoires, il est de bonne foi sur le moment. Son exaltation ne lui permet de voir que le point qui le préoccupe exclusivement et lui cache tous les autres. Quand il commence ses *Confessions* et qu'il s'écrie : « Être Éternel, rassemble autour de toi » l'innombrable foule de mes semblables, et qu'un seul te » dise, s'il l'ose : je fus meilleur que cet homme-là ; » quand, s'adressant aux mânes de Mᵐᵉ de Warens, il lance sur le mode lyrique cette interrogation : « Quelle autre femme, si » sa vie était manifestée, oserait se comparer à vous ? » Jean-Jacques est de bonne foi. Entièrement dominé par l'émotion du moment, il ne voit que le beau côté de son caractère et de celui de sa maîtresse.

Il est encore de bonne foi, lorsque, dans sa lettre accusatrice à David Hume, 1766, il lui dit : « Une conduite pareille » à la vôtre n'est pas dans la nature, elle est contradictoire et » cependant elle m'est démontrée. Abîme des deux côtés ! Je » péris dans l'un et dans l'autre, je suis le plus malheureux » des humains si vous êtes coupable ; j'en suis le plus vil si » vous êtes innocent. Vous me faites désirer d'être cet objet » méprisable. »

Rousseau n'est ni vil ni méprisable, mais il a l'esprit malade, cela est aussi certain qu'il est vrai que Hume est innocent de tous les crimes que lui prête son imagination.

C'est encore le fier Jean-Jacques du début des *Confessions*, qui écrit, le 15 janvier 1772, à M. de Sartines une lettre où il

s'arrange de cette façon : « J'ai de grands vices mais qui
» n'ont jamais fait de mal qu'à moi. J'ai commis de grandes
» fautes... A cela près, si quelqu'un m'impute quelques senti-
» ments vicieux ou quelque acte injuste, qu'il se montre, je
» ne me cache pas. »

A mesure qu'il prenait des années, cette disposition orga-
nique de Rousseau allant toujours s'exaspérant, il tomba
dans un état de noire mélancolie. En vain rencontra-t-il les
plus hautes et les plus véritables sympathies, des dévouements de tout genre et les expressions les plus flatteuses de
l'admiration publique. Rien ne put équilibrer cette singulière
organisation, mélange hybride de la nature féminine et mas-
culine, avivée et couronnée par le génie. Tout le monde le persécute : tantôt c'est Grimm et Mme d'Epinay, Diderot, d'Alembert, Voltaire, Tronchin, les Holbachiens, David Hume, Mme de
Verdelin et la comtesse de Boufflers, etc. Un autre jour M. de
Choiseul sera le chef de ce complot, complot de toute la
génération contemporaine et dont le malheureux avoue n'a-
voir jamais pu percer le mystère. Rousseau va jusqu'à imaginer, que c'est par animosité contre lui, que M. de Choiseul a
fait la conquête de la Corse, et jusqu'à écrire que ce fameux
complot sera la plus grande œuvre de son ministère.

Enfin la manie de Rousseau arriva à ce terme extrême,
qu'après avoir cru à la méchanceté universelle de ses contemporains et à une conspiration de tous contre lui, ne sachant plus à qui confier sûrement le manuscrit de ses *Confessions*, il se décida, non sans maintes réflexions, à le déposer
sur le maître-autel de Notre-Dame de Paris, présumant qu'un
acte aussi solennel aurait pour résultat de faire parvenir sa
défense sous les yeux du roi. Donc, le 24 février 1776, Jean-
Jacques voulut accomplir cette action mémorable. Par malheur, il n'avait pas pris garde qu'une grille séparait la nef
des bas côtés, bien qu'il eût été plusieurs fois examiner les
lieux à l'avance. Quand il aperçut cet obstacle, il éprouva
dans tout son être un tel bouleversement que, n'ayant com-
muniqué son projet à personne, il crut que le ciel même
concourait à l'œuvre inique des hommes et que la Providence
devenait leur complice. On ne pouvait aller plus loin. Alors
le malheureux visionnaire s'en tira de cette façon : Puisque,

se dit-il, cette œuvre (le complot) est un secret du ciel, impénétrable à la raison humaine, inclinons-nous. Dieu est juste, il veut que je souffre, il voit que je suis innocent. Cette idée me tranquillise et me console.

Cependant, Rousseau ne s'en tint pas là, car le propre de la manie est de ne lâcher sa proie qu'à la mort. Il écrivit donc de sa main un touchant *appel à tous les Français qui aiment encore la justice et la vérité*, et il allait dans ses promenades proposant son petit papier aux personnes dont la figure lui revenait.

Rousseau fit quelques lectures de ses *Confessions*. A la suite d'une de ces lectures chez la comtesse d'Egmont, il ajouta au manuscrit une vingtaine de lignes se terminant ainsi : « Quiconque peut me croire un malhonnête homme, est lui-» même un homme à étouffer. »

M. de Saint-Germain, qui a connu Rousseau dans les dernières années de sa vie et écrit une notice toute en sa faveur, a eu bien raison de dire *qu'autant à plaindre qu'à blâmer, il fut par sa sensibilité et sa méfiance son plus cruel ennemi à lui-même.*

Il n'était pas possible de vivre longtemps en bonne intelligence avec un homme d'un semblable caractère. L'amitié, l'amour, il les ressentait avec une telle violence, que son esprit en était complétement offusqué. Il apportait dans toutes ses passions, dans toutes ses affections les mêmes excès de timidité, d'exigence, de fougue et de raffinement. Avec lui, le lendemain n'était jamais sûr. Vous vous étiez quittés dans l'enthousiasme et en pleurant, vous vous retrouviez dans le doute et la froideur. « J'aime mieux être » haï de mille à outrance et être aimé de même d'un seul. » Quiconque ne se passionne pas pour moi n'est pas digne » de moi, » mandait-il à Mme de Latour en 1762. Dans un autre endroit, il s'écrie : « Ce dont j'ai faim, c'est d'un ami. » En 1757, il s'adresse, de l'Ermitage, à Diderot : « Je ne vous ai » jamais écrit sans attendrissement et je mouillai de mes » larmes ma précédente lettre, mais enfin la sécheresse de » la vôtre s'étend jusqu'à moi. Mes yeux sont secs et mon » cœur se resserre en vous écrivant. Je ne suis pas en état de » vous voir. Ne venez pas, je vous en conjure. » Quelques

jours après Diderot va à l'Ermitage et Jean-Jacques écrit à
Mme d'Epinay : Diderot a passé la journée ici, il y a longtemps
que je n'en ai passé une aussi délicieuse.

La véritable cause de sa rupture avec Diderot est une affaire d'amour-propre, analogue à celle du Ruban, et qui avait
rapport à sa liaison avec Mme d'Houdetot. Jean-Jacques ne put
jamais pardonner à Diderot de l'avoir rendu témoin d'une certaine faiblesse et lâcheté de cœur. L'anecdote, racontée tout
au long par Diderot, se trouve dans les *Mémoires de Marmontel*.

On ne peut guère, en parlant de Rousseau, se dispenser de
s'arrêter quelque peu à Mme de Warens.

Mme la baronne de Warens, ayant, à l'âge de vingt-deux
ans, abandonné son mari et sa patrie, le pays de Vaud, se
réfugia en Savoie, s'y convertit au catholicisme et vécut à
Annecy et à Chambéry d'une pension du roi Victor-Amédée.
Blonde, aux yeux bleus, petite, fraîche et grasse, elle était
charmante et Jean-Jacques la trouva toujours telle, bien qu'il
eût douze ans de moins que sa bienfaitrice. Il l'appelait maman, elle le nommait petit. Avec une certaine culture de l'esprit et quelque talent pour la musique, Mme de Warens possédait encore une humeur enjouée, un caractère bienveillant,
facile, ouvert. Elle avait le cœur sur la main et même un
peu au pillage, comme sa maison, toujours pleine d'allants
et de venants qu'elle hébergeait avec sa bonté habituelle. Il
ne fallait pas moins qu'une nature de cette trempe molle et
sympathique pour attirer le timide et défiant Jean-Jacques.
Il l'aima, mais non avec enthousiasme comme Mme d'Houdetot, et ne sentit jamais près d'elle l'élan qui le transporta aux
pieds de l'aimable Mme Bazile ; il ne put même, selon ses
propres aveux, goûter près de cette amie le plaisir que lui
donna Mme de Larnage. Voici sans doute de quel genre était
la passion de Rousseau pour Mme de Warens.

« J'oserai le dire, qui ne sent que l'amour, ne sent pas ce
» qu'il y a de plus doux dans la vie. Je connais un autre sen-
» timent moins impétueux peut-être, mais plus délicieux mille
» fois, qui quelquefois se joint à l'amour et qui souvent en
» est séparé. Ce sentiment n'est pas l'amitié seule, il est plus
» voluptueux, plus tendre. Je n'imagine pas qu'il puisse agir
» pour quelqu'un du même sexe ; du moins je fus ami si jamais

» homme le fut, et je ne l'éprouvai jamais près d'aucun de
» mes amis. »

Par malheur, cette aimable femme manquait de force et
d'équilibre, et Rousseau n'était pas fait pour lui en donner.
Faute d'appui solide, elle ne put conduire convenablement
sa vie. Ses affaires se dérangèrent de plus en plus et sa conduite, que ne soutenait point un sentiment de dignité personnelle suffisant, alla comme ses affaires. Il semblait que
l'abîme l'attirât. Rousseau, qui la revit en passant à Genève
en 1754, écrit dans ses *Confessions* : « Je la revis, dans quel
» état, mon Dieu! dans quel avilissement! Que lui res-
» tait-il de sa vertu première! »

Mme de Warens, *dans la simplicité de son cœur*, se croyait
bonne catholique, et Rousseau ajoute que s'il n'y avait pas eu
de morale chrétienne, elle l'aurait suivie tant elle s'adaptait
bien à son caractère. D'ailleurs Mme de Warens répétait à ses
confesseurs jésuites que, quoi qu'elle fît et quoi qu'elle pût
penser, elle déclarait vouloir se soumettre à toutes les déci-
sions de notre sainte mère l'Église.

Jean-Jacques, toujours éloquent et souvent rhéteur, ne
pouvait annoncer avec simplicité la mort de sa pauvre maman. « Mme de Warens quitta cette vallée de larmes pour
» passer dans le séjour des bons, où l'aimable souvenir du
» bien qu'on a fait ici-bas fait l'éternelle récompense. Allez,
» âme douce et bienfaisante, auprès des Fénélon, des Bernex,
» des Catinat, et de ceux qui, dans un état plus humble,
» ont ouvert comme eux leur cœur à la charité véritable ;
» allez goûter le fruit de la vôtre et préparer à votre élève la
» place qu'il espère occuper un jour près de vous... »

Cette brillante prosopopée, tout à fait dans le goût de Jean-
Jacques et qui pourrait prêter à rire, ne doit pas empêcher
le lecteur de rendre justice à cette femme bienveillante, pas
plus qu'à Rousseau lui-même. Si Mme de Warens ne sut pas
toujours se garder de mal, elle fit le bien autant qu'elle put,
avec entraînement, et ce mérite compense bien des fautes, des
travers et des inconséquences.

Quel que soit l'objet qui frappe Rousseau, politique, théâtre,
femme, la sensation le terrasse, l'émotion l'affole. Aimant le
bien avec ivresse, il n'en voit jamais les conditions, il ne s'y

arrête pas un moment, et, par son vif enthousiasme pour la vertu et la vérité, il se jette tout à plein dans les sophismes les plus monstrueux. La société est mauvaise, pourrie de vices, donc point de société, et à la place il fabrique un idéal de sauvagerie impossible. La science et les lettres produisent des erreurs, des ambitions honteuses, donc pas de science ni de culture de l'esprit. Le théâtre est obligé de représenter les mœurs du temps et les mœurs sont corrompues, donc point de théâtre. L'amour est une passion d'une puissance incalculable, donc il n'en faut point parler, même de la façon la plus favorable à la vertu, car on ne prendra pas garde à votre vertu et vous n'aurez fait qu'attiser les feux de l'amour.

II

Tel qu'il se peint, tel que son existence et ses œuvres le montrent, Jean-Jacques est en définitive une nature très-personnelle. Quoique son âme soit tourmentée par les plus généreuses aspirations, la conduite de sa vie est loin de répondre à ses sentiments. La raison et la justice lui font presque toujours défaut, parce qu'elles sont empêchées par la sensation et l'amour-propre, si l'on veut bien entendre par ce mot la combinaison de ces deux passions, orgueil et vanité.

C'est pour cela qu'il est si fou, si exigeant dans ses passions, soit amitié, soit amour. Jamais il ne demeure dans la mesure, dans le vrai. Il ne comprend pas qu'en amour comme en amitié, le phénomène est double et présente deux faces. Vous aimez sincèrement, éperdument, vous vous en sentez rès-heureux et capable du plus complet dévouement, car votre passion vous soulève de terre et vous transporte dans le ciel. Voilà qui est très-beau et très-bien; l'on ne peut que vous féliciter de ressentir aussi largement cette noble passion de l'amour. Mais ce n'est pas tout d'être amoureux, cela regarde surtout celui qui aime et qui se trouve heureux de son amour. Béranger a dit avec justesse :

Aimer, aimer, c'est être utile à soi.

Vous aimez, mais à votre tour êtes-vous aimable et provo-
quez-vous une égale passion chez l'objet de votre amour?

Ceci est très-essentiel. Car, si vous n'avez pu déterminer
un tel retour, une aussi belle expansion de cœur chez votre
partenaire, s'il n'est pas aussi heureux de vous aimer que
vous êtes heureux de votre amour, de quel droit lui repro-
cheriez-vous de manquer de passion? Quelle raison pouvez-
vous avoir de l'accuser de ne pas répondre à votre sentiment?
Eh! qui donc commande au sentiment? qui le fait naître et
l'inspire? Rappelez-vous comment s'est produit le vôtre et
songez qu'il ne peut se produire chez votre prochain que de
la même façon. Vous aimez, faites donc tous vos efforts pour
être payé de retour, voilà tout votre droit et l'ordre naturel
en ce qui concerne le sentiment. Si vous réussissez, vous aurez contribué au développement de votre semblable, au bien
de la société, car dit toujours avec la même justesse le second
vers du poëte :

> Se faire aimer, c'est être utile aux autres.

Personne n'a le droit de tyranniser son prochain, parce
qu'il l'aime d'amitié ou d'amour. Si la liberté des mouvements de l'âme humaine est sainte et respectable, c'est en de
telles occasions. Jamais Rousseau n'y a pensé, jamais il n'a
vu le problème sous ses deux faces. Car plus il sent vivement,
moins il raisonne juste. C'est le cas de rappeler sa phrase caractéristique à Mme de Latour : *Ce dont j'ai faim, c'est d'un
ami.* La violence de l'appétit de Jean-Jacques est manifeste,
mais ce qui n'est pas moins remarquable, c'est qu'il s'inquiète fort peu de se rendre appétissant lui-même. Il aime et
veut qu'on l'aime ardemment, sans prendre garde à ce que
son amabilité soit en proportion de sa faim ou de son amour.

Jean-Jacques aimait son vieux chat et son chien qu'il
nomme son ami et avec lequel il s'entendait si bien qu'ils
n'avaient tous d'eux qu'une volonté. Rousseau aima encore
véritablement sa vulgaire Thérèse, il le déclare à plusieurs
reprises et en donna de sérieuses preuves.

En effet, telles étaient les affections consonnantes avec le
cœur de cet être bizarre. Un mélange d'orgueil et de vanité

prédominante étouffait tellement la voix de ses autres sentiments, justice, bienveillance, amour, amitié, famille, qu'il ne
pouvait écouter ceux-ci que quand cet amour-propre féroce
était satisfait, lorsque sa timidité méfiante était en sécurité.
Avec des êtres inférieurs et passifs, Jean-Jacques n'ayant à
craindre ni supériorité, ni persiflage, ni ridicule, il pouvait
se laisser aller, se donner lui-même.

Jean-Jacques dit, dans une des lettres à M. de Malesherbes,
que son indomptable amour de la liberté lui vient moins
d'orgueil que de paresse, paresse incroyable, que tout effa-
rouche, et qui lui rend insupportables les moindres devoirs de la vie civile. Il ajoute :

« Voilà pourquoi j'ai toujours tant redouté les bienfaits ;
» car tout bienfait exige reconnaissance et je me sens le
» cœur ingrat, par cela seul que la reconnaissance est un
» devoir. »

Cette appréciation de Jean-Jacques par lui-même est précieuse, et nous montre à nu l'âme de l'illustre écrivain. La
reconnaissance est un devoir au même titre que la maternité
ou tel autre sentiment du cœur. C'est parce que la mère
éprouve profondément la douce joie d'aimer son enfant
qu'elle peut accomplir avec héroïsme son devoir de mère.
Avant d'être un devoir, la maternité est un bonheur. De
même tous nos devoirs ont pour base la satisfaction d'un
besoin de l'âme humaine, et la reconnaissance ne fait pas
exception à cette loi générale. Être reconnaissant, c'est éprouver un retour naturel en son cœur pour qui vous a obligé
gratuitement. Plus on a de justice et de bienveillance, plus
vive est la reconnaissance, sentiment aussi noble qu'il est
doux. Mais cette joie est une joie virile. Qui songerait à exiger
un tel retour des enfants, ou plutôt, comment une volupté de
cet ordre pourrait-elle être ressentie par ces créatures charmantes et mobiles, tout à vous dans la joie du moment, si
loin de vous dans l'instant qui suit? L'ingratitude est le défaut des âmes faibles et mobiles, comme la reconnaissance
est la vertu des âmes grandes et fortes. C'est pourquoi ce
sentiment et ce devoir sont peu à l'usage des femmes et ne
l'était pas à celui de Jean-Jacques, espèce d'androgyne ou de
femmelin.

Dans cette même lettre, Rousseau confirme cette donnée fondamentale sur son caractère :

« Quoique le commerce ordinaire des hommes me soit
» odieux, l'intime amitié m'est chère parce qu'il n'y a plus
» de devoir pour elle; on suit son cœur et tout est fait. »

Rousseau a senti juste à propos de son chat, de son chien, de sa Thérèse et dans quelques autres rares occasions; son cœur a parlé avec ces êtres passifs, avec ses inférieurs; en présence des natures nobles et viriles, son cœur est resté muet, parce que son cœur était faible. Voilà comment il n'a vu dans la reconnaissance qu'un devoir, une chaîne et n'a pu en éprouver l'émotion délicieuse et la joie puissante.

Pourvu que les choses se passent entre honnêtes gens, quoi de meilleur et de plus doux que les sentiments qui unissent l'obligé et le bienfaiteur? L'obligé se sent heureux d'avoir attiré la sympathie d'un honnête homme, et plus la circonstance où il en aura éprouvé les effets est grave et difficile, plus son retour vers lui sera vif et profond. D'autre part, le bienfaiteur a joui du bonheur de secourir un honnête homme, joie divine qu'augmente encore le retour naturel de ce dernier. On s'attache mutuellement par le bien qu'on fait et par celui qu'on reçoit.

On voit clairement que la reconnaissance ne peut naître, lorsque l'amour-propre (orgueil et vanité) est plus fort que la bienveillance et la justice. Et voilà pourquoi Jean-Jacques fut ingrat. Il s'en est confessé, et il faut lui pardonner en le constatant.

Vers la fin de cette terrible guerre de Sept-Ans qui ruina l'Europe, mit l'Allemagne en feu et dans laquelle Frédéric faillit perdre sa couronne et la vie, ce prince, par l'intermédiaire du maréchal Keith, fit offrir à Jean-Jacques une pension assez modique.

Rousseau refusa par une lettre curieuse, qui présente une miniature très-réussie de son caractère. Tout y est : son orgueil et sa vanité folle, son affectation de simplicité spartiate et de grandeur à la romaine, son manque de sens et de naturel, un faux air de stoïcisme où se cachent sa faiblesse et le désir d'être admiré.

Quelle occasion pour l'éloquent rhéteur! Refuser les pré-

sents d'Artaxercès et déclarer à un roi que le citoyen de
Genève est l'ennemi des rois! Aussitôt, l'écolier Jean-Jacques,
il a cinquante ans, tout rempli de son Plutarque, se met à la
tâche pour faire *son devoir*. Il se gratte le front, tourne et retourne sa perruque et ses phrases. Il recommence maintes
fois ce billet héroïque et n'en a pas laissé moins de trois versions. Voici la pièce qui a été choisie et jugée digne de la couronne académique.

30 octobre 1762. — « Sire, Vous êtes mon protecteur et
mon bienfaiteur, et je porte un cœur fait pour la reconnaissance; je viens m'acquitter avec vous, si je puis.

» Vous voulez me donner du pain; n'y a-t-il aucun de vos
sujets qui en manque? Otez de devant mes yeux cette épée
qui m'éblouit et me blesse; elle n'a que trop fait son devoir,
et le sceptre est abandonné. La carrière est grande pour les
rois de votre étoffe, et vous êtes encore loin du terme; cependant le temps presse, et il ne vous reste pas un moment
à perdre pour aller au bout.

» Puissé-je voir Frédéric le juste et le redouté couvrir ses
États d'un peuple nombreux dont il soit le père! et J.-J.
Rousseau, l'ennemi des rois, ira mourir au pied de son
trône. »

Dans la lettre d'envoi de ce dict et faict mémorable à ajouter à ceux de Plutarque, lettre adressée à milord Keith, Jean-
Jacques ajoute :

« J'ai de quoi vivre deux ou trois ans, et jamais je n'ai
poussé si loin la prévoyance; mais, fussé-je prêt à mourir de
faim, j'aimerais mieux dans l'état actuel de ce bon prince et
ne lui étant bon à rien, aller brouter l'herbe et ronger des
racines que d'accepter de lui un morceau de pain.

» Que ne puis-je bien plutôt, à l'insu de lui-même et de
tout le monde, aller jeter la pite dans un trésor qui lui est
nécessaire et dont il sait si bien user! Je n'aurais rien fait en
ma vie avec plus de plaisir... La lettre ne doit être vue que
du roi seul, à moins qu'il ne le permette. »

Ce petit épisode est du Jean-Jacques tout pur.

On voit, dans une autre lettre de Rousseau, que le Maréchal Keith étant allé quelque temps après à Berlin, le roi lui
dit simplement : *Votre protégé m'a bien grondé.* Rousseau n'eut

pas d'autre réponse, et c'était bien tout ce que valait sa belle lettre d'écolier émérite et de rhétoricien hors ligne.

Une autre preuve de la personnalité de Jean-Jacques, qui ne manque pas d'importance, se rencontre dans une lettre très-belle qu'il adresse à Voltaire, pour le remercier de l'envoi de ses poëmes sur *la loi naturelle* et *le désastre de Lisbonne*.

Nous sommes en 1756 et Rousseau n'est célèbre que par son *Devin de Village* et ses deux Discours. Aucune mésintelligence n'existe entre les deux philosophes, et Rousseau a le ton le plus convenable avec son ancien et le plus illustre des écrivains de son temps. Cet écrit est remarquable en ce sens que Jean-Jacques y est presque toujours dans le vrai d'un bout à l'autre.

Voltaire, dans le cœur duquel retentissait toute souffrance humaine, fut vivement ému du tremblement de terre, qui détruisit une partie de Lisbonne et y fit périr environ trente mille personnes. A ce propos, il crut devoir attaquer les optimistes et les Pangloss, qui s'endorment sur leur *tout est bien*. Mais il le fit en se résignant à la nature, en accusant hautement sa foi en la Providence. Sa pensée se résume dans ces quatre vers :

> Le présent est affreux, s'il n'est point d'avenir,
> Si la nuit du tombeau détruit l'être qui pense.
> Un jour tout sera bien, voilà notre espérance;
> Tout est bien aujourd'hui, voilà l'illusion.

Fidèle à son désir du bien, à sa foi dans le progrès de la justice sur la terre, l'auteur ne fait évidemment que gourmander l'insouciance ou la paresse d'esprit de ceux qui trouvent commode de s'en remettre de tout à la Providence et qui, à la façon des Turcs, se croisent les bras sans songer que leur activité entre aussi dans l'ordre de la Providence. Cette dernière pièce est en tout conforme par les idées au poëme sur *la loi naturelle*, où le poëte s'attache à démontrer que Dieu a donné aux hommes la conscience et l'idée de justice comme tout ce qui leur est nécessaire, et que là est le fondement naturel de toute religion. Telle est aussi la donnée que Rousseau développera tout à l'heure très-éloquemment dans la *Profession de foi du Vicaire savoyard*. Car il est bon de le constater, Voltaire et Rousseau ont tous deux soutenu avec persévérance l'idée de Dieu au xviiiᵉ siècle, l'un par les lumières de sa haute et droite raison, l'autre par l'impétueux essor de son sentiment.

Mais revenons. Jean-Jacques commence par dire à Voltaire que son cœur écoute avidement le sien, qu'il l'aime comme son frère et l'honore comme son maître. Il ajoute : La plupart de vos œuvres m'offrent les idées les plus grandes, les plus douces et les plus consolantes de la Divinité. Après cet exorde, Rousseau lui reproche avec beaucoup de force et de suite de ne pas être complétement providentialiste, en n'acceptant pas d'une façon absolue l'axiome *tout est bien*.

Il est incontestable que Voltaire, qui a presque toujours raison, a tort cette fois. L'idée de Dieu étant admise aussi bien que celle de providence, on est forcé de conclure que tout est bien au point de vue absolu. De sorte que Rousseau ajoute logiquement : on ne prouve pas l'existence de Dieu par le système de Pope, mais le système de Pope par l'existence de Dieu.

Ceci mérite d'arrêter notre attention. Oui, Voltaire, cet homme de tant de sens et de logique, cette âme si ferme, si libre, si audacieuse, qui toute sa vie affirma Dieu avec Locke et Newton, jamais il ne put avoir l'esprit en repos sur la question du mal. « L'origine du mal est un abîme dont per- » sonne n'a pu voir le fond. Des raisonneurs ont prétendu » qu'il n'est pas dans la nature de l'Être des êtres que les » choses soient autrement qu'elles sont. C'est un rude sys- » tème; je n'en sais pas assez pour oser seulement l'exami- » ner. » (*Dict. phil.*)

Voilà le sentiment du philosophe, lequel contredit sa rai. son, mais est la plus haute attestation de son grand cœur. La raison de Voltaire est trop ferme pour qu'il déraille jusqu'à l'athéisme comme Diderot. Mais son cœur est si profondément touché des maux de l'humanité qu'il ne peut associer leur existence à celle d'un Dieu tout-puissant. C'est pourquoi le philosophe se résigne à penser que la toute-puissance divine pourrait ne pas être infinie. Dieu est nécessaire, tout l'atteste, il est le premier mot de la raison, alors pourquoi le mal? *Non liquet*, disait le juge romain, cela n'est pas clair et dépasse notre intelligence.

Il est assez curieux de ne trouver Voltaire en défaut, lui
l'homme de raison, qu'à propos d'une question de cœur; et
de remarquer que Jean-Jacques, l'homme de sentiment, n'a
peut-être eu raison contre lui qu'en cette seule occasion.

Devant cette terrible question du mal, Jean-Jacques, qui
désespère de l'avenir des sociétés humaines, est soutenu par
sa vive personnalité. Après avoir affirmé Dieu, il affirmera intrépidement l'immatérialité et l'immortalité de l'âme, afin
que la justice de Dieu puisse se manifester dans une autre
vie, où le bonheur de l'homme sera complet. En un mot
Rousseau conclut en simple spiritualiste. Voltaire ne dogma-
tise pas ainsi à la légère, il ose espérer un avenir pour l'être
qui pense et, de plus, croit fermement qu'il y a quelque chose
à faire ici-bas, pour y améliorer la condition de l'homme. Il
est près de dire, comme nous aujourd'hui : la terre est aussi
du ciel, car le ciel est partout et l'enfer nulle part.

La fin de cette importante lettre de Rousseau va caractériser nettement la différence de leurs deux natures. Sensiblement replié sur lui, et par là mauvais juge de lui-même
et des autres, Jean-Jacques ne comprend rien à Voltaire qui
vit surtout dans ses semblables et souffre par eux.

« Je ne puis, monsieur, m'empêcher de remarquer à ce
» propos une opposition bien singulière entre vous et moi,
» dans le sujet de cette lettre. Rassasié de gloire et désabusé
» des vaines grandeurs, vous vivez libre au sein de l'abon-
» dance, bien sûr de votre immortalité, vous philosophez
» paisiblement sur la nature de l'âme, et si le corps ou le
» cœur souffre, vous avez Tronchin pour médecin et pour
» ami; vous ne trouvez cependant que mal sur la terre. Et
» moi, homme obscur, pauvre, et tourmenté d'un mal sans
» remède, je médite avec plaisir dans ma retraite et trouve
» que tout est bien. D'où viennent ces contradictions appa-
» rentes? Vous l'avez vous-même expliqué; vous jouissez,
» moi j'espère, et l'espérance embellit tout. »

Cette lettre fait un bel éloge de Voltaire, quoique cet éloge
soit muet.

Voltaire a soixante-deux ans, il est au comble de la gloire
et de la fortune, et assurément, il ne tiendrait qu'à lui de
jouir de l'une et de l'autre, sans continuer de s'exposer à la

haine des dévots, aux calomnies des Fréron, non plus qu'aux
lettres de cachet. Pourquoi souffre-t-il? Pourquoi n'est-il
pas content? Est-ce qu'il lui manque quelque chose?

Oui, cet homme, entré dans la vieillesse et qui heureusement
la prolongera pendant vingt-deux ans encore, il souffre dans
ses semblables, il n'est étranger à aucun malheur, à aucune
misère, à aucune injustice. Bing, Calas, Sirven, Monbailli,
Morangiès, La Barre, serfs du Jura, Lally, paysans et ouvriers
de Ferney et mille autres que je ne puis citer, tous seront
défendus, vengés et secourus par lui. Oui, la lutte contre
l'injustice et l'oppression lui fera encore, au péril de sa liberté et de sa fortune, de sa santé et de sa paix intérieure,
lancer volume sur volume et produire pendant cette dernière partie de sa vie plus d'œuvres qu'on n'en voit éclore
dans toute l'existence d'un homme actif et plein de zèle.

Rousseau, le citoyen de Genève, l'apôtre de la fraternité,
Rousseau ne voit rien, ne comprend rien de tout cela, car il
s'occupe surtout de lui-même, de ses souffrances et de ses
chères rêveries. En vérité, c'est à se demander ce qu'eût fait
Rousseau, s'il fût né riche et puissant. J'aime à penser qu'il
eût naufragé sur les écueils de la fortune, faute d'esprit de
conduite et qu'il serait retombé dans son rôle de lutteur, de
révolutionnaire.

III

PREMIERS SOPHISMES ET PARADOXES.

Pour le moment, laissons l'individualité de Jean-Jacques
et occupons-nous de ses idées.

Tout ce qu'on peut dire de plus favorable à l'égard des
écrits de Rousseau, c'est qu'ils recèlent un grand souffle. Ils
ont le charme de l'éloquence, ils séduisirent et ils enflam-
mèrent ses contemporains. C'est beaucoup. Cette part faite
et très-largement, car ce n'est que justice, nous sommes
obligés de montrer, toujours pour être fidèle à la justice,
que Jean-Jacques n'a guère pris pour thèses que des paradoxes et des sophismes.

On peut aisément les apercevoir, car ils sont gros comme des montagnes, éclatants comme des feux d'artifice sur le ciel le plus noir.

Il débuta par celui-ci : les sciences sont nuisibles à l'homme, car leur recherche est la source de beaucoup d'erreurs ; les lettres et les arts sont nuisibles à l'homme, car ils produisent quantité de mauvais livres, d'objets frivoles, mal venus, qui corrompent le goût et les mœurs.

Le second de ses sophismes est plus énorme encore, s'il n'a pas fait autant de bruit à son apparition : la société est nuisible à l'homme, parce qu'elle est pleine de misères et d'injustices, de vices et de crimes, parce que l'homme y perd la santé, le premier des biens, et tous ses droits naturels, la liberté et l'égalité, enfin parce que, loin de rapprocher l'homme de son semblable, elle en fait un loup, un renard, un être sans force et sans vertu. Le premier essai de société est le premier germe de la corruption de l'homme et plus la société se perfectionne, plus l'homme se vicie.

Toutes ces allégations sont si prodigieusement au rebours du plus simple bon sens, elles accusent un tel affolement de la raison que les lecteurs qui n'ont pas lu les deux Discours de Rousseau, auront de la peine à croire qu'il ait été jusque-là. Il faut donc en citer quelques passages ; au reste, ils accentueront l'originalité de l'écrivain, et c'est aussi un moyen de faire passer ces extravagances.

« Le premier qui porta des sabots était un homme punis-
» sable, à moins qu'il n'eût mal aux pieds.

» Je le dis à regret, l'homme de bien est celui qui n'a be-
» soin de tromper personne, et le sauvage est cet homme-là.

» Concluons, qu'errant dans les forêts, sans industrie,
» sans parole (je prie le lecteur de peser chaque mot), sans
» domicile, sans guerre et sans liaisons, sans nul besoin de
» ses semblables comme sans nul désir de leur nuire, peut-
» être même sans en connaître aucun individuellement,
» l'homme sauvage, sujet à peu de passions, n'avait que les
» sentiments et les lumières propres à cet état, qu'il ne sen-
» tait que ses vrais besoins et que son intelligence ne fai-
» sait pas plus de progrès que sa vanité. Si par hasard il fai-
» sait quelque découverte, il pouvait d'autant moins la com-

» muniquer qu'il ne reconnaissait pas même ses enfants.....
» Il n'y avait ni éducation, ni progrès, les générations se
» multipliaient inutilement. L'espèce était déjà vieille et
» l'homme restait toujours enfant... Son imagination ne lui
» peint rien, son cœur ne lui demande rien... Il n'a pas l'es-
» prit de s'étonner des plus grandes merveilles, et ce n'est
» pas chez lui qu'il faut chercher la philosophie dont
» l'homme a besoin pour observer une fois ce qu'il voit tous
» les jours... Son âme, que rien n'agite, se livre au seul sen-
» timent de son existence actuelle sans aucune idée de l'a-
» venir ; ses projets, bornés comme ses vues, s'étendent à
» peine jusqu'à la fin de la journée. »

Voilà qui est passablement étrange et nous ne pouvons
tout citer. Toutefois il faut encore soumettre au lecteur un
autre passage, confirmant cette fameuse théorie du sauvage,
tel qu'on n'en vit jamais. Jean-Jacques reconnaît l'existence
d'une qualité spécifique qui distingue l'homme de l'animal,
c'est la *perfectibilité* qu'il admet pour l'individu et pour
l'espèce. Et voici ce qu'en tirent sa raison et sa logique :

« Pourquoi l'homme est-il sujet à devenir imbécile ? N'est-
» ce pas qu'il retourne ainsi à son état primitif, et que, tan-
» disque la bête, qui n'a rien acquis et qui n'a rien non plus
» à perdre, reste toujours avec son instinct, l'homme reper-
» dant par la vieillesse ou par d'autres accidents tout ce que
» sa *perfectibilité* lui avait fait acquérir, retombe aussi plus
» bas que la bête même ? Il serait triste pour nous d'être for-
» cés de convenir que cette faculté distinctive et presque illi-
» mitée est la source de tous les malheurs de l'homme ; que
» c'est elle qui l'a tiré à force de temps de cette condition
» originaire dans laquelle il coulerait des jours tranquilles
» et innocents ; que c'est elle qui faisant éclore avec les
» siècles ses lumières et ses erreurs, ses vices et ses vertus,
» le rend à la longue le tyran de lui-même et de la nature.
» Il serait affreux d'être obligé de louer comme un être
» bienfaisant celui qui le premier suggéra à l'habitant des
» rives de l'Orénoque l'usage de ces ais qu'il applique sur les
» tempes de ses enfants, et qui leur assurent du moins une
» partie de leur imbécillité et de leur bonheur originel. »

Tout ceci est textuellement extrait du *Discours sur l'ori-*

gine de l'inégalité des conditions parmi les hommes. On pourrait croire que j'invente à plaisir, et en vérité, il ne peut y en avoir à constater les aberrations d'un homme de génie. Est-il besoin de discuter un sophisme aussi monstrueux ? Le sauvage imaginaire de Rousseau est au-dessous du gorille, qui vit en famille et en goûte les joies. Aussi ce sauvage n'exista-t-il jamais que dans le cerveau malade de Jean-Jacques. Au reste, quoiqu'il pousse intrépidement jusqu'au bout les conséquences les plus extrêmes de ses idées, il ne laisse pas que de manquer souvent de logique en soutenant sa thèse singulière. En voici un exemple. Conformément à ses idées, Jean-Jacques énonce que *l'ignorance est l'état naturel de l'homme.* Puis il explique à sa façon cette ignorance, « igno-
» rance raisonnable qui consiste à borner sa curiosité à
» l'étendue de ses facultés, ignorance modeste qui naît d'un
» vif amour pour la vertu, trésor d'une âme pure et contente
» de soi, qui n'a pas besoin de chercher un faux bonheur
» dans l'opinion des autres. »

Telle est l'ignorance socratique, l'ignorance des plus savants et des meilleurs, fort différente de celle de son homme des bois. Jean-Jacques seul ne s'aperçoit pas de l'entorse qu'il donne à la logique.

Et pourquoi toutes ces déclamations insensées, pourquoi ces thèses dignes de Charenton ? Parce que Jean-Jacques voit le mal social, qu'il en souffre dans les autres, qu'il en a beaucoup souffert lui-même, qu'il a toujours devant les yeux *cette poignée de gens qui regorgent de superfluités, tandis que la multitude affamée manque du nécessaire ;* qu'il ne sait aucun remède à ces maux et qu'il désespère de voir jamais la justice, l'ordre et la paix régner parmi les hommes.

Sans entrer dans de grands détails, il est manifeste que c'est par une double impuissance que, toute sa vie, Jean-Jacques a condamné, bien plus a nié la société humaine. Sa première et radicale impuissance, c'est de n'avoir pas compris que la sociabilité est la condition *sine quâ non* de la vie de l'être humain et de son espèce. L'homme, isolé de son espèce, est tout simplement impossible, ailleurs que dans la cervelle d'un fou. Ceci est élémentaire et il ne convient pas d'y insister. Sa seconde impuissance, c'est de n'avoir pu concevoir un idéal social supérieur à la société de son temps. La chose n'était pour-

tant pas insurmontable et plusieurs de ses contemporains ont
été capables de cet effort. Pour Rousseau, en fait d'idéal, il rétrograde toujours. Après avoir imaginé son sauvage impossible,
il embrasse avec une fervente piété les autels de Rome et de
Sparte. Les souvenirs de son enfance, où il versait de douces
larmes en lisant Plutarque, puis jouait au héros antique avec
son cousin Bernard, ces souvenirs lui composent un monde
qui lui paraît splendide, une société où règne la vertu. Aussi,
dit-il dans son *Contrat social*, liv. III, chap. xi : Si Sparte et
Rome ont péri, quel État peut espérer de durer toujours? Il
garda dévotement cet enthousiasme pour l'antiquité, faute
de la connaître et par incapacité de rien imaginer au delà.
Lorsqu'il parle comme législateur, dans ce même *Contrat social*, et qu'il est aussi grave et aussi profond que possible, il
ne s'élève pas au delà de ses Discours académiques. Si la
question des ilotes et des esclaves l'embarrasse, il a recours
à son moyen ordinaire pour parer à cette légère difficulté, c'est toujours une prosopopée. La voici : « Pour vous,
» peuples modernes, vous n'avez point d'esclaves, mais vous
» payez leur liberté de la vôtre. Vous avez beau vanter cette
» préférence, j'y trouve plus de lâcheté que d'humanité. »

Franchement il est difficile de se montrer rhéteur plus ridicule et sophiste plus pitoyable. Rousseau, avec tout son génie, est souvent l'un et l'autre.

Je me contenterai de citer quelques lignes qui rappellent
son premier sophisme sur la malfaisance des arts, des lettres
et des sciences. On y verra que l'homme de la nature s'en
donne à cœur joie et sans la moindre vergogne.

« La science n'est point faite pour l'homme en général. Il
» s'égare sans cesse dans sa recherche, et s'il l'obtient, ce
» n'est presque jamais qu'à son préjudice. Il est né pour agir
» et penser (quelle concession !) et non pour réfléchir. La ré-
» flexion ne sert qu'à le rendre malheureux, sans le rendre
» meilleur ni plus sage. »

« Il est de la dernière évidence que toutes les compagnies
» savantes de l'Europe ne sont que des écoles publiques de
» mensonges, et très-sûrement il y a plus d'erreurs dans l'A-
» cadémie des sciences que dans tout un peuple de Hurons. »
(*Émile*, liv. III.)

C'est encore dans le même livre qu'il avance qu'il vaut mieux ne pas pratiquer l'inoculation, pour n'avoir pas affaire au médecin et s'en remettre à la nature.

« Les sciences, les lettres et les arts sont utiles aux peuples
» corrompus, comme les médecines à ceux qui se sont gâtés
» le tempérament, et pour empêcher que les vices se tournent
» en crimes.
» Les peuples bons et simples n'ont pas besoin de tant de
» talents; ils se soutiennent mieux par leur seule simplicité
» que les autres par toute leur industrie (*N. Héloïse*, v⁰ partie).
» Je penserais que les talents des hommes sont comme les
» vertus, des drogues que la nature nous donne pour guérir
» nos maux, quoique son intention soit que nous n'en ayons
» pas besoin. »(*Id.*)
« Mettez Grégoire le Grand à la place d'Omar, l'Évangile
» à la place de l'Alcoran, la bibliothèque eût été brûlée, et
» c'eût été le plus beau trait de l'histoire de cet illustre pon-
» tife. » (1ᵉʳ Discours.)

Tel est le caractère étrange des premiers sophismes de Jean-Jacques, de ceux qui appelèrent sur lui l'attention. Notre rhéteur, ainsi lancé, tout en revenant sans cesse sur ces points de départ, ne cessa de commettre tout le long de sa route d'autres déclamations éloquentes et nombre de paradoxes singuliers. Ainsi, comme bon Spartiate et Romain des anciens jours, il déclamera contre le luxe, contre les capitales, contre les spectacles et les comédiens, « qui ne peu-
« vent être honnêtes gens, puisque le comble de leur art est
» d'être habiles à représenter plusieurs rôles différents. »
Après les grands sophismes devaient venir les moindres, qui fournissent cependant à la verve de Jean-Jacques l'occasion de s'exercer. Vous trouvez dans l'*Émile* cette phrase significative : « La France et l'Angleterre seraient beaucoup plus
» puissantes si Paris et Londres étaient anéantis. » De nos jours, de pieux catholiques et de vertueux légitimistes ont émis de semblables souhaits, en demandant au Ciel la destruction de Babylone. En effet, les peuples procèdent comme tous les êtres, les points saillants d'un embryon sont le cerveau et le cœur. Ainsi se manifestent les commencements de l'existence, mais quand les peuples grandissent ils échappent

à la superstition et aux monarchies de droit divin. A l'exemple d'Hercule, ils écrasent les serpents qui menaçaient de les étouffer au berceau, et cela ne fait point le compte des mages ni des bonzes et dérange les raisonnements des sophistes.

Dans sa lettre à d'Alembert sur les spectacles, le citoyen de Genève s'élève fortement contre cette institution corruptrice, qui éloigne les hommes de leur état primitif d'heureuse ignorance et d'aimable sauvagerie. Plein de ces idées sublimes, Jean-Jacques s'écrie : « Qui pourrait disconvenir que le théâtre » de Molière ne soit une école de vices et de mauvaises mœurs, » plus dangereuse que les livres où l'on fait profession de les » enseigner ? Quoi ! Platon bannissait Homère de sa république » et nous souffririons Molière dans la nôtre ? » Il y a beaucoup de phrases dans ce goût et de cette force. Rousseau en veut surtout à Molière pour son *Misanthrope*, dont le poëte a pu mettre à la scène le noble caractère, en l'affublant de quelque ridicule insignifiant. Mais Jean-Jacques, timide, vaniteux, craignant la honte plus que la mort, avec un caractère faible et un cœur mal fait, Jean-Jacques ne peut rire. Il n'ose être gai qu'avec de plus faibles que lui.

Il ne connaît ni le rire puissant et de franc aloi de Rabelais, ni la saine et intarissable gaieté de Voltaire. C'est un homme grave, qui prend tout gravement, et qui, au milieu des accusations qu'il lance contre Molière, ne voit qu'un moyen de l'excuser, c'est de lui accorder, qu'il *fallait faire rire le parterre*. Hé ! sans doute, monsieur le vicaire savoyard, il faut faire rire le parterre, et béni soit celui qui nous amuse un moment,

Pour ce que rire est le propre de l'homme,

comme dit Rabelais, et parce qu'il est naturel que nous cherchions à oublier par instant les misères de la vie, afin de pouvoir mieux les supporter. Quelle belle prosopopée Jean-Jacques eût pu adresser à Cervantes, au moins aussi criminel que Molière, pour avoir fait berner son admirable Don Quichotte, toujours suivi comme son ombre par ce vulgaire Sancho. O Jean-Jacques ! tu as manqué celle-là ! c'est dommage, car si tu ne savais pas rire, tu faisais bien les phrases.

Apôtre fanatique mais irrationnel du sentiment, il parlera

des femmes comme il a parlé des sciences, des arts et de la
société : il blâmera son siècle de l'importance qu'il accorde à
la femme, ce qui est toutefois une preuve assez évidente de
l'adoucissement des mœurs. Mais le vertueux Jean-Jacques,
ne voyant que le petit côté des choses, ne peut se retenir
d'infliger à ce sujet une verte réprimande aux philosophes,
ses anciens amis. Il veut que les femmes modernes, à l'exemple des matrones romaines, restent à la maison et y filent de
la laine, sous la protection de leurs dieux lares. Il est vrai que
l'auteur déplore que nous n'ayons plus assez de vertu pour
pouvoir assister, comme les Spartiates, aux danses patriotiques
des femmes, vêtues de leur seule pudeur. En guise de consolation, il rapporte avec bonheur que Manilius, dans le bon temps
de Rome, fut chassé du sénat pour avoir donné un baiser à sa
femme devant sa fille. Bien avant Proudhon, Rousseau a condamné les femmes à cette double extrémité : courtisanes ou mé-
nagères. Alors sortent de son cœur ces paroles provoquantes et
amères : « Si je dis que toute femme qui se montre se désho-
» nore, à l'instant va s'élever contre moi cette philosophie
» d'un jour, qui naît et qui meurt dans le coin d'une grande
» ville. »

Contrairement à la prédiction de l'atrabilaire Jean-Jacques, la philosophie n'est pas morte, mais, grâce à Dieu, la
plupart de ses sophismes sont dûment enterrés.

Au reste, ayant condamné la société, Rousseau était logique en condamnant la femme cultivée et polie, qui en est la
plus fidèle et la plus délicate expression. C'est pourquoi il
« s'écrie : Nos sociétés modernes sont telles qu'il ne saurait s'y
» trouver une femme honnête et vertueuse. Femmes de Paris
» et de Londres, pardonnez-le-moi, je vous en supplie. Nul
» séjour n'exclut les miracles, mais pour moi, je n'en connais
» point, et si une seule d'entre vous a l'âme vraiment honnête,
» je n'entends rien à nos institutions. » (Emile, liv. V.)

Jean-Jacques est réellement trop dur pour ces pauvres
femmes du XVIIIᵉ siècle : presque toutes lui témoignèrent
beaucoup d'enthousiasme et quelques-unes eurent pour lui
des bontés qui accusent l'ingratitude de son cœur.

A entendre ce Spartiate, les femmes n'auraient qu'à préparer notre brouet noir et à mettre au monde des guerriers,
pour aller mourir aux Thermopyles avec Léonidas. Ces belles

visées constituent un idéal fort étroit et tout rétrospectif. Les hommes ont autre chose à faire que la guerre, et les femmes peuvent rendre d'autres services au genre humain que de faire son ménage.

Si Rousseau n'avait rencontré sur son chemin que sa pauvre Thérèse, qui lui donna cinq petits guerriers, par malheur la scène ne se passait pas à Sparte; s'il n'avait été le bienvenu près de Mmes de Warens, d'Houdetot, de Larnage; s'il n'avait vécu près de Mmes Dupin, de Chenonceaux, d'Epinay, et encore dans la société de la maréchale de Luxembourg, j'en passe, il est à croire qu'il ne nous eût pas fait d'aussi belles prosopopées, et que son chapitre de Sophie aussi bien que son *Héloïse* eussent été beaucoup moins intéressants. Sans Mme de Puisieux, Diderot n'eût pas écrit sa Lettre sur les aveugles, et ce n'est pas après avoir causé avec sa ménagère qu'il eût improvisé sa remarquable conversation avec la Maréchale de Broglie.

Je m'imagine que sans Aspasie, il manquerait quelque chose au siècle de Périclès. Otez du siècle de Louis XIV le salon de Ninon de Lenclos, et vous le privez de l'un de ses plus utiles ornements. Retranchez du xviiie siècle, les salons de Mmes Dupin, d'Epinay, Helvétius, de la Popelinière, du Deffand, de Mlle de Lespinasse, de la bonne Mme Geoffrin, que vont devenir les philosophes, les artistes, les savants qui ont fait 89, œuvre plus importante et même plus glorieuse que la défense des Thermopyles ou les victoires de *Fabius Cunctator?* En vérité, l'horizon de Jean-Jacques est par trop terre à terre et sa vertu a l'acidité d'un fruit sauvage. Si l'on écoutait l'homme de la nature, nous serions bientôt réduits à nous réfugier dans sa forêt primitive, sans arts ni sciences, ni industrie, mais avec la jouissance de tous nos droits naturels : chasse, cueillette, insouciance, santé robuste, nul devoir, égalité de brute et liberté en plein vent. Heureusement l'humanité a d'autres exigences et de plus magnifiques aspirations que celles du sauvage Jean-Jacques.

La sensibilité maladive, l'exaltation passionnée de Rousseau troublaient incessamment sa raison et le jetaient hors de toute mesure. Cependant le livre V de l'*Émile* est particulièrement remarquable et digne de la plus sérieuse attention. L'éducation de Sophie est traitée de main de maître, et il n'y a guère à reprendre à la ligne générale tracée par l'auteur. La femme est le sujet sur lequel Rousseau a le mieux discouru et le moins divagué. Dans ce qu'il dit d'elle, aussi bien que de l'amour, il y a souvent une élévation, une délicatesse, un respect véritable, qui doivent lui faire pardonner les erreurs et les folles pointes où l'emporte son tempérament de rhéteur. Sa critique de la haute société de son temps est généralement juste quoique violente. Le tort de Jean-Jacques, c'est de ne pas comprendre que, pour sortir de sa forêt primitive, il fallait passer par le boudoir de Ninon et les salons du XVIIIᵉ siècle, que ces étapes galantes étaient nécessaires pour nous conduire à quelque chose de mieux. De même, les peuples avaient besoin, pour constituer avec quelque puissance leur vie sociale, de concentrer leurs forces vives au foyer de grandes capitales.

Mais Jean-Jacques est toujours le même : plein de raison et de profondeur ici, posant ailleurs ses sophismes et ses paradoxes, toujours déclamant avec éloquence et fidèle à la prosopopée, comme dans ce passage de l'*Héloïse* : « Femmes ! » femmes ! objets chers et funestes, que la nature orna pour » notre supplice, qui punissez quand on vous brave, qui » poursuivez quand on vous craint, dont la haine et l'amour » sont également nuisibles, et qu'on ne peut ni rechercher » ni fuir impunément!.. Beauté, charme, attraits, sympathie, » être ou chimère inconcevable, abîme de douleurs et de » voluptés! Beauté plus terrible aux mortels que l'élément » où l'on t'a fait naître, malheureux qui se livre à ton calme » trompeur! C'est toi qui produis les tempêtes qui tourmentent le genre humain. »

Certes, voilà un joli morceau. Rien n'y manque, ni la chaleur, ni les oppositions, ni le mouvement, ni l'harmonie, ni le goût et le souvenir de l'antiquité; mais pour une conclusion raisonnable, c'est ailleurs qu'il faut la chercher, et l'anathème vaut tout juste celui que le poëte a lancé ailleurs contre l'amour. Cette période est sans doute une de celles que Rousseau retournait deux ou trois nuits dans sa tête avant d'en être content. C'est un grand artiste et qui a bien réussi dans l'art pour l'art. Je ne crois pas que Voltaire ait laissé une prosopopée capable de lutter avec celle-ci ou la fameuse invocation à Fabricius. Il est vrai que l'avocat des Calas, des Sirven, etc., le fondateur de Ferney, le correspondant de l'Europe, l'historien, le philosophe, le successeur d'Horace, de l'Arioste, de Corneille et de Racine, le vulgarisateur de Newton et de Locke, avait tant à faire que nous lui devons bien un peu d'indulgence. Je ne regrette que médiocrement qu'il n'ait pas laissé une période aussi parfaite que celle de Rousseau, tandis que j'eusse gémi que, faute d'un admirable acharnement, il n'eut pût sauver les Sirven de la corde et de la roue.

I V

LA MÉTAPHYSIQUE DE ROUSSEAU

Le plus célèbre résumé des idées philosophiques de Rousseau, celui auquel il attachait lui-même le plus d'importance est son éloquente *Profession de foi du Vicaire savoyard*. Or, dans cette œuvre, la plus condensée qu'il ait écrite, s'il se montre grand écrivain, il y apparaît comme un pauvre métaphysicien, un moraliste vacillant. Ce n'est pas sans motifs qu'il déclama contre la philosophie et les philosophes, car il ne l'était nullement, en sa qualité de créature très-personnelle et trop impressionnable. On en pourra juger facilement.

Jean-Jacques entend par substance (ce sont ses termes) un être doué de quelque faculté primitive, et d'après cette définition il conclut qu'il y a plusieurs substances, parce que toutes les qualités primitives qui nous sont connues ne peuvent se réunir dans le même être. Partant de là, il continue et dit : Nul être matériel n'est actif par lui-même et moi je le suis, ma volonté est indépendante de mes sens; il me suffit de connaître la matière comme étendue et divisible, pour savoir qu'elle ne peut penser.

Par définition, le mot substance signifie ce qui est sous les phénomènes, sous les apparences. Or, l'homme ne pouvan connaître que les phénomènes et leurs rapports, la substance échappe naturellement à sa pénétration. Nous ne pouvons savoir s'il y a une ou plusieurs substances, ni ce que c'est qu'une qualité primitive, ou qualité principe. Qu'est-ce que la matière? l'esprit? Qu'est-ce qu'un corps, un esprit pur, un être simple? On peut faire à ce sujet, et on n'y a pas manqué, les hypothèses les plus contradictoires. Toutes ces suppositions sont également sans valeur. Si la faculté de penser nous paraît d'un plus haut titre pour l'homme que celle de remuer le bras, nous ne comprenons pas plus le comment de l'une que le comment de l'autre.

Mépriser la matière, qu'on ne connaît pas et maudire le corps, pour glorifier l'esprit, qu'on ne connaît pas davantage et ne s'attacher qu'à l'âme, ce parti pris constitue une solution fort connue, fort ancienne, fort respectable, mais aussi fort insuffisante et fort contraire à la raison. La matière ou ce qu'il nous plaît de qualifier de ce nom n'est pas seulement étendue et divisible, elle est lumineuse, électrique, magnétique, elle a mille qualités que nous ne connaissons pas et que nous lui découvrons chaque jour. Par opposition à votre esprit, vous déclarez que votre corps est passif, oubliant que votre corps digère, respire, assimile et élimine sans que votre esprit s'en doute, à moins qu'il ne soit éclairé. Est-ce là de la passivité ?

Vous croyez votre volonté indépendante de vos sens. Elle ne l'est pas plus qu'ils ne le sont d'elle. Ma volonté influe sur mes sens et les fait agir, de même que mes sens influent et agissent sur ma volonté ; car ma volonté ne saurait être autre chose que l'expression de toutes les facultés qui constituent l'unité de mon être. Quoique mon être ait plusieurs aspects, il est un ; quoiqu'il soit doué de facultés très-diverses, ces facultés composent un ensemble vivant, un tout harmonieux et non un être double, représentant deux entités ennemies, l'âme et le corps.

Conséquent avec cette puérile métaphysique, Jean-Jacques, après avoir compris que, si au point de vue absolu il ne saurait y avoir de mal physique et qu'il n'est que relatif à nous, à notre faiblesse, Jean-Jacques déclare que le mal moral est dû uniquement au libre arbitre de l'homme. Cette solution n'est pas plus neuve que la conception des deux principes, matière et esprit.

Puis Jean-Jacques s'écrie : « Murmurer de ce que Dieu » n'empêche pas l'homme de faire le mal, c'est murmurer » de ce qu'il le fit d'une nature excellente, de ce qu'il mit à » ses actions la moralité qui les ennoblit, de ce qu'il lui

» donna droit à la vertu... Quoi! pour empêcher l'homme
» d'être méchant, fallait-il le borner à l'instinct et le faire
» bête? Non, Dieu de mon âme, je ne te reprocherai jamais
» de l'avoir faite à ton image, afin que je puisse être bon et
» heureux comme toi. »

Certes, voilà de belles paroles et qui accusent de nobles
sentiments, mais ces sentiments de Jean-Jacques ne sont ici
nullement en cause et ces paroles ne sont que des paroles
sans valeur. Nous le verrons bientôt.

« La suprême jouissance est le contentement de soi-même,
» c'est pour mériter ce contentement que nous sommes
» placés sur la terre et doués de liberté, que nous sommes
» tentés par nos passions et retenus par la conscience...
» Le mal particulier n'est que dans le sentiment de l'être
» qui souffre, et ce sentiment l'homme ne l'a pas reçu de la
» nature, il se l'est donné. » (Je prie le lecteur de prendre
garde à ces assertions étranges : l'homme se donnant, c'est-
à-dire créant de lui-même sans la participation de la nature!)
« La douleur a peu de prise sur quiconque ayant peu réflé-
» chi, n'a ni souvenir ni prévoyance. Otez nos funestes pro-
» grès, ôtez l'ouvrage de l'homme et tout est bien. » (Je
constate en passant que Rousseau caresse encore ici la har-
die conception de son sauvage imaginaire.)

Comme nous le verrons, il y a là trop de folles contradictions pour que l'auteur n'en commette pas de nouvelles.
Après avoir dit que la suprême jouissance est le contentement de soi-même, Jean-Jacques affirme avoir lu dans son
âme ces mots : *Sois juste et tu seras heureux.* Mais notre rêveur
est loin de posséder l'âme forte d'Épictète et de Marc-Aurèle,
qui soutinrent le fardeau d'une vie plus tourmentée que la
sienne et moururent en remerciant les dieux de ce qu'ils les
avaient créés bons et justes. Ainsi finirent Voltaire et Diderot.
En pratiquant le bien, ces nobles âmes furent heureuses autant que le comporte la nature humaine. Rousseau n'était
pas de cette trempe héroïque. En conséquence, il proclame
maintenant que, dans l'état actuel des choses, le juste reste
opprimé et que le méchant prospère ; d'où il conclut dans
une prosopopée à Brutus, qui se tua en disant : la vertu n'est
qu'un mot, que l'âme doit être immortelle et immatérielle,

afin de justifier la Providence. Cette seule nécessité, de justifier par ce moyen la Providence, paraît au philosophe une
raison tout à fait déterminante, pour être fixé sur ces deux
questions : immortalité et immatérialité de l'âme.

Sur ces belles preuves, comme, après tout, Jean-Jacques a
l'âme bonne et qu'ayant horreur du mal sur la terre, il lui
répugnerait de le placer dans le ciel, l'honnête Vicaire ajoute
plus loin :

« Le souvenir du bien et du mal accompli sur la terre fera
» le bonheur et le malheur des hommes dans l'autre vie.
» Qu'est-il besoin d'aller chercher l'enfer dans l'autre vie?
» il est dès celle-ci dans le cœur des méchants.

» O être clément et bon ! si tu punis éternellement les mé-
» chants, j'anéantis ma faible raison devant ta justice; si
» leurs maux doivent finir et si la même paix nous attend
» tous un jour, je t'en loue. Le méchant n'est-il pas mon
» frère? Combien de fois ai-je été tenté de lui ressembler!...
» Qu'il soit heureux ainsi que moi ; loin d'exciter ma jalou-
» sie, son bonheur ne fera qu'ajouter au mien. »

Ainsi, voilà qui est bien clair et bien nettement établi :
Jean-Jacques est un pur et simple spiritualiste de sentiment
et sans preuves. Il admet deux substances, l'esprit et la matière, particulièrement manifestées par le corps et l'âme ; il
admet comme seule cause du mal le libre arbitre, et comme
conséquence un Dieu qui punit et qui pardonne, qui, selon
le généreux espoir de l'auteur, pardonne beaucoup plus qu'il
ne punit.

Vous croyez tenir votre philosophe et savoir parfaitement
quelles sont ses opinions. D'ailleurs, vous retrouvez souvent
dans ses œuvres la confirmation de ces doctrines si nettement accusées. C'est ainsi que vous pouvez lire, dans une
lettre très-considérable adressée en 1769 à M. ***, ces deux
passages caractéristiques :

..... « L'opinion que j'ai toujours eue de la coexistence de
» deux principes : l'un actif, qui est Dieu ; l'autre passif, qui
» est la matière, que l'être actif combine et modifie avec une
» pleine puissance, mais pourtant sans l'avoir créée et sans la
» pouvoir anéantir, cette opinion m'a fait huer des philoso-
» phes... »

Franchement il y avait lieu d'être mal satisfait de cette conception d'un Dieu séparé de la matière éternelle, qu'il n'a pas créée. Cette variété du manichéisme ne méritait pas d'être applaudie au dix-huitième siècle.

« Pourquoi, direz-vous, avoir fait l'homme libre puisqu'il
» devait abuser de sa liberté ? Ah ! M. de ***, s'il exista jamais
» un mortel qui n'en ait pas abusé, ce mortel seul honore
» plus l'humanité que tous les scélérats qui couvrent la terre
» et la dégradent.

» Mon Dieu ! donnez-moi des vertus et une place un jour
» auprès des Fénelon, des Caton, des Socrate. Que m'im-
» portera le reste du genre humain ? je ne rougirai pas
» pas d'avoir été homme. »

Comme on le voit, cette confirmation sentimentale et pathétique est tout à fait en rapport avec les extraits de l'*Émile*. Mais on n'est jamais en sûreté avec une créature aussi ondoyante que Jean‑Jacques. Son entendement, plein de force, mais toujours troublé par la violence de ses sensations et de ses sentiments, ressemble aux volcans, qui à travers des nuages de fumée projettent tout à coup des lueurs éclatantes. C'est ainsi que nous allons trouver, dans cette même profession du Vicaire savoyard, des doctrines métaphysiques, qui tranchent singulièrement avec celles que nous venons d'entendre. Toujours grand écrivain, Rousseau, en ce passage important, n'est plus dualiste, et ne prétend plus connaître le principe des choses. Évidemment il marche vers un ordre d'idées tout à fait contraire. « Que la matière soit éter-
› nelle ou créée, qu'il y ait un principe passif ou qu'il n'y en ait
› point, toujours est-il certain que le tout est un et annonce une
› intelligence unique ; car je ne vois rien qui ne soit ordonné
› dans le même système et qui ne concoure à la même fin, sa-
› voir la conservation du tout dans l'ordre établi. Cet être qui
» veut et qui peut, cet être actif par lui-même, cet être enfin,
› quel qu'il soit, qui meut l'univers et ordonne toutes choses,
» je l'appelle Dieu. Je joins à ce nom les idées de l'intelligence,
» de puissance, de volonté que j'ai rassemblées, et celle de
› bonté, qui en est une suite nécessaire ; mais je n'en connais
» pas mieux l'être auquel je l'ai donnée. Il se dérobe également
» à mes sens et à mon entendement ; plus j'y pense, plus je me

» confonds. Je sais très-certainement qu'il existe et qu'il existe
» par lui-même ; je sais que mon existence est subordonnée à la
» sienne et que toutes les choses qui me sont connues sont dans
» le même cas. J'aperçois Dieu partout dans ses œuvres, je le
» sens en moi, je le vois tout autour de moi ; mais sitôt que
» je veux le contempler en lui-même, sitôt que je veux cher-
» cher où il est, ce qu'il est, quelle est sa substance, il m'é-
» chappe et mon esprit troublé n'aperçoit plus rien. »

Dans un autre endroit, Rousseau donne une très-belle définition de Dieu, qu'eût signée Spinoza.

« Dieu est le seul être absolu, le seul vraiment actif, sen-
» tant, pensant, voulant par lui-même, et duquel nous tenons
» la pensée, le sentiment, l'activité, la volonté, la liberté,
» l'être !... »

Le lecteur, quoi qu'il ait déjà lu, n'est pas encore au bout
de ses étonnements. Ce Jean-Jacques, si entiché de son libre
arbitre, auquel il a jeté son encens et ses prosopopées, idole
chimérique et creuse, (nous le verrons) qui est la base de ses
théories et à laquelle il attribue l'origine du mal, ce Jean-
Jacques, dont l'âme passionnée touche à toutes les extrémités,
va lui-même détruire sa chimère, dans un raisonnement très-
bien suivi et tel qu'on ne peut guère en faire de meilleur.
Écoutons ce rude champion de l'erreur et quelquefois de la
vérité.

« Je ne connais la volonté que par le sentiment de la
» mienne, et l'entendement ne m'est pas mieux connu.
» Quand on me demande quelle est la cause qui détermine
» ma volonté, je demande à mon tour quelle est la cause qui
» détermine mon jugement ; car il est clair que ces deux
» causes n'en font qu'une, et si l'on comprend bien que
» l'homme est actif dans ses jugements, que son entendement
» n'est que le pouvoir de comparer et de juger, on verra que
» sa liberté n'est qu'un pouvoir semblable ou dérivé de celui-
» là ; il choisit le bon comme il a jugé le vrai ; s'il juge faux
» il choisit le mal. Quelle est donc la cause qui détermine sa
» volonté ? c'est son jugement. Et quelle est la cause qui dé-
» termine son jugement ? c'est sa faculté intellectuelle, c'est
» sa puissance de juger ; la cause déterminante est en lui-
» même. Passé cela, je n'entends plus rien. »

Le phénomène de la spontanéité humaine est plus complexe que Rousseau ne l'explique, mais il est évident qu'il se passe de cette façon et qu'ici le philosophe a bien observé et bien raisonné. C'est parce que je vois, je sens et je juge de telle et telle façon, au moyen des diverses facultés qui constituent l'unité de mon être, mon moi, que je choisis, que je me détermine et que je veux. Rien de plus incontestable. Or ces facultés, l'homme les a reçues, il ne s'est rien donné. La nature a tout fait, tout mesuré, et l'homme agit en raison de ces forces et ne peut agir autrement. Voilà comment il n'est pas plus libre d'avoir le génie de Newton que la haute moralité de Socrate ou la force d'Hercule. Ceci n'est pas moins incontestable. Mais nous y reviendrons. Terminons sur ce point par cette pensée de Rousseau, qui confirme avec lucidité ce qu'il vient de dire : « Toute la moralité de » nos actions est dans le jugement que nous en portons » nous-mêmes. » Observons toutefois que notre jugement, comme nos autres facultés, dépend aussi du milieu social où nous vivons, ce qui d'ailleurs n'altère en rien la justesse de cette pensée.

V

LA MORALE DE ROUSSEAU

En morale, comme en philosophie et en politique, Jean-Jacques fait du sentiment et de la prosopopée : beaucoup de chaleur et d'éloquence, peu de bon sens et point de suite dans les idées, c'est toujours par là qu'il se distingue.

En vertu de sa théorie dualiste du principe actif et du principe passif, de l'esprit et de la matière, de l'âme et du corps, l'écrivain ne pouvait faire autrement que d'établir une opposition formelle entre la conscience et les passions, le devoir et les instincts, la vertu et la satisfaction des besoins individuels. Telle est la base de sa morale. Rousseau confesse, en gémissant, que l'état de lutte et de guerre est au fond de toute chose et de tous les rapports des êtres entre eux. L'individu est en lutte avec la société et, dans l'homme lui-même, le corps et l'âme sont condamnés à une guerre acharnée, de tous les moments, sans trêve ni repos. Avec toutes ses généreuses aspirations, avec son horreur pour le mal, Jean-Jacques demeure un simple et pur manichéen. Il n'a pu aller plus loin ni s'élever plus haut. Plaignons-le ; ce n'est pas sa faute, il avait été fort éprouvé dans les commencements de sa vie, et il a vécu dans une mauvaise époque. Il se consolait en se plaignant, et par d'éloquentes tirades, telles que celles-ci, qu'il met dans la bouche de son Vicaire :

« Conscience ! conscience ! instinct divin, immortelle et
» céleste voix, guide assuré d'un être ignorant et borné
» mais intelligent et libre, juge infaillible du bien et du mal,
» qui rends l'homme semblable à Dieu, c'est toi qui fais l'ex-
» cellence de ma nature et la moralité de mes actions ;
» sans toi je ne sens rien en moi qui m'élève au-dessus des
» bêtes, que le triste privilége de m'égarer d'erreurs en er-
» reurs, à l'aide d'un entendement sans règle et d'une raison
» sans principe. »

Cette belle déclamation de Jean-Jacques ne supporte pas un examen attentif. Qu'est-ce que la conscience ? c'est le sentiment que nous acquérons de nous-même, et de nos rapports avec ce qui nous entoure. Or, la raison et toutes nos facultés physiques, intellectuelles et morales, concourent à nous donner ce sentiment.

C'est folie de mettre la raison d'un côté et la conscience de l'autre, de déclarer que la première n'a ni règle ni principe, et que la seconde a seule ce privilége. L'une nous est donnée comme l'autre par l'auteur de la vie, de qui nous tenons tout. L'une a autant de règle et de principe que l'autre. La raison, par un côté, a un caractère impersonnel, commun à tous les membres de l'espèce, aussi bien que le sentiment ou la conscience.

Opposer le sentiment à la raison, c'est aller contre cette évidence, qu'avant tout l'homme est un et que sa conscience ne peut résulter que de l'ensemble de ses facultés.

La conscience, dit encore le moraliste, est la voix de l'âme, les passions sont la voix du corps. Est-il étonnant que souvent ces deux langages se contredisent ?

Non, dans la nature de l'homme, pas plus que dans la nature entière, lorsqu'elle est bien connue, il n'y a pas de contradiction, ce qui serait injurieux pour l'auteur des choses ; mais où la contradiction existe, c'est dans l'intelligence et les livres de Rousseau. Le lecteur en sait déjà quelque chose, en voici une nouvelle preuve. On sera quelque peu surpris de voir le manichéen Jean-Jacques, le spiritualiste résolu, éloquent, se démentir avec non moins de force et beaucoup plus de logique. De la part de Rousseau, il faut s'attendre au milieu de l'obscurité à des traits de lumière splendides. Sous cet effroyable amas de sophismes, de paradoxes et de déclamations, qui remplissent ses livres sans plans et sans proportion, il y a un écrivain de génie et un penseur d'un sentiment profond.

Voici d'abord, avec beaucoup de simplicité et de gran-deur, la justification et la glorification des passions :

« Si Dieu disait à l'homme d'anéantir les passions qu'il » lui donne, il se contredirait lui-même. Jamais il n'a donné » cet ordre insensé ; et ce que Dieu veut qu'un homme fasse, » il ne le lui fait pas dire par un autre homme, il le lui » dit lui-même et l'écrit au fond de son cœur » (*Emile*, liv. IV.)

Ce langage est très-net et très-beau, mais il ne suffirait pas à retourner un lecteur, prévenu par un beaucoup plus grand nombre de déclamations exclusivement spiritualistes. Heureusement, Jean-Jacques ne nous laissera pas longtemps dans l'inquiétude. On trouvera sans doute cette note assez explicite :

« Le principe même d'agir avec autrui comme nous vou- » drions qu'on agisse avec nous-mêmes n'a de vrai fonde- » ment que la conscience et le sentiment... Le méchant tire » avantage de la probité du juste... Mais quand la force » d'une âme expansive m'identifie avec mon semblable » et que je me sens pour ainsi dire en lui, c'est pour ne pas » souffrir que je ne veux pas qu'il souffre ; je m'intéresse à » lui par amour de moi, et la raison du précepte est dans » la nature elle-même qui m'inspire le désir de mon bien- » être.

» D'où je conclus qu'il n'est pas vrai que les préceptes de

» la loi naturelle soient fondés sur la raison seule ; ils ont une
» base plus solide et plus sûre. L'amour des hommes, dérivé
» de l'amour de soi, est le principe de la justice humaine. Le
» sommaire de toute la morale est donné dans l'Évangile par
» celui de la loi » (*Émile*, liv. IV, note 5).

Aussi le même Jean-Jacques ajoute-t-il dans un autre endroit : « Le premier prix de la justice est de sentir qu'on la
» pratique. Si la bonté morale est conforme à notre nature,
» l'homme ne saurait être sain d'esprit ni bien constitué,
» qu'autant qu'il est bon.....
» Fait pour nuire à ses semblables, un homme humain se-
» rait aussi dépravé qu'un loup pitoyable. »

Ici Rousseau est dans le vrai, complétement dans le vrai,
et il va jusqu'au fond du problème.

La passion est sainte, car elle est la parole de Dieu, écrite
dans nos cœurs. L'amour de soi (sentiment conservateur de
l'individu et de l'espèce) pousse également l'homme vers ce
qui le regarde personnellement comme à ce qui touche son
semblable. Il est tel homme qui souffre plus du péril ou de
la souffrance de son prochain que de son propre péril et de sa
propre souffrance. Et cela est normal, fondé sur la nature humaine. Comme ici Jean-Jacques est dans le vrai d'un bout à
l'autre, c'est justement qu'il affirme que la loi naturelle est
avant tout fondée sur le sentiment et la conscience, bien
qu'elle soit conforme à la raison ; c'est justement qu'il dit que
le précepte de l'Évangile : *Aimez votre prochain comme vous-
même*, est le sommaire de toute la morale. Tout dérive de
cette source primitive, l'amour de soi ; seulement il faut
comprendre que l'homme étant indivisiblement uni à l'humanité, il s'aime en elle et se dévoue pour lui en se sacrifiant pour elle.

Tous les hommes de dévouement à l'humanité l'ont senti
et ont agi sous cette inspiration essentiellement humaine,
c'est-à-dire essentielle à l'individu et à l'espèce. L'amour
maternel, qui porte à toute heure la mère à se sacrifier
avec joie pour son enfant, est un premier degré de cet
amour de l'humanité, qui pousse les grandes âmes à se sacrifier avec enthousiasme pour le genre humain.

Il faut savoir gré à Rousseau de cette contradiction, elle

est au nombre des plus heureuses qu'il ait commises. Il faut même oublier qu'il a écrit, dans le VI° livre de l'*Émile* qui suit, cette phrase abracadabrante :

« Si j'étais sans passions, je serais dans mon état d'homme,
  » indépendant comme Dieu même. »

VI

POLITIQUE DE JEAN-JACQUES

Heureusement pour sa gloire, Rousseau avait été nourri de Voltaire; il avait, matériellement et moralement, mangé le pain de Diderot et des encyclopédistes. Il avait partagé tous leurs généreux sentiments en vivant de leur vie ; et tous leurs principes fondamentaux étaient devenus les siens. Mais sa vanité et la faiblesse de son caractère l'ayant fait se retirer d'eux en ennemi, il put, grâce à son grand talent d'artiste passionné, présenter ces principes à sa manière, c'est-à-dire d'une façon paradoxale et très-saisissante.

Quoi qu'il en soit, si, comme nous allons le voir, son *Contrat social* n'est, dans son ensemble, qu'une subtile dissertation sur la forme politique la plus parfaite, on y rencontre, très-magistralement établis, ces mêmes principes, communs à tous les encyclopédistes et qui servent de fondement à notre droit moderne. C'est avec joie qu'on surprend Jean-Jacques en pleine raison, et la joie est d'autant plus grande que la valeur de l'écrivain ajoute à la force de la vérité. La vérité ne devrait pas avoir besoin du prestige du talent; mais les hommes ont encore l'oreille et le cœur si durs, qu'il faut de puissants artistes pour toucher l'une et pénétrer jusqu'à l'autre. Donc gloire et merci à Jean-Jacques pour sa coopération.

Et par exemple, je ne crois pas que personne ait mieux dit et en moins de mots son fait, au prétendu droit de la force, que ne l'a fait Rousseau.

« Le plus fort n'est jamais assez fort pour être toujours le
 » maître, s'il ne transforme sa force en droit et l'obéissance

» en devoir. Or, qu'est-ce qu'un droit qui périt quand la
» force cesse ? S'il faut obéir par force, on n'a pas besoin
» d'obéir par devoir ; et si l'on n'est plus forcé d'obéir, on
» n'y est plus obligé. En effet, si la force fait le droit,
» sitôt qu'on peut désobéir impunément, on le peut légitime-
» ment. »

Proudhon, qui a traité Rousseau de femmelin et non sans
motifs, est accouché de deux gros volumes où le rude Bourguignon glorifie le droit de la force. A notre avis, les volumes ne pèsent pas autant que ces six lignes.

Combien d'autres livres, ampoulés et emphatiques sur la
liberté, ne valent pas ces quelques mots du *Contrat social :*

« Tant qu'un peuple est contraint d'obéir et qu'il obéit, il
» fait bien ; sitôt qu'il peut secouer le joug et qu'il le secoue,
» il fait encore mieux ; car, recouvrant sa liberté par le
» même droit qui la lui a ravie, ou il est fondé à la repren-
» dre, ou on ne l'était pas à la lui ôter.

» Tout homme né dans l'esclavage naît pour l'esclavage ;
» mais, s'il y a donc des esclaves par la nature, c'est parce
» qu'il y a eu des esclaves contre nature. »

Quelle énergie dans cette concision ! quelle pureté dans
cette forme ciselée à facettes comme un diamant.

Avec quelle noble simplicité Jean-Jacques s'élève contre
les théories de Hobbes et de Grotius sur les rois pasteurs
d'hommes, comme si les rois étaient d'une autre pâte que
leurs semblables. Avec quelle vigueur il démontre que
l'homme ne peut aliéner sa liberté ; car, renoncer à sa liberté, c'est renoncer à sa qualité d'homme, aux droits de
l'humanité et même à ses devoirs.

On n'a jamais précisé avec plus de netteté et de force
en quoi consiste l'égalité, que ne l'a fait Rousseau en ces
quatre lignes : « Au lieu de détruire l'égalité naturelle, le
» contrat social substitue une égalité morale et légitime à ce
» que la nature avait pu mettre d'inégalité entre les hommes,
» qui, pouvant être inégaux en force et en génie, deviennent
» tous égaux en droit. »

Constatons, en passant, que cette seule phrase eût dû suffire à Rousseau pour se prouver à lui-même, que la société
humaine valait mieux que sa sauvagerie imaginaire.

Mais il nous faut abandonner le terrain solide des principes, pour suivre l'auteur à travers le sol mouvant, le sable aride, aux mirages trompeurs de la politique pure et transcendante.

Rousseau a fait école et c'est encore un motif de plus d'examiner la valeur de ses théories. A la suite de l'auteur du *Contrat social*, on s'est naïvement embarqué pour aller à la recherche du meilleur des gouvernements, cette pierre philosophale de la politique. Ce voyage est moins plaisant que celui de Panurge et du bon Pantagruel, à la recherche de la dive bouteille. Dans l'enthousiasme, on n'a pas pris garde que le navire manquait de lest et de boussole. C'est en vain qu'on a vu à l'œuvre mille sauveurs de la patrie, qui tous avaient en poche une constitution irréprochable ; mille journalistes, imprimant chaque matin qu'en adoptant la forme politique par eux élaborée, on allait revoir les beaux jours de Sparte et de Rome. Nous ne sommes pas bien revenus de ces hallucinations, perpétuées jusqu'à nous par le talent de l'auteur de l'*Emile*.

Aujourd'hui encore, bien des hommes occupés de la chose publique, sont parfaitement convaincus qu'avec des formes politiques perfectionnées, rien n'est plus simple que de réaliser le bonheur du peuple. Qui ne se souvient, avec quel bel enthousiasme, un journal annonçait à la France, que nous faisions au Mexique une expédition armée *pour créer un grand peuple*. Bon nombre de politiques purs croient et affirment que la chose ne demande pas plus de temps, qu'il n'en faut pour gagner une bataille ou détruire une ville. Assurément l'intention est louable, mais le moyen nous semble tout a fait chimérique. On improvise des armées, encore cela n'est-il plus possible qu'entre barbares et nomades, sans industrie et sans arts. Avec un coup de tambour ou de tam-tam, on rassemble une armée d'Arabes ou de Cosaques. Pour élever aussi rapidement le niveau industriel, intellectuel et moral d'une nation, il faudrait la baguette d'une fée. On fait les peuples à la longue, en les rendant éclairés et moraux, laborieux et riches. La besogne est grande, et il y faut du temps.

Le problème social a deux termes : l'homme ou la nature humaine, c'est l'essence du problème ; puis la forme sociale ou politique, qui assure à l'homme l'usage de ses facultés.

Avant de résoudre cette question : de toutes les formes du gouvernement quelle est la meilleure ? il est manifeste qu'il faudrait se demander : qu'est-ce que l'homme ?

Il s'est écoulé bien des siècles, avant que l'homme s'avisât de raisonner sur lui-même, d'étudier ses forces et ses besoins, de rechercher quels étaient ses droits et ses devoirs, et finalement quels pouvaient être les meilleurs moyens d'en assurer l'exercice. En effet, l'œuvre difficile, l'œuvre capitale pour l'homme, c'est de se rendre compte de ses facultés, des rapports multiples qui le lient à ses semblables, de ceux qui le rattachent à la terre et à l'univers infini.

Le problème social a d'abord été posé d'une façon confuse ; on mêlait à tort et à travers le fond, l'élément essentiel, l'homme et l'élément variable, la société. Cette confusion devait engendrer des malentendus, beaucoup de maux et de folies. On voit de suite que, si les hommes avaient le juste sentiment et la connaissance exacte de leurs droits, trouver le moyen d'assurer la jouissance et la pratique de ces droits, ne serait plus qu'une œuvre accessoire et d'exécution comparativement facile.

Ces assertions vont tout naturellement s'éclairer par ce que nous avons à dire sur Rousseau, le prince des sophistes et, ce qui vaut mieux, l'un des princes de notre littérature. En sa qualité d'esprit faux, il prit naturellement le problème à rebours et formula sa pensée avec une clarté vraiment magistrale. L'objet du gouvernement, la matière du contrat social, le but de toute société humaine n'ont jamais été plus largement définis : « Trouver une forme d'association qui défende » et protège de toute la force commune la personne et les » biens de chaque associé, et par laquelle chacun, s'unissant » à tous, n'obéisse pourtant qu'à lui-même et reste aussi li-» bre qu'auparavant. »

Il est impossible de mieux poser la question de forme ou de la politique pure. Mais voyons ce que notre législateur a trouvé dans la fausse voie où il s'est engagé.

Rousseau, ainsi que les encyclopédistes, part de ce principe qu'un peuple s'appartient, qu'il est souverain et que le pouvoir ou le gouvernement ne peut être que l'expression de la volonté générale. En conséquence, notre législateur examine quelles sont les formes du pouvoir et il les réduit à trois principales : démocratie, aristocratie, monarchie.

La démocratie consiste dans la manifestation directe de la volonté générale, par tous les citoyens réunis, exerçant leur souveraineté. Rousseau déclare que ce mode de gouvernement ne convient qu'à un petit peuple, tel que Genève, qu'il avait surtout en vue. Pour qu'un tel gouvernement soit possible, dit-il, il faut une grande simplicité de mœurs, beaucoup d'égalité dans les rangs et les fortunes, peu ou point de luxe. Voilà pourquoi Montesquieu a eu raison de donner pour principe à la république, *la vertu.* Jean-Jacques ajoute qu'il n'y a pas de gouvernement si sujet aux guerres civiles et aux agitations intestines. Aussi le citoyen doit-il s'armer de force et de constance et répéter chaque jour au fond de son cœur ce que disait le vertueux palatin Leczkinski : *J'aime mieux la liberté avec ses périls que la servitude avec sa paix.* Dieu sait combien on a abusé de cette noble expression d'une âme libre ! Pour dernier trait à ce tableau, Jean-Jacques déclare qu'il n'a jamais existé de véritable démocratie et qu'il n'en existera jamais. « S'il y avait un peuple de dieux, il se gouver- » nerait démocratiquement. Un gouvernement si parfait ne » convient pas à des hommes. »

L'aristocratie est le gouvernement des plus puissants, des plus riches et des meilleurs quelquefois. Il convient à un état de moyenne étendue. L'égalité de rang et de fortune n'y existe plus, et la vertu y est moins rigoureuse et moins haute. Cependant une telle société exige de la modération dans les riches et du contentement chez les pauvres. Pesant les défauts et les avantages de ce gouvernement, c'est à cette seconde forme politique, en sa qualité de Genevois, que l'auteur accorde la préférence.

La monarchie convient surtout à un vaste empire, parce que plus le nombre de ceux qui participent au gouvernement est petit, plus le gouvernement a de force. Tout marche au même but sans opposition. Jean-Jacques n'est guère favorable à la monarchie, à laquelle il voit beaucoup d'inconvénients : incapacité des souverains, variabilité dans le caractère des personnes qui se succèdent et dans les projets des ministres qui les servent, éducation fatalement pernicieuse des princes, minorités, régences. Une monarchie élective serait pire encore, comme la Pologne ne l'a que trop prouvé.

L'auteur du *Contrat social* fait une grande dépense de dialectique, d'érudition, d'abstraction et de métaphysique au sujet de ces diverses formes de gouvernement. Ses livres, commentés avec l'ardeur fanatique qu'on a employée à commenter la Bible, serviront de thème aux Conventionnels, aux Jacobins, au Comité de salut public et à la Commune de Paris. On disputa beaucoup et l'on ne s'entendit que moins. Tous auraient mieux fait de lire et de commenter le *Dictionnaire philosophique* de Voltaire, pour s'inculquer fortement dans l'esprit cette grande vérité : *Plus les peuples seront éclairés, plus ils seront libres.* Ces terribles acteurs, qui passaient si vite sur la scène de notre grand drame révolutionnaire, y auraient puisé bien d'autres idées justes et saines ; par exemple : que la tolérance est la première condition de la liberté, et que le respect de la vie humaine est la première vertu de l'homme. Au reste, leur mission n'était pas de raisonner, ils l'ont bien prouvé, mais d'agir puissamment au péril de leur vie, et nul ne peut leur reprocher d'y avoir manqué.

C'est à nous de raisonner et de ne pas nous égarer sur les traces de Rousseau. Raisonnons donc.

Tant que les hommes sont ignorants et barbares, leur gouvernement a pour base la force. A mesure qu'ils s'éclairent et se civilisent, la force devient moins brutale, tout en présidant à leurs destinées sous des formes diverses, théocratie, monarchie, oligarchie. Pour que les choses se passent autrement, il est clair qu'il faut que, par leurs lumières et leur civilisation, les hommes soient en état de substituer le droit à la force.

Le droit, c'est la volonté générale de tous les membres d'une société. Rousseau l'a très-nettement marqué et s'est épuisé en de subtiles et nombreuses analyses, pour déterminer les meilleurs moyens de la formation de cette volonté. Regardant en arrière et toujours entiché des Grecs et des Romains, il demande, que le citoyen soit suffisamment informé et n'opine que d'après lui-même, comme le voulut le grand Lycurgue ; ou bien, s'il se forme plusieurs groupes ou sociétés de citoyens, il faut en multiplier le nombre, afin de prévenir l'inégalité, comme firent Solon, Numa et Servius Tullius.

Qui nous délivrera des Grecs et des Romains ?

Ce n'est pas Jean-Jacques ; il a contribué plus que personne à nous en rebattre les oreilles, à nous en embrouiller la cervelle. Pour Dieu, laissons-les dormir en paix et cherchons à voir clair devant nous et par nos propres yeux.

Lorsque la volonté générale est régulièrement exprimée, la souveraineté est parfaite ; lorsque le gouvernement manifeste pratiquement cette volonté et la fait passer vivante dans les faits, il remplit admirablement sa fonction. Tout est pour le mieux. Mais la volonté générale ne peut avoir ce degré de perfection, qu'à la condition que ceux qui concourent à la former soient instruits de leurs droits et de leurs devoirs. Cette volonté générale sera toujours en rapport avec les lumières et la raison des citoyens, et nécessairement la forme politique sera exactement corrélative au degré de perfection de la volonté générale. *Plus les hommes seront éclairés, plus ils seront libres.*

Évidemment les organismes politiques, inventés par les hommes, sont en proportion de leur intelligence et de leur moralité ; et ces organismes fonctionnent d'autant mieux que les hommes sont meilleurs. La perfection de l'homme a pour résultat la perfection de l'organisme politique.

Faire abstraction de l'homme, pour courir après une forme politique parfaite, est une folie. L'homme social produit sa forme, comme le cerveau fait son enveloppe. Ce n'est point la boîte osseuse de notre crâne qui modèle notre encéphale, et ce n'est point le cadre d'une république qui fait des républicains. Voilà plus de quarante ans que l'épée de Bolivar a fait libre l'Amérique Espagnole. Il y a là vingt cadres de république et peu ou point de républicains. Moins heureux que Washington, le Libérateur dut offrir à ses compatriotes son exil en expiation de sa gloire, en sacrifice à leurs injustes et misérables jalousies. Fils de la protestante Angleterre, l'Américain du nord est moral, libre penseur, laborieux. Fils de la catholique Espagne, l'Américain du sud vit dans la superstition, l'oisiveté et l'anarchie. Athènes a eu des rois, des tyrans au nombre de trente, des archontes ; elle a vu son peuple souverain dans l'Agora, et Athènes n'a été gouvernée qu'en raison de la capacité et des lumières de ses citoyens. A Rome, où se sont succédé rois, décemvirs, consuls, empereurs, l'on n'a jamais pu admirer, comme partout ailleurs, que ce que pouvait, non une forme politique quelconque, mais la valeur des hommes, je veux dire leur degré de moralité et d'intelligence. N'oublions pas qu'en certaines circonstances, Rome a possédé des Marc-Aurèle et des Trajan, et qu'elle n'en a pas été plus heureuse.

En sa qualité d'être passionné, Rousseau était tenace et logique dans ses opinions, quelque fausses qu'elles fussent. J'en trouve une intéressante preuve, qui se rapporte à notre sujet, dans une lettre au marquis de Mirabeau, du 28 juillet 1767.

Jean-Jacques, après avoir ainsi posé le problème : trouver une forme de gouvernement qui mette la loi au-dessus de l'homme, dit qu'il compare ce problème à celui de la quadrature du cercle, puis il ajoute qu'*il avoue ingénument que cette forme n'est pas trouvable, et que son avis est de passer à l'autre extrémité, et qu'il faut mettre l'homme au-dessus de la loi, par conséquent établir le despotisme arbitraire et le plus arbitraire qu'il soit possible, je voudrais que ce despote pût être un Dieu. En un mot, je ne vois pas de milieu entre la plus austère démocratie et le Hobbisme le plus parfait. Mais les Caligula, les Néron, les Tibère !... Mon Dieu ! je me roule par terre et je gémis d'être homme !...*

Faisons remarquer encore une fois comment l'allure dogmatique de Jean-Jacques, en le trompant lui-même, est propre à tromper son lecteur. Certes, si jamais le problème politique a paru bien précisé, c'est par cette formule : *trouver une forme de gouvernement qui mette la loi au-dessus de l'homme.* Par malheur, le spiritualiste, le sophiste, l'abstracteur Jean-Jacques perd de vue l'élément essentiel du problème.

Qu'est-ce qu'une loi politique ? Un fait émané de l'homme, interprété et pratiqué par lui. Quoi qu'on en puisse penser, la loi n'est pas chose morte, mais vivante. La loi ne peut valoir que ce que vaut l'homme. Portez nos codes français aux populations de l'intérieur de l'Afrique et de l'Asie, ils seront pour elles une lettre morte. Où trouverait-on des magistrats, des administrateurs, des jurés, des électeurs ? Combien d'entre eux pourraient rendre la loi vivante et applicable à leurs concitoyens ? Ces peuples ont si peu de lumière qu'ils ne savent même pas se grouper pour détruire et se faire régulièrement la guerre ; et vous iriez leur proposer de s'entendre pour se rendre justice, échanger leurs services, pour produire avec puissance et vivre en paix ???

Mettre la loi au-dessus de l'homme n'est pas possible ; c'est là un rêve et il n'est pas étonnant que Rousseau en ait été frappé. Évidemment il faut renverser les termes du problème et le poser ainsi : *Trouver le moyen que l'homme puisse faire de bonnes lois et les pratiquer.* Ce moyen est unique et saute aux yeux. Instruire l'homme, le développer intellectuellement, moralement, industriellement. De cette façon, la société pourra être heureuse, forte et pacifique, parce qu'elle aura des hommes capables de l'administrer, de comprendre leurs droits et de remplir tous leurs devoirs de citoyens.

Voilà pourquoi Rousseau, avec raison cette fois, a dit que son problème était comparable à la quadrature du cercle, c'est-à-dire à une impossibilité mathématique ; la loi ne pouvant valoir que ce que vaut l'homme et n'étant que l'expression de ce qu'il sait, de ce qu'il peut. Et c'est pourquoi encore, Jean-Jacques, en lutte avec cette chimère et terrassé par elle, a parfaitement le droit de se rouler par terre, en gémissant d'être sophiste.

Cette folie de prétendre faire des lois meilleures que les hommes est assez commune, car elle permet de noircir beaucoup de papier, et le papier souffre tout. Il n'en est pas ainsi des sociétés humaines. Quand elles ont changé et amélioré leurs lois, c'est par des hommes qui ont été des lois vivantes. Les législateurs n'ont fait quelque chose de durable que quand ils ont agi dans la mesure du possible et lorsqu'ils ont tenu compte du degré de développement de leurs contemporains. Voyez Moïse, Mahomet, Numa et Lycurgue. Aujourd'hui, nous ne voulons ni des Bouddha, ni des Zoroastre, nous prétendons nous gouverner nous-mêmes par la volonté de tous. Rien de mieux, à condition que nous soyons suffisamment éclairés.

Dans cette même lettre, il y a un autre passage, qui est trop caractéristique de l'auteur du *Discours sur l'inégalité*, pour que je puisse l'omettre :

« L'abbé de Saint-Pierre prétendait que la raison humaine

» allait toujours en se perfectionnant, attendu que chaque
» siècle ajoute sa lumière à celle des siècles précédents. Il ne
» voyait pas que l'entendement humain n'a qu'une même
» mesure et très-étroite, il perd d'un côté autant qu'il gagne
» de l'autre, et que des préjugés toujours renaissants nous
» ôtent autant de lumières acquises que la raison cultivée
» en peut remplacer. »

Ces paroles n'ont pas besoin de commentaire; elles montrent trop à plein quel homme était Jean-Jacques, qui avait
ailleurs formellement reconnu la perfectibilité comme essentielle à l'espèce humaine. Avec de pareilles défaillances de
sophiste aux abois, de dialecticien radicalement fourvoyé
et à bout de déclamations, quoi d'étonnant que l'adorateur
de la liberté, rendu, désespéré, ne sachant où il est ni ce qu'il
veut, s'échappe en des prosopopées ridicules, telles que la
suivante, et finisse par revenir à son idéal de sauvagerie
bestiale? Cela est triste mais instructif. Écoutons-le :

« Quoi! la liberté ne se maintient qu'à l'appui de la servi-
» tude? Peut-être les deux excès se touchent... Telle était la
» position de Sparte. Pour vous, peuples modernes, vous
» n'avez point d'esclaves, mais vous l'êtes pour payer leur
» liberté de la vôtre. Vous avez beau vanter cette préférence,
» j'y trouve plus de lâcheté que d'humanité.

» Tout ce qui n'est pas dans la nature a ses inconvénients,
» et la société civile plus que tout le reste. » (C. S., liv. III,
ch. XVI.)

Maintenant, pouvons-nous nous étonner des extravagances
commises au nom de Jean-Jacques par ses disciples, et des
extrémités où il a jeté ses fanatiques admirateurs? Quels
beaux textes à commenter, à développer en déclamations
emphatiques, que des phrases telles que celles-ci : « Vous me
» prouvez très-solidement qu'on ne peut être libre et riche.
» — Les Romains enchaînaient les rois captifs avec des chaî-
» nes d'or et de pierreries. Voilà le luxe bien entendu. —
» Le repos et la liberté me paraissent incompatibles, il
» faut opter. » — A la suite de ses voyages, Émile a l'avan-
» tage d'avoir connu les gouvernements par tous leurs vices
» et les peuples par toutes leurs vertus. »

Quel magnifique thème pour des écoliers politiques, enflammés d'un zèle d'autant plus pur qu'ils étaient plus aveuglés par des sophismes pitoyables! Les gouvernements seuls ont des vices, les peuples sont remplis de vertus! Alors, hommes vertueux, que ne vous levez-vous, dans votre force et votre liberté, afin que d'un seul de vos gestes souverains vos gouvernements tombent en poussière et s'évanouissent dans leur honte. Vous êtes la vertu, le nombre, le pouvoir, que vous manque-t-il pour réaliser votre bonheur, *le bonheur du peuple?*

Mais, hélas! votre sophiste a écrit à un autre endroit de son livre : « Si Sparte et Rome ont péri, quel état peut espérer de durer toujours! »

Voilà deux gouvernements admirables, dont le vertueux citoyen de Genève ne cesse de pleurer la perte. Pourquoi, comment ont-ils péri? Est-ce que les peuples n'étaient plus vertueux? Mais comment sous des gouvernements aussi parfaits, les Spartiates et les Romains auraient-ils dégénéré? Ils n'étaient donc pas vertueux, ou bien ces gouvernements admirables étaient mauvais; choisissez. Contradiction et sophisme partout et toujours, avec un bel appareil de phrases nettes, chaleureuses, éloquentes.

Citons encore une autre pensée, très-juste, très-bien formulée, qui donne un démenti aux laborieuses recherches de l'auteur sur le meilleur des gouvernements, et qui prouve que, pour en fonder un bon, il faut commencer par faire des hommes. « La liberté n'est dans aucune forme de gouvernement, elle est dans le cœur de l'homme libre, il la porte partout avec lui. » (*Émile,* liv. V.)

Et comment s'étonnerait-on de cet autre rêve de Rousseau au sujet de la Corse, de laquelle il a écrit : « Il est encore en Europe un pays capable de législation, c'est l'île de Corse. » Et savez-vous pourquoi il donne le pas à la Corse sur l'Italie, l'Allemagne, la France, c'est parce qu'on y trouve la simplicité de la nature jointe aux besoins de la société. Nous voyons toujours reparaître l'homme de la nature, le naïf sauvage du *Discours sur l'inégalité.*

Le lecteur sérieux se demandera peut-être comment les sophismes et les paradoxes de Rousseau ont pu faire tant de bruit et un si beau chemin dans le monde. Quelle est la cause d'une telle fortune? Pour qu'un semblable phé-

nomène pût se produire, pour qu'une telle énormité fût possible, il fallait le concours de plusieurs circonstances singulières. En voici quelques-unes : la caducité du régime politique, caducité devenue flagrante par le long règne d'un
roi impuissant et corrompu ; l'état critique des esprits, dis-
posés à la recherche du bien en toutes choses, état dû d'abord
à Voltaire, puis aux encyclopédistes, enfin le génie de l'écrivain, aussi passionné que puissant.

En vérité, quelque respect qu'on doive garder pour le talent de Jean-Jacques, quelle que soit la compassion que nous
inspirent les malheurs de sa vie, quelle que soit la hauteur
des sentiments dont il fait preuve, quelque nécessaire
même qu'ait été l'influence de ses écrits, on ne peut
prendre au sérieux en lui l'homme d'État et le politique.
C'est un admirable et brillant fantaisiste, un rhéteur du premier mérite, qui s'est exercé sur des sujets qu'il a eu l'art de
rendre palpitants et de faire étudier par beaucoup d'esprits,
qui y seraient demeurés étrangers. Mais c'est assurément un
pauvre politique et un très-mauvais économiste. Admirable
pour attirer le peuple à l'école, il est incapable de l'enseigner. Écrivain dramatique et chaleureux, c'est un détestable
professeur. La pensée de Rousseau n'est pas lumineuse à la
façon d'un phare, mais comme une torche d'incendie.

VII

RETOUR SUR LE CARACTÈRE DE JEAN-JACQUES

Malgré ses contradictions, ses sophismes et ses paradoxes,
Rousseau a aimé la vertu et la justice avec un véritable
enthousiasme. Il a senti que les vrais biens consistent dans le
témoignage d'une bonne conscience, dans la pratique de la
justice, dans l'amour des hommes et de la nature, dans la
simplicité de la vie, dans la santé du corps et de l'âme. Il a
compris l'amour dans ce qu'il a de grand et de poétique, il a
eu le respect de la femme et souvent il en a parlé avec justesse et profondeur. Le tableau de la vie de Clarens, fondée

sur la vertu, l'innocence, la modération et le travail, la direction bienveillante de ceux qui sont dans notre dépendance, nous offre une charmante esquisse de cet idéal de l'auteur des *Confessions* et du *Vicaire savoyard*.

Si la naïve et forte personnalité de Jean-Jacques en fit un être insociable et le mena graduellement à l'abîme de la folie, le résultat ne doit pas nous faire méconnaître l'importance de cet écrivain de génie.

Le rôle providentiel de cette singulière individualité a été considérable et s'est caractérisé par deux effets principaux : il fit sentir son cœur à une société démoralisée par des siècles de superstition et de despotisme ; puis sa parole enflammée servit de levain au fanatisme, qui contribua à sauver la révolution en France et en Europe. La société était si profondément corrompue que, pour renaître à la vie morale, elle avait besoin de recevoir l'impulsion d'un monomane de vertu et de sentiment. L'action de Rousseau sur les âmes frivoles ou desséchées de son temps fut prodigieuse. Il échauffa tous les cœurs, beaucoup volèrent vers lui et il fut l'objet d'une recherche universelle. On oubliait les sophismes, pour tressaillir à l'expression éloquente des sentiments les plus généreux. Toutes les mains se tendaient vers lui, tandis que, par la fatalité de son organisation, le malheureux ne voyait en ses contemporains que des ennemis de son honneur et de son repos.

Aujourd'hui, nous pouvons comprendre Jean-Jacques et lui rendre justice.

Rousseau a l'éloquence grave et chaleureuse, sa phrase a du nerf et du nombre, ses tableaux charment par leur coloris et leur fraîcheur, la nature a trouvé en lui le premier sinon de ses peintres au moins de ses amants, c'est un artiste passionné et un écrivain de génie. L'innocence, la vertu, la justice n'ont pas eu de défenseur plus prestigieux, la Révolution française doit le revendiquer comme l'un de ses précurseurs nécessaires.

Phénomène étrange, digne de fixer l'attention et d'attirer notre pitié, Rousseau n'a des élans spiritualistes aussi enthousiastes que parce qu'il est très-sensuel ; il ne parle de l'amour avec tant de chaleur que parce que sa nature de faune est enchaînée par une insurmontable timidité ; il n'éprouve un si vif sentiment de la liberté que parce qu'insouciant, incapable de se conduire et manquant d'appui social, il a ressenti toutes les contraintes et subi toutes les nécessités ; il ne prêche la vertu avec tant d'éloquence que parce qu'il connaît le vice. La force de sa parole est en rapport avec l'intensité de sa souffrance ; la pensée de l'écrivain, comparable au fer battu entre l'enclume et le marteau, s'est enflammée au feu de sa nature tourmentée et contradictoire.

Rousseau devait déclamer contre le luxe et les passions, car il sentait que l'un aurait pu le corrompre et il avait souffert en lui des excès des autres ; il devait mépriser la richesse qui eût été pour lui un fardeau, mépriser le pouvoir dont il n'eût pas su faire usage ; il devait désespérer de la société, car il ne sut pas s'y faire place ; accuser la nature humaine, car il la voyait en lui autant en mal qu'en bien ; finalement, il devait se jeter dans le rêve, car il était inhabile à la pratique de la vie.

Il est à croire que ce qui acheva de faire de Jean-Jacques un monomane, c'est la lutte incessante de ses sentiments supérieurs contre son incurable vanité. Dans ses moments lucides, il ne pouvait ne pas sentir ses torts envers ses anciens amis, spécialement envers Diderot, dont la bonté de cœur allait jusqu'à la faiblesse. Au fond, bien que Rousseau, au sujet de son amour pour Mᵐᵉ d'Houdetot, ait accusé Diderot de trahison, en attestant solennellement l'*Ecclésiastique*, l'infortuné savait à quoi s'en tenir sur l'honnêteté et la vérité des sentiments de son ami. La vie de Rousseau est pleine de traits pareils à la fameuse affaire du Ruban volé. Il vécut rongé de remords, victime de la faiblesse de son caractère très-peu romain, martyr de sa vanité, et laissa sa raison dans cette lutte violente de tous les jours et de tous les instants.

Ainsi s'achète la gloire : à ce prix se produit éclatante l'action de certains hommes.

Il est impossible de ne pas être frappé du contraste que nous présentent Voltaire et Rousseau dans leurs caractères, leurs vies et leurs œuvres. Chez le premier, à travers une existence très-mêlée de biens et de maux, tout est ordonné par la plus haute raison et sous l'impulsion des sentiments les plus généreux. Aussi Voltaire parvient-il plein de jours au comble de la gloire et de la fortune. Chez le second, tout est soumis à l'impression, au caprice, à un amour-propre extravagant; aussi son existence est-elle décousue, troublée et se termine-t-elle dans la monomanie. Jean-Jacques s'est rendu justice en abandonnant ses enfants. Il était incapable de les élever, tout autant qu'il était incapable de se conduire lui-même; tandis que Voltaire a dirigé et fait l'existence de plusieurs enfants d'adoption, de ses parents, de ses amis, de ses colons de Ferney.

Sous le rapport de l'intelligence, l'unité de vue de Voltaire apparaît claire et constante dans la prodigieuse variété de son œuvre. Il n'a cessé de marcher et de progresser pour asseoir sa pensée avec plus de force, dans les idées générales du commencement de sa carrière.

Rousseau, au contraire, est un penseur sans suite et sans unité et n'ayant qu'une force véritable, celle de l'écrivain. En philosophie il est tour à tour dualiste et unitaire, croyant tantôt à un, tantôt à deux principes; en morale, il tient pour la compression et pour l'expansion de la nature humaine, qu'il absout et condamne à quelques lignes de distance; en politique, s'il est ferme sur les principes, il se complaît à subtiliser sur la forme des gouvernements, il finit par regarder la démocratie comme impossible et par faire un suprême appel au despotisme. En lui, rien ne se tient, rien n'est d'ensemble et tout se contredit. Au milieu de ces fluctuations du penseur, on ne voit qu'un grand écrivain, ému, éloquent, propre à faire des enthousiastes et des fanatiques.

Jean-Jacques sent plus qu'il ne pense. L'artiste soutient le sophiste, en couvrant la faiblesse ou le faux de sa pensée par le prestige de la forme. Voltaire écrit simplement parce qu'il n'est occupé que de la vérité et y songe uniquement. Jamais il n'a fait de l'art pour l'art. Sa personnalité s'efface, il ne voit que la grandeur de son but.

Si Rousseau n'a pas eu foi dans l'avenir de l'humanité, s'il n'a cru à la bonté de l'homme qu'à l'état de nature brute, jouissant, dans les bois et la solitude, de la santé et de l'insouciance de la bête, ne faisant ni bien ni mal et n'ayant conscience ni de l'un ni de l'autre, c'est, il faut le dire, parce que Rousseau, dans son for intérieur, ne trouvait pas un homme semblable à celui que Voltaire voyait en lui-même.

L'excessive vanité de Jean-Jacques lui fit commettre des

fautes graves. Son tempérament lascif, son impressionnabilité maladive, lui avaient fait contracter des vices, que son sentiment du juste ne pouvait ne pas condamner. C'est pourquoi, même lorsqu'il se glorifie, il s'écrie douloureusement :
« Moi, qui me suis cru et me crois encore le meilleur des
» hommes, je sentais qu'il n'y avait point d'intérieur humain
» si pur qu'il ne recélât quelque vice odieux. »

Rousseau n'avait pas l'âme assez belle et les circonstances lui furent trop mauvaises, pour qu'il pût rendre témoignage en faveur de son espèce. Alors que la société est encore peu développée, on ne saurait guère trouver qu'en soi-même des motifs de croire à la bonté de la nature humaine. En descendant en son âme, en sondant son cœur, Voltaire voyait l'homme en beau et en bien, et c'est pour cela qu'il a eu foi dans l'avenir de l'humanité.

Voici des faibles, des opprimés, des misérables de toute sorte et même des malfaiteurs, car à l'heure qu'il est l'humanité nous offre toutes ces expressions d'elle-même ; et voici deux portes, celle du *Vicaire savoyard* et celle de *Zadig*.

Si l'un de ces malheureux frappe à la première et qu'une femme vulgaire se décide à lui ouvrir, il sera en face d'un homme faible, incertain, timide à ce degré que la méfiance le poussera peut-être à éconduire le misérable comme un être suspect. Au cas où la méfiance se taise, où le rêve n'obsède pas le pasteur d'âmes, que fera-t-il ? Il n'a aucun esprit pratique et par suite il redoute d'instinct toute difficulté, le premier obstacle le rebute et l'a toujours rebuté. Il ne sait pas faire ses propres affaires, comment ferait-il celles d'autrui ? En outre, il n'est pas riche et tout ce que pourra obtenir de lui l'infortune la plus attendrissante, ce sera une larme vaine, un petit secours passager.

Au contraire, que son destin conduise le misérable à la porte de Zadig, la scène va changer. Le malheureux est en présence d'un grand vieillard propre et bien mis, au regard lumineux, à l'air noble et bienveillant, dont le visage mobile sourit et s'attendrit selon l'occasion. A peine a-t-il prononcé quelques mots qu'il a gagné votre confiance et que vous soulagez votre cœur du poids de vos peines, en les versant dans le sien qui vous est ouvert. Vous vous croyez devant un être supérieur, un bon génie, et vous ne vous trompez pas.

D'abord, il vous interroge avec bonté et pénètre d'un coup d'œil rapide et sûr toute votre affaire. Elle est grave ; il s'agit d'une iniquité judiciaire dans laquelle se trouve intéressé tout un corps de magistrature, on y mêle encore la politique et la religion, sans compter l'amour-propre des personnes les plus influentes. Il y faudra employer trois, dix, douze ans. Qu'importe ? Zadig agitera la cour et la ville, écrira à toute l'Europe, remuera le ciel et la terre ; votre affaire est devenue la sienne et, à force de persévérance et d'habileté, il en fera l'affaire de tout le monde. Vous êtes sauvé.

Mais vous n'êtes qu'un pauvre paysan, les commis ont saisi votre charrette et votre charge de blé ; Zadig va écrire pour vous les faire rendre, car il sait se maintenir en crédit et en user en faveur du faible. Votre petit domaine dépérit en vos vieilles mains et la fiancée de votre fils se désespère, car il est retenu au service du roi. Zadig obtiendra son congé. Ici c'est un vieux soldat tout cassé et qui devient aveugle, le bon génie lui fera ouvrir l'Hôtel des Invalides. Votre bien est engagé et la puissante société des Jésuites est derrière vos créanciers. Zadig se substituera à eux et vous remettra votre terre. Vous êtes le comte d'Estaing et tout ce que vous possédez est menacé de devenir la proie des hommes d'affaires et de vos prêteurs. Zadig débrouillera ce chaos et finira par vous rendre la paix et la fortune. Voici un petit orphelin, Zadig le fait venir de cent lieues ; il tombe malade, Zadig veille sur lui avec amour et de compte à demi avec le premier médecin de l'Europe. Un capucin passe, Zadig lui donne un écu ; un écrivain est exilé, malheureux, Zadig le reçoit et le secourt. Des ouvriers sont embarrassés de leurs produits, il leur trouve des acheteurs, jusqu'au bout du monde. Ici c'est un malheureux qui a volé Zadig. Zadig lui fait remettre quelque argent, afin qu'il tâche d'aller vivre honnêtement ailleurs. Là, c'est un zoïle qui a calomnié et injurié Zadig, pour gagner son pain ou satisfaire son amour-propre. Zadig lui pardonne, le secourt et l'oublie. Êtes-vous malade, Zadig vous console ; êtes-vous triste, il vous égaye et vous redonne du courage.

Tel est Zadig, parce que Zadig est un esprit très-juste et très-pratique, un homme actif et toujours au travail, parce qu'il a le cœur encore meilleur et plus grand que son esprit, et qu'il sait tout mener à bien, les affaires des autres et les siennes.

Aussi le Vicaire savoyard, avec ses beaux sermons et sa bonne intention incontestable, n'a-t-il pas trouvé, comme Zadig, deux témoins de sa vie, justement des plus haut placés dans l'admiration des hommes, je veux parler de Franklin et de Turgot. Aussi Zadig reçut-il de notre grande Assemblée nationale les honneurs du Panthéon, comme je le dirai, et l'éloquent Vicaire, laissé dans l'ombre par elle, n'en fut-il tiré qu'en 1794 par la Convention, alors que la Révolution, luttant en son sein contre le passé, au dehors contre l'Europe, fut condamnée à tous les excès, à l'héroïsme et au crime, alors qu'elle enfanta des prodiges et des monstres, des Hébert, Chaumette, Marat, puis des Hoche, des Marceau et de blanches héroïnes à la sanglante tunique, telles que Charlotte Corday.

Bien en prit à Voltaire et force lui fut de commettre des tragédies, genre noble, jusqu'à la fin de sa vie, et d'avoir commencé par un poëme épique, genre plus noble encore. Sans cela, son esprit vif, gai, lumineux, le rejetait à jamais hors des rangs des écrivains sérieux. Être grave n'est pas toujours d'un sot, mais la sottise a souvent cette attitude imposante, et les sots ont naturellement le plus grand respect pour ce voile qui couvre leur nudité.

On ne fait pas rire impunément son prochain; il semble que l'ingrat veuille vous punir de l'avoir amusé en le sortant de lui-même, ou bien encore d'avoir montré une sorte de supériorité qui l'humilie. Il s'en venge en disant que vous n'êtes pas un homme sérieux. Ce sentiment est plus général qu'on ne croit et on le rencontre chez des personnes du plus grand mérite. M. de Lamartine a bien cru en être quitte avec Rabelais, en l'appelant le *léviathan de la crapule*, et Jean-Jacques a traité Voltaire de baladin, polichinelle et jongleur.

Qu'il écrive sur la métaphysique, la morale ou l'histoire, l'auteur de l'*Essai sur les mœurs* garde son style simple, clair et courant; son allure n'est point ambitieuse, ni sa forme magistrale. Accessible à tous, il est compris par le premier venu. On n'a pas à craindre qu'il échauffe une tête mal faite et fanatise un énergumène. C'est un nouveau malheur, et les

gens sérieux en abusent pour ne voir en lui que l'auteur de
la Pucelle. Telle est la revanche de la mélancolie, qualité
anglaise, et tel est le revers de médaille de la gaieté, qualité
française.

Voltaire, le rieur, mène la vie la plus sérieuse et la mieux
remplie. Il ordonne tout et fait tout prospérer autour de lui,
hommes et choses. Sa pensée active s'intéresse à ce qui se
passe en Europe et dans le monde. Il défend l'innocent, l'opprimé, au loin et près de lui, qu'il soit en vue ou perdu dans
la foule. Le malheur lui est sacré et pèse incessamment sur
son cœur. Chaque jour, il éclaire par ses écrits le temple de
la raison et veille à ses portes; sa main preste et vaillante en
écarte intrigants, fanatiques, friponneaux et critiques à gage.
Par la correspondance la plus étendue, il soutient les coura-
ges, stimule les tièdes, rallie à la bonne cause les faibles, les
riches, les indifférents, les belles dames et les gens de
cour. Mais Voltaire fait tout joyeusement, sûrement et vite.

Jean-Jacques est grave, très-grave, si grave qu'il en a la
mine un peu pédante; même lorsqu'il fait des romans, il
professe; par bonheur c'est un pédant plein de chaleur et
d'éloquence. Assurément, on ne peut dire qu'il passe son
temps livré tout entier à ses chères rêveries, mais comparativement à Voltaire, il semble n'avoir rien sur les bras et
fait dix fois moins de besogne. Autour de lui, rien n'est ordonné, son petit ménage fait songer au camp volant d'un
bohémien. Thérèse n'a pas plus d'ordre et d'esprit pratique
que lui. Simple, ignorante, dominée par tous ceux qui l'entourent, mère, frère, nièces, elle s'accommode aussi, par la
mollesse insignifiante de son caractère, à la nature bizarre de
son compagnon. Dans ce petit intérieur, où tout va à la grâce
de Dieu, ou, pour parler plus net, à la diable, il n'y a place
à rien ni pour personne et l'on conçoit qu'on y mette les enfants à l'hospice. Bien loin d'aider les autres, on y suffit à
peine à soi-même, quoique Rousseau y mette son orgueil et
vise à la simplicité qu'il aime.

Quel contraste! Mais Jean-Jacques est grave et parle gravement; or la gravité impose et en impose au vulgaire. De là
ce grand malentendu : tandis que la vie de Rousseau est
celle d'un enfant ou d'un artiste insouciant et passionné, il
passe pour un homme sérieux. La belle raison, c'est qu'il ne

rit jamais et n'a jamais rien écrit qui fît rire. On ne prend pas garde que ne fait pas rire qui veut. C'est une preuve de force, lorsque le rire n'est pas d'un imbécile. Rabelais, Cervantes, Shakespeare, Molière étaient de cette trempe virile, Voltaire aussi.

Il est plus commun et plus facile de s'attendrir, de pleurer et de s'enthousiasmer, avec Jean-Jacques, que de rire, d'apprendre, de philosopher et de faire pratiquement le bien avec Voltaire. Aussi Rousseau est-il surtout l'homme des jeunes, des femmes, des artistes et des poëtes, l'homme des êtres impressionnables et personnels, l'homme des faibles ; et Voltaire est-il par excellence l'homme des natures viriles, laborieuses, clairvoyantes, aimant et pratiquant passionnément le bien, l'homme des Franklin, des Turgot, des Mirabeau, des d'Alembert, des Diderot, des Condorcet, l'homme de Gœthe, qui comprenait tout.

Rousseau est peut-être un plus grand écrivain que Voltaire, à coup sûr c'est un plus grand rhéteur. L'auteur de l'*Émile* soigne plus son style, arrondit mieux ses périodes et en calcule plus minutieusement les effets. Aussi, d'après ses aveux, les retournait-il maintes fois dans sa tête avant d'en être satisfait. Dieu me garde de lui en faire un crime et au contraire de ne pas lui tenir compte de son talent d'artiste. Chacun agit selon son génie, et Jean-Jacques obéissait au sien, qui était plein de feu et tout propre à enflammer les âmes.

Voltaire allait trop vite et avait trop de choses en tête et sur les bras pour s'arrêter aux formes. Nous ne perdrons pas notre temps à établir ici le mérite d'écrivain de l'auteur de *Candide* et de la *Henriade*. Ce mérite est assez reconnu. Toutefois nous ne croyons pas inutile de citer à cette occasion ce que Voltaire dit de son style clair, ferme, allant au but. Répondant à quelque Fréron, il écrit dans son conte de *Zadig* :

« L'envieux et sa femme prétendirent que dans le discours de
» Zadig il n'y avait pas assez de figures, qu'il n'avait pas assez
» fait danser les montagnes et les collines. Il est sec et sans
» génie, disaient-ils ; on ne voit chez lui ni la mer s'enfuir,
» ni les étoiles tomber, ni le soleil se fondre comme de la
» cire ; il n'a point le bon style oriental. Zadig se contentait
» d'avoir le style de la raison. »

Le style de la raison, c'est véritablement le style de Voltaire. Il n'en ambitionna pas d'autres. Si l'on peut contester que ce style soit le plus beau, on ne peut lui refuser d'être le plus nécessaire.

Nous avions rassemblé quelques passages des derniers écrits de Rousseau, moins connus, moins intéressants que les Confessions, au point de vue romanesque. Ces extraits jettent la plus vive lumière sur la nature de cet androgyne de génie, qui eut le prestige des sirènes mythologiques et, comme elles, fut doué d'une voix séduisante, irrésistible. L'espace nous manque et nous n'en pouvons faire usage. Au reste, ces documents confirment les appréciations que nous avons données du caractère de Rousseau. Nous croyons plus utile de présenter au lecteur un autre tableau, toujours de la main de Jean-Jacques et l'un des mieux réussis qu'il ait composé.

Rousseau a de vilains côtés, son existence fut amère et troublée. Eh bien ! nous n'aurions une juste idée ni de l'homme ni de sa vie, s'il ne nous avait dépeint lui-même sa nature par son aspect le plus noble et le grand bonheur dont son âme fut souvent inondée. Malgré les apparences, Jean-Jacques fut heureux, et rien ne prouve avec plus de force que toute créature humaine semble comporter une part égale de biens et de maux. Oui, Rousseau goûta des joies qui ne peuvent être ressenties que par des âmes douées d'une exquise sensibilité et des sentiments les plus élevés.

Lorsque ses sens sont rassis, que son amour-propre se tait, quand, loin des hommes, il est seul et laissé à tout ce qu'il y a de bon en lui, au sein de la nature qu'il adore, alors Rousseau devient sublime ; ivre de bonheur, il plane dans les plus hautes sphères de l'idéal et du sentiment. Peu d'hommes ont éprouvé de telles joies et se sont plongés aussi avant dans l'éther azuré.

Que le lecteur en juge par cette peinture, qui se trouve dans les lettres à M. de Malesherbes :

« J'ai été touché que vous m'estimiez le plus malheureux des hommes... Oh ! que le sort dont j'ai joui n'est-il connu de tout l'univers !... Mais de quoi jouissais-je enfin quand j'étais seul ? De moi, de l'univers entier, de tout ce qui est, de tout ce qui peut être, de tout ce qu'a de beau le monde sensible, et d'imaginable le monde intellectuel : je rassemblais autour de moi tout ce qui pouvait flatter mon cœur ; mes désirs étaient la mesure de mes plaisirs. Non, jamais les plus voluptueux n'ont connu de pareilles délices ; et j'ai cent fois plus joui de mes chimères qu'ils ne font des réalités...

» Quels temps croyez-vous que je me rappelle le plus souvent et le plus volontiers dans mes rêves? Ce ne sont point les plaisirs de ma jeunesse ; ils furent trop rares et trop mêlés d'amertume, et sont déjà trop loin de moi. Ce sont ceux de ma retraite, ce sont mes promenades solitaires, ce sont ces jours rapides mais délicieux, que j'ai passés tout entiers avec moi seul, avec ma bonne et simple gouvernante, avec mon chien bien-aimé, ma vieille chatte, avec les oiseaux de la campagne et les biches de la forêt, avec la nature entière et son inconcevable auteur.

» En me levant avec le soleil, pour aller contempler son lever dans le jardin, quand je voyais commencer une belle journée, mon premier souhait était que ni lettres, ni visites, n'en vinssent troubler le charme... Je me hâtais de dîner... Avant une heure, même les jours les plus ardents, je partais par le grand soleil avec le fidèle Achate, pressant le pas dans la crainte que quelqu'un ne vînt s'emparer de moi avant que j'eusse pu m'esquiver ; mais quand une fois j'avais pu doubler un certain coin, avec quel battement de cœur, avec quel pétillement de joie, je commençais à respirer, en me sentant sauvé, et me disant : Me voilà maître de moi pour le reste de ce jour !

» J'allais alors d'un pas plus tranquille chercher quelque lieu sauvage dans la forêt, quelque lieu désert où rien, ne montrant la main des hommes, n'annonçât la servitude et la domination, quelque asile où je pusse croire avoir pénétré le premier, et où nul tiers importun ne vînt s'interposer entre la nature et moi. C'était là qu'elle semblait déployer à mes yeux une magnificence toujours nouvelle. L'or des genêts et le pourpre des bruyères frappaient mes yeux d'un luxe qui touchait mon cœur ; la majesté des arbres qui me couvraient de leur ombre, la délicatesse des arbustes qui m'environnaient, l'étonnante variété des herbes et des fleurs que je foulais sous mes pieds, tenaient mon esprit dans une alternative continuelle d'observation et d'admiration. Le concours de tant d'objets intéressants qui se disputaient mon attention, m'attirant sans cesse de l'un à l'autre, favorisait mon humeur rêveuse et paresseuse, et me faisait souvent redire en moi-même : Non, Salomon, dans toute sa gloire, ne fut jamais vêtu comme l'un d'eux.

» Mon imagination ne laissait pas longtemps déserte la terre ainsi parée. Je la peuplais bientôt d'êtres selon mon cœur... Je me faisais un siècle d'or à ma fantaisie, et remplissant ces beaux jours de toutes les scènes de ma vie qui m'avaient laissé de doux souvenirs, et de toutes celles que mon cœur pouvait désirer encore, je m'attendrissais jusqu'aux larmes sur les vrais plaisirs de l'humanité, plaisirs délicieux, si purs, et qui sont désormais si loin des hommes... Quand tous mes rêves se seraient tournés en réalités, ils ne m'auraient pas suffi ; j'aurais rêvé, imaginé, désiré encore. Je trouvais en moi un vide inexplicable que rien n'aurait pu remplir, un certain élancement de cœur vers une autre sorte de jouissance dont je n'avais pas l'idée et dont cependant je sentais le besoin. Hé bien, cela même était jouissance, puisque j'en étais pénétré d'un sentiment très-vif et d'une tristesse attirante, que je n'aurais pas voulu ne pas avoir.

» Bientôt de la surface de la terre j'élevais mes idées à tous les êtres de la nature, au système universel des choses, à l'être incompréhensible qui embrasse tout. Alors, l'esprit perdu dans cette immensité, je ne pensais pas, je ne raisonnais pas, je ne philosophais pas ; je me sentais, avec une sorte de volupté, accablé du poids de cet univers, je me livrais avec ravissement à la confusion de ces grandes idées, j'aimais à me perdre en imagination dans l'espace ; mon cœur, resserré dans les bornes des êtres, s'y trouvait trop à l'étroit ; j'étouffais dans l'univers, j'aurais voulu m'élancer dans l'infini. Je crois que si j'eusse dévoilé tous les mystères de la nature, je me serais senti dans une situation moins délicieuse que cette étourdissante extase à laquelle mon esprit se livrait sans retenue et qui, dans l'agitation de mes transports, me faisait écrier quelquefois : ô grand Être ! ô grand Être ! sans pouvoir dire ni penser rien de plus.

» Ainsi s'écoulaient dans un délire continuel les journées les plus charmantes que jamais créature humaine ait **passées,** et quand le coucher du soleil me faisait songer à la retraite ; étonné de la rapidité du temps, je croyais n'avoir pas assez mis à profit ma journée, je pensais en pouvoir jouir davantage encore ; et, pour réparer le temps perdu, je me disais : je reviendrai demain.

» Je revenais à petits pas, la tête un peu fatiguée mais le cœur content ; je me reposais agréablement au retour, en me livrant à l'impression des objets, mais sans penser, sans imaginer, sans rien faire autre chose que sentir le calme et le bonheur de ma situation. Je trouvais mon couvert mis sur ma terrasse. Je soupais de grand appétit dans mon petit domestique ; nulle image de servitude et de dépendance ne troublait la bienveillance qui nous unissait tous. Mon chien lui-même était mon ami non mon esclave ; nous avions toujours la même volonté, mais jamais il ne m'a obéi.

» Ma gaieté durant toute la soirée témoignait que j'avais vécu seul tout le jour ; j'étais bien différent, quand j'avais vu de la compagnie, j'étais rarement content des autres, et jamais de moi... Enfin, après avoir fait encore quelques tours dans mon jardin, ou chanté quelque air sur mon épinette, je trouvais dans mon lit un repos de corps et d'âme cent fois plus doux que le sommeil même... Oui, monsieur, que de pareils jours remplissent pour moi l'éternité, je n'en demande pas d'autres et n'imagine pas que je suis beaucoup moins heureux dans ces ravissantes contemplations que les intelligences célestes. »

Quelles pages ! quelle fraîcheur ! quelle poétique simplicité ! quelle forte et ravissante aspiration !

Cependant, remarquons-le, il y a loin du poëte des *Charmettes* et de l'*Ermitage* au philosophe pratique de Ferney, qui ne sépare jamais son sort de celui de ses semblables. Rousseau reste encore ici le doctrinaire du salut individuel, qui a répété maintes fois : « une place à côté de Fénelon ; que » m'importe le reste des humains ? je ne rougirais pas d'a-» voir été homme. » Jean-Jacques jouit surtout de lui-même, de ses sensations, de ses élans, de ses extases ; sa rêverie et sa méditation se rapportent essentiellement à sa personne.

Il est trop enivré de son bonheur pour songer beaucoup à celui des autres.

A Ferney, nous apparaît L'HOMME DE TÉRENCE, qui vit et souffre, qui palpite et espère avec ses semblables, qui les porte toujours en son grand cœur, qu'il soit au milieu d'eux ou seul en face de la nature et de Dieu.

VIII

Je ne puis me dispenser de dire quelques mots de la mésintelligence, qui marqua la fin des rapports de Voltaire et de Rousseau. On connaît assez le caractère de ce dernier, pour prévoir qu'il devait se brouiller avec Voltaire comme il fut poussé à rompre avec Diderot et tous ses amis.

Le philosophe de Ferney était riche et vivait avec l'appareil d'un grand seigneur, il jouissait à Genève d'une grande considération, il s'était montré affable envers l'auteur des *discours* et lui avait offert une retraite près de lui, comme il le fit à Condillac et à quelques autres; enfin Voltaire avait conquis une renommée universelle. C'était quatre fois plus qu'il n'en fallait pour indisposer le vaniteux et personnel Jean-Jacques. Aussi le ton de ses lettres ne tarda-t-il point à tourner à l'aigre, plus tard Rousseau tomba même jusqu'à la dénonciation. Alors, quoiqu'il plaignît Rousseau et déplorât les effets de son caractère, Voltaire eut des indignations, qui se traduisirent par des plaisanteries, notamment dans son poëme sur la guerre de Genève et ses lettres sur les miracles. La plaisanterie de Voltaire, qui déconfit l'orgueilleux Pompignan, ne fit point de mal à Rousseau, parce que celui-ci était quelqu'un et le premier peu de chose.

En cette occasion, Voltaire garde encore le beau rôle; il ne fit que se défendre et, s'il se moqua de Rousseau, il ne cessa de le plaindre et de rendre justice à son talent, quoique la nature de ce talent de rhéteur lui fût essentiellement antipathique.

Pour abréger, j'omettrai beaucoup de pièces et me rédui-

rai au nécessaire. Je crois bon toutefois de citer la lettre de
Voltaire en réponse au premier Discours de Rousseau, qui le
lui avait adressé. L'auteur de *Candide* y fait preuve comme
toujours d'esprit, de bon sens et de haute bienveillance. On
ne saurait donner une leçon de sagesse avec plus de grâce et
de ménagement.

« J'ai reçu, monsieur, votre nouveau livre contre le genre
humain, je vous en remercie. Vous plairez aux hommes auxquels vous dites leurs vérités, mais vous ne les corrigerez
pas. On ne peut peindre avec des couleurs plus fortes les
horreurs de la société humaine, dont notre ignorance et notre faiblesse se promettent tant de consolations. On n'a jamais employé tant d'esprit à vouloir nous rendre bêtes ; il
prend envie de marcher à quatre pattes quand on lit votre
ouvrage.

» Cependant, comme il y a plus de soixante ans que j'en ai
perdu l'habitude, je sens malheureusement qu'il m'est impossible de la reprendre, et je laisse cette allure nouvelle à
ceux qui en sont plus dignes que vous et moi... Je me borne
à être un sauvage paisible dans la solitude que j'ai choisie,
auprès de votre patrie où vous devriez être.

» Je conviens avec vous que les belles-lettres et les sciences
ont causé quelquefois beaucoup de mal. Les ennemis du
Tasse firent de sa vie un tissu de malheurs, ceux de Galilée le firent gémir dans les prisons, à soixante-dix ans,
pour avoir connu le mouvement de la terre, et ce qu'il y a
de plus honteux, c'est qu'ils l'obligèrent à se rétracter. Dès
que vos amis eurent commencé l'*Encyclopédie*, ceux qui osèrent
être leurs rivaux les traitèrent de déistes, d'athées et même
de jansénistes.

» Si j'osais me compter parmi ceux dont les travaux n'ont
eu que la persécution pour récompense, je vous ferais voir
des gens acharnés à me perdre du jour où je donnai la tragédie d'*Œdipe* : une bibliothèque de calomnies ridicules imprimée contre moi; un prêtre, ex-jésuite, que j'avais sauvé
du dernier supplice, me payant par des libelles diffamatoires
du service que je lui avais rendu ; un homme plus coupable
encore, faisant imprimer mon propre ouvrage du *Siècle de
Louis XIV*, avec des notes dans lesquelles la plus crasse igno-

rance vomit les plus infâmes impostures; un autre qui vend
à un libraire quelques chapitres d'une prétendue *Histoire
universelle* sous mon nom; le libraire assez avide pour imprimer ce tissu infâme de bévues, de fausses dates, de faits et
de noms estropiés, et enfin des hommes assez lâches et assez
méchants pour m'imputer la publication de cette rapsodie.

» Je vous ferais voir la société infectée de ce genre
d'hommes inconnus à toute l'antiquité, qui, ne pouvant
embrasser une profession honnête, soit de manœuvre, soit
de laquais, et sachant malheureusement lire et écrire, se font
courtiers de littérature, vivent de nos ouvrages, volent des
manuscrits, les défigurent et les vendent. Je pourrais me
plaindre que des fragments d'une plaisanterie, faite il y a
près de trente ans, courent aujourd'hui le monde par l'infidélité et l'avarice de ces malheureux, qui ont mêlé leur
grossièreté à ce badinage (*la Pucelle*), qui en ont rempli les
vides avec autant de sottise que de malice et qui enfin vendent partout en manuscrit ce qui n'appartient qu'à eux et
qui n'est digne que d'eux... Je vous peindrais l'ingratitude,
l'imposture et la rapine, me poursuivant depuis quarante ans
jusqu'aux pieds des Alpes. Mais que conclure de toutes ces
tribulations? que je ne dois pas me plaindre; que Pope, Descartes, Bayle et le Camoëns et cent autres ont essuyé les
mêmes injustices et de plus grandes. Avouez, monsieur,
que ce sont là de petits malheurs particuliers, dont à peine
la société s'aperçoit. Qu'importe au genre humain que quelques frelons pillent le miel de quelques abeilles? de toutes
les amertumes répandues sur la vie humaine ce sont là les
moins funestes...

» Avouez que ni Cicéron, ni Varron, ni Lucrèce, ni Virgile,
ni Horace n'eurent la moindre part aux proscriptions. Ma-
rius était un ignorant. Le barbare Sylla, le crapuleux Antoine, l'imbécile Lépide, lisaient peu Platon et Sophocle, et
pour ce tyran sans courage, Octave Cépius, surnommé si
lâchement Auguste, il ne fut un détestable assassin que dans
les temps où il fut privé de la société des gens de lettres.

» Avouez que Pétrarque et Boccace ne firent pas naître les
troubles de l'Italie. Avouez que le badinage de Marot n'a pas
produit la Saint-Barthélémy et que la tragédie du *Cid* ne
causa pas les troubles de la Fronde.

» Les grands crimes n'ont guère été commis que par de célèbres ignorants. Ce qui fait et ce qui fera toujours de ce monde une vallée de larmes, c'est l'insatiable cupidité et l'indomptable orgueil des hommes, depuis Thamas-Kouli-Kan, qui ne savait pas lire, jusqu'à un commis de la douane qui ne sait que chiffrer. Les lettres nourrissent l'âme, la rectifient et la consolent; elles vous servent, monsieur, dans le temps que vous écrivez contre elles : vous êtes comme Achille qui s'emporte contre la gloire, et comme le père Malebranche, dont l'imagination brillante écrivait contre l'imagination.

» Si quelqu'un peut se plaindre des lettres, c'est moi, puisque dans tous les temps et dans tous les lieux elles ont servi à me persécuter. Mais il faut les aimer, malgré l'abus qu'on en fait; comme il faut aimer la société, dont tant d'hommes méchants corrompent les douceurs; comme il faut aimer sa patrie, quelques injustices qu'on y essuie, comme il faut aimer et servir l'Être suprême, malgré les superstitions et le fanatisme qui déshonorent si souvent son culte.

» M. Chappuis m'apprend que votre santé est bien mauvaise; il faudrait venir la rétablir dans l'air natal, jouir de la liberté, boire avec moi le lait de nos vaches et brouter nos herbes. Je suis très-philosophiquement et avec la plus tendre estime..... »

A la suite de l'article *Genève* de d'Alembert, Rousseau publia sa fameuse Lettre sur les spectacles. L'auteur de *Zaïre* avait arrangé un petit théâtre dans sa retraite et la société de Genève y accourait avec plaisir, si bien qu'on pensa à en établir un dans la cité de Calvin. C'est contre ces énormités que s'éleva Jean-Jacques. Son sermon paradoxal était éloquent et fit effet sur les puritains de Genève. L'idée du théâtre dut être abandonnée pour un temps. Il était naturel que Voltaire conçût quelque dépit de ces clabauderies puritaines et de cette ridicule levée de boucliers spartiates. En outre, au mois de juin 1760, Rousseau avait adressé à Voltaire, au sujet de la publication de sa réponse à l'envoi des vers sur le désastre de Lisbonne, une lettre qui se termine comme on va voir, et à laquelle Voltaire n'opposa que le silence.

MONTMORENCY, 17 juin 1760. « Je ne vous aime pas, monsieur; vous m'avez fait les maux qui pouvaient m'être les

plus sensibles, à moi votre disciple et votre enthousiaste.
Vous avez perdu Genève pour prix de l'asile que vous y avez
reçu; vous avez aliéné de moi mes concitoyens pour prix
des applaudissements que je vous ai prodigués parmi eux;
c'est vous qui me rendez le séjour de mon pays insupportable; c'est vous qui me ferez mourir en terre étrangère,
privé de toutes les consolations des mourants et jeté pour
tout honneur à la voirie.

» Je vous hais enfin parce que vous l'avez voulu; mais je
vous hais en homme encore plus digne de vous aimer, si
vous l'aviez voulu. De tous les sentiments dont mon cœur
était pénétré pour vous, il n'y reste que l'admiration qu'on
ne peut refuser à votre beau génie et l'amour de vos écrits...
Adieu, monsieur. »

Un peu plus tard, Rousseau, attaquant le conseil de Genève
qui avait brûlé l'*Émile*, crut de bonne guerre dans ses *Lettres
de la Montagne* de se moquer des Génevois, en dénonçant Voltaire, comme auteur du *Sermon des cinquante*. Jean-Jacques
était naturellement convaincu que Ferney et Genève s'en-
tendaient contre lui.

«Ces messieurs voient si souvent M. de Voltaire, comment
ne leur a-t-il pas inspiré cet esprit de tolérance qu'il prêche sans
cesse et dont il a quelquefois besoin? S'ils l'eussent un peu
consulté dans cette affaire, il me paraît qu'il eût pu leur parler
à peu près ainsi :
» Messieurs, ce ne sont point les raisonnements qui font du
mal, ce sont les cafards. La philosophie peut aller son train
sans risque; le peuple ne l'entend ou la laisse dire, et lui rend
tout le dédain qu'elle a pour lui. Raisonner est de toutes les
folies des hommes celle qui nuit le moins au genre humain;
et l'on voit même des gens sages entichés de cette folie-là.
Je ne raisonne pas, moi, cela est vrai; mais d'autres raison-
nent, quel mal en arrive-t-il? Voyez tel et tel ouvrage; n'y
a-t-il que des plaisanteries dans ces livres-là? Moi-même, si je
ne raisonne pas, je fais mieux, je fais raisonner mon lecteur.
Voyez mon chapitre des Juifs, voyez le même chapitre plus développé dans *le Sermon des cinquante* : il y a là des raisonnements ou l'équivalent, je pense. Vous conviendrez aussi qu'il

y a peu de détours et quelque chose de plus que des traits épars et indiscrets.

» Nous avons arrangé que mon grand crédit à la cour et ma toute-puissance prétendue vous serviraient de prétexte, pour laisser courir en paix les jeux badins de mes vieux ans ; cela est bon, mais ne brûlez pas pour cela des écrits plus graves, car alors ce serait trop choquant.

» J'ai tant prêché la tolérance ! Il ne faut pas toujours l'exiger des autres et n'en jamais user avec eux. Ce pauvre homme croit en Dieu, passons-lui cela, il ne fera pas secte ; il est ennuyeux, tous les raisonneurs le sont ; nous ne mettrons pas celui-ci de nos soupers. Si l'on brûlait tous les livres ennuyeux, que deviendraient les bibliothèques ? Et si l'on brûlait tous les gens ennuyeux, il faudrait faire un bûcher du pays. Croyez-moi, laissons raisonner ceux qui nous laissent plaisanter, ne brûlons ni gens ni livres et restons en paix ; c'est mon avis.

» Voilà selon moi ce qu'eût pu dire d'un meilleur ton M. de Voltaire ; et ce n'eût pas été, ce me semble, le plus mauvais conseil qu'il aurait donné. » (Ve *Lettre de la montagne*, 1761.)

On a pu remarquer combien ce plaisant et spirituel pastiche du style de Voltaire est au fond perfide, injurieux et méprisant. Il s'y manifeste un ton de supériorité superbe, à peine voilé par une mordante ironie. Le plaisir de mordre cachait sans doute à Rousseau l'odieux de sa dénonciation. Car il n'ignorait pas que Voltaire, toujours en vue, toujours persécuté, mettait le plus grand soin à garder l'incognito, afin de pouvoir désavouer ses écrits philosophiques.

A partir de ce moment, Voltaire prit plaisir à se moquer de Jean-Jacques et il ne l'épargna point. Cependant nous allons voir, par quelques fragments de diverses lettres, quels étaient les sentiments véritables du philosophe et combien il a gémi du fâcheux caractère de l'homme de la nature.

A DAMILAVILLE, juillet 1762. « Oh ! nous aurions chéri ce fou (J.-J.) s'il n'avait pas été un faux frère ! et qu'il a été un grand sot d'injurier les seuls hommes qui pouvaient lui pardonner ! »

Au même, 10 octobre 1762. « Que de bien on ferait si l'on s'entendait ! Jean-Jacques eût été un Paul s'il n'avait pas mieux aimé être un Judas. »

A Damilaville, 14 mars 1764. « On est indigné quand on voit Palissot insulter continuellement M. Diderot qu'il ne connait pas ; mais je suis bien affligé quand je vois ce malheureux Rousseau outrager la philosophie dans le même temps qu'il arme contre lui la religion..... Mon cher frère, que je plains les gens de lettres ! Je serais mort de chagrin si je n'avais pas fui la France, je n'ai goûté le bonheur que dans ma retraite. Je vous prie de dire à votre ami (Diderot) combien je l'estime et combien je l'honore. Mon ambition est qu'il soit de l'Académie... »

A Damilaville, 6 juillet 1764. « Ce malheureux Rousseau n'est fidèle qu'à son caprice et à son amour-propre. C'était assurément l'homme le plus capable de rendre de grands services, mais Dieu l'a abandonné.....

» Moi, persécuter l'auteur du *Vicaire Savoyard !* Moi, persécuter quelqu'un ! J'ai toujours sur le cœur cette étrange calomnie. Faut-il, mon cher frère, qu'on ait à la fois à combattre les fidèles et les infidèles, et qu'on vous fasse passer pour un persécuteur quand on est soi-même persécuté ! Tout cela fait saigner le cœur. »

A Mme du Deffand, 27 juin 1764. « Si jamais j'ai parlé de Rousseau autrement que pour donner un sens très-favorable à son *Vicaire savoyard,* pour lequel on l'a condamné, je veux être regardé comme le plus méchant des hommes. Je n'ai même pas voulu lire un seul des écrits qu'on a faits contre lui, dans une circonstance cruelle, où l'on devait respecter son malheur et estimer son génie.

» Je fais Mme la maréchale du Luxembourg juge du procédé de Rousseau envers moi et du mien envers lui ; je me confie à son équité..... J'ambitionne trop son estime pour la laisser douter un moment que je suis capable de me déclarer contre un infortuné. Je suis si sensiblement touché que je ne puis vous parler d'autre chose cette fois-ci. »

A la même, juillet 1764. « J'aimerai toujours l'auteur du *Vicaire savoyard,* quoi qu'il ait fait et quoi qu'il puisse faire.

Il est vrai qu'il n'y a pas en Savoie de pareils vicaires, mais il faudrait qu'il y en eût dans toute l'Europe. »

A DAMILAVILLE, 21 juillet 1764. « La folie de Rousseau m'afflige. Est-il vrai que c'est à Duclos qu'il écrivait cette indigne lettre, dans laquelle il disait que j'étais le plus violent et le plus adroit de ses persécuteurs ? Y eut-il jamais une démence plus absurde ? Moi, persécuter l'auteur du *Vicaire savoyard !* Moi, persécuter quelqu'un. J'ai toujours sur le cœur cette étrange calomnie ! »

A M. D'AQUIN DE CHATEAU-LYON, directeur de l'*Avant-Coureur,* 1764. « Je n'ai point lu la lettre de Jean-Jacques dont vous me parlez ! Moi, persécuteur ! moi violent persécuteur. C'est Jeannot lapin à qui l'on fait croire qu'il est un foudre de guerre. Il y a deux ans que J.-J., auteur de quelques comédies, s'avisa d'écrire contre la comédie. Je ne sais pas trop bien quelle était sa raison, mais cela n'était pas trop raisonnable. J.-J. ajouta à cette saillie celle de m'écrire que je corrompais sa patrie, en faisant jouer la comédie chez moi, à deux lieues de Genève. Je ne lui fis point de réponse. Il s'imagina que j'étais fort piqué contre lui, quoiqu'il dût savoir que les choses absurdes ne fâchent personne. Croyant donc m'avoir offensé, il s'est allé mettre dans la tête que je m'étais vengé et que j'avais engagé les magistrats de Genève à condamner sa personne et son livre. Cette idée, comme vous le voyez, est encore plus absurde que sa lettre. Que voulez-vous ? Il faut avoir pitié des infortunés à qui la tête tourne; il est trop à plaindre pour qu'on puisse se fâcher contre lui. »

A DAMILAVILLE, 15 octobre 1766. « J'aurais donné une partie de mon bien pour que Rousseau eût été un homme sage ; mais cela n'était pas dans sa nature. »

A M. LULLIN, secrétaire d'État de Genève, juillet 66. « Je ne dois pas souffrir qu'on m'accuse d'une persécution. Je hais et méprise trop les persécuteurs pour m'abaisser à l'être. Je ne suis point ami de M. Rousseau, je dis hautement ce que je pense sur le bien et le mal de ses ouvrages; mais si j'avais fait le plus petit tort à sa personne, si j'avais servi à opprimer un homme de lettres, je me croirais trop coupable. »

Voilà comment Voltaire appréciait Rousseau, comment il déplorait sa conduite et la nécessité de le combattre. En creusant la question, et les documents ne manquent pas, on pourrait beaucoup ajouter à ces traits de caractère. Tout en se disant homme de la nature, *qui n'a pas de rancune mais des irritations violentes*, Jean-Jacques, dans nombre de ses lettres, affuble Voltaire des épithètes les plus violentes. Il l'appelle jongleur, polichinelle, crocheteur, etc. En 1760, il écrit à Moultou :

« Pourquoi le nom de ce baladin souille-t-il votre lettre ? » Je le haïrais davantage si je le méprisais moins. »

Voici encore deux fragments de ses lettres :

A M. DU PEYROU, janvier 1765. — « Je n'entends pas bien le conseil que me donne M. de Buffon de ne pas me mettre à dos M. de Voltaire ; c'est comme si l'on conseillait à un passant, attaqué dans un grand chemin, de ne pas se mettre à dos le brigand qui l'assassine. M. de Buffon veut-il donc que je fléchisse ce tigre altéré de mon sang ? Si je rampais devant Voltaire, il en triompherait sans doute, mais il ne m'en égorgerait pas moins... quand l'inquisiteur Voltaire m'aura fait brûler... »

A M. LENIEPS, février 1765. « Je ris toujours de vos Parisiens que leur Voltaire mène incessamment avec des contes de vieilles qu'on ne ferait pas croire aux enfants. J'ose dire que ce Voltaire lui-même, avec tout son esprit, n'est qu'une bête, un méchant très-maladroit... »

Enfin, dans les *Confessions*, je note ces passages sur Voltaire : « Moi qui voyais si bien la portée de ce pauvre per- » sonnage dans les matières politiques dont il se mêlait de » parler... Voltaire, en paraissant toujours croire à Dieu, n'a » réellement jamais cru qu'au diable, puisque son dieu pré- » tendu n'est qu'un être malfaisant. »

Le lecteur a pu se convaincre que l'homme de la nature laissait parfois pousser ses ongles et qu'il savait en déchirer ses semblables à l'occasion. Rousseau fut l'ami et le collaborateur des encyclopédistes, et, quoi qu'il ait fait et dit, la postérité le place naturellement au milieu d'eux. Ses livres et ses lettres sont émaillés des attaques et des insinuations

les plus malveillantes contre les philosophes. Il n'épargnait
personne, pas même ceux contre lesquels il n'avait pas le
plus léger prétexte de plainte. Je me bornerai à citer ce
trait, qu'on rencontre dans une lettre à Milord Keith, novembre 1762 :

« On m'écrit de Pétersbourg que l'impératrice fait propo-
» ser à M. d'Alembert d'aller élever son fils. J'ai répondu là-
» dessus que M. d'Alembert avait de la philosophie, du sa-
» voir, et beaucoup d'esprit; mais que, s'il élevait ce petit
» garçon, il n'en ferait ni un conquérant ni un sage, qu'il en
» ferait un Arlequin. »

En terminant ce chapitre, par esprit de justice autant que
pour mettre en garde contre le plus séduisant des sophistes,
nous croyons utile de rapporter ici le dernier jugement de
Diderot sur Jean-Jacques, comme nous avons donné celui
qu'il porta sur Voltaire. Quatre ou cinq ans avant de mourir,
Diderot, un des hommes les meilleurs et les plus sympathiques de son temps, crut devoir écrire ce qui suit, dans son
Essai sur les règnes de Claude et de Néron :

« Rousseau n'est plus... Quoiqu'il eût accepté de la plupart
» d'entre nous, pendant de longues années, tous les secours
» de la bienfaisance et tous les services de l'amitié, et qu'a-
» près avoir reconnu et confessé mon innocence, il m'ait per-
» fidement et lâchement insulté, je ne l'ai ni persécuté ni
» haï. J'estimais l'écrivain, mais je n'estimais pas l'homme,
» et le mépris est un sentiment froid qui ne pousse à aucun
» procédé violent. Tout mon ressentiment s'est réduit à re-
» pousser les avances réitérées qu'il a faites pour se rappro-
» cher de moi : la confiance n'y était plus.
» Je n'en veux point à sa mémoire, mais si Jean-Jacques
» fut un homme de bien, on en pourrait conclure, et les mé-
» chants en ont conclu, qu'il avait longtemps été entouré de
» pervers. Lui-même, en plusieurs endroits de ses ouvrages,
» a suggéré cette conséquence à la malice de son lecteur; et
» plus il est devenu célèbre par son talent et la prétendue
» austérité de ses mœurs, plus il me semblait important de
» rompre le silence. »

Si sévère que soit ce jugement, on ne peut oublier de

quelle main il émane, qu'il n'est qu'une défense et presque la justification d'un mourant, calomnié personnellement et dans ses amis.

Mais laissons ces misères. Nous n'avons pu nous dispenser de faire un peu le jour sur ce coin de la vie de Voltaire, pour montrer encore une fois qu'il fut toujours l'homme bienveillant et dévoué à son œuvre que nous avons connu.

Si, dans sa conduite, Rousseau ne fut pas homme de bien, encore moins homme vertueux, il le fut dans son intention. Cela nous semble ressortir de tout ce que l'on sait de lui. La postérité pourra bien sourire du superbe début des *Confessions* : *Qui oserait dire : je fus meilleur que cet homme-là ?* Heureusement pour le genre humain, il y a eu beaucoup d'hommes meilleurs que Jean-Jacques. Toutefois, en appréciant avec impartialité le caractère de cet écrivain de génie, on ne doit pas oublier que cent autres furent aussi faibles et aussi remplis d'amour-propre, et ne possédèrent ni son talent ni sa bonne intention.

Comme il le marque, au commencement de sa lettre à Christophe de Beaumont, *Jean-Jacques fut sensible et faible, faisant souvent le mal et toujours aimant le bien.*

Nous acceptons volontiers ce jugement de Rousseau sur lui-même, et nous croyons qu'il sera partagé par quiconque aura impartialement étudié son caractère.

MINIATURE DE VOLTAIRE

FAITE DE SA MAIN

Pendant que nous étions avidement plongé dans cette vaste et merveilleuse correspondance de Voltaire, il nous a semblé qu'en réunissant quelques-uns des traits échappés de sa main infatigable, on en composerait une miniature pleine de vie et de vérité. Ou nous nous sommes bien trompé, ou le lecteur sera vivement frappé par l'expression de cette physionomie, multiple et toujours si splendidement humaine, du grand précurseur de 89.

Dans ce chapitre nous mettrons peu du nôtre, laissant à Voltaire la tâche de se peindre lui-même et de montrer la grâce et la souplesse, la liberté et l'étendue de son esprit, la générosité de ses sentiments, la bonté de son cœur, la fermeté et la gaieté de son caractère, son constant enthousiasme pour le bien, le juste et le vrai. Ah ! certes, il est peu de natures mieux douées et plus sympathiques, peu de visages où se concentre et se reflète, avec autant de puissance, ce qu'il y a de meilleur dans l'âme humaine !

J'indique les lettres avec leurs dates et généralement les extraits se suivent dans l'ordre des années. Il n'y a d'exception que pour l'affaire du chevalier de La Barre, pour Turgot et quelques rapprochements utiles.

A LA DUCHESSE DE GUISE, mars 1731. — « Madame, mon petit voyage à Arcueil m'a tourné la tête. Je croyais n'aimer que la solitude et je sens que je n'aime plus qu'à vous faire ma cour.....

» Je viens de faire dans le moment une infidélité à la maison de Lorraine. Voici un prince du sang pour qui j'ai rimé ce matin un petit madrigal. Il mériterait mieux, car il m'a enchanté. Comment, madame, il est aimable comme s'il n'était qu'un particulier.

> Non, je n'étais point fait pour aimer la grandeur.
> Tout éclat m'importune et tout faste m'assomme,
> Mais, Clermont, malgré moi, subjugue enfin mon cœur :
> Je crus n'y voir qu'un prince et j'y rencontre un homme.

» Je crois lui donner, par le dernier vers, la plus juste louange du monde et en même temps la plus grande.

» Il faudrait que j'eusse l'esprit bien bouché, si, ayant eu l'honneur de vous approcher, je ne savais pas donner aux choses leur véritable prix et si je n'avais appris combien la grandeur peut être aimable.

A Thiriot, 1er juin 1731.

> « Je t'écris d'une main par la fièvre affaiblie,
> D'un esprit toujours ferme et dédaignant la mort,
> Libre de préjugés, sans liens, sans patrie,
> Sans respect pour les grands et sans crainte du sort :
> Patient dans mes maux et gai dans mes boutades,
>   Me moquant de tout sot orgueil,
>   Toujours un pied dans le cercueil,
>   De l'autre faisant des gambades. »

A Mlle de Lubert, 29 octobre 1732. — « Il n'y a point de déesse, dont le nez ne soit réjoui par l'odeur de l'encens. Que j'aurais de plaisir à en brûler pour vous, Muse et Grâce. Mais il faut vous le déguiser trop adroitement, il faut vous cacher tout ce qu'on pense.

> Je n'ose, dans mes vers, parler de vos beautés,
>   Que sous le voile du mystère.
>   Quoi! sans art je ne puis vous plaire,
>   Lorsque sans lui vous m'enchantez? »

A M. de Cideville, 15 novembre 1732. — « J'arrive de Fontainebleau, mon cher ami, mais ne croyez pas que j'arrive de la cour. Je ne me suis point gâté dans ce vilain pays.

> J'ai hanté ce palais du vice,
> Où l'on fait le bien par caprice,
> Et le mal par un goût réel,
> Où la fortune et l'injustice
> Ont un hommage universel.
> J'ai bravé sur leur maître-autel
> Ces dieux qu'adore l'avarice,
> J'ai porté mon air naturel
> Dans le centre de l'artifice.
>
> . . . .
>
> Le pied ferme et l'œil vers le ciel,
> J'étais au bord du précipice..... »

En m'occupant de Richelieu, j'ai signalé une circonstance, qui peut servir à faire entrer dans la disposition d'esprit de l'auteur de ces vers.

A Frédéric, 1739. « Malheur aux cœurs durs ! Dieu bénira les âmes tendres. Il y a je ne sais quoi de réprouvé à être insensible ; aussi sainte Thérèse définissait-elle le diable, le malheureux qui ne sait point aimer. »

A Mme de Champbonin, avril 1742. « Ma chère amie, Paris est un gouffre, où se perdent le repos et le recueillement de l'âme, sans qui la vie n'est qu'un tumulte importun. Je ne vis point, je suis porté, entraîné loin de moi dans des tourbillons. Je vais, je viens, je soupe au bout de la ville pour souper le lendemain à l'autre. D'une société de trois à quatre amis intimes, il faut voler à l'Opéra, à la Comédie, voir des curiosités comme un étranger, embrasser cent personnes en un jour, faire et recevoir cent protestations ; pas un instant à soi, pas le temps d'écrire, de penser ni de dormir.....

» Voilà notre vie, mon cher gros chat, et vous, tranquille dans votre gouttière, vous vous moquez de nos écarts, et moi je regrette ces moments pleins de douceur, où l'on jouissait à Cirey de ses amis et de soi-même. »

A Vauvenargues, avril 1743. « Ce même esprit de justesse, ui vous fait préférer l'art de Racine à l'intempérance de

Corneille et la sagesse de Locke à la profusion de Bayle, vous
servira à votre métier. La justesse sert à tout. Je m'imagine
que M. de Catinat aurait pensé comme vous. »

Au même, 1746. « Je n'ai lu que les deux tiers de votre livre ;
je vais dévorer la troisième partie. Je l'ai porté aux antipodes,
d'où je reviendrai incontinent pour embrasser l'auteur, pour
lui dire combien je l'aime, et avec quels transports je m'unis
à la grandeur de son âme et à la sublimité de ses réflexions
comme à l'humanité de son caractère. Il y a des choses qui
ont affligé nos philosophes. Ne peut-on pas adorer l'Être suprême sans se faire capucin ? N'importe, tout le reste m'en-
chante ; vous êtes l'homme que je n'osais espérer et je vous
conjure de m'aimer. »

A d'Argental, 1752. « Ma destinée était d'être je ne sais
quel homme public, coiffé de trois ou quatre petits bonnets
de lauriers et d'une trentaine de couronnes d'épines. »

Au même, avril 1764. « Ma destinée est d'être écrasé, persécuté, vilipendé, bafoué et d'en rire. »

A d'Alembert, décembre 1755. « Tant que j'aurai un souffle
de vie, je suis au service des illustres auteurs de l'*Encyclopédie ;*
je me tiendrai très-honoré de pouvoir contribuer, quoique
faiblement, au plus grand et au plus beau monument de la
nation et de la littérature, je fais mes très-sincères compliments à tous ceux qui y travaillent. On m'a fort alarmé sur
la santé de M. Rousseau, je voudrais bien en avoir des nouvelles.

» Je serai bientôt hors d'état de mettre des points et des
virgules à votre grand trésor des connaissances humaines.

» Je voudrais employer les restes de ma vie à être votre
garçon encyclopédiste. »

Au même, février 1758. « Quoi ! on ose dans un sermon, devant le roi, traiter de dangereux et d'impie un livre utile au
monde entier, un livre approuvé, muni d'un privilége du roi
et qui fait l'honneur de la nation. Et tous ceux qui ont mis
la main à cet ouvrage ne mettent pas la main à l'épée pour
le défendre ! ils ne composent pas un bataillon sacré ! ils ne
demandent pas justice ! »

Au même, mars 1758. « Je me recommande à votre amitié et à celle des frères. Puissent-ils être tous assez sages pour ne jamais imputer à leurs frères ce qu'ils n'ont dit ni écrit!

» Les mystères de Mithra ne doivent point être divulgués, quoique ce soient ceux de la lumière. Il n'importe de quelle main la vérité vienne pourvu qu'elle vienne. C'est lui, dit-on, c'est sa manière, c'est son style, ne le reconnaissez-vous pas? Ah! mes frères, quels discours funestes! Vous devriez au contraire crier dans les carrefours : ce n'est pas lui. Il faut qu'il y ait cent mains invisibles qui percent le monstre et qu'il tombe enfin sous mille coups redoublés. *Amen.*

» Je vous embrasse avec toute la tendresse de l'amitié et toute l'horreur du fanatisme. »

A D'ARGENTAL, décembre 1757. « Si dans l'occasion on vous parlait encore de mes correspondances, assurez bien que ma première correspondance est celle de mon cœur avec la France. J'ai goûté la vengeance de consoler le roi de Prusse et cela me suffit. »

A THIRIOT, 1758. « Je suis honteux d'être chez moi paix et aise, et d'avoir quelquefois vingt personnes à dîner, quand les trois quarts de l'Europe souffrent. »

A D'ARGENTAL, 1759. « Si j'osais, je me croirais sage, tant je suis heureux. Je n'ai vécu que du jour où j'ai choisi ma retraite. Tout autre genre de vie me serait insupportable. Je n'aime pas que Mme d'Argental soit toujours malade, cela nuit à la douceur de ma vie. »

A M. BERTRAND, PREMIER PASTEUR A GENÈVE, décembre 1757. « Malheur à quiconque est encore calviniste ou papiste ! Ne se contentera-t-on jamais d'être chrétien ! Hélas ! Jésus-Christ n'a fait brûler personne : il aurait fait souper avec lui Jean Huss et Servet. »

A HELVÉTIUS, décembre 1758. « J'aurais pourtant quelques petits reproches à vous faire; mais le plus sensible et qu'on vous a déjà fait sans doute, c'est d'avoir mis l'amitié parmi les vilaines passions; elle n'était pas faite pour si mauvaise compagnie. Je suis plus affligé qu'un autre de votre tort. L'amitié, qui m'a accompagné aux pieds des Alpes, fait tout mon bonheur, et je désire passionnément la vôtre. Je

vous avoue que le sort de votre livre dégoûte d'en faire,....
Je vous embrasse de tout mon cœur, je vous aime de même
et je présente mes respects à la digne épouse d'un philosophe
aimable. »

A THIRIOT, juin 1759. « J'ai la folie de faire bâtir un très-
beau château, mais ce ne sera pas là que j'aurai l'insolence
de vous recevoir, mais bien dans la guinguette des Délices
Vous serez un homme entièrement libre... Je suis parvenu
à ce que j'ai désiré toute ma vie, l'indépendance et le repos.
Vous ferez bien de venir partager avec moi ces deux biens
inestimables. »

AU MÊME, juin 1759. « Pour moi, je ne m'occupe que de
mon czar Pierre : J'aime les créateurs, tout le reste me paraît peu de chose. Je suis bien aise de faire voir que les héros
n'ont pas la première place dans ce monde. Un législateur est
à mon sens bien au-dessus d'un grenadier, et celui qui a formé un grand empire vaut bien mieux que celui qui a ruiné
son royaume. »

A Mme DU DEFFAND, septembre 1759. « Vous voulez que je
vous envoie les ouvrages auxquels je m'occupe, quand je ne
laboure ni ne sème ; en vérité, madame, il n'y a pas moyen,
tant je suis devenu hardi avec l'âge. Je ne peux plus écrire
que ce que je pense, et je pense si librement qu'il n'y a
guère d'apparence d'envoyer mes idées par la poste. »

A LA MÊME, octobre 1759. « Pascal n'amuse qu'aux dépens des jésuites ; Swift divertit et instruit aux dépens du
genre humain. Que j'aime la hardiesse anglaise ! que j'aime
les gens qui disent ce qu'ils pensent ! c'est ne vivre qu'à demi
que de n'oser penser qu'à demi. »

« Vous me demandez ce que je pense, madame ? Je pense
que nous sommes bien méprisables et qu'il n'y a qu'un petit
nombre d'hommes répandus sur la terre qui osent avoir le
sens commun ; je pense que vous êtes de ce petit nombre. »

A D'ARGENTAL, octobre 1759. « Je n'ai point cette roideur
d'esprit des vieillards, mon cher ange ; je suis flexible
comme une anguille, et vif comme un lézard, et travaillant
toujours comme un écureuil. Dès qu'on me fait apercevoir
d'une sottise, j'en mets vite une autre à la place. »

A THIRIOT, décembre 1750. « Quelle comparaison, bon Dieu! des lumières et des connaissances des d'Alembert et des Diderot avec mes faibles lueurs! Ce que j'ai au-dessus d'eux est de rire et de faire rire aux dépens de leurs ennemis ; rien n'est si sain, c'est une ordonnance de Tronchin. Je n'ai pas un moment à moi, mon cher ami, je suis depuis un mois accablé de travail et d'affaires. Plus on vieillit, plus il faut s'occuper. Il vaut mieux mourir que de trainer dans l'oisiveté une vieillesse insipide : travailler, c'est vivre. »

A D'ALEMBERT, avril 1760. « L'Encyclopédie continue-t-elle ? sera-t-elle défigurée et avilie par de lâches complaisances pour des fanatiques ? ou bien sera-t-on assez hardi pour dire des vérités dangereuses ? Écrivez-moi par la poste et mettez hardiment : A Voltaire, gentilhomme ordinaire du roi, au château de Ferney, par Genève. Nous avons Tourney pour jouer la comédie, et les Délices sont la troisième corde à notre arc. Il faut toujours que les philosophes aient deux ou trois trous sous terre, contre les chiens qui courent après eux. Je m'unis à vous en Socrate, en Confucius, en Lucrèce, en Cicéron et en tous les autres apôtres ; et j'embrasse les frères, s'il y en a et si vous vivez avec eux. »

AU MÊME, avril 1761. « Que les philosophes véritables fassent une confrérie comme les francs-maçons, qu'ils s'assemblent, qu'ils se soutiennent, qu'ils soient fidèles à la confrérie, et alors je me fais brûler pour eux. Mais chacun ne songe qu'à soi et l'on oublie le premier des devoirs, qui est d'écr. l'inf. »

AU MÊME, octobre 1762. « Pour Luc (le roi de Prusse), quoique je doive être fâché contre lui, je vous avoue qu'en qualité d'être pensant et de Français, je suis fort aise qu'une très-dévote maison n'ait pas englouti l'Allemagne, et que les jésuites ne confessent pas à Berlin. »

Toujours placé au point de vue des intérêts de l'humanité, Voltaire est non moins clairvoyant que patriote. A ses yeux, l'influence de l'Autriche catholique est plus à redouter pour le monde que celle de la Prusse protestante. Mais cela ne l'empêche pas de dire, après l'aventure de Rosbach, qui l'émerveilla en l'humiliant pour son pays : Je ne puis me ré-

jouir, car je suis Français; et plus loin : Je voudrais que le roi
(de France) pût dicter une paix aussi glorieuse que le traité
de Westphalie.

Honneur et prospérité de la France, paix du monde et
progrès de l'esprit humain, voilà ce qui est au fond du cœur
de Voltaire et voilà pourquoi il a été naturellement calomnié
par les dévots, au sujet de son patriotisme. Hier encore
M. Veuillot l'appelait Prussien, en compagnie des directeurs
du *Siècle* et de *l'Opinion nationale*. Comme si la patrie de
M. Veuillot et des siens n'était pas Rome, Rome, l'unique
objet de tous leurs sentiments. Ah ! les bons patriotes que les
ultramontains de l'*Univers* et que ce mécréant de Voltaire est
un mauvais citoyen !

Les Basile calomnieront toujours, mais, à mesure que le
monde se déniaise, la calomnie a moins de prise sur lui.

A Mme DE FONTAINE, 19 avril 1760. « Partez-vous bientôt, ma
chère nièce, pour votre royaume d'Ornoi, et abandonnez-
vous cette ville de Paris, qui n'est bonne que pour messieurs
du parlement, les filles de joie et l'Opéra-Comique? Êtes-vous
bien lasse de cette malheureuse inutilité dans laquelle on
passe sa vie, de ces visites insipides et de ce vide qu'on sent
dans son âme, après avoir passé sa journée à faire des riens et
à entendre des sottises? Comptez que vous aurez beaucoup
plus de plaisir à gouverner votre Ornoi et à l'embellir, qu'à
courir après les fantômes de Paris. Tout ce que j'apprends de
ce pays-là fait aimer la retraite. »

A HELVÉTIUS, juillet 1760. « La philosophie mérite bien
qu'on ait du courage ; il serait honteux qu'un philosophe n'en
eût point, quand les enfants de nos manœuvres vont à la
mort pour quatre sous par jour. Nous n'avons que deux
jours à vivre, ce n'est pas la peine de les passer à ramper
sous des coquins méprisables. Adieu, mon cher philosophe, ne comptez pour votre prochain que les gens qui
pensent. »

AU MÊME, octobre 1760. « Oh bien ! je ne suis pas comme
Fontenelle ; car j'ai le cœur sensible et je ne suis point
jaloux, et, de plus, je suis hardi et ferme; et si l'insolent
frère Letellier m'avait persécuté comme il voulut persé-

cuter ce timide philosophe, j'aurais traité Letellier comme Berthier. »

Au comte de Tressan, novembre 1760. « Je suis maçon, laboureur, vigneron, jardinier. Figurez-vous que je n'ai pas un moment à moi ; et je ne croirais pas vivre si je vivais autrement ; ce n'est qu'en s'occupant qu'on existe. »

A Mᵐᵉ du Deffand, octobre 1760. « Comme je fais le théâtre, les pièces et les acteurs, qu'en outre je bâtis une église et un château, et que je gouverne par moi-même tous ces tripots-là, et que, pour m'achever de peindre, il faut finir l'*Histoire de Pierre le Grand*, et que j'ai dix ou douze lettres à écrire par jour : tout cela fait, madame, que vous devez me pardonner, si je ne vous ennuie pas aussi souvent que je le voudrais. »

A Duclos, octobre 1760. « Parlez, agissez, écrivez hardiment, le temps est venu où le bon sens ne doit plus être opprimé par la sottise. Laissons le peuple recevoir un bât des bâtiers qui le bâtent, mais ne soyons pas bâtés. L'honnête liberté est notre partage. »

A M. le duc d'Uzès, novembre 1760. « Monsieur le duc, béni soit Dieu de ce que vous êtes un peu malade! car, lorsque les personnes de votre sorte ont de la santé, elles en abusent, elles éparpillent leur corps et leur âme de tous les côtés : mais la mauvaise santé retient un être pensant chez soi, et ce n'est qu'en méditant beaucoup qu'on se fait des idées justes sur les choses de ce monde et de l'autre. On devient soi-même son médecin. Rien n'est si pauvre, rien n'est si misérable que de demander à un animal en bonnet carré ce que l'on doit croire. Ce que vous me fîtes l'honneur de m'envoyer il y a quelques années, fait voir que vous avez l'âme plus forte que le corps. Si vous avez perfectionné cet ouvrage, il sera utile aux autres comme à vous-même. »

A d'Argental, janvier 1761. « Oui, mordieu, je sers Dieu, car j'ai en horreur les jésuites et les jansénistes, car j'aime ma patrie, car je vais à la messe tous les dimanches, car j'établis des écoles, car je bâtis des églises, car je vais établir un hôpital, car il n'y a plus de pauvres chez moi, en dépit des commis des gabelles. Oui, je sers Dieu, je crois en Dieu et je veux qu'on le sache. »

A Helvétius, janvier 1761. « Je salue les frères, en 1761, au nom de Dieu et de la raison; et je leur dis : Mes frères : *Odi profanum vulgus et arceo.* Je ne songe qu'aux frères et aux initiés. Vous êtes la bonne compagnie, donc c'est à vous à gouverner le public, le vrai public, devant qui toutes les petites brochures, tous les petits journaux des faux chrétiens disparaissent et devant qui la raison reste. »

A M. Saurin, février 1761. « Toutes les fois qu'un des frères gratifie le public de quelque bon ouvrage auquel on applaudit, je me jette à genoux dans mon petit oratoire, je remercie Dieu et je m'écrie : O Dieu des bons esprits ! Dieu des esprits justes, Dieu des esprits aimables, répands ta miséricorde sur tous nos frères, continue à confondre les sots, les hypocrites et les fanatiques. Plus nos frères feront de bons ouvrages, en quelque genre que ce puisse être, plus la gloire de ton saint nom sera étendue ! Fais toujours réussir les sages. Puissé-je voir, avant de mourir, ton fidèle serviteur Helvétius, et ton serviteur fidèle Saurin dans le nombre des quarante !

» Ce sont les vœux les plus ardents du moine Voltaire, qui, du fond de sa cellule, se joint à la communion des frères, les salue et les bénit dans l'esprit d'une concorde indissoluble. »

A Damilaville, février 1761. « Enivré du succès du *Père de Famille,* je crois qu'il faut tout tenter pour mettre M. Diderot de l'Académie, c'est toujours une espèce de rempart contre les fanatiques et les fripons. »

A d'Argental, janvier 1761. « Vous m'allez dire que je deviens bien hardi et un peu méchant sur mes vieux jours. Méchant ! non : je deviens Minos, je juge les pervers. — Mais prenez garde à vous, il y a des gens qui ne pardonnent point. — Je le sais et je suis comme eux. J'ai soixante-sept ans, je vais à la messe de ma paroisse, j'édifie mon peuple, je bâtis une église, j'y communie et je m'y ferai enterrer, mordieu ! malgré les hypocrites. Je crois en Jésus-Christ consubstantiel à Dieu, en la Vierge Marie, mère de Dieu; lâches persécuteurs, qu'avez-vous à dire ? — Mais vous avez fait *la Pucelle.*

— Non, je ne l'ai pas faite ; c'est vous qui en êtes l'auteur, c'est vous qui avez mis vos oreilles à la monture de Jeanne. Je suis bon chrétien, bon serviteur du roi, bon seigneur de paroisse, bon précepteur de fille ; je fais trembler jésuites et curés ; je fais ce que je veux dans ma petite province grande comme la main, excepté quand les fermiers généraux s'en mêlent ; je suis homme à avoir le pape dans ma manche quand je voudrai. Eh bien ! cuistres, qu'avez-vous à dire ? »

Au même, juin 1761. « Mais vraiment, mon cher ange, j'ai mal aux yeux aussi. Je soupçonne que c'est en qualité d'ivrogne. Je bois quelquefois demi-setier, je crois même avoir été jusqu'à chopine, et quand c'est du bourgogne, je sens qu'il porte aux yeux, surtout après avoir écrit dix ou douze heures de ma main par jour. »

Au R. P. Bettinelli, à Vérone, mars 1761. « Je ne suis point du tout curieux de demander à un dominicain la permission de parler, de penser et de lire ; et je vous dirai ingénument que le lâche esclavage de l'Italie me fait horreur. Je crois la basilique de Saint-Pierre de Rome fort belle, mais j'aime mieux un bon livre anglais écrit lisiblement que cent mille colonnes de marbre... Je ne connais de liberté que celle dont on jouit à Londres. C'est celle où je suis parvenu après l'avoir cherchée toute ma vie. »

A l'abbé d'Olivet, octobre 1761. « Si les vieillards doivent être hardis, ils doivent être non moins actifs, non moins prompts ; c'est le bel âge pour dépêcher de la besogne. »

A d'Argental, janvier 1762. « La vie est courte, il n'y a pas un moment à perdre à l'âge où je suis. La vie des talents est encore plus courte. Travaillons donc, tandis que nous avons encore du feu dans les veines. »

A l'abbé d'Olivet, novembre 1763. « Je peux mal employer mon temps, mais je ne suis pas oisif. Je m'aperçois tous les jours, mon cher maître, que le travail est la vie de l'homme. La société amuse et dissipe. Le travail ramasse les forces de l'âme et rend heureux. »

A d'Argental, mars 1762. « Vous me demanderez peut-être

mes divins anges, pourquoi je m'intéresse si fort à ce Calas qu'on a roué ; c'est que je suis homme. »

Au même, juillet 1762. « Mes anges, je n'abandonnerai cette affaire qu'en mourant. J'ai vu et j'ai essuyé bien des injustices pendant soixante années, je veux me donner le plaisir de confondre celle-ci. J'abandonnerai jusqu'à *Cassandre* (Olympie), pourvu que je vienne à bout de mes pauvres roués. Je ne connais point de pièces plus intéressantes. Au nom de Dieu, faites réussir la tragédie des Calas, malgré la cabale des dévots et des Gascons. Je baise plus que jamais le bout des ailes de mes anges. »

A d'Argental, août 1762. « Que de bouche en bouche on fasse tinter les oreilles du chancelier, qu'on ne lui donne ni repos ni trêve, qu'on lui crie toujours : Calas! Calas! »

A d'Argental, mai 1763. « Quel chien de pays que le vôtre, où l'on ne peut dire ce que l'on pense ! On le dit en Angleterre, quel mal en arrive-t-il ? La liberté de penser empêche-t-elle les Anglais d'être les dominateurs des mers? Ah ! Français, Français, vous avez beau chasser les jésuites, vous n'êtes encore hommes qu'à demi. »

Dans le passage suivant, Voltaire répond aux craintes que lui manifeste M. d'Argental, au sujet de la publication de l'*Essai sur les mœurs*, juin 1763.

« Je n'habite point en France, je n'ai rien en France qu'on puisse saisir; j'ai un petit fonds pour les temps d'orage. Je répète que le parlement ne peut rien sur ma fortune, ni sur ma personne, ni sur mon âme et j'ajoute que j'ai la vérité pour moi. Il m'importe peu où je meure, j'ai quatre jours à vivre et je vivrai libre ces quatre jours. »

A d'Argental, novembre 1763. « Je sais bien qu'il faut qu'un Français fasse les avances avec un Anglais, ces messieurs doivent être fiers. Je ne fonde pas leur orgueil sur ce qu'ils nous ont pris le Canada..., mais sur ce qu'ils disent, ce qu'ils pensent et qu'ils impriment. Il est vrai que j'agis à peu près avec la même liberté qu'un Anglais, mais je ne fais qu'usurper le droit qu'ils ont, et partant je leur dois toute sorte de respect. »

A Mme DU DEFFAND, janvier 1764 :

Oui, je perds les deux yeux, vous les avez perdus,
O sage du Deffand! est-ce une grande perte?
    Du moins nous ne reverrons plus
    Les sots dont la terre est couverte.
Et puis tout est aveugle en cet humain séjour,
On ne va qu'à tâtons sur la machine ronde,
On a les yeux bouchés à la ville, à la cour;
    Plutus, la Fortune et l'Amour
Sont trois aveugles-nés qui gouvernent le monde.
Si d'un de nos cinq sens nous sommes dégarnis,
Nous en possédons quatre; et c'est un avantage
Que la nature laisse à peu de nos amis,
    Lorsqu'ils parviennent à notre âge.
Nous avons vu mourir les papes et les rois;
Nous vivons, nous pensons et notre âme nous reste.
Epicure et les siens prétendaient autrefois
Que ce sixième sens était un don céleste,
    Qui les valait tous à la fois.
Mais quand notre âme aurait des lumières parfaites,
    Peut-être il serait encor mieux
    Que nous eussions gardé nos yeux,
    Dussions-nous porter des lunettes.

A SAURIN, 28 février 1764. « Ce Gilles Shakspeare, avec toute sa barbarie et son ridicule, a, comme Lope de Vega, des traits si naïfs et si vrais, et un fracas d'action si imposant, que tous les raisonnements de Pierre Corneille sont à la glace, en comparaison du tragique de ce Gilles. On court encore à ses pièces et on s'y plaît en les trouvant absurdes. »

A Mme DU DEFFAND, mai 1764. « Ce n'est pas que le néant n'ait du bon, mais je crois qu'il est impossible d'aimer véritablement le néant, malgré ses bonnes qualités.

» Quant à la mort, raisonnons un peu, je vous prie : Il est certain qu'on ne la sent point, ce n'est pas un moment douloureux ; elle ressemble au sommeil comme deux gouttes d'eau; ce n'est que l'idée qu'on ne se réveillera plus qui fait de la peine. C'est l'appareil de la mort qui est horrible, c'est la barbarie de l'extrême-onction, c'est la cruauté qu'on a de nous avertir que tout est fini pour nous.

» On dit quelquefois d'un homme : il est mort comme un chien ; mais vraiment un chien est très-heureux de mourir sans tout cet attirail dont on persécute le dernier moment de notre vie.

» Il faut avoir fait ses dispositions de bonne heure et ensuite n'y plus penser du tout. »

— A M. DE CHAUVELIN, 1764, 9 avril. « Tout ce que je vois jette les semences d'une révolution qui immanquablement arrivera, et dont je n'aurai pas le plaisir d'être le témoin. Les Français arrivent tard en tout, mais ils arrivent. La lumière est tellement répandue qu'elle éclatera à la première occasion : alors ce sera un beau tapage. Les jeunes gens sont bien heureux ! ils verront de belles choses ! »

A L'ABBÉ D'OLIVET, novembre 1764. « Nous menons une vie agréable et tranquille avec l'héritière du nom de Corneille et un de vos jésuites défroqués qui nous dit tous les dimanches la messe, que je n'entends jamais et à laquelle il n'entend rien non plus que vous. Vivent Cicéron et Virgile! *Vive, vale.* »

A DAMILAVILLE, novembre 1764. « Mon cher frère, comptez que je ne me suis pas alarmé mal à propos sur ce *portatif* (Dict. phil.) qu'on m'imputait et qu'il a été nécessaire de prendre à la cour des précautions, qui ont beaucoup coûté à ma philosophie. »

A DAMILAVILLE, février 1765. « Le cœur me saigne de deux grandes plaies : la première que Rousseau soit fou, la seconde que nos philosophes de Paris soient tièdes. Dieu merci, vous ne l'êtes point. »

AU MÊME, le 15 mars. « Voulez-vous bien faire parvenir le petit billet ci-joint à la veuve Calas ?

» Adieu, mon cher frère, vous êtes un homme selon mon cœur, votre zèle est égal à votre raison, je hais les tièdes. Écr. l'inf., écr. l'inf., vous dis-je. Je vous embrasse de toutes mes pauvres forces.

A D'ARGENTAL, 17 mars 1764. « Divins anges, la protection que vous avez donnée aux Calas n'a pas été inutile. Vous avez goûté une joie bien pure en voyant le succès de vos

bontés. Un petit Calas était avec moi quand je reçus votre
lettre et celle de Mme Calas et celle d'Elie (de Beaumont,
l'avocat) et tant d'autres ; nous versions des larmes d'attendrissement le petit Calas et moi. Mes vieux yeux en fournis-
saient autant que les siens ; nous étouffions, mes chers anges.
C'est pourtant la philosophie toute seule qui a remporté cette
victoire. Quand pourra-t-elle écraser toutes les têtes de
l'hydre du fanatisme ! »

A Damilaville, le 23. « On est honteux, on gémit d'être
homme, quand on voit que d'un côté on joue l'opéra-comique et que de l'autre le fanatisme arme ses bourreaux...
J'attends pour répondre que mon cœur soit un peu dégonflé
de la joie inexprimable que m'a donnée cet arrêt. »

A Damilaville, 1er avril 1765. « Continuez, mon cher et
digne frère, à faire aimer la vérité : c'est à elle que je dois
votre amitié ; elle m'en est plus chère et je mourrai attaché à
vous et à elle. »

Au même, 10 avril. « Embrassez pour moi les frères. Je vous
salue tous dans le saint amour de la vérité. *Écr. l'inf.* »

Au même, le 17. « Combattez, anges de l'humanité ; *Écr.
l'inf.* »

A Elie de Beaumont, avocat des Calas et des Sirven, le
22 avril 1765. « J'envoie au protecteur de l'innocence la
réponse des Sirven en marge... Quels monstres vous avez à
combattre et quels services vous rendez à l'humanité !
    » Permettez que je vous embrasse avec la plus tendre ami-
tié. Ma foi, j'en fais autant à votre digne épouse, malgré mes
soixante et onze ans passés. »

A Damilaville, le 24. « En réponse à votre lettre du 18,
mon cher frère, j'embrasse tendrement Platon-Diderot. Par
ma foi, j'embrasse aussi l'impératrice de toutes les Russies.
Illustre Diderot, recevez les transports de ma joie... La générosité russe, la justice rendue aux Calas, celle qu'on va rendre aux Sirven saisissent toutes les puissances de mon âme...
Mon cher frère, faut-il que je meure sans vous avoir vu de
mes yeux que le printemps guérit un peu ? Je vous vois de
mon cœur. *Écr. l'inf.* »

A D'ARGENTAL, mai 1765. « Mes chers et divins anges, j'ai
défriché un coin de terre sauvage, je l'ai embelli, j'ai rendu
ses grossiers habitants assez heureux. Je quitterai tout le
fruit de mes peines comme on sort d'une hôtellerie, sitôt que
je ne pourrai vivre dans cet asile sans inquiétude. Mandez-
moi, je vous prie, si je dois rester dans ce trou ou aller dans
un autre, parce que tous les trous sont égaux pour un homme
qui pense. Celui qu'on habite pour quelques minutes est si
voisin de celui qu'on habitera pour toujours, que ce n'est pas
la peine de se gêner. »

A DAMILAVILLE, mai 1765. « ... Et cependant je ne serai pas
découragé. Je suis à peu près borgne comme Annibal, j'ai
comme lui juré une haine immortelle aux Romains ; et,
dussé-je être empoisonné chez Prusias, je mourrai en leur
faisant la guerre. »

A DAMILAVILLE, juin 1765. « Mon cher et vertueux ami, si,
vous êtes quatre à la tête de la bonne œuvre de faire graver
une estampe au profit de la famille Calas, je suis le cinquième ; si vous êtes trois, je suis d'un quart ; si vous êtes
deux, je me mets d'un tiers. Ma santé est toujours très-faible,
mais il faut mourir en faisant du bien. »

A HELVÉTIUS, juin 1765. « Personne ne s'intéresse plus que
moi à votre félicité, mais je sens qu'elle sera plus parfaite
lorsque vous aurez contribué à confondre l'erreur. Le secret
témoignage qu'on se rend alors à soi-même est une des meilleures jouissances. Votre lâche Fontenelle ne vivait que pour
lui, vivez pour vous et pour les autres. Il ne songeait qu'à
montrer de l'esprit ; servez-vous de votre esprit pour éclairer
le genre humain. Je vous embrasse dans la communion des
fidèles. »

A Mᵐᵉ DU DEFFAND, novembre 1765. « Plus on vieillit, dit-
on, plus on a le cœur dur ; cela peut être vrai pour des
ministres d'État, pour des évêques et pour des moines ; mais
cela est bien faux, pour ceux qui ont mis leur bonheur dans
les douceurs de la société et les devoirs de la vie. »

A M. MOREAU, directeur des pépinières du roi, décembre
1765. « Il est vrai que j'avais fort applaudi à l'idée de ren-

dre les enfants trouvés et ceux des pauvres utiles à l'État et
à eux-mêmes. J'avais dessein d'en faire venir quelques-uns
chez moi pour les élever... Tout vieux et infirme que je suis,
je planterais aujourd'hui, sûr de mourir demain ; les autres
en jouiront. »

A Damilaville, juin 1765. « Je ne sais, mon digne et vertueux ami, si je vous ai mandé que la femme de Sirven est
morte, en prenant, comme Calas, Dieu à témoin de son innocence. La douleur a abrégé ses jours. Le père est au désespoir. Cela ne nous empêchera pas de faire toutes nos dili-
gences pour fournir au généreux Beaumont toutes les pièces
nécessaires.

» Je suis toujours malade auprès de M. Tronchin ; mais
quand je serais à la mort, je ne négligerais pas de servir une
famille si infortunée. »

A Elie de Beaumont, fév. 1766. « Je vous assure, monsieur,
qu'un des beaux jours de ma vie a été celui où j'ai reçu le
mémoire que vous avez daigné faire pour les Sirven. J'étais
accablé de mes maux, ils ont tous été suspendus. J'ai envoyé
chercher le bon Sirven, je lui ai remis ces belles armes avec
lesquelles vous défendez son innocence, il les a baisées avec
transport. »

A d'Argental, fév. 1766. « Je m'imagine que mes anges verront bientôt le mémoire d'Élie pour les Sirven et qu'ils le
protégeront de toute leur puissance. Cette affaire agite toute
mon âme; les tragédies, les comédies, le tripot ne me sont plus
de rien, j'oublie qu'il y a des tracasseries à Genève, le temps
va trop lentement, je voudrais que le mémoire d'Élie fût déjà
débité et que toute l'Europe en retentît. Je l'enverrais au
mufti et au Grand Turc, s'ils savaient le français. Les coups
que l'on porte au fanatisme devraient pénétrer d'un bout du
monde à l'autre. »

A Damilaville, avril 66. « J'attends avec mon impatience
ordinaire cette estampe des Calas et le mémoire de notre pro-
phète Elie pour Sirven. Il est sans doute signé de plusieurs
avocats dont il faut payer la consultation. M. de Laleu (notaire de Voltaire) vous donnera tout ce que vous prescrirez.

Ce sont maintenant les Sirven qui m'occupent, parce qu'ils sont les seuls malheureux. Ma santé s'affaiblit de jour en jour, et il faut se hâter de faire le bien. »

A M. LE COMTE DE LA TOURRAILLE, mai 66. « La raison humaine a été obscurcie en France pendant des siècles. Elle fut agréable et frivole dans le beau siècle de Louis XIV, elle commence à être solide dans le nôtre. C'est peut-être aux dépens des talents, mais à tout prendre, je crois que nous avons gagné beaucoup. Nous n'avons aujourd'hui ni des Racine, ni des Molière, ni des La Fontaine, ni des Boileau, et je crois même que nous n'en aurons jamais; mais j'aime mieux un siècle éclairé qu'un siècle ignorant, qui a produit sept ou huit hommes de génie. Et remarquez que ces écrivains, qui étaient si grands dans leur genre, étaient des hommes très-petits en fait de philosophie. Racine et Boileau étaient des jansénistes ridicules, Pascal est mort fou et La Fontaine est mort comme un sot. »

A D'ARGENTAL, août 66. « Les notes achèvent de peindre la nature humaine dans toute son exécrable turpitude. Mes anges, plus la nature humaine, abandonnée à elle-même ou à la superstition, inspire des idées tristes et fait bondir le cœur; plus j'aime cette nature humaine, quand je vois des âmes comme les vôtres. Vous me faites aimer un peu la vie. »

A M. VERNES, avril 67. « Mon cher prêtre philosophe et citoyen, je vous envoie deux mémoires de Sirven. Ce petit imprimé vous mettra au fait de leur affaire. Comptez qu'ils seront justifiés comme les Calas. Je suis un peu opiniâtre de mon naturel. Jean-Jacques n'écrit que pour écrire, et moi j'écris pour agir.

» Bénissez Dieu, mon cher huguenot, qui chasse partout les jésuites et qui rend la Sorbonne ridicule. Il est vrai qu'il traite fort mal le petit pays de Gex, mais il faut lui pardonner le mal en faveur du bien. Je me suis mis depuis longtemps à rire de tout, ne pouvant faire mieux.

» Rien ne vous empêche de venir par chez nous en passant par Versoix, alors nous parlerons de perruques. Je vous donne ma bénédiction. »

J'arrête un instant ces citations, pour avertir le lecteur que je vais rassembler ici tous les extraits qui se rapportent à l'affaire du chevalier de La Barre. On verra combien elle émut le cœur de Voltaire et quelles énergiques résolutions elle lui inspira. Nul doute que s'il avait été écouté, il eût abandonné la France, pour aller s'établir avec les Encyclopédistes à Clèves, dans les États du roi de Prusse. De toutes manières un tel parti lui coûtait beaucoup et aurait porté une grave atteinte à sa fortune. Cependant l'intrépide vieillard est si résolu qu'il cache à Richelieu et même à d'Argental, ce dessein, qui exigeait du secret et pour lequel il sollicita en vain Diderot de faire le voyage de Ferney. Voltaire poursuivit son projet pendant plusieurs mois, nourrissant toujours l'espoir de réunir dans un libre foyer les philosophes, afin de terminer l'Encyclopédie et de combattre la superstition avec plus d'avantage.

A D'ARGENTAL, 16 juillet 1766. « L'atrocité de cette aventure me saisit d'horreur et de colère. Je me repens bien de m'être ruiné à bâtir et à faire du bien dans la lisière d'un pays où l'on commet, de sang-froid et en allant dîner, des barbaries qui feraient frémir des sauvages ivres. Et c'est là ce peuple si léger, si doux et si gai! Arlequins anthropophages, je ne veux plus entendre parler de vous. Courez du bûcher au bal et de la Grève à l'Opéra-Comique, rouez Calas, pendez Sirven, brûlez cinq pauvres jeunes gens, qu'il fallait, comme disent mes anges, mettre six mois à Saint-Lazare, je ne veux pas respirer le même air que vous.

» Mes anges, je vous conjure encore une fois de me dire tout ce que vous savez. L'inquisition est fade en comparaison de vos jansénistes de grand'chambre et de la Tournelle. Il n'y a point de loi qui ordonne ces horreurs en pareil cas; il n'y a que le diable, qui soit capable de brûler les hommes en dépit de la loi. Quoi? le caprice de cinq vieux fous suffira pour infliger des supplices qui auraient fait trembler Busiris. Je m'arrête, car j'en dirais bien davantage. C'est trop parler de démons, je ne veux qu'aimer mes anges. »

A DAMILAVILLE, 19 juillet 1766. « Je crains que Protagoras (d'Alembert) ne soit trop gai au milieu des horreurs qui nous environnent. Le rôle de Démocrite est fort bon quand il ne s'agit que des folies humaines; mais les barbaries font des Héraclites. Je ne crois pas que je puisse rire de longtemps. Je vous répète toujours la même chose, je vous fais toujours la même prière. La consultation en faveur de ces malheureux jeunes gens et le mémoire des Sirven, ce sont là mes deux pôles. »

Au même, 21 juillet 66. « Je ne me laisse point abattre, mon cher frère, mais ma douleur, ma colère et mon indignation redoublent à chaque instant. Je me laisse si peu abattre que je prendrai probablement le parti d'aller finir mes jours dans un pays où je pourrai faire du bien... J'ai commencé à prendre mes mesures et, si vous me secondez, je ne balancerai pas. »

A d'Argental, 23 juillet 66. « Je ne dormirai pas jusqu'à ce que j'aie la consultation des avocats... Cette barbarie m'occupe nuit et jour. Est-il possible que le peuple l'ait soufferte? L'homme en général est un animal bien lâche, il voit tranquillement dévorer son prochain, et semble content pourvu qu'on ne le dévore pas. Mes anges, j'ai le cœur déchiré. »

Ce même jour, 23 juillet 66, Voltaire écrit à Damilaville et à Diderot pour les décider à aller s'établir en Prusse. Deux jours après, le 25, même insistance chaleureuse pour déterminer les philosophes à accepter ce plan : « Je sèche en attendant la consultation des avocats en faveur de cet infortuné, qui est mort avec plus de courage que Socrate. »

A Damilaville, 18 août 66. « Enfin, six à sept cent mille huguenots ont abandonné leur patrie pour les sottises de Jehan Chauvin (Calvin) et il ne se trouvera pas douze sages, qui fassent le moindre sacrifice à la raison universelle qu'on outrage ! Cela est aussi honteux pour l'humanité que l'infâme persécution qui nous opprime... Ce n'était point ainsi qu'en usaient les Stoïciens et les Epicuriens; ils étaient frères, ils faisaient corps, et les philosophes d'aujourd'hui sont des bêtes fauves qu'on tue l'une après l'autre. Je ne vous dirai pas aujourd'hui, mon cher frère, *écr. l'inf.* car c'est l'*inf.* qui nous écr. »

A d'Alembert, juillet 1766. « Oui, vraiment, je le connais ce mufle de bœuf et ce cœur de tigre (Pasquier), qui mérite par ses fureurs ce qu'on a fait éprouver à l'extravagance ; et vous voulez prendre le parti de rire, mon cher Platon! Il faudrait prendre celui de se venger ou du moins de quitter un pays, où se commettent tous les jours tant d'horreurs. Je vous prie d'envoyer cette relation à frère Frédéric, afin qu'il accorde une protection plus durable à cinq ou six hommes de mérite, qui veulent se retirer dans une province de ses états et y cultiver en paix la raison, loin du plus absurde fanatisme et loin des scélérats qui se jouent ainsi du sang des hommes...

» Non, encore une fois, je ne puis souffrir que vous finissiez votre lettre en disant : *je rirai*. Ah! mon cher ami, est-ce là le temps de rire? Riait-on en voyant chauffer le taureau de Phalaris? Je vous embrasse avec rage. »

Au même, 7 août 1766. « Vous avez des liens, des pensions, vous êtes enchaîné; pour moi, je mourrai bientôt et ce sera en détestant le pays des singes et des tigres, où la folie de ma mère me fit naître, il y a bientôt 73 ans. Je vous demande en grâce d'écrire de votre encre au roi de Prusse. J'ai de fortes raisons pour qu'il sache à quel point on doit nous mépriser. Un des plus grands malheurs des honnêtes gens, c'est qu'ils sont des lâches. On gémit, on se tait, on soupe et on oublie. Adieu, je vous révère avec justice et je vous aime avec tendresse. Gardons pour nous notre douleur et notre indignation. Gardons-nous le secret de nos cœurs. »

A Damilaville, 25 août 1766. « Tout ce que je puis vous dire aujourd'hui, mon cher frère, c'est que tout est prêt. Diderot est inexcusable de vivre sous le glaive quand il peut faire triompher librement la vérité. Je ne conçois pas ceux qui veulent ramper sous le fanatisme dans un coin de Paris, tandis qu'ils pourraient écraser ce monstre. Quoi? ne pourriez-vous seulement me fournir deux disciples zélés? Il n'y aura donc que les énergumènes qui en trouveront! Je ne demanderais que trois ou quatre années de santé et de vie; ma peur est de mourir avant d'avoir rendu service. »

On voit, par sa correspondance, que Diderot était tellement attaché à Mlle Voland et si fortement persuadé que son éloignement la tuerait, qu'il ne put se résoudre à se rendre aux instances de Voltaire, non plus qu'à celles de l'Impératrice qui l'appelait à Pétersbourg. Diderot fut alors retenu en France par son cœur, comme Voltaire le fut, au temps de sa passion pour Mme du Chatelet.

En résumé, il a été bon que ces grands hommes restassent en France, quoi qu'ils pussent en souffrir. Leur action sur le monde en a été plus puissante. Ici encore leur tendresse d'âme a exercé une utile influence sur leur destinée.

Au même, le 29. « Ma tristesse augmente et ma santé diminue tous les jours, je mourrai avec la douleur de voir les hommes devenir tous les jours plus méchants. Votre amitié vertueuse fait ma consolation. »

A Mme DE SAINT-JULIEN, 14 août 1766. « Je ne sais, madame, si j'écris au chasseur, ou au philosophe, ou à une jolie femme, ou au meilleur cœur du monde ; il me semble que vous êtes tout cela... J'ai pris la liberté, à votre départ de Ferney, de vous remettre une petite requête pour M. de Saint-Florentin, en faveur d'une malheureuse famille huguenote. Le père a été vingt-trois ans aux galères, pour avoir donné à souper et à coucher à un prédicant; la mère a été enfermée, les enfants réduits à mendier leur pain. On leur avait laissé le tiers du bien pour les nourrir, ce tiers a été usurpé par le receveur des domaines. Il y a de terribles malheurs sur la terre, madame, pendant que ceux qu'on appelle heureux sont dévorés de passions et d'ennuis. »

Au MARÉCHAL DE RICHELIEU, même date et même objet. « P.-S. Oserais-je vous conjurer de donner ce mémoire à M. de Saint-Florentin et de daigner l'appuyer de votre toute-puissante protection et de toutes vos forces? Quand on peut avec des paroles tirer une famille d'honnêtes gens de la plus horrible calamité, on doit dire ces paroles; je vous le demande en grâce. »

A DAMILAVILLE, septembre 1766. « Pour chasser toutes mes idées tristes, j'ai eu l'insolence de faire venir chez moi toute la troupe comique de Genève... mais après ces fêtes brillantes, je songe aux horreurs de ce monde, je songe aux infortunés et je retombe dans ma tristesse : Votre amitié me console plus que les fêtes. Ec. l'inf. »

Au maréchal de Richelieu, octobre 1766. « Vous pouvez avoir égaré le mémoire que j'avais eu l'honneur de vous envoyer, souffrez que je vous en présente un second. Vous me demanderez de quoi je me mêle de solliciter toujours pour des huguenots, c'est que je vois tous les jours ces infortunés, c'est que je vois des familles dispersées et sans pain, c'est que cent personnes viennent crier et pleurer chez moi, et qu'il est impossible de n'en pas être ému. »

Le projet de rallier les philosophes, hors de France et sous la protection du roi de Prusse, persista longtemps chez Voltaire. Voici encore quelques lignes à ce sujet, adressées à Damilaville le 12 novembre 1766.

Le lecteur se rappellera que le secret des lettres n'existait point sous Louis XV, pas plus que la liberté de penser. De là tous les déguisements, les noms d'emprunt et les dénégations répétées de Voltaire.

« Mon cher ami, je vous ai mandé combien la lettre de M. Toupla (Platon, Diderot) avait attendri M. Boursier (Voltaire). Je vous répète qu'il est bon de s'assurer de la personne (Frédéric) dont on semble se défier. Je vous répète que cette personne donne tous les jours à M. Boursier des paroles positives et que ce Boursier, en cas de besoin, pourrait faire face à tout. Il a écrit à M. Lamberta (d'Alembert) et il attend sa réponse.

» Mon cher ami, ne nous lassons point de faire du bien aux hommes, c'est notre unique récompense. »

Au même, décembre 1766. « A l'égard des Sirven, mon cher ami, continuez et vous serez béni. Le temps n'est pas favorable, je le sais, mais il faut toujours bien faire, laisser dire et se résigner. Quel beau rôle auraient joué les philosophes, si Jean-Jacques Rousseau n'avait pas été un fou et un monstre, mais ne nous décourageons pas. »

A d'Alembert, 1769. « Cette affaire (d'Etallonde) me donne plus de soins et d'inquiétudes que n'en peut supporter un vieux malade, mais je ne lâcherai pied que quand je serai mort, car je suis têtu. »

Au mois de décembre 1773, Voltaire s'adresse directement à d'Etallonde, alors au service de la Prusse. Il lui offre de

l'appuyer près du roi, de le servir en France et de le recevoir
à Ferney, pendant le temps nécessaire pour obtenir sa réhabilitation. Il ajoute : « Mon âge et mes maladies ne m'empê-
cheront pas d'agir avec vivacité. J'y mettrai plus de chaleur
que la vieillesse n'a de glace. »

A D'ARGENTAL, octobre 1774. « Vous êtes un ange bien consolateur, un vrai paraclet, de vous être adressé à Mme la duchesse d'Enville pour mon jeune homme (d'Etallonde), qui
brave chez moi depuis six mois ses anciens assassins... Si je
meurs, je vous le léguerai par mon testament...

» P.-S. Cette horrible aventure donne envie de tremper sa
plume dans du sang plutôt que dans de l'encre. »

A D'ALEMBERT, octobre 1674. « Mon cher et grand philosophe, je vous ai légué d'Etallonde comme je ne sais quel
Grec donna en mourant la main de sa fille à je ne sais plus
quel autre Grec. »

A MM. D'ALEMBERT ET DE CONDORCET, novembre 1774. « Le
roi de Prusse a assez affligé l'humanité, il faut qu'il la console. Il avait pris d'abord la chose un peu légèrement, et en
roi, je veux qu'il la consomme en philosophe et en homme
sensible, d'une manière ou d'une autre. Je lui écris dans
cette idée. M. d'Alembert fera beaucoup et beaucoup mieux
que moi. Il s'agit d'une bonne œuvre. Puissé-je vivre assez
longtemps pour la voir accomplie ! »

AUX MÊMES, décembre 1774. « Mme la duchesse d'Enville nous
appuiera de toute la chaleur qu'elle met dans sa profession de
faire du bien. Je ne sais lequel des deux Bertrands a le bonheur d'être lié avec elle. Peut-être ont-ils tous deux cet avantage, tant mieux. Il faut que tous les honnêtes gens se tiennent
bien serrés par la main. Ce que j'aime de Mme la duchesse
d'Enville, c'est qu'elle a un peu d'enthousiasme dans sa vertu
courageuse. Je suis comme cet autre qui disait, à ce qu'on
prétend, qu'il n'aimait pas les tièdes. »

AU ROI DE PRUSSE, décembre 1774. « J'ose toujours assurer
Votre Majesté que d'Etallonde est bien digne de sa protection.
Son éducation avait été très-négligée par son père, sot et dur
président de province, qui destinait son fils à être prêtre. Il

ne savait pas seulement l'arithmétique quand il est venu chez moi; il est consommé maintenant dans la géométrie pratique et les fortifications. »

A D'ARGENTAL, janvier 1775. « Cette affaire, mon cher ange, est après tout ma grande passion, c'est en me dévouant pour venger l'innocence que je veux finir ma carrière. Daignez m'aider dans le dernier de mes travaux. »

Revenons à quelques années en arrière, et retrouvons Voltaire à l'époque où avait commencé l'affaire de la Barre.

A D'ARGENTAL, avril 1767. « Je suis toujours prêt à aller chercher ailleurs, non pas le repos, mais la sécurité. Si la nature ne m'avait donné deux antidotes excellents, l'amour du travail et la gaieté, il y a longtemps que je serais mort de désespoir. »

A DAMILAVILLE, juillet 1767. « Tout cela est fort triste : les philosophes ont besoin de constance. Adieu, mon cher ami, aimez-moi toujours, et fortifiez-moi contre les méchants. »

A M. BORDES, à Lyon, 1788. « On ne veut pas que je meure en repos. J'espère cependant expirer tranquille, soit au pied des Alpes, soit au pied du Caucase (dans les États de Catherine). »

Fortem ac tenacem propositi virum.

AU MARQUIS DE VILLEVIEILLE, décembre 1768. « Je mourrai consolé en voyant la véritable religion, c'est-à-dire celle du cœur, s'établir sur les ruines des simagrées. Je n'ai jamais prêché que l'adoration d'un seul Dieu, la bienfaisance et l'indulgence. Avec ces sentiments, je brave le diable qui n'existe point et les vrais diables fanatiques qui n'existent que trop.

A M. MOREAU, pépiniériste du roi, janvier 1768. « Ni ma vieillesse, ni mes maladies, ni la rigueur du climat ne me découragent. Quand je n'aurais défriché qu'un champ, quand je n'aurais fait réussir que vingt arbres, c'est toujours un bien qui ne sera pas perdu... Le ministère nous a fait un beau grand chemin, j'en ai planté les bords d'arbres fruitiers, mangera les fruits qui voudra. Le bois de ces arbres est toujours d'un grand service. »

A L'ABBÉ ROUBAUD, économiste, juillet 1768. « On a donné des édits pour extirper l'infâme profession de mendiant, profession si réelle et qui se soutient malgré les lois, au point que l'on compte deux cent mille mendiants vagabonds dans le royaume. Ils échappent tous aux châtiments décernés par les lois, et il faut pourtant les nourrir parce qu'ils sont hommes. Peut-être, si on donnait aux seigneurs et aux communes le droit de les arrêter et de les faire travailler, on viendrait à bout de rendre utiles des malheureux, qui surchargent la terre.

» J'oserais vous supplier, monsieur, vous et vos associés, de consacrer quelques-uns de vos ouvrages à ces objets très importants. Le ministère et surtout les officiers des cours supérieures ne peuvent guère s'instruire à fond sur l'économie de la campagne, que par ceux qui en ont fait une étude particulière. Presque tous vos magistrats sont nés dans la capitale, que nos travaux nourrissent et où ces travaux sont ignorés. »

A M. GUILLAUMOT, architecte, août 1768. « Je m'intéresse toujours à Paris, comme on aime ses anciens amis avec leurs défauts. Je suis toujours fâché de voir le faubourg Saint-Germain sans aucune place publique, des rues si mal alignées, des maisons sans eau et même des fontaines qui en manquent et encore quelles fontaines de village! Mais, en récompense, les cordeliers, les capucins, ont de très-grands emplacements. J'espère que dans cinq ou six cents ans, tout cela sera corrigé! »

A D'ARGENTAL, septembre 1768. « J'en viens à des affaires plus graves, c'est le succès de l'avis que vous donnâtes à Sirven; vous aviez seul raison. Tout le parlement de Toulouse est pour Sirven, si j'en crois les nouvelles que je reçois aujourd'hui... Adieu, mon divin ange, rien n'est plus doux que de faire un peu de bien. »

A Mᵐᵉ DU DEFFAND, septembre 1768. « Ce n'est pas assez de haïr le mauvais goût, il faut détester les hypocrites et les persécuteurs, il faut les rendre odieux et en purger la terre.

Vous ne détestez pas assez ces monstres-là. Je vois que vous ne haïssez que ceux qui vous ennuient. Mais pourquoi ne pas haïr ceux qui ont voulu vous tromper et vous gouverner? Ne sont-ils pas d'ailleurs cent fois plus ennuyeux que tous les discours académiques ?

A Thiriot, 1768. « Vous savez, mon cher ami, que mes grands noms sont ceux de Newton et de Locke, de Corneille, de Racine... Je ne connais de grands hommes que ceux qui ont rendu de grands services au genre humain. »

A d'Alembert, décembre 1768. « Nos lettres s'étaient croisées, mon très-cher philosophe. Je regretterai Damilaville toute la vie. J'aimais l'intrépidité de son âme, j'espérais qu'à la fin, il viendrait partager ma retraite.

Au même, janvier 1769. « Sans doute, j'ai regretté Damilaville, il avait l'enthousiasme de saint Paul et n'en avait ni l'extravagance, ni la fourberie, c'était un homme nécessaire. »

A Mme du Deffand, mars 1769. « J'ai de l'horreur pour la vie de Paris, mais je voudrais au moins passer un hiver avec vous. Ce qu'il y a de triste, c'est que la chose n'est pas facile, attendu que j'ai l'âme un peu fière.

Le passage suivant est extrait d'une lettre à l'abbé Andra, dont le nom doit être conservé, car il travailla à l'affaire des Sirven et pour ce fait fut persécuté et abreuvé de dégoûts jusqu'à en mourir. Voltaire revient souvent sur son souvenir, attendu qu'il n'oubliait rien et gardait surtout mémoire des bonnes actions et des hommes vertueux.

« Je suis toujours bien malade. La justification entière des Sirven et ce coup essentiel porté au fanatisme me feront plus de bien que tous les remèdes du monde. On m'a mis au lait de chèvre, mais j'aime mieux écraser l'hydre. Vous n'ignorez pas qu'ayant obtenu de M. le duc de Choiseul une gratification pour les capucins de mon pays, frère Amatus Dalambala, notre général résidant à Rome, m'a fait l'honneur de m'agréger à l'ordre, mais je n'en suis pas plus savant. Donnez-moi votre bénédiction et recevez celle de frère François, capucin indigne. »

Voltaire vient d'écrire à Grimm : Ce maudit *Système de la na-*

ture a fait un tort irréparable, et à Mme du Deffand : le *Système de la nature* est comme le système de Law, il fait tort au monde. Dans le même temps, octobre 1770, s'adressant à d'Alembert et à Condorcet qui venaient de passer quelques jours à Ferney, il nous donne une nouvelle preuve de sa force d'âme et de sa confiance dans l'avenir :

« Le vieux malade de Ferney embrasse de ses deux maigres bras les deux voyageurs philosophes, qui ont adouci ses maux pendant quinze jours. Un grand courtisan (sans doute Richelieu) m'a envoyé une singulière réfutation du *Système de la nature*, dans laquelle il dit que la nouvelle philosophie amènera une révolution horrible, si on ne la prévient pas. Tous ces cris s'évanouiront et la philosophie restera. Au bout du compte elle est la consolation de la vie et son contraire en est le poison. Laissez faire, il est impossible d'empêcher de penser, et plus on pensera moins les hommes seront malheureux. Vous verrez de beaux jours, vous les ferez, cette idée égaie la fin des miens. »

A RICHELIEU, décembre 1771. « J'ai commencé à établir entre Pétersbourg et ma colonie un assez gros commerce, et je n'attends qu'une réponse pour en établir un avec Pékin ; cela paraît un rêve, mais cela n'est pas moins vrai. Je suis sûr que si j'étais plus jeune, je verrais le temps où l'on pourrait écrire de Paris à Pékin par la poste et recevoir réponse au bout de sept à huit mois. Le monde s'agrandit et se déniaise. »

A M. PERROT, AVOCAT A DIJON, décembre 1771. « J'ai lu ce qui regarde l'esclavage de la mainmorte, avec d'autant plus d'attention et d'intérêt, que j'ai travaillé quelque temps en faveur de ceux qu'on appelle *Francs* et qui sont esclaves et même esclaves de moines...

» On rit du péché originel, on a tort. Tout le monde a son péché originel. Le péché de ces pauvres serfs, au nombre de plus de cent mille dans le royaume, est que leurs pères, laboureurs Gaulois, ne tuèrent pas le petit nombre de barbares Visigoths, ou Bourguignons, ou Francs, qui vinrent les tuer et les voler. S'ils s'étaient défendus comme les Romains contre les Cimbres, il n'y aurait pas aujourd'hui de procès pour la mainmorte. Ceux qui jouissent de ce beau droit assurent qu'il est de droit divin ; je le crois comme eux, car assurément il n'est pas humain. »

A Christin, 30 mars 1772. « Douze mille hommes devenus esclaves de vingt moines ! cela augmente la fièvre qui me tourmente ce printemps. Je n'aurai pas de santé cette année. Je crains bien de mourir en 1772, c'est l'année centenaire de la Saint-Barthélemy. »

A Mme de Beauharnais, 1772. « On dit, madame, que les divinités apparaissaient autrefois aux solitaires dans le désert ; mais elles n'écrivaient point de jolies lettres et j'aime mieux la lettre dont vous m'avez honoré que toutes les apparitions des nymphes de l'antiquité.

» Il y a encore une chose qui me fait un très-grand plaisir, c'est que vous ne m'auriez point écrit, si vous aviez été dévote ou superstitieuse : il y a des confesseurs qui défendent à leurs pénitentes de se jouer à moi. Je crois, madame, que, si quelqu'un est assez heureux pour vous diriger, ce ne peut être qu'un homme du monde, un homme aimable qui n'a point de sots scrupules. Vous ne pouvez avoir qu'un directeur raisonnable et fait pour plaire. Le comble de ma bonne fortune, c'est que vous écriviez naturellement et que votre esprit n'a pas besoin d'art. On dit que votre figure est comme votre esprit. Que de raisons pour être enchanté de vos bontés ! Agréez, madame, la reconnaissance et le respect du vieux solitaire V. »

A Mme la comtesse de Saint-Hérem, 27 juillet 1772. « Madame, vous avez écrit à un vieillard octogénaire, qui est très-honoré de votre lettre ; il est vrai que madame votre mère daigna autrefois me témoigner beaucoup d'amitié et quelque estime. Ce serait une grande consolation pour moi, si je pouvais mériter de sa fille un peu de ses sentiments.

» Vous avez assurément très-grande raison de regarder l'adoration de l'Être des êtres comme le premier des devoirs, et vous savez sans doute que ce n'est pas le seul. Nos autres devoirs lui sont subordonnés, mais les occupations d'un bon citoyen ne sont pas aussi méprisables et aussi haïssables qu'on a pu vous le dire.

» Celui qui a contribué à rendre Henri IV encore plus cher à la nation, celui qui a écrit le Siècle de Louis XIV, qui a vengé les Calas, qui a écrit *le Traité de la tolérance*, ne croit pas avoir célébré des choses méprisables et haïssables. Je suis persuadé que vous ne haïssez, que vous ne méprisez que le vice et l'injustice, que vous voyez dans le maître de la nature le père de tous les hommes, que vous n'êtes d'aucun parti, que plus vous êtes éclairée plus vous êtes indulgente. Telle était madame votre mère, que je regrette toujours.

» Tous les hommes sont également faibles, également petits devant Dieu, mais également chers à celui qui les a formés. Il ne nous appartient pas de soumettre les autres à nos opinions. Je respecte la vôtre, je fais mille vœux pour votre félicité et j'ai l'honneur, etc. »

Quel admirable ton de bonté paternelle envers une petite dame de cour, sincère sans doute mais enfermée dans ses idées étroites avec une certaine raideur, à ce point qu'elle ne craignait pas de moraliser l'illustre vieillard. Avec quelle habileté et quelle large mesure Voltaire donnait une leçon d'humanité et de raison à cette faible créature, qui croyait pouvoir le catéchiser !

A Mme LA COMTESSE DUBARRI, 20 juin 1773 « Madame, M de Laborde m'a dit que vous lui aviez ordonné de m'embrasser des deux côtés de votre part.

> Quoi ! deux baisers sur la fin de ma vie !
> Quel passe-port vous daignez m'envoyer !
> Deux ! c'est trop d'un, adorable Egérie ;
> Je serais mort de plaisir au premier.

» Il m'a montré votre portrait ; ne vous fâchez pas, madame, si j'ai pris la liberté de lui rendre les deux baisers.

> Vous ne pouvez empêcher cet hommage,
> Faible tribut de quiconque a des yeux.
> C'est aux mortels d'adorer votre image,
> L'original était fait pour les dieux.

» J'ai entendu plusieurs morceaux de la *Pandore* de M. de Laborde, ils m'ont paru bien dignes de votre protection. La faveur donnée aux véritables beaux-arts est la seule chose qui puisse augmenter l'éclat dont vous brillez.

« Daignez agréer, madame, le profond respect d'un vieux solitaire, dont le cœur n'a presque plus d'autre sentiment que celui de la reconnaissance. »

Outre l'esprit et la grâce, cette lettre ne manque pas d'une certaine dignité. N'oublions pas qu'elle tombe d'une main généreuse, qui pardonnait à tous, amis et ennemis, et qui nous a enseigné l'indulgence et l'humanité. Souvenons-nous encore que nous, qui avons appris à amnistier les assassins de la Saint-Barthélemy et les bourreaux de septembre, nous devons étendre notre mansuétude sur la beauté profanée, tombée dans la boue et dans le sang, sur Mme Dubarri comme sur Théroigne de Méricourt. L'humanité doit nous devenir sacrée comme elle le fut à Voltaire.

Tel est aussi le sentiment de l'un des plus illustres écrivains de notre temps, d'ailleurs remarquable entre tous par ses hautes aspirations. Mme Sand met dans la bouche de *Consuelo* les paroles suivantes, qu'il est bon de relire et de méditer. « L'âme humaine conserve toujours dans ses égarements quelque chose de bon et de grand, où l'on retrouve avec joie une empreinte sacrée qui est comme le sceau de la main divine. Là où il y a beaucoup à plaindre, il y a beaucoup à pardonner, et là où l'on trouve à pardonner, sois certain, bon Joseph, qu'il y a quelque chose à aimer. »

A M. LE CHEVALIER DELISLE, capitaine de dragons, 12 juillet 1773. « Si vous voyagez, monsieur, pour les belles divinités de la France, vous faites bien d'aller où est Mme la comtesse de Brionne (à Lausanne). Si vous voulez, chemin faisant, voir des ombres, comme faisait le capitaine de dragons Ulysse dans ses voyages, vous ne pouvez vous adresser mieux que chez moi. Je suis la plus chétive ombre de tout le pays, ombre de quatre-vingts ans environ, ombre très légère et très-souffrante. Je n'apparais plus qu'aux gens qui sont en vie (qui pensent). Mon triste état m'interdit tout commerce avec les humains; mais quoique vous n'ayez point traduit *les Géorgiques*, hasardez de venir à Ferney quand il vous plaira.

» Mme Denis, qui est le contraire d'une ombre, vous fera les honneurs de la chaumière. Nous avons aussi un neveu, capitaine de dragons comme vous, qui demeure dans une autre chaumière voisine, et moi, si je ne suis pas mort absolument, je vous ferai ma cour comme je pourrai, dans les intervalles de mes anéantissements. Si je meurs pendant que vous serez en route, cela ne fait rien, venez toujours, mes mânes en seront très-flattés ; ils aiment passionnément la bonne compagnie.

» J'ai l'honneur d'être, avec respect, monsieur,
votre très-humble et très-obéissante servante,

» L'OMBRE DE VOLTAIRE. »

Dans la dernière partie de la correspondance avec d'Alembert, on voit reparaître souvent une allusion à la fable de *Bertrand et Raton*. Deux phrases d'une réponse du géomètre philosophe en feront mieux saisir le sens au lecteur.

« Raton est un saint homme de chat et le premier chat du
» monde pour tirer les marrons du feu sans se brûler les
» pattes. Ces marrons ont été reçus et Bertrand les a distri-
» bués à tous les Bertrands ses confrères dignes de les man-
» ger. »

Raton Voltaire, hardi, habile, plus à couvert par son éloignement de Paris, par ses relations étendues et par la notoriété de son génie, travaillait intrépidement à la sainte cause, que servaient à Paris Bertrand d'Alembert et Cie.

En mars 73, Voltaire mandait à d'Alembert :

« Mon très-aimable Bertrand, votre lettre a bien attendri mon vieux cœur, qui pour être vieux n'en est pas plus dur. Je ne sais pas bien positivement si je suis encore en vie, mais en cas que j'existe c'est pour vous aimer... Adieu, mon philosophe très-cher et très-nécessaire, adieu, vivez longtemps. »

A Mme DU DEFFAND, juillet 1773, Procès de Lally : « Voilà, madame, ce qui m'a occupé nuit et jour et quoique j'aie près de quatre-vingts ans ; c'est le travail qui m'a le plus fatigué dans ma vie. »

A LA MÊME, novembre 1773. « M. Delisle se moque de moi de dire qu'il m'a trouvé de la santé. Je n'en ai jamais eue, je ne sais ce que c'est que par ouï-dire. Je n'ai pas passé un seul jour de ma vie sans souffrir beaucoup. »

A D'ALEMBERT ET A CONDORCET, septembre 1774. « Oh! Bertrands! Bertrands! Raton a été près de mourir de douleur et de vieillesse, dans sa gouttière à cent lieues de vous. On m'imputait à Compiègne la *Lettre d'un théologien*. Sans M. le chancelier (Maupeou) qui a toujours eu pour moi une extrême bienveillance, j'étais perdu, grâce à un prêtre de cour. »

A D'ARGENTAL, octobre 1774. « Mon cher ange, vos lettres attendrissent mon cœur et le déchirent en deux. J'avais fait faire au commencement de l'été une petite voiture, que j'appelais ma commode et non pas ma dormeuse. Je cours toujours en idée, de mon beau plateau entre le noir mont Jura et les effroyables Alpes, pour venir me mettre à l'ombre de vos ailes, dans votre superbe cabinet qui donne sur les Tuileries. La nature et la destinée enchaînent mon petit corps, quand mon âme vole à vous.

» .... Me voilà, à l'âge de quatre-vingts ans, un peu perclus, un peu sourd, un peu aveugle, assez embarrassé dans mes affaires, n'ayant du gouvernement qu'un carré de parchemin, ne demandant rien pour moi, ne désirant rien que de vous voir, vous souhaitant à vous et à Mme d'Argental santé et amusement, et mettant toujours ma frêle existence à l'ombre de vos ailes, vous respectant de toutes mes forces, vous aimant de tout mon cœur. »

A M. BOURGELAT (le créateur des écoles vétérinaires), mars 1775. « J'étais étonné qu'avant vous les bêtes à cornes ne fussent que du ressort des bouchers et que les chevaux n'eussent pour leurs Hippocrates que des maréchaux ferrants. Les vrais secours manquent dans les pays les plus policés. Vous avez seul mis fin à cet opprobre pernicieux.... Le grand malheur des paysans est d'être imbéciles et un autre malheur est d'être trop négligés : on ne songe à eux que quand la peste les dévore, eux et leurs troupeaux ; mais, pourvu qu'il y ait de jolies filles d'opéra à Paris, tout est bien. »

A Me SUARD, juin 1775. « Madame, j'ai écrit à monsieur votre mari que j'étais amoureux de vous. Ma passion a bien augmenté à la lecture de votre lettre. Vous m'oublierez au milieu de Paris; et moi, dans mon désert, où l'on va jouer *Orphée*, je vous regretterai, comme il regrettait Eurydice ;

avec cette différence que c'est moi le premier qui descendrai
dans les enfers et que vous ne viendrez point m'y chercher.
Parlez de moi avec vos amis, conservez-moi vos bontés, ce
cœur est trop touché pour vous dire qu'il est votre très-
humble serviteur. »

A Lalande, février 1775. « Je reçus hier le plus beau présent qu'on m'ait jamais fait. J'ai passé tout un jour et
presque toute une nuit à lire le premier volume, et j'ai
entamé le second. C'est la première fois, je crois, qu'on a lu
tout de suite un volume d'astronomie.

A l'abbé Duvernet, février 1776. « Ceux qui vous ont dit,
monsieur l'abbé, qu'en 1744 et 45, je fus courtisan, ont
avancé une triste vérité. Je le fus, je ne me corrigeai qu'en
1746 et je m'en repentis en 1747. De tout le temps que j'ai
perdu en ma vie, c'est celui-là sans doute que je regrette le
plus. Ce ne fut pas le temps de ma gloire, si j'en eus jamais. »

A d'Alembert, mai 1777. « Ma petite apoplexie à l'âge de
83 ans vaut bien votre colique. Je meurs accablé par la nature
qui m'attaque par en haut, quand elle vous lutine par en bas.
Je meurs persécuté par la fortune qui s'est moquée de moi
dans la fondation de ma colonie. Je meurs poursuivi par les
mauvais livres qui pleuvent, je meurs aboyé par les dogues
qui déchirent ce Delisle. Je sais qu'étant de curée, ils veulent
me dévorer aussi, mais ils feront mauvaise chère. Je suis un
vieux cerf plus que dix cors et je leur donnerai de bons
coups d'andouillers avant d'expirer sous leurs dents. Le
cerveau me tinte si prodigieusement, à l'heure où je vous
écris, que l'*Amanensis* et moi nous ne nous entendons plus.
Mon cœur est encore sain, il sera à vous jusqu'au dernier
moment. Adieu, cher Bertrand, souvenez-vous de Raton. »

Souvenez-vous de Raton ! Voltaire le grand rieur, cet
homme d'une raison imperturbable et d'un si ferme caractère, Voltaire va si vite, il fait tant de choses, son œuvre est
si vaste, si complexe, qu'on ne compte pas ses larmes. Il en
versa cependant sur les genoux de Mme du Chatelet, qui ne
pouvait le consoler de l'infamie de Desfontaines et de la
lâcheté de Thiriot ; il en versa à la mort de ses amis ; il en

versa sur le jeune Calas et sa famille ; il en versa sur les mains de Turgot disgracié ; il en versa pendant que tout un peuple en délire lui rendait enfin justice et l'acclamait dans les derniers jours de son ardente et glorieuse existence. Souvenez-vous de Raton !

Pour nous ce simple cri, parti *d'un cœur sain*, nous arrache aussi des larmes. On en pensera ce qu'on voudra, c'est que Voltaire, nullement mélancolique, possède toujours cette admirable simplicité des âmes fortes et grandes. Quelques mois après avoir écrit cette lettre. Il racontera à M. de Florian, avec une égale simplicité : « Le traité avec les Améri-
» cains est public. J'ai vu M. Franklin chez moi , étant très-
» malade ; il a voulu que je donnasse ma bénédiction à son
» petit-fils. Je la lui ai donnée en disant : *Dieu et la liberté*,
» en présence de vingt personnes qui étaient dans ma
» chambre. »

L'à-propos n'a manqué ni au malade ni au vieillard, qui conserva toujours une simplicité digne de Sparte. Au sujet de Sparte, supposons Jean-Jacques racontant une pareille scène, s'il avait trouvé le mot sublime de la situation. Quelle belle et éloquente déclamation nous aurions eue, pour faire pendant à la prosopopée de Fabricius ; *qu'aurait dit votre grande âme!*

Souvenons-nous de Raton !

J'ai dit que Voltaire n'était nullement mélancolique et qu'on ne trouve guère de traces dans sa correspondance de cette disposition d'esprit, parce qu'il vivait dans les autres, à la différence des René, des Saint-Preux.

Cependant, voici un passage d'une lettre adressée à M. d'Argence de Dirac, auquel je n'avais pas d'abord pris garde et que je trouve très-touchant, dans le retour que l'auteur fait sur lui-même, et par-dessus très-digne et très-religieux, 30 octobre 1777 :

« ..... Ce cœur est tout ce qui me reste. J'ai perdu l'imagi-
» nation et la pensée, comme j'ai perdu les cheveux et les
» dents. Il faut que tout déloge pièce à pièce, jusqu'à ce
• qu'on retombe dans l'état où l'on était avant de naître. Les
» arbres qu'on a plantés demeurent et nous nous en allons.
» Tout ce que je demanderais à la nature, ce serait de partir

» sans douleur; mais il n'y a pas d'apparence qu'elle me
» fasse cette grâce, après m'avoir fait souffrir pendant près
» de quatre-vingt-quatre ans. Encore faut-il que je la remer-
» cie de m'avoir donné l'existence..... »

Cette lettre, dictée comme presque toutes les autres, emportée comme elles au courant de cette vie ardente, n'est
rien moins dans sa simplicité que l'équivalent de cette magnifique prière d'Épictète. Voltaire l'abrége ainsi dans son
Dict. phil. :

« O mon maître, ô mon père! tu as voulu que je souf-
» frisse et j'ai souffert avec résignation; tu as voulu que je
» fu se pauvre, j'ai embrassé la pauvreté; tu m'as mis dans
» la bassesse, je n'ai point voulu la grandeur; tu veux que je
» meure, je t'adore en mourant. Je sors de ce magnifique
» spectacle en te rendant grâce de m'y avoir admis, pour me
» faire contempler l'ordre admirable avec lequel tu régis
» l'univers. »

A d'ARGENTAL, août 1777. « Figurez-vous qu'au milieu des
embarras et de la ruine de ma colonie, entouré de créanciers
pressants et de débiteurs insolvables, j'ai entrepris deux ouvrages d'un genre bien différent de la tragédie, et peut-être
beaucoup plus intéressants et plus utiles (*Le prix de la justice
et de l'humanité, Histoire de l'établissement du christianisme*).
Tant de fardeaux à mon âge ne sont pas aisés à supporter,
avec les maladies qui me désolent et qui me privent de la
consolation de venir vous embrasser.

» Il faut combattre jusqu'au dernier moment la nature et la
fortune, et ne jamais désespérer de rien jusqu'à ce que l'on
soit mort. »

Quel cri héroïque de vieux lutteur, et combien il nous
émeut plus qu'une brillante prosopopée!

Au MÊME, 14 janvier 1778. « Soyez sûr que je n'ai travaillé
à cet ouvrage (*Irène*) et que je n'y travaille encore, que pour
avoir une occasion de venir à Paris jouir, après trente ans
d'absence, de la bonté que vous avez de m'aimer toujours :
c'est là le véritable dénoûment de la pièce. Il est triste d'être
pressé et de n'avoir pas longtemps à vivre. »

Au même, 3 février 1778. « Un homme de mon âge, qui vient de bâtir 94 maisons, qui est ruiné, qui a dix procès et dix actes de tragédie sur le corps, n'a pas de quoi rire. »

A M. le marquis de Florian, à Ferney, 15 mars 1778. « Tout ce que j'ai éprouvé de bontés de la cour et de la ville a été bien au delà de mes espérances et même de mes souhaits. Mais je ne crois pas qu'on puisse demander des grâces pécuniaires en faveur de ma colonie. Le roi est trop endetté... Il y a ici un luxe révoltant et une misère affreuse. Paris est le rendez-vous de toutes les folies, de toutes les sottises et de toutes les horreurs. Quand pourrai-je revoir Ferney et embrasser tendrement le seigneur et la dame de *Bijou* ? »

LES TROIS DERNIÈRES LETTRES DE VOLTAIRE

A Mlle Dionis, qui lui avait adressé par l'entremise de Laharpe un livre intitulé : *Origine des grâces;* avril 1778. « Mademoiselle, vous avez eu la bonté de m'envoyer un livre qui contient, à ce que je présume, l'origine de votre maison. M. de Laharpe, qui se connaît en grâce et en style, vient de me dire qu'il était assez heureux pour vous connaître, et qu'il se chargerait de mettre à vos pieds la reconnaissance de votre très-humble, etc.

A l'abbé de Lattaignant qui lui avait envoyé des vers de la mesure de ceux qui suivent, 16 mai 1778.

> « Lattaignant chanta les belles,
> Il trouva peu de cruelles,
> Car il sut plaire comme elles.
> Aujourd'hui, plus généreux,
> Il fait des chansons nouvelles
> Pour un vieillard malheureux.
> Je supporte avec constance
> Ma longue et triste souffrance,
> Sans l'erreur de l'espérance,
> Mais vos vers m'ont consolé,
> C'est la seule jouissance,
> De mon esprit accablé.

» Je ne puis aller plus loin, monsieur. M. Tronchin, témoin du triste état où je suis, trouverait étrange que je répondisse en mauvais vers à vos charmants couplets. L'esprit d'ailleurs se ressent trop des tourments du corps, mais le cœur du vieux Voltaire est plein de vos bontés. »

A Mme DE SAINT-JULIEN. « Je sais bien ce que je désire, mais je ne sais pas ce que je ferai. Je suis malade, je souffre de la tête aux pieds. Il n'y a que mon cœur de sain et cela n'est bon à rien. »

26 mai, à M. DE LALLY, qui lui avait fait annoncer la cassation de l'arrêt inique rendu contre son père. « Le mourant ressuscite en apprenant cette grande nouvelle; il embrasse bien tendrement M. de Lally; il voit que le roi est le défenseur de la justice : il mourra content. »

J'ai réuni à part les fragments relatifs à Turgot, qui passa quelques jours à Ferney en 1760. Ce fut l'homme de Voltaire. Nul plus que l'auteur de *l'Essai sur les mœurs* ne fut heureux de l'avénement de Turgot, d'abord au ministère de la marine, puis au contrôle général. Nul n'en ressentit plus vivement la chute, due en partie à une basse manœuvre de M. de Maurepas. Lors du dernier voyage de Voltaire à Paris, Turgot ne put l'empêcher de se jeter sur ses mains et de les embrasser, en s'écriant tout en larmes : « Laissez-moi embrasser cette main qui a signé le salut du peuple. » C'est Condorcet, témoin du fait, qui l'a raconté.

Le poëte adressa des vers au ministre tombé. Ils sont intitulés : A UN HOMME et, quelque nombreux que soient les vers de Voltaire, on n'en trouve pas d'autres qui portent une pareille suscription.

Philosophe indulgent, ministre citoyen,
Qui ne cherchas le vrai que pour faire le bien,
Qui d'un peuple léger et trop ingrat peut-être,
Préparais le bonheur et celui de son maître.
Ce qu'on nomme disgrâce a payé tes bienfaits.
. . . .
Hélas! au bord de l'Inde, autrefois Alexandre
Disait, sur les débris de cent villes en cendre:
Ah! qu'il m'en a coûté, quand j'étais si jaloux,
Railleurs Athéniens, d'être loué par vous!

Ton esprit, je le sais, ta profonde sagesse,
Ta mâle probité n'ont point cette faiblesse.
A d'éternels travaux tu t'étais dévoué
Pour servir ton pays, non pour être loué.
Caton, dans tous les temps gardant son caractère,
Mourut pour les Romains, sans prétendre à leur plaire,
La sublime vertu n'a point de vanité.

A D'ALEMBERT, 17 novembre 1760. « Mon cher maître, mon digne philosophe, je suis encore tout plein de M. Turgot, je ne savais pas qu'il eût fait l'article *Existence* (dans l'Encyclopédie); il vaut encore mieux que son article. Je n'ai guère vu d'homme plus aimable et plus instruit; et ce qui est assez rare chez nos métaphysiciens, il a le goût le plus fin et le plus sûr. »

A Mme DU DEFFAND, août 1774. « Je ne crois pas M. de Turgot plus marin que moi, mais il m'a paru un excellent homme sur terre, plein d'une raison très-éclairée, aimant la justice comme les autres aiment leurs intérêts, et aimant la vérité presque autant que la justice. »

A D'ALEMBERT, septembre 1774. « Je viens de lire le chef-d'œuvre de M. Turgot du 13 septembre, il me semble que voilà de nouveaux cieux et une nouvelle terre. Vivez, instruisez, faites du bien. Ceci est pour vous et M. de Condorcet. »

A D'ARGENTAL, septembre 1774. « M. Turgot ne m'a point écrit, mais il a écrit à une autre personne qu'à ma considération il venait de faire du bien à un frère de Damilaville. Il m'a fait dire aussi qu'il avait entre les mains la requête de ma colonie, et je vois qu'il daigne y songer, puisqu'elle n'est pas encore dévorée par les fermiers ou directeurs. »

A M. DEVAINES, PREMIER COMMIS DES FINANCES, mars 1775. « Vous me faites, monsieur, un présent qui m'est bien cher. J'avais déjà le portrait de M. Turgot. Mais j'ai fait encadrer celui que je tiens de vos bontés et je l'ai mis au chevet de mon lit. »

A Mme DU DEFFAND, 17 avril 1775. « Il y a longtemps que j'ai eu le bonheur de passer quinze jours avec M. Turgot. Je ne sais trop ce qu'on lui permettra de faire; mais je sais que je fais plus de cas de son esprit que de celui de Jean-Baptiste Colbert et de Maximilien de Rosni. Je ne crains pour lui que deux choses : les financiers et la goutte, ce sont deux terribles sortes d'ennemis, il n'y a que les moines qui soient plus dangereux. »

Grâce à Turgot et à ses collaborateurs Trudaine et Devaisnes, Boncerf et Dupont, Voltaire obtint de faire un arrangement avec la ferme générale. La petite province de Gex paya au roi une somme annuelle de 30,000 francs, ce qui était un avantage pour le trésor et surtout pour la province.

En janvier 1776, le philosophe poëte, parodiant un vers de *Mithridate*, put dire :

Et mes derniers regards ont vu fuir les commis.

Ces commis étaient au nombre de soixante-dix-huit !... On peut juger du mal que causaient ces sangsues et ces sauterelles du fisc, au grand préjudice de l'État.

Les fermiers généraux et tous ceux qui vivaient des abus, le parlement de Paris, les dévots, les ambitieux politiques tels que M. de Choiseul et Necker, se réunirent pour renverser le ministre sauveur. Le vieux Maurepas lui porta le coup décisif, en imaginant de rendre Turgot coupable aux yeux du jeune roi d'une correspondance secrète. Il n'y eut point d'explication entre le timide monarque et l'intègre ministre, si bien que la fraude ne fut point découverte et que Turgot, le réformateur, tomba, pour laisser la place à la Révolution.

A M. Devaines, janvier 1776. « Il faut absolument que je vous dise, au nom de dix ou douze mille hommes, combien nous avons d'obligation à M. Turgot, à quel point son nom nous est cher et dans quelle ivresse de joie nage notre petite province. Je ne doute pas que ce petit essai de liberté et d'impôt territorial ne prépare de loin les plus grands événements. La plus petite province du royaume ne sera pas sans doute la seule heureuse.

» Je sais bien qu'il y a de fameux déprédateurs qui redoutent la vertu éclairée ; je sais que des fripons murmurent contre le bonheur public, qu'ils se font écouter par leurs parasites. Ils croient que tout est perdu si jamais le peuple est soulagé et le roi plus riche ; mais j'espère tout de la fermeté du roi, qui soutiendra son ministre contre une cabale odieuse.

A Turgot, 13 janvier 1776. « Pardonnez à un vieillard ses indiscrétions et ses importunités. Vous faites naître un beau siècle, dont je ne verrai que la première aurore. J'entrevois de grands changements et la France en avait besoin en tout genre... Le petit pays de Gex est à peine un point sur la carte, mais vous ne sauriez croire les heureux effets de vos dernières opérations dans ce coin de terre. Les acclamations sont portées jusqu'aux bords du Rhin... J'apprends qu'en Toscane on vient d'essayer de vos principes et qu'un plein succès en a justifié la bonté »

A M. Dupont, février 1776. « Mon vieux sang bouillonne dans mes vieilles veines, quand j'entends dire que les escarpins de Versailles et de Paris s'opposent à l'extirpation de cette barbare servitude (les corvées), destructive des campagnes. »

A d'Argental, 6 mars 1776. « J'attends avec bien de l'impatience l'événement de la querelle entre M. Turgot et le parlement. Je vous avoue que je suis entièrement pour M. Turgot, parce que ses vues sont humaines et patriotiques. Il est réellement père du peuple et le parlement veut le paraître. »

A M. Dupont, 23 mars 1776. « Oui, monsieur, ce qu'on a écrit de mieux sur les corvées, c'est l'édit des corvées. Je trouve que l'amour du bien public est la plus éloquente de toutes les passions... Voici l'âge d'or qui succède à l'âge de fer, cela donne trop envie de vivre et cette envie ne me sied point... Je me trompe fort ou le père de la nation (Turgot) ne souffrira pas longtemps que des moines aient des sujets du roi pour esclaves. »

A M. Devaines, 26 avril 1776. « Il est triste que M. de Malesherbes songe à se retirer, lorsqu'il peut faire du bien. Il me semble qu'en se joignant à M. Turgot pour refondre cette France, qui a tant besoin d'être refondue, ils auraient fait tous deux des miracles. »

A M. Christin, 5 mars 1776. « Voici bien d'autres nouvelles, mon cher ami, la cour du parlement, garnie de pairs, vient de faire brûler par son bourreau cet excellent ouvrage,

Inconvénients des droits féodaux (par M. de Boncerf, secrétaire de Turgot). Je suis pétrifié d'étonnement et de douleur. Il faut absolument que nous mangions l'agneau pascal ensemble. Il faut que vous veniez le plus tôt possible et que la dernière action de ma vie soit de m'unir à vous pour secourir des opprimés. »

A M. Devaines, avril 1776. « Je frémis quand je songe au prodigieux fardeau dont ce ministre (Turgot) est chargé, mais je frémis bien davantage quand je vois l'obstination de ceux qui veulent avoir l'honneur d'être ses ennemis. »

Au même, 17 mai 1776. « Ah! mon Dieu, monsieur, quelle funeste nouvelle j'apprends! (la retraite de Turgot). La France aurait été trop heureuse. Que deviendrons-nous ? Restez-vous en place ? Je suis attéré et désespéré. »

A M. d'Argental, 27 mai 1776. « Mon cher ange, je suis pénétré de la bonté que vous avez eue de m'écrire dans les tristes circonstances où je me trouve (après la chute de Turgot). Je ne serai jamais bien consolé, mais votre amitié me rend ma douleur plus surpportable... Deux beaux colosses (Choiseul, Turgot) à l'ombre desquels je me croyais en sûreté, tombent et m'écrasent par leur chute. Tous mes chagrins sont augmentés par l'impossibilité où je suis de vous ouvrir mon cœur de si loin. Je puis seulement vous dire que je ne suis pas tout à fait à plaindre, puisque vous m'aimez toujours.

» Mon gros neveu et sa sœur ne savent qu'une très petite partie de mes tribulations, et ils goûtent en paix la douceur d'être dans votre souvenir. »

A Laharpe, juin 1776. « Je ne vois plus que la mort devant moi depuis que M. Turgot est hors de place. Je ne conçois pas comment on a pu le renvoyer. Ce coup de foudre m'est tombé sur le cerveau et sur le cœur. »

A Turgot, 17 mars 1777. « Un vieillard de 83 ans, tombé deux fois dans une espèce d'apoplexie, n'a pas trop la force d'écrire à Caton. Cependant, ayant entendu dire que Caton a daigné indiquer un rapporteur digne de lui, pour plaider la cause de 12,000 esclaves de six pieds de haut contre vingt petits chanoines ivrognes, jadis moines de Saint-Benoît, et pour tâcher d'obtenir, s'il est possible, que ces 12,000 citoyens soient sujets du roi au lieu d'être esclaves des moines, le dit apoplectique se jette aux pieds de monseigneur Turgot pour le remercier très-humblement.

» Un jour il arrivera peut-être qu'on sera assez sage, assez heureux pour remettre les étables d'Augias entre les mains d'Hercule; alors il fera ce qu'on a fait ailleurs, Saint-Bernard et Saint-Benoît n'auront plus de serfs de mainmorte.

» Le vieux mourant va bientôt partir dans cette douce espérance, et sera attaché bien respectueusement au vertueux Caton jusqu'au dernier moment de sa vie. »

Que le lecteur veuille bien se rappeler ce que Voltaire a dit de Caton, dans le peu que j'en ai cité; qu'il s'assure ensuite que Voltaire, si prodigue d'épithètes et de rapprochements flatteurs, n'a jamais donné ce titre à personne qu'à Turgot; alors il comprendra la valeur de l'éloge et de quelle pureté était l'idéal de Voltaire, en fait d'hommes d'État et de politiques. Pour être exact, je dois mentionner que Voltaire ne s'est servi qu'une autre fois de ce suprême qualificatif, et c'est avec d'Alembert.

Nous n'ajouterons pas de phrases à celles que nous avons extraites de la correspondance de Voltaire pour le mettre face à face avec le lecteur.

Si on n'a rien éprouvé, si l'on n'a pas senti vibrer une de ses fibres secrètes, si maintenant l'on n'aime pas Voltaire comme l'un des hommes qui fait le plus et le mieux aimer l'humanité, parce qu'il l'a aimée lui-même du cœur le plus enthousiaste et le plus constant, j'ai bien perdu mes peines et mon temps. J'en serais aux regrets; mais je pourrais m'en consoler, en gardant au plus profond de mon âme le *souvenir de Raton*.

Après sa mort, Voltaire est encore consolateur et bienfaisant, comme il le fut pendant sa vie.

PREMIER CENTENAIRE DE VOLTAIRE

Le 30 mai 1878, cent ans se seront écoulés depuis la mort de Voltaire.

Si la France est plus éclairée et plus libre qu'elle ne l'était en 1845, elle se souviendra de lui et fera, pour sa mémoire, plus qu'elle n'osa entreprendre à cette époque, pour honorer Molière. La monarchie de 1830 ne s'associa qu'avec une remarquable timidité à l'érection de la fontaine monumentale de la rue Richelieu. La grande ombre de l'auteur du *Tartufe* et du *Misanthrope* effarouchait cette politique de vieillard.

Molière méritait davantage. Sa grandeur se montre non-seulement dans le poëte, mais dans l'homme. Il est de ceux qui honorent le plus une nation, car par le cœur, autant que par le génie, ils appartiennent à l'humanité.

Tel est aussi Voltaire, et, si les titres du poëte peuvent être moindres, ceux de l'homme sont plus considérables. Que Voltaire ait une statue au Théâtre-Français, rien de plus juste ; il en fut une des gloires et contribua à ses développements. Mais ce n'est pas assez : le nom et la mémoire de Voltaire veulent d'autres honneurs.

Ce qu'il y a de plus grand en Voltaire, c'est l'homme. Tous ses autres aspects se confondent en cet aspect souverain. Les sociétés modernes datent de 89. Plus peuplées, plus riches, plus pacifiques et plus éclairées qu'elles ne le furent jamais, elles doivent cette vie nouvelle à la révolution française, qui, comme le soleil, a lui pour le monde entier. Or, si un homme, plus qu'aucun autre, a porté dans son cœur la Révolution, l'a couvée longtemps avec amour et lui a consacré fidèlement toutes les ardeurs de son génie, cet homme c'est Voltaire.

Nous avons plaidé, dans ce livre, la cause de ce noble client, qui lui-même en gagna tant d'autres et des plus désespérées. Puisse ce rapprochement être de bon augure ! Nous avons fait connaître quels sont les droits de Voltaire au titre de précurseur et de promoteur de 89, à celui d'homme, dans la belle et large acception de Térence. Nous allons maintenant dire quelque chose des honneurs qui lui ont été rendus de son vivant et après sa mort. Le souvenir de ce qui s'est fait nous encouragera peut-être à préparer dignement son premier centenaire. Espérons que ce suprême hommage ne fera point défaut au grand homme ; car c'est surtout à ceux qui se réunissent sous l'empire d'aussi nobles sentiments, que ces augustes cérémonies sont profitables.

Le 30 mars 1778 , juste deux mois avant sa mort, Voltaire fit sa visite à l'Académie française et assista le soir de ce même jour à la sixième représentation d'*Irène*, au Théâtre-Français.

La nouvelle de ces visites s'étant répandue par la ville, dès le matin les quais et les rues se trouvèrent remplis d'une foule compacte de citoyens, appartenant à toutes les conditions. A peine la voiture de Voltaire parut-elle, qu'un immense cri sortit de toutes les poitrines : *le voilà ! c'est lui !* Tout le monde voulant le voir et le saluer, la voiture n'avançait qu'avec peine et lentement. On se précipite aux portières, on baise ses mains, ses vêtements et jusqu'à ses chevaux. C'est un délire général, une émotion profonde et délicieuse fait tressaillir toutes les âmes. Une pauvre femme fend la presse et parvient jusqu'à lui en criant : *Je veux voir le sauveur des Calas.* Cette acclamation : *le sauveur des Calas*, retentit aussitôt, poussée par des milliers de voix. L'Académie en corps vient au-devant de son plus illustre membre , de l'homme du siècle. Cent cris divers se confondent dans l'air :

vive l'auteur de *Zaïre! * vive *Mérope ! * vive l'*Essai sur les mœurs! * vive la *Pucelle ! * sur lesquels domine toujours le cri de la foule : *Vive le sauveur des Calas ! *

On conduit Voltaire au siége du directeur de l'Académie. Son portrait, orné de fleurs, brille au-dessus de son fauteuil. Franklin assistait à cette séance. Par une heureuse inspiration, on fut le prier de venir prendre place près de Voltaire. Quand les deux vieillards se saluèrent, une immense acclamation déborda de toutes les poitrines oppressées de bonheur. Voltaire et Franklin, augustes représentants de la vertu et de la liberté dans les deux mondes, s'embrassèrent en présence de cette assemblée, noyée dans l'ivresse des plus nobles sentiments.

Ces grandes scènes, où toute une foule vibre d'enthousiasme, sous l'influence d'une secousse morale aussi haute, sont aussi belles qu'elles sont rares. Qui en a joui n'en peut perdre la mémoire.

Si splendide que fût cette ovation, celle que reçut Voltaire au Théâtre-Français fut encore plus touchante et plus complète.

Le théâtre, richement illuminé au dedans et au dehors, orné d'inscriptions tirées des œuvres de Voltaire, était trop petit pour contenir la multitude accourue pour le voir et le fêter. La loge des gentilshommes ordinaires du roi avait été préparée pour recevoir le grand vieillard. Il y parut entre Mme de Villette et Mme Denis : toute la salle, *dans les convulsions de la joie*, se leva en sa présence et fut longtemps avant de pouvoir contenir ses vivats, ses trépignements et ses acclamations. Par intervalles, le vieillard, levant ses bras pour essuyer ses larmes, on crut qu'il allait parler et alors il se faisait de profonds silences. Ce fut dans un de ces moments que mille voix s'écrièrent : *Qu'on lui porte une couronne ! * Ce mot de couronne surnageait toujours, au milieu de la tempête et de l'émotion générale. Brizard s'avance pour couronner le poëte, qui refuse longtemps un honneur sans exemple, mais de toutes parts on le lui impose en criant : *C'est le public qui l'envoie. * Pendant quatre heures ce furent des transports d'allégresse et des acclamations, qui partaient spontanément et se dégageaient de la foule comme les étincelles d'une atmosphère chargée de fluide électrique. *Honneur à l'homme unique ! à l'homme qui apprend à penser ! Gloire* *à l'homme universel ! Gloire au sauveur des Calas ! au défenseur des Sirven, des Monbailli !*

« Dans l'excès de la joie dont les cœurs étaient pleins, dit
» un témoin, les uns versaient des larmes d'attendrissement,
» les autres levaient les mains vers lui, comme vers un être
» qu'on révère et qu'on invoque... Pas une physionomie qui
» ne portât l'empreinte d'une âme ivre de joie. »

On vint prendre de Voltaire l'ordre de commencer le spectacle, comme on le fait pour un roi. La pièce terminée, le rideau se releva une dernière fois et l'on aperçut tous les acteurs, les mains pleines de palmes et de fleurs, entourant le buste de Voltaire. Un chœur et une symphonie se font entendre et célèbrent l'apothéose du philosophe. La charmante Mme Vestris, embellie encore par son émotion, adresse à Voltaire ces vers, improvisés pendant la représentation :

> Aux yeux de Paris enchanté,
> Reçois en ce jour un hommage
> Que confirmera d'âge en âge
> La sévère postérité !
> Non, tu n'as pas besoin d'atteindre au noir rivage
> Pour jouir des honneurs de l'immortalité.
> Voltaire, reçois la couronne
> Que l'on vient de te présenter :
> Il est beau de la mériter
> Quand c'est la France qui la donne !

Ce sont des vers de circonstance, mais la circonstance était si belle que les vers se sont trouvés bons. Les acteurs déposent leurs palmes aux pieds de la statue ; cependant l'enthousiasme est hors de toute limite, si bien qu'une actrice va jusqu'à donner un baiser à ce marbre insensible, et tous ses camarades suivent son exemple. On rapporte que la plupart des spectateurs étaient en larmes. Voltaire, accablé d'émotions, ne pouvait que balbutier ces mots : *On veut me faire mourir de plaisir.*

Quand il fallut se séparer du vieillard, l'attendrissement fut au comble. Faible, se soutenant à peine, Voltaire se retirait au milieu d'une foule qui, dans sa respectueuse tendresse, s'ouvrait à son approche, chacun se disputant la gloire de lui avoir prêté un moment son appui. Chaque marche de l'escalier lui offrait un secours nouveau et l'on ne souffrait pas, dit Condorcet, que personne s'arrogeât le droit de le soutenir trop longtemps.

Les spectateurs suivirent la voiture de Voltaire jusqu'à l'hôtel Villette, au bruit de mille vivats. Dans la cour on se précipitait à ses pieds, on embrassait ses vêtements.

Condorcet ajoute : « Jamais homme n'a reçu des marques plus touchantes de l'admiration, de la tendresse publiques; jamais le génie n'a été honoré d'un hommage plus flatteur. C'était au bien qu'il avait fait que s'adressait cet hommage. Un grand poëte n'aurait eu que des applaudissements ; les armes coulaient sur le philosophe, qui avait brisé les fers de la raison et vengé la cause de l'humanité. »

Le 30 mai 1791, moins d'un mois après la mort de Mirabeau et le jour du treizième anniversaire de la mort de Voltaire, l'Assemblée nationale, qui gardait un juste souvenir de son grand précurseur, décréta que ses restes, après avoir reçu les honneurs publics dus aux grands hommes, seraient transférés au Panthéon. N'oublions pas de mentionner qu'un an auparavant la grande assemblée, qui se connaissait en hommes, avait, sur une magnifique motion de Mirabeau, décrété qu'elle porterait pendant trois jours le deuil de Franklin.

Une fête nationale fut organisée pour le 11 juillet. Dès la veille, les autorités municipales se rendirent solennellement à Charenton pour recevoir le corps de Voltaire, qui fut placé sur un char de forme antique traîné par douze chevaux blancs. Le cercueil passa la nuit sur les ruines de la Bastille. La place avait été transformée et figurait les Champs-Élysées. Des allégories nombreuses la peuplaient de souvenirs, et des jeunes filles en blanc, représentant les Muses, entouraient le corps du poëte. Sur l'emplacement de la tour où Voltaire avait été enfermé, une plate-forme richement décorée servit de lieu de repos aux restes du héros.

Au-dessus du sarcophage on lisait cette inscription :

REÇOIS EN CE LIEU OU T'ENCHAINA LE DESPOTISME,

VOLTAIRE,

LES HONNEURS QUE TE REND LA PATRIE.

La garde nationale et la foule passèrent la nuit sur la place.

Le lendemain, lundi, 11 juillet, la cérémonie commença dans la matinée. Députés, écoles, académie, théâtres, clubs, tribunaux, chœurs de musiciens et de jeunes filles couronnées de roses et tenant à la main des guirlandes de fleurs, puis des députations de tout genre, troupes d'infanterie et de cavalerie, composaient le cortége. Des ouvriers, employés à la démolition de la Bastille, portaient en trophée des chaînes, des boulets, des cuirasses, trouvés lors de la prise de la forteresse du despotisme. Des citoyens exaltaient les figures de Voltaire, de Rousseau et de Mirabeau; d'autres entouraient un coffre magnifiquement doré renfermant les œuvres de Voltaire données par Beaumarchais. La statue d'or de Voltaire était soutenue par des hommes habillés à l'antique. Le cortége était terminé par un char fait sur les dessins de David et surmonté d'un lit funèbre sur lequel figurait le philosophe étendu. Une Renommée lui posait une couronne sur la tête, et les inscriptions suivantes ornaient ce sarcophage :

IL VENGEA CALAS, SIRVEN, LABARRE, MONBAILLI.

POETE, PHILOSOPHE, HISTORIEN,

IL A FAIT PRENDRE UN GRAND ESSOR A L'ESPRIT HUMAIN

ET NOUS A PRÉPARÉS A DEVENIR LIBRES.

Une multitude de bannières et de flammes, sur lesquelles on lisait des inscriptions tirées des œuvres de Voltaire, flottaient au vent et soulevaient sur leur passage mille applaudissements.

Qui sert bien son pays n'a pas besoin d'aïeux.

Quoi! les maîtres du monde en sont l'ignominie!

Les États sont égaux et les hommes sont frères.

Que chacun dans sa loi cherche en paix la lumière.

Contemple la brillante aurore
Qui t'annonce enfin les beaux jours,
Un nouveau monde est près d'éclore.

Durant le trajet, le cortége s'arrêta devant l'Opéra-Comique (*Porte Saint-Martin*), où les acteurs chantèrent un hymne à la gloire du héros et couronnèrent son buste ; puis devant le Théâtre-Français (*Odéon*), où éclatèrent de nouveaux hommages. Trente-deux médaillons rappelaient le titre de ses ouvrages dramatiques, entre ces deux inscriptions : *Il fit Œdipe à* 17 *ans, il fit Irène à* 83 *ans.*

La station du cortége devant l'hôtel Villette, quai Voltaire, fut le plus bel épisode de cette grande fête. Quatre peupliers, réunis par des guirlandes de feuilles de chêne, formaient une voûte de verdure, du haut de laquelle une couronne de roses devait descendre sur le cercueil. Un amphithéâtre, dressé devant la maison, était couvert de jeunes filles tenant à la main des couronnes civiques.

Une ode, composée par Chénier et mise en musique par Gossec, fut chantée et accompagnée par un orchestre, dont les instruments affectaient les formes antiques. En ce moment, la dernière pupille de Voltaire, *belle et bonne*, vint poser une couronne sur la statue d'or de son père adoptif. Puis s'avancèrent, en grand deuil, Mme Calas, ses fils et ses filles, pour se joindre au cortége triomphal. Alors des larmes mouillèrent tous les yeux et tous les cœurs battirent à l'unisson, soulevés par un même sentiment. L'émotion de l'immense foule fut au comble.

On avait rendu hommage au génie, au grand homme, il restait un devoir plus saint, une tâche plus auguste à accomplir, il fallait sanctifier l'homme de cœur et consacrer le héros de l'humanité. C'est ce que fit tout un peuple, ayant des larmes aux yeux et dans la voix, frémissant sous l'empire des meilleurs sentiments départis à l'âme humaine.

En ce grand jour, Voltaire fut compris et honoré comme il devait l'être.

On sait qu'après la Restauration, en 1816, les restes de Voltaire ont été clandestinement violés et jetés dans un lieu incónnu. Récemment, le groupe des héritiers Villette, embarrassés du cœur de Voltaire, dont sa dernière pupille *belle et bonne* avait conservé le dépôt, ont offert cette relique à l'Académie française. Celle-ci, non moins embarrassée que les héritiers Villette, n'a pas gardé longtemps ce dernier vestige du grand homme, aujourd'hui déposé dans les limbes de la bibliothèque de la rue Richelieu.

A l'Académie, trônent et triomphent MM. de Falloux, Du-

panloup, Montalembert, Guizot, etc., représentant le passé
avec non moins de passion que de talent. Comment s'étonner
que le cœur de Voltaire y ait été reçu, comme le serait le
diable dans un bénitier? En 1778, à la veille de 89, en présence
de Franklin, de Turgot, de Condorcet et des légions créées par
le souffle de Voltaire, ce fut différent : mort, il est repoussé
de cette enceinte où vivant il fut acclamé comme un roi !

Toutefois, et sans se faire illusion, ce n'est qu'à la surface
que la société moderne nous offre ces reflets du passé. Telles
nous apparaissent les eaux dormantes, aux tons plombés et
rougeâtres. Au fond, nous sommes les héritiers de la Révolution et nous en tenons tous, même sans le savoir, ainsi que
l'écrivait de Maistre à Ballanche. A cet égard, il y a des signes
dans le temps. Un des meilleurs, c'est la manifestation importante du *Siècle*, l'un des organes les plus considérables de
la démocratie. Ouvrir une souscription populaire pour élever
une statue à Voltaire, c'est provoquer dans les esprits une
agitation féconde, sur l'œuvre et la mémoire du grand
homme du xviiie siècle. Quoi qu'il arrive, cette agitation
portera ses fruits; elle ravivera nos souvenirs, elle fera appel
à notre reconnaissance, à notre justice. Pour notre compte,
nous osons en concevoir les plus hautes et les meilleures
espérances.

Si cet anniversaire passait inaperçu, il faudrait plaindre la
France et l'Europe. Ce signe serait fatal et porterait un triste
témoignage de notre ingratitude, de notre ignorance, disons
tout, de notre peu de liberté. Car, *plus les peuples seront éclairés, plus ils seront libres*. Cet axiome est lumineux comme le
génie de Voltaire.

Les héritiers de Voltaire ne furent pas à la hauteur de leur
rôle. Il est vrai qu'un tel homme ne peut avoir pour héritier
légitime qu'une grande nation. Nous avons raconté, avec un
juste sentiment d'admiration, comment se comporta Catherine II. Sa grande âme nous a indiqué la voie à suivre. Ferney, abandonné, a passé de mains en mains. Il doit être ra-
cheté et devenir une propriété nationale, qui rappelle à jamais
le souvenir de Voltaire. Un peuple s'honore, en témoignant
sa reconnaissance pour ceux qui l'ont aimé et servi ; il est
bon et salutaire de faire vivre dans les âmes le souvenir
des meilleurs et des plus illustres d'entre nous. Il y a des

Mecques pour les cœurs tendres, qui ont besoin de retremper leur foi; pourquoi n'y aurait-il pas des lieux saints, où ceux qui aiment l'humanité puissent aller raffermir et élever leurs sentiments?

A Paris, nulle place publique n'offre au peuple et à la foule des étrangers la grande figure de Voltaire. Sans doute un jour cet oubli sera réparé, mais devons-nous laisser ce devoir à nos neveux? La France de notre temps fera-t-elle moins pour Voltaire que la France de 91? Héritiers de 89, nous sommes les petits-fils de Voltaire. Il n'est aucun de nous qui ne lui doive quelque chose directement ou indirectement, puisqu'il fut en France, en Europe et dans les deux mondes le plus habile et le plus puissant ouvrier de la Révolution.

A qui donc s'adresser ou plutôt à qui donc ne pas s'adresser, pour préparer le premier centenaire de l'homme du XVIIIe siècle?

Est-ce qu'à l'Académie française, MM. Hugo, Sainte-Beuve, Mérimée, Augier, Sandeau, Mignet, Paradol, Ponsard, et, à quelques égards, l'un des plus jeunes de la compagnie, M. Viennet, refuseraient leur obole pour constituer cette œuvre du denier de Voltaire? Est-ce que la Société des gens de lettres, celle des auteurs et artistes dramatiques, ne s'empresseraient pas de marquer leur sympathie et leur reconnaissance pour celui qui, le plus utilement, a porté au loin les rayonnements des idées et des lettres françaises? Est-ce que tout Français, sachant lire et ayant au cœur une étincelle de patriotisme et d'humanité, ne s'estimera pas heureux de s'associer à ce grand mouvement de l'esprit humain, en payant une dette sacrée?

Racheter Ferney et son parc, en appropriant les lieux à leur destination, pour rappeler et glorifier le souvenir de Voltaire. Meubler le petit château, le peupler des portraits qui font historiquement cortége à Voltaire, et d'abord les siens aux différentes époques de sa vie.

Des fresques ou des toiles décoreraient les murs de cette demeure et nous représenteraient les principales actions de la vie de Voltaire. On nous le montrerait à 12 ans accompagnant son parrain l'abbé de Châteauneuf chez Ninon de Lenclos; enfermé à la Bastille et travaillant à la Henriade, au chevet d'Adrienne Lecouvreur avec d'Argental ; en Angleterre causant avec Collins, Swift, Bolingbrocke, Pope et Shaftesbury ; conversant en Hollande avec Boërhaave et S.Gravesande ; à Versailles dans la loge de Louis XV assistant à la représentation de *Brutus;* à Clèves dans sa première entrevue avec Frédéric, à Potsdam au souper du roi, à Cirey avec Mme du Chatelet au milieu de ses livres et de ses instruments de physique ; à Lunéville recevant dans sa chambre les consolations de Stanislas après la mort de Mme du Chatelet ; à Paris accueillant le jeune Lekain ; puis sur son théâtre de la rue Traversière jouant le rôle de Cicéron ; recevant un baiser de la jeune duchesse de Villars aux applaudissements d'un public, ivre d'une joie qui l'enivrait lui-même et lui faisait répandre de douces larmes.

On nous montrerait Voltaire accueillant à Ferney Turgot d'Alembert et Condorcet, y recevant Mlle Clairon et Lekain, Mlle Fel ; Voltaire au milieu de ses colons pendant une fête, Voltaire aux champs près d'une nouvelle charrue qu'il fait essayer, Voltaire entouré de ses pupilles, Mlles Corneille, Dupuits, de Varicourt ; Voltaire auprès du lit de Daumart, au chevet du petit Pichon ; Voltaire dans son cabinet et dictant ses lettres à Wagnière ; Voltaire prêchant un pauvre capucin dont il obtient l'absolution ; Voltaire se mettant à genoux pour faire relever le mauvais sujet et sa famille prosternés à ses pieds ; Voltaire travaillant dans son lit, pupitre des gens de 80 ans, et recevant le bonjour de *Belle et bonne.*

On verrait Voltaire se rendant à l'Académie, arrêté par la foule qui assiége son carrosse, Voltaire dans cette mémorable séance embrassant Franklin, Voltaire dans sa chambre bénissant le petit-fils de ce grand homme, Voltaire se jetant en pleurant sur la main de Turgot. Voltaire au Théâtre-Français pendant son apothéose, Voltaire descendant l'escalier du théâtre soutenu par la foule respectueuse et attendrie, Voltaire exténué et moribond crayonnant ces derniers mots : *Je meurs content.*

Enfin la place de la Bastille transformée en jardin paradisiaque et le corps de Voltaire y reposant pendant la nuit du 10 juillet 91, entouré de jeunes filles figurant les Muses; le cortége de cette fête nationale, la station devant l'hôtel Villette; le sarcophage du Panthéon et l'enlèvement clandestin de ses restes pendant la nuit en 1816.

Les honneurs rendus à la mémoire du grand homme à son premier centenaire fourniraient le sujet de quelques autres compositions.

On inscrirait à des places choisies quelques-uns des vers, quelques-unes des pensées du philosophe. Ferney serait ainsi une sorte de temple, dans lequel l'Odyssée ou plutôt l'Iliade du grand précurseur de 89 servirait d'enseignement à nos neveux, leur apprendrait ce que nous lui devons, en leur ouvrant le cœur à la reconnaissance, à l'admiration, à tous les meilleurs sentiments de la nature humaine.

A Paris, sur cette même place de la Bastille, au pied de la colonne surmontée par le génie de la liberté, on placerait la statue de Voltaire, le glorieux et infatigable serviteur de la déesse.

Mais ne traçons point ici un programme rigoureux et définitif, nous ne voulons que donner l'idée de ce qu'il pourrait être et comment il conviendrait d'honorer la mémoire de Voltaire.

Nous sommes loin de protester contre les hommages rendus à tant d'hommes illustres dans les arts, la science, l'industrie et la guerre. Dieu nous garde d'un tel blasphème contre la reconnaissance de la nation, reconnaissance à laquelle nous nous associons pour notre part. Mais, si l'on s'est justement souvenu de tous ces morts, que ne devons-nous donc pas au grand mort de 1778 ?

Eh quoi ? Parmentier, Jacquart, Buffon, Duclos, Pothier, Montesquieu, Marceau, Kléber, Hoche, Ney et cent autres ont des statues sur nos places publiques et Voltaire n'en aura point ? La parvulissime république de Genève a honoré le génie de J.-J. Rousseau en lui dressant une statue dans une île de son lac, et la grande nation, la France ne fera rien pour Voltaire !... ·

L'Angleterre a élevé des statues à Shakespeare, à Walter Scott, l'Allemagne à Gœthe et à Schiller, l'Italie à Dante, à Pétrarque, à Galilée, au Tasse, etc., et la France n'a sur aucune de ses places la grande figure de Voltaire !

Né à Chatenay, baptisé à Paris, Voltaire, cette quintessence de Parisien et de Français, dont Gœthe a dit : « La nature pro-

» duisit en Voltaire l'homme le plus éminemment doué de
» toutes les qualités qui caractérisent et honorent sa nation
» et le chargea de représenter la France à l'univers. Après
» avoir fait naître cet homme extraordinaire, le type du gé-
» nie français, elle se reposa comme pour mieux le faire ap-
» précier, ou comme épuisée par ce prodige. »

Voltaire, par justice et pour l'honneur de la nation, Voltaire doit avoir une statue à Paris.

Je m'adresse à tous, je m'adresse aux gens de cœur, aux
amis de la civilisation et du progrès, aux artistes, aux gens
de lettres. Que l'on constitue un comité, chargé de préparer
le premier centenaire du grand homme du xviii° siècle, et je
ne puis en douter, les oboles viendront de toutes parts.
Nous pourrons enfin payer cette dette nationale. L'Europe,
l'Amérique, les cinq parties du monde s'associeront à la
France pour l'accomplissement de ce grand acte, qui sera
réellement un acte d'humanité.

Bien plus, j'aime à espérer qu'on recueillera assez d'argent,
d'ici à 1878, pour qu'on puisse non-seulement exécuter un
programme analogue à celui que je viens d'esquisser, mais
encore pour qu'on y ajoute une disposition capitale. Voltaire
était doué d'une activité trop féconde, il aimait trop le bien
pour qu'on ne doive pas chercher à l'honorer de la façon
qui lui aurait été le plus sensible, je veux dire en faisant, à
son exemple, une œuvre utile, vivante, immortelle comme
sa gloire. Or, un des derniers actes de sa vie fut de fonder à
Berne *le prix de la justice et de l'humanité*. Il souscrivit pour
50 louis et y fit souscrire Frédéric pour une somme égale. Il
en dressa le programme.

Eh bien ! il faut faire revivre cette bonne action de Voltaire et fonder un beau prix, que l'on distribuerait, je suppose,
tous les cinq ans à Ferney, à celui qui aurait le plus fait pour
la justice et l'humanité pendant cette période quinquennale.
Le prix s'appelerait le *prix Voltaire* et serait décerné en son
nom, qui est justement un symbole de justice et d'humanité.

Le souvenir de Voltaire revivrait ainsi d'une manière digne
de lui. Après sa mort, celui qui ne se reposa jamais, celui
qu'enflamma jusqu'au dernier de ses moments l'ardent
amour de la vérité et des hommes, Voltaire ferait encore pra-

tiquement du bien, il protégerait le mérite et récompense-
rait la vertu ?

Est-ce un rêve ? est-ce trop attendre de mes contemporains, est-ce trop bien présumer de leurs sentiments et de
leur intelligence ? Est-ce que je me méprends sur mon époque ? Est-ce que j'anticipe sur l'avenir, qui fera certainement
quelque chose dans la voie que j'indique aujourd'hui ?

Je ne puis le croire, et, si j'en ai le démenti, ce ne sera pas
au moins sans avoir tenté cette belle aventure, car j'adresse
cet appel à tous ceux qui peuvent l'entendre.

Il n'y aura sans doute pas un homme tenant une plume,
un homme vendant des livres, quelque part qu'il soit placé
sur la surface du globe , qui ne s'empresse de se mettre au
service d'une telle œuvre.

Voilà ce que nous écrivions , plusieurs mois avant que le
Siècle ait pris l'initiative que l'on sait. Le vent souffle , l'esprit s'éveille, la justice, d'un pas lent, mais sûr, s'avance et
fait son œuvre. Espérons donc et confions-nous en l'avenir.
Faisons comme Voltaire, qui vécut et mourut plein de la foi
la plus vive.

SUPPLÉMENT PHILOSOPHIQUE

PROFIL DE DIDEROT

I

Nous allons atteindre les limites de ce livre et il ne nous reste plus de place pour développer, avec l'étendue convenable, la philosophie de Voltaire et du xviiie siècle. En ajoutant à ce volume une feuille supplémentaire, nous ne pourrons que faire entrevoir quel sera ce travail; mais loin d'y renoncer, nous nous proposons de le publier très-prochainement.

Nous dirons ici, en peu de mots, que deux traits principaux caractérisent essentiellement la philosophie du xviiie siècle. Le premier, c'est qu'elle changea avec éclat l'objectif des penseurs et des philosophes, en leur donnant pour but la recherche du bien, du vrai et du juste, non plus dans l'absolu, mais dans l'homme lui-même, dans l'humanité. On saisit aisément l'importance de ce point de départ. A quelles funestes extrémités n'avait pas conduit la recherche presque exclusive du bien, du juste et du vrai dans l'absolu ou Dieu?

Le second trait caractéristique de la philosophie du xviiie siècle, c'est d'avoir donné à la morale une base positive, après l'avoir nettement séparée de toute conception sur l'absolu ou Dieu. Il n'importait pas moins d'asseoir la morale humaine sur une base d'une évidence indiscutable que de la soustraire à toute théologie. En effet, si l'on prétend fonder la morale sur ce principe, *l'homme fait le bien ou le mal à volonté en vertu de son libre arbitre*, on se jette immédiatement dans la confusion la plus inextricable, on est en pleines ténèbres. Qui pourrait déterminer le degré de libre arbitre, apporté dans leurs actes par Vincent de Paul et Fénélon, Poulman et Dumolard ? Personne assurément. Sans entrer dans de longues explications, faisons remarquer qu'il ne s'agit aucunement de nier le libre arbitre, ou plutôt la spontanéité de l'homme. Je constate seulement que cette base est trop indéterminable pour qu'on puisse en faire le principe de la morale. Diderot et Voltaire, qui rejetèrent le libre arbitre, entendu à la façon des théologiens et des psychologues de nos jours, ne dénièrent jamais à l'homme la spontanéité. Ils furent eux-mêmes de beaux exemples de ce que peut l'homme, doué d'une forte et noble autonomie.

Mais, par leur grand cœur et leur haute intelligence, ayant compris et senti que l'homme ne pouvait se concevoir qu'intimement uni à ses semblables, ils établirent la morale humaine sur ce principe inébranlable, et dont toutes les conséquences et tous les faits de la vie humaine donnent une constante et parfaite vérification : *La moralité de nos actions a pour suprême critérium leur degré d'utilité sociale*. Ce qui est utile à nous et à autrui, voilà le bien. La vertu consiste à être bon pour autrui et pour soi-même. Et en effet, s'il nous est impossible de préciser le degré de libre arbitre apporté dans leurs actes par Vincent de Paul et Fénélon, Poulman et Dumolard, tout le monde tombe d'accord que les uns ont fait le bien comme les autres ont fait le mal, que les uns furent vertueux et les autres criminels. Cela est clair comme le jour. Avec ce principe, que l'utilité sociale de nos actions en fait la moralité, nous sommes en pleine lumière et dans l'évidence. Tandis qu'avec le principe que l'homme fait le bien ou le mal à volonté par son libre arbitre, nous sommes en pleines ténèbres et dans l'inconnu.

Dieu sait combien on a noirci de papier, discuté, contesté, contredit et battu la campagne et les buissons sur cette question de la morale. Des gens, se croyant vertueux par excellence, ont foudroyé, anathématisé la *morale de l'intérêt bien entendu.* Ces moralistes ne prennent pas garde que *la morale de l'intérêt* n'est pas nécessairement vile ; elle est naturelle, car elle correspond à la satisfaction de l'individu, satisfaction légitime. Cette morale ne serait vile ou condamnable qu'au cas où l'individu nuirait à autrui et à lui-même, pour aller à son but. Les moralistes ne s'aperçoivent pas qu'ils glissent dans la doctrine du *mépris de soi-même,* de l'humilité, de la mortification et de l'ascétisme pratiqué au moyen âge.

Par opposition à la *morale de l'intérêt,* toujours les mêmes moralistes ont élevé le drapeau de la *morale du devoir,* qui consisterait à faire le bien, sans aucun motif d'intérêt. Que d'encens n'a-t-on pas prodigué à cette creuse idole, couverte d'un voile et ornée de bandelettes sacrées ! Quelle dépense de belles phrases, d'éloquents discours et de magnifiques prosopopées! Rousseau nous en a fourni quelques beaux échantillons.

Qu'est-ce que la *morale du devoir,* et que faut-il entendre par ces mots? Dissipons les nuages et sortons du vague.

Faire son devoir, c'est bien agir, cela se dit couramment, cela est compris et senti de tout le monde. Et cela est juste. Mais, pour l'homme, qu'est-ce que bien agir ? N'est-ce pas accomplir des actions utiles aux hommes? Si nous accomplissons de telles actions à notre péril et en nous sacrifiant, on dit que nous sommes vertueux, héroïques, et l'on a raison. Mais, pour cela, nous ne sommes pas en dehors et au-dessus des conditions de la nature humaine. Le héros qui se dévoue pour ses semblables et la mère qui, tous les jours, se sacrifie à son enfant, agissent l'un et l'autre sous l'impulsion des mobiles essentiels à la nature humaine.

Ou le devoir est un mot vide de sens et ne représente qu'une entité chimérique, ou le devoir est l'expression des sentiments supérieurs qui font la dignité de notre espèce, comme ils assurent sa perpétuité. L'amour du juste et du vrai, l'amour des hommes, voilà la racine du devoir. Il n'y en a pas d'autres, et ce qu'on appelle devoir ne saurait recevoir une autre signification, claire, nette, conforme à la raison.

Les philosophes du xviiie siècle l'ont compris ainsi, parce qu'ils ont eu la vraie notion de l'humanité. Pour eux, l'individu est inséparable de l'espèce, et l'homme, en rapport intime avec ses semblables, leur est indivisiblement uni.

Grâce à cette conception, aussi simple que lumineuse, les philosophes du XVIIIe siècle ne se sont pas perdus à la recherche d'une morale impossible et d'un devoir abstrait. Acceptant les deux faces du problème, l'individu et l'espèce, ils ont vu juste et n'ont répudié ni *la morale de l'intérêt*, représentant l'individu, ni *la morale du devoir*, représentant l'espèce. Leur formule comprend les deux termes et les complète l'un par l'autre.

Toute la moralité des actions humaines a pour contrôle, pour mesure, pour suprême critérium, leur utilité sociale.

Il n'y a pas à sortir de là, et l'individu comme la société y trouvent également satisfaction.

On peut appliquer la formule à quelque acte que ce soit, et la vérification en montrera la justesse. Comment imaginer un acte quelconque, émané de l'homme, qui n'intéresse pas essentiellement l'individu et son espèce, qui pût atteindre l'un sans toucher l'autre ? Aucun bien ni aucun mal ne peut arriver à l'individu ou à l'espèce, sans que l'un et l'autre ne le ressentent aussitôt. Cela est aussi visible et aussi naturel pour ce qui regarde la société que pour l'un quelconque des organes de notre corps. L'unité est le caractère essentiel et commun du corps humain et du corps social. Nous n'insisterons pas davantage ici sur ces idées philosophiques, qui recevront ailleurs tous les développements qu'elles comportent.

Ajoutons encore que ces idées ne s'établiront pas sans trouble et sans confusion. Elles conduisent certains esprits à de très-fausses conséquences. Helvétius et d'Holbach furent dans ce cas, et, par leurs écrits, tombèrent dans l'individualisme le plus excessif. En présence d'un passé qui avait écrasé l'individu, la revendication fut extrême et passa toute mesure. D'Holbach a été jusqu'à dire : *dès que le vice rend l'homme heureux, il doit aimer le vice.* J'ai rappelé avec quelle énergie Voltaire protesta contre cette odieuse maxime, non moins contradictoire à la nature humaine, non moins insensée que la conception du sauvage imaginaire de Rousseau.

Voltaire et Diderot n'ont point déraillé dans cette ornière de l'individualisme, s'ils ont plus que personne contribué à détruire l'écrasante conception du passé, qui, tenant peu de compte de l'individu, l'immolait sans pitié soit à l'État, à soit Dieu, à Dieu surtout.

Nous terminerons ce livre en accentuant, par un contraste à la fois piquant et instructif, horrible et consolateur, tout ce qu'il y a de fausseté et d'horreur dans l'individualisme, de noblesse et de vraie joie dans la saine pratique de la vie, comme l'ont entendue Voltaire et Diderot.

Nous avons dit quelque chose de la théorie de l'individualisme, en nous occupant de Mme du Chatelet. Son ami Richelieu la mit aussi en pratique avec éclat. La première en mourut victime, à la moitié de sa carrière, et l'illustre roué s'affaissa sous le mépris dans une vieillesse abjecte.

Mais la victime la plus misérable et la plus haute de l'individualisme, ce fut Louis XV. Autant, dans le sauvage de Rousseau, l'individu nous apparaît comme un être ridiculement chimérique, autant dans Louis XV, il nous frappe par son effrayante réalité. Toutes les fatalités semblent avoir accumulé sur sa tête les conditions d'une fastueuse monstruosité. Louis XV fut l'individualisme couronné.

Né en 1710, ce malheureux rejeton de saint Louis et de Henri IV, n'était pas sans facultés : il avait du sens, de la grâce et une dignité native. Mais sa jeunesse s'écoula sous la Régence et fut dirigée par le vieux Fleury. Esprit médiocre et souple, d'humeur douce et facile, cachant une ambition réelle sous la modération de son caractère, ce précepteur eut la plus grande influence sur son royal élève. Devenu premier ministre en 1726, à soixante-treize ans, le cardinal jouit sans contestation du pouvoir absolu jusqu'à sa mort, 1743. Il avait alors quatre-vingt-dix ans et avait gouverné dix-sept ans, à l'âge où beaucoup d'autres se retirent des affaires. Le caractère du cardinal ne s'alliait que trop bien à celui du jeune roi. Tous deux étaient timides, faibles et sans virilité. En outre, Fleury était trop de son temps, pour n'avoir pas une facilité de mœurs qui touchait à la corruption et pour ne point tirer parti de cette corruption, au profit de la conservation de son pouvoir. C'est lui qui, au premier éveil de la sensualité du roi, prononça ces paroles : *Eh bien, qu'on aille chercher la Mailly !* Ainsi s'introduisirent en favorites, dans la couche royale, quatre sœurs de cette illustre maison de Mailly, dont la dernière et la plus connue a été la duchesse de Châteauroux.

Louis XV vécut dès sa jeunesse dans la corruption et fut accoutumé à y mêler les pratiques de la religion. — Maintenant, il importe de dire quelques mots de la doctrine et des idées générales dans lesquelles il avait été bercé et nourri et qui se traduisaient vivantes autour de lui, dans les moindres détails de son existence.

IL ÉTAIT LE ROI! roi de droit divin, délégué de Dieu sur la terre, oint et sacré par ses ministres. Sa volonté était la loi, son bon plaisir devait faire le bonheur de son peuple, sa grâce sauvait ou perdait justement, car son pouvoir émanait du ciel même. La France était son domaine, et ses habitants lui appartenaient, comme les enfants appartenaient au père du temps des patriarches et même selon le droit romain. Telle était la doctrine et cette doctrine venait d'acquérir un lustre incomparable par Louis XIV; si bien que le fait semblait la justifier à tous les yeux et plus naturellement encore aux yeux de son successeur.

Fleury accoutuma avec soin le jeune roi à se décharger sur lui du poids des affaires, à demeurer tout entier à ses plaisirs et aux vains honneurs de la royauté.

Lorsque à trente-trois ans, il perdit ce mauvais tuteur, Louis XV se trouva sans forces aucunes, l'âme énervée, le cœur blasé et déjà corrompu; tout devoir lui était devenu un fardeau impossible à soutenir. On lui avait sans cesse dit et prouvé, qu'étant roi par la grâce de Dieu, il n'avait autre chose à faire qu'à se livrer à son bon plaisir.

La pente était glissante et l'abîme prochain; un héros eût pu seul remonter le torrent de ces fatalités séculaires, et Louis XV n'avait pas une âme de cette trempe.

Il arriva nécessairement que Louis XV fut appelé à manifester pendant un long règne l'incarnation de l'individualisme le plus complet, déclaré divin et reçu comme tel, par une cour prosternée dans l'adoration, par une malheureuse nation ignorante, superstitieuse, crédule qui lui sert de marchepied. Doctrines, institutions, coutumes, préjugés, hommes et choses, tout conspire à la glorification exclusive et partant à la corruption du roi.

Chose horrible à dire, chose impossible à raconter que la façon dont fut faite la litière du royal personnage, qui absorbait, de par les lois divines et humaines, toutes les sueurs, toutes les forces, tout le sang d'un peuple. Et comment n'en eût-il pas été ainsi? La jouissance du roi est sainte, et son peuple lui appartient. Le rôle du peuple, c'est d'aimer et de servir son roi jusqu'à la mort ; celui du roi, c'est de jouir, d'être heureux !

Alors on vit, pour l'accomplissement de ce but glorieux et sacré, une émulation de bassesse et de corruption en haut, en bas, une effroyable misère et des souffrances indicibles. L'histoire du Parc-aux-Cerfs n'est pas un conte ; elle n'est que trop vraie, quoiqu'on la laisse le plus souvent dans l'ombre comme les livres affreux du marquis de Sade, abominable fou de luxure, mort à Bicêtre. Le Parc-aux-Cerfs, c'est l'œuvre de Louis XV. Ici le plaisir était poursuivi, non comme dans les livres du marquis, à travers la souffrance et la torture physiques, mais à travers les douleurs· morales les plus intimes et les plus délicates. Les vierges les plus pures et les plus innocentes, à peine écloses et sorties de l'enfance, étaient conduites au repaire royal, pour assouvir l'appétit défaillant du Minotaure de Versailles. Les pourvoyeurs saisissaient tout : contre les parents, on avait la Bastille ; contre les victimes, les lettres de cachet et l'exil, le silence et la terreur ; enfin de l'or à foison pour couvrir toutes ces infamies, tous ces crimes. Cela coûta jusqu'à cent millions par an et jamais Louis XV, même dans les plus grandes détresses du Trésor public, ne voulut consentir à retrancher quelque chose sur le chiffre de cette dîme royale... En effet, *n'était-il pas le roi*, l'élu de Dieu, l'oint du Seigneur? Son bon plaisir n'était-il pas la loi divine et humaine, et sa jouissance sacrée?

O lumière de 89! ô soleil du 14 Juillet! que vous êtes loin encore! La nation agonise dans la honte et la misère, sous cette sombre nuit du droit divin, qu'affirme la sinistre silhouette de la Bastille. Oh! paraissez vite et paraissez tous, étoiles bienfaisantes et torches incendiaires, lumières et ténèbres, vengeurs et bourreaux. Oui, venez tous : après Mirabeau et Danton, Robespierre et Saint-Just; viens toi-même, Marat à la mine hideuse et folle ; viens encore, Maillard aux bras rouges du sang de Septembre : venez, venez tous, car il faut que cela disparaisse dans un abîme de feu, de sang et de larmes !...

Venez tous, bourreaux furieux, victimes innocentes, venez porte-lumières et porte-glaives. Il faut des coups de tonnerre pour dissiper ces épaisses ténèbres. Il faut des flots de sang pour laver tant de souillures. Que les cerveaux éclatent, que les cœurs se brisent ; il est beau, il est doux de mourir dans cette formidable tempête, qui emporte le vieux monde et d'où va naître la société moderne. Aussi, on le sait, tous mouraient avec joie, avec enthousiasme, avec ivresse, avec la conscience du devoir accompli !

Viens aussi, toi, mon aïeul, humble, ignoré, mais grand par ton acte ; apporte du fond de la Bretagne ta jeunesse et ton sang. Viens le mêler à celui de ton roi, victime fatale et expiatoire ; à celui de la reine, calomniée d'abord par ses proches et justifiée par l'échafaud, cette rude pierre de touche. Venez tous, hommes du passé, esprits de l'avenir, car il faut une vaste hécatombe ; le progrès est à ce prix et souvent on l'a payé plus cher, dans une seule bataille !

Ah ! vous avez passé, anges du bien et du mal. Les destins sont accomplis. La terre est délivrée, l'air est purifié et l'humanité respire, comme on respire après ces formidables ouragans qui sévissent près de l'Équateur [1].

---

[1] M. Aléno de Saint-Alouarn, mon grand-père, est mort sur l'échafaud, à 29 ans, le 1er thermidor. Cadet de famille, il s'était marié fort jeune, et laissait deux filles en bas âge. Son père, commandant la frégate le *Gros-Ventre*, avait contribué efficacement à la découverte de la terre de la *Désolation*, 1772, sous les ordres de M. de Kerguélen, et mourut à l'Ile de France à la suite des fatigues de cette campagne. Son grand-père, commandant le vaisseau le *Juste*, et son oncle le chevalier de Rosmadec avaient péri glorieusement au combat de la Vilaine, en 1759. M. de Saint-Alouarn n'était pas au service du roi, mais il crut de son devoir, dans le péril qui menaçait Louis XVI et sa famille, de se dévouer pour leur salut. Il vint à Paris comme marchand de bœufs et fut au nombre de ceux qui se rangèrent devant le roi au 10 août. Dénoncé et jeté en prison, il fit faire à la hâte une miniature pour sa femme et ses enfants, où il est représenté, en habit gris et gilet rouge, près d'une fenêtre grillée, la physionomie calme et résignée. Mon grand-père fut condamné à mort sur la lettre suivante, trouvée dans les papiers du

Mais revenons, et voyons quel est le bonheur de cet égoïste de droit divin, au pied de qui tout un peuple prodigue son or et son sang.

Cet homme est la plus misérable créature de son royaume. Tout l'ennuie et son entourage n'est occupé que d'amuser le roi, la chose impossible, tout autant que de remplir le tonneau sans fond des Danaïdes. Il a peur de la mort et de l'enfer. et son âme est toujours obsédée de cette crainte non moins vile qu'écrasante. Avec assez d'intelligence pour voir le mal, il n'a pas assez de force pour y porter remède ; il prévoit que cette situation ne peut durer et se terminera prochainement par une catastrophe ; il le dit, *après moi le déluge*, et s'en lave les mains. Son cœur est vide, il n'aime personne, ni sa femme, ni ses enfants ; il n'a point d'amis, mais de lâches complaisants, avilis comme ses maîtresses elles-mêmes, qui sont pour lui des habitudes. Il vit avec des formes

ministre Laporte. Cette lettre était aussi honorable pour lui que probante contre lui :

Paris, 25 juillet 1792. — « Monsieur, j'ai l'honneur de m'adresser à
» vous pour me procurer, s'il est possible, une carte pour entrer au
» château des Tuileries. Je suis gentilhomme breton, et venu des
» extrémités de ma province, abandonnant femme et enfants sous le
» glaive d'une anarchie affreuse, pour faire un rempart de mon corps
» au meilleur des rois et à son auguste famille. Personne, plus que
» moi et ma famille, n'est attaché à Leurs Majestés. Périr à leurs pieds
» est mon devoir. Tels sont les sentiments ineffaçables qui ont tou-
» jours été gravés dans le cœur d'une famille, qui a eu le bonheur
» de servir avec honneur Sa Majesté. C'est ce qui me fait espérer que
» vous voudrez bien avoir égard au juste zèle d'un serviteur fidèle de
» Sa Majesté. — Ma reconnaissance égale d'avance tout le profond res-
» pect avec lequel, monsieur, j'ai l'honneur d'être votre très-humble
» et obéissant serviteur. — M. Aléno de Saint-Alouarn.
» Hôtel de Saxe, rue du Vieux-Colombier, faubourg Saint-Germain. »

Ce n'est pas sans un profond sentiment de la solidarité humaine que je sens couler en moi quelques gouttes du sang le plus généreux versé par notre immortelle Révolution. Me trouvant à la fois fils de Voltaire et fils d'un martyr, je n'en répète qu'avec une plus forte conviction ces belles paroles : *Tout comprendre c'est tout pardonner* et ces autres prononcées par le sublime crucifié : *O mon père, pardonnez-leur, car ils ne savent ce qu'ils font.*

et une étiquette, auxquelles il ne peut se soustraire : telle est la tradition du grand roi. C'est une sorte de forçat qui tire sa chaîne et tourne dans l'ornière de plaisirs toujours les mêmes, plaisirs qui ressemblent à ces beaux fruits, à l'écorce vermeille et dont l'intérieur n'est que cendre.

Quel heureux que ce mortel, qui n'a aucune activité et se débat en vain contre l'inexorable ennui de sa royale oisiveté ! Quel heureux que cet homme à l'âme inerte et blasée, dont le cœur, vide d'affections, n'est plein que de dégoût et de mépris pour soi-même et pour les autres ! S'il lui reste quelque intelligence, c'est pour apercevoir l'abîme où court sa famille et son royaume ; s'il a gardé quelque conscience, c'est pour trembler devant la mort et l'enfer. A peine a-t-il quelques sensations malsaines et dépravées, où s'allient follement la dévotion et la luxure, où s'entremêlent les actes de débauche et la récitation du chapelet !...

Voilà quel est le bonheur de ce jouisseur, couronné de droit divin, qui épuise un royaume pour la satisfaction exclusive, effrénée de son individu.

Non, jamais ironie ne fut plus complète et plus amère, jamais leçon ne fut plus sanglante, et jamais la théorie de l'individualisme, *dès que le vice rend l'homme heureux, il doit aimer le vice,* ne reçut un plus solennel démenti.

En regard de cet affreux tableau, nous ne referons pas ici la vie de Voltaire. Le lecteur la connaît. Nous dirons seulement qu'il eut toujours le cœur rempli des meilleurs et des plus grands sentiments départis aux hommes, qu'il vécut avec la conscience d'avoir raison, d'être utile et de pratiquer chaque jour la bienfaisance et la justice, qu'il fut doué d'une activité prodigieuse, qu'il en goûta et en recueillit le fruit dans une certaine mesure ; qu'il conserva, malgré sa mauvaise santé et les atteintes de la vieillesse, une gaieté, un espoir, une résignation admirables ; qu'il ne redouta jamais la mort, qu'il garda une confiance inébranlable dans le principe de son être, et put s'éteindre en disant : *je meurs content !*

Telle s'offre à nos yeux, comme pendant à la vie de Louis XV, l'individualiste divinisé, l'existence de l'homme qui vécut le plus largement dans ses semblables, composa ses joies de leurs joies et fit son bonheur du bonheur des autres. Que le lecteur juge et compare.

Mais, pour donner un nouveau lustre à cette doctrine, mise en pratique par Voltaire et qui a été celle de toutes les grandes âmes, depuis et avant Bouddha, Zoroastre, Zaleucus, Confucius, Pythagore, qui fut celle de Socrate, d'Épictète et de Marc-Aurèle, il nous plaît de la montrer vivante au cœur et dans les actes d'un homme, que l'on a souvent méconnu et qui fut un des plus nobles caractères de son temps; je veux dire Diderot.

II

PROFIL DE DIDEROT

Nous ne pouvons qu'indiquer ici quelques traits de la figure de Diderot. Sa vie fut celle d'un honnête homme, tout au travail, à ses amis et à la sainte cause de la justice. Il porta vaillamment le fardeau de l'Encyclopédie, qui faillit l'écraser, sous lequel il tomba plus d'une fois pour se relever toujours : ce fut sa croix et son œuvre.

Diderot fut aussi dévoué à sa famille qu'il l'était à ses amis et à la vérité. Dans le feu de la jeunesse, il avait épousé une jeune ouvrière en dentelles qui lui demeura toujours très-affectionnée. Elle était simple, sans culture de l'esprit et fort attachée aux pratiques de la religion. Ayant perdu deux enfants, Mme Diderot voua à la Vierge et à saint François sa fille unique. Diderot avait aimé sa femme, l'estima toujours et vécut continuellement près d'elle. Mais la portée de Diderot dépassait trop l'horizon borné de sa femme pour qu'il n'aimât pas ailleurs. Il eut deux passions fortes et profondes, l'une pour Mme de Puissieux, femme d'un esprit supérieur et qui le trompa au bout de dix ans ; l'autre pour Mlle Voland, passion qui dura plus de vingt ans et ne se termina que par la mort. Ces passions sérieuses, enthousiastes, montrent quel était le grand cœur de Diderot. Car, malgré certains casuistes, il ne faut pas toujours prendre, pour la mesure d'une âme, son plus ou moins de fidélité à des lois conventionnelles et passagères, mais la hauteur et la générosité de ses sentiments. Diderot s'occupa de l'éducation de sa fille, et lorsqu'elle fut en âge d'être mariée, il se disposait à lui faire une dot au prix de la

vente de sa bibliothèque. Heureusement Catherine II vint à
son aide, avec une généreuse délicatesse. Le philosophe fit
paraître la bonté de son cœur dans sa reconnaissance pour
sa bienfaitrice, comme dans son affection pour ses amis
Grimm, Falconnet, Naigeon, etc.

Franc, sincère, d'une simplicité de mœurs et d'une bonhomie admirables, désintéressé, ne songeant jamais à l'argent quoiqu'il eût un jour failli périr d'inanition et qu'il ait
toujours vécu dans une grande médiocrité, Diderot se prodi-
guait à tous avec entraînement et faisait le bien avec enthousiasme. Faire le bien, aimer la vérité et la justice quoi qu'il
arrive et quoi qu'il en coûte, telle lui apparaissait la vertu,
et toute sa vie il fut naturellement de la vertu la plus agissante. Il jetait au courant de la plume des pensées comme
celles-ci : *Je définis la vertu, le goût de l'ordre dans les choses
morales*.

L'âme sympathique de Diderot était si profondément bou-
leversée par la vue des misères humaines, le mal lui causait
une telle horreur, que cette horreur décida souverainement
de la tournure de ses idées philosophiques.

Tout en reconnaissant des lois dans l'univers, tout en les
admirant, jamais il ne put admettre l'idée de leur principe ou
plutôt la conception d'un être tout-puissant et très-bon, leur
auteur. Il préféra dévorer les absurdités d'un système, qui
reconnaît des effets sans cause, des êtres conditionnés sans
un être conditionnant, un plan sans architecte, une montre
sans horloger. Croyant à la vie, pratiquant le bien, aimant
naturellement la vertu, il fut athée et mourut avec la confiance et la sérénité de Socrate, non pas en buvant la ciguë
mais en mangeant un fruit, à table avec sa femme.

D'une saine et puissante virilité, Diderot n'a pas laissé
trace de vanité ou de faiblesse. Il est tout expansion, et sa
mâle sympathie rayonne au loin et pour tous. Ses bonnes
actions, il les sème au jour le jour et selon l'occasion. Ses
idées, il les donne à d'Holbach, Helvétius, Raynal, Grimm, etc.
Plusieurs de ses écrits n'ont été publiés et connus qu'après
sa mort : *Le Neveu de Rameau, Jacques le fataliste, la Religieuse*,
sont de ce nombre. Ses *Salons* étaient des lettres adressées à
Grimm et que celui-ci utilisait dans sa correspondance avec
les souverains.

Mais nous allons faire mieux comprendre jusqu'où allait la nature ouverte et généreuse de Diderot, en lui empruntant quelques passages de ses œuvres.

« C'est pour moi et pour mes amis que je lis, que je réfléchis, que j'écris, que je médite, que j'entends, que je regarde, que je sens ! Dans leur absence ma dévotion rapporte tout à eux. Je songe sans cesse à leur bonheur. Une belle ligne me frappe-t-elle, ils la sauront. Ai-je rencontré un beau trait, je me promets de leur en faire part. Ai-je sous les yeux quelque spectacle enchanteur ? sans m'en apercevoir j'en médite le récit pour eux. Je leur ai consacré l'usage de tous mes sens et de toutes mes facultés ; et c'est peut-être la raison pour laquelle tout s'exagère, tout s'enrichit un peu dans mon imagination et dans mon discours ; ils m'en font quelquefois un reproche, les ingrats ! » (*Salon de* 1767.)

« On ne me vole point ma vie, je la donne, et qu'ai-je de mieux à faire que d'en accorder une portion à celui qui m'estime assez pour solliciter ce présent ? On ne m'en louera, j'en conviens, ni dans le moment où je suis, ni quand je ne serai plus ; mais je m'en estimerai moi-même et l'on m'en aimera davantage. Ce n'est point un mauvais échange que celui de la bienfaisance dont la récompense est sûre, contre de la célébrité qu'on n'obtient pas toujours et qu'on n'obtient jamais sans inconvénients. » (*Vie de Sénèque.*)

On s'imaginerait difficilement jusqu'où allait l'humeur bienfaisante et à toute épreuve de Diderot.

Un jour un malheureux folliculaire lui porte des vers à examiner et se retire. Diderot y eut à peine jeté les yeux qu'il vit que c'était une satire contre lui. L'auteur revint et pour toute explication dit qu'étant sans ressources, il avait espéré que le philosophe lui achèterait son œuvre. « Ce n'est pas mon habitude et je n'en ai pas les moyens, répondit Diderot, mais j'y pense, adressez votre libelle au duc d'Orléans, qui ne m'aime pas et qui vit retiré à Sainte-Geneviève. Il vous le payera plus grassement que je n'eusse pu le faire. » Et sur ce, le pèlerin lui avouant qu'il ne saurait comment s'y prendre, le philosophe lui composa une épître dédicatoire, en lui recommandant de relier le tout aux armes du prince. Cette belle action de Diderot valut vingt-cinq louis à ce maraud, doublement misérable.

Mais voici un trait qui toucha plus sensiblement Diderot et qu'il raconte dans son Salon de 1767. Cette historiette est la meilleure preuve que l'habitude de faire le bien était chez Diderot une question de tempérament ; il était né bon et vertueux.

« Le pauvre philosophe qui est sensible à la misère parce qu'il l'a éprouvée; le pauvre philosophe qui a besoin de son temps et qui le donne au premier venu; le pauvre philosophe s'est tourmenté pendant neuf mois pour mendier de l'ouvrage à la Prussienne (une certaine Mme Terbouche, peintre). Le pauvre philosophe, dont on a mésinterprété la vivacité de l'intérêt, a été calomnié et a passé pour avoir couché avec une femme qui n'est pas jolie. Le pauvre philosophe s'est trouvé dans l'alternative cruelle ou d'abandonner la malheureuse à son sort, ou d'accréditer des soupçons déplaisants pour lui, de la plus fâcheuse conséquence pour celle qu'il secourait. Le pauvre philosophe s'en est rapporté à l'innocence de ses démarches et a méprisé des propos, qui auraient empêché tout autre que lui de faire le bien. Le pauvre philosophe a mis à contribution les grands et les petits, les indifférents, ses amis; et a fait gagner à l'artiste dissipatrice cinq à six cents louis, dont il ne restait pas une épingle au bout de six mois. Le pauvre philosophe a arrêté vingt fois la Prussienne sur le seuil du For-l'Évêque. Le pauvre philosophe a calmé la furie des créanciers de la Prussienne, attachés aux roues de sa chaise de poste; le pauvre philosophe a garanti l'honnêteté de cette femme. Qu'est-ce que le pauvre philosophe n'a pas fait pour elle et quelle est la récompense qu'il en a recueillie ?... Mais, la satisfaction d'avoir fait le bien... Sans doute, mais rien après que les marques de l'ingratitude la plus noire. L'indigne Prussienne prétend maintenant que j'ai renversé sa fortune en la chassant de Paris, au moment où elle marchait à la plus haute considération. L'indigne Prussienne traite nos Lagrenée, nos Vien, nos Vernet d'infâmes barbouilleurs. L'indigne Prussienne oublie ses créanciers, qui viennent sans cesse crier à ma porte. L'indigne Prussienne doit ici des tableaux, dont elle a touché le prix et qu'elle ne fera pas. L'indigne Prussienne.... a la tête folle et le cœur dépravé. L'indigne Prussienne a donné au pauvre philosophe une bonne leçon, dont il ne profitera pas, car il restera bon et bête, comme Dieu l'a fait. »

Diderot raisonnait ses actes et s'en rendait parfaitement compte. Il savait qu'en pratiquant le bien, même à son détriment, même envers des ingrats et des misérables, il n'était point dupe : en somme, c'était lui que la nature avait traité en favori et non le pauvre diable, plus misérable encore en son cœur sans amour, en son âme sans générosité, que par sa condition matérielle si pénible qu'elle fût. Diderot le sentait et le savait. C'est ainsi qu'il dit dans son *Salon* de 1769 : « Les méchants ont un premier élan qui est violent, mais il n'y a que les bons qui aient de la tenue. C'est une suite nécessaire de la nature de l'homme qui aime le plaisir et qui hait la peine, et de la nature de la méchanceté qui donne toujours de la peine, et de la nature de la bonté dont l'exercice est toujours accompagné de plaisir. »

Dans un autre passage, cette idée revient sous la plume de Diderot avec une nouvelle force, une force telle qu'elle lui inspire, comme dans l'aventure de la Prussienne, un noble retour vers Dieu, qu'il invoque. Si la vue du mal le rendait athée, le sentiment du bien en faisait un croyant, un dévot exalté, qui nous reporte au souvenir du jeune écolier, élève des jésuites, tout prêt d'embrasser la doctrine et à se jeter à corps perdu dans le mysticisme :

« Si les maîtres du monde sont condamnés à une pareille éducation, les maîtres du monde sont plus à plaindre que les derniers de leurs sujets. Ah! mon ami, n'envions ni leur naissance, ni leur rang. Aimons, respectons nos bons et honnêtes parents, qui ont tout mis en œuvre pour que nous leur ressemblassions et réconcilions-nous avec notre médiocrité! — Disons à Dieu : *ô Dieu, prends pitié des méchants! Je ne te demande rien ni pour moi, ni pour mes amis; tu leur donnas tout, quand tu les fis bons.* »

Tel est le fonds de l'âme de Diderot. Il croit au bien, il vit pour le faire et en savoure énergiquement la joie; par là, il se sent vivant et affirme Dieu. Mais, d'autre part, il souffre tellement du mal qu'il ne sait qu'en dire, comment l'expliquer et comprendre que Dieu le permette.

Aussi, quelques lignes plus bas, et songeant sans doute au hideux spectacle de la corruption de Louis XV, il s'écrie avec une violente indignation :

« Je regrette l'enfer pour les abominables corrupteurs de ces enfants-là (enfants des rois). Il n'est donc que trop vrai qu'il n'y a pas un lieu de supplice pour eux, après une vie souillée de leurs forfaits et trempée de nos larmes! Ils nous auront fait pleurer et ils ne pleureront point! Je souffre mortellement de ne pouvoir croire en Dieu. Ah! Dieu, souffrirais-tu et les monstres qui nous dominent, et ceux qui les ont formés, si tu étais quelque chose de plus qu'un vain épouvantail des nations!... » (Salon, 1769.)

Voilà pourquoi Diderot fut athée, si on peut dire qu'il le fut, car, de cœur, il fut un croyant, un croyant énergique, prouvant sa foi par ses œuvres de chaque jour et reconnaissant envers la nature qui l'avait créé bon. Qu'importe, après cela, que son sentiment, troublé jusqu'au délire, révolté jusqu'à la fureur, ne put jamais s'apaiser, jamais se refroidir et permettre à sa raison de remplir son office? Qu'importe, Diderot est bon, il fut dévoué aux hommes et à la vérité; il fut donc religieux et c'est pour cela qu'il mourut avec le calme d'un sage. Diderot vit si largement de la vie de son espèce, son âme est tellement liée à celles de ses semblables, que ses idées générales aboutissent aux mêmes conclusions que toute religion, considérée dans son essence et non dans ses rites. En effet, aucune religion ne peut avoir jamais eu d'autre objet que de consoler et de soutenir l'homme, de le rendre juste et bienfaisant. Eh bien! qu'on écoute le philosophe, dans un de ses derniers écrits, *Mélanges littéraires*, et qu'on ose déclarer que Diderot ne fut pas religieux :

« Hé! mes amis, que vous importe qu'il n'y ait ni Dieu, ni diable, ni paradis, ni enfer! Ne savez-vous pas que vous voulez être heureux, que les autres ont le même désir que vous; qu'il n'y a de félicité vraie pour vous que par le besoin que vous avez les uns des autres, et que par les secours que

vous attendez de vos semblables et qu'ils attendent de vous :
que, si vous n'êtes pas aimés, estimés, considérés, vous serez
méprisés et haïs; et que l'amour, la considération, l'estime
sont attachés à la bienfaisance. Soyez donc bienfaisants, tandis que vous êtes, et endormez-vous du dernier sommeil,
aussi tranquilles sur ce que vous deviendrez que vous l'êtes
sur ce que vous étiez il y a quelques centaines d'années.

» Le monde moral est tellement lié au monde physique,
qu'il n'y a guère d'apparence que ce ne soit une seule et
même machine. Vous avez été un atome de ce grand tout, le
temps vous réduira à un atome de ce grand tout. Chemin
faisant, vous aurez passé par une multitude de métamorphoses. De ces métamorphoses, la plus importante est celle
sous laquelle vous marchez à deux pieds, la seule qui soit
accompagnée de conscience, la seule sous laquelle vous con-
stituez, par la mémoire de vos actions successives, un individu qui s'appelle *moi*. Faites que ce moi-là soit honoré et
respecté, et de lui-même, et de ceux qui coexistent avec lui,
et de ceux qui viendront après lui. »

Ajoutons à ces paroles de l'honnête, de l'excellent Diderot, quelques-unes des dernières lignes qu'il ait écrites,
dans son Essai sur les règnes de Claude et de Néron. On verra
que si la pensée du philosophe fut en révolte contre Dieu,
son cœur fut toujours en communion avec lui, parce qu'il le
fut avec l'humanité :

« Il n'appartient qu'à l'honnête homme d'être athée. Le
méchant, qui nie l'existence de Dieu, est juge et partie; c'est
un homme qui craint et qui sait qu'il doit craindre un ven-
geur à venir des mauvaises actions qu'il a commises.
L'homme de bien, qui aimerait tant à se flatter d'un rému-
nérateur de ses vertus, lutte contre son propre intérêt. L'un
plaide pour lui-même, l'autre plaide contre lui. Le premier
ne peut être jamais certain du vrai motif qui détermine sa
façon de philosopher, l'autre ne peut douter qu'il ne soit entraîné par l'évidence dans une opinion si opposée aux espérances les plus douces et les plus flatteuses dont il pourrait
se bercer. »

Voilà, en quelques pages, quel fut Diderot. S'il attaqua la
superstition et les religions établies, si sa raison ne put ac-

cepter l'idée de l'ordre dans l'absolu, à cause de la souffrance que faisait peser sur son grand cœur le désordre dans
le relatif, autrement le mal dans l'humanité, Diderot, par la
pratique de toute sa vie, fut de la religion de l'humanité. Il
aima les hommes, la justice et la vérité avec un admirable
enthousiasme.

NOTE FINALE

L'homme dont la mémoire a été le plus en exécration aux
représentants du passé, qu'ils fussent partisans de l'autel ou
du trône, c'est Voltaire, et c'est avec juste raison, car il fut
et il reste leur ennemi le plus redoutable, ou plutôt l'ennemi
le plus habile et le plus résolu de leurs doctrines.

Diderot a eu des obsèques publiques à Saint-Roch et Rousseau, à cause de ses contradictions perpétuelles et de son
vague mais ardent spiritualisme, Rousseau a été souvent cité
dans les chaires catholiques. Voltaire seul ne peut trouver ni
grâce, ni merci, près des hommes qui défendent le passé.
Après sa mort il est, comme pendant sa vie, le point de mire
de la calomnie des superstitieux et de la persécution des dominateurs du monde. Je n'en ai pu apporter que peu de
preuves. Je profite d'une page blanche, pour rappeler un fait
assez curieux, cité par Lamartine.

« Le despotisme, quand il pesa sur la France, sentit qu'il
fallait détrôner Voltaire de l'esprit national, pour y réinstaller
la tyrannie. Napoléon paya, pendant 15 ans, des écrivains et
des journaux chargés de dégrader, de salir et de nier le génie
de Voltaire. Il haïssait ce nom, comme la force hait l'intelligence. Tant que la mémoire de Voltaire n'était pas éteinte, il
ne se sentait pas en sécurité. » (*Girondins*, livre IV, chap. v.)

Il était naturel que le plus absolu des despotes fût l'ennemi
du premier champion de la liberté. On comprend de même,
que le Corse aux cheveux plats, non moins avide de gloire
que de puissance, dut être jaloux de l'universelle renommée
de Voltaire.

Mais passons et signalons un autre fait non moins singulier. J'ai sous la main un petit écrit dévot, la *Statue de Voltaire*, publié récemment, coté 5 centimes et distribué par les bedeaux, les affidés de paroisse et les pauvres vieilles qui donnent de l'eau bénite ou demandent l'aumône à la porte des églises. Dans ce ramassis de toutes les invectives lancées contre Voltaire, et parmi lesquelles l'auteur n'a eu garde d'oublier les vers de Musset et d'Hugo, non plus que l'anathème de de Maistre, je rencontre une citation, due à la plume de Marat. Au nom de l'Église, l'auteur dévot fait feu de tout bois.

« Voltaire, *adroit plagiaire*, qui eut l'art d'avoir l'esprit de tous ses devanciers, et qui ne montra d'originalité que dans la finesse de ses *flagorneries; écrivain scandaleux, qui pervertit la jeunesse* par les leçons d'une fausse philosophie, et dont le cœur fut le trône *de l'envie, de l'avarice, de la malignité, de la vengeance, de la perfidie et de toutes les passions qui dégradent l'espèce humaine.* » (*L'Ami du peuple*, du 6 avril 1791.)

Il y a une cause à la grande colère de Marat. En 1775, lorsqu'il était médecin des écuries du comte d'Artois, le futur ami du peuple avait publié un livre assez ridicule et dont Voltaire fit la critique. *De l'homme, ou des principes et des lois de l'influence de l'âme sur le corps et du corps sur l'âme*, tel était le titre ambitieux de ce bouquin aussi plat qu'emphatique. L'extravagante personnalité de Marat s'y étalait de la façon la plus comique. Jusqu'à lui personne n'a rien compris à l'union de l'âme et du corps, ni les modernes, Buffon, Haller, etc., ni les anciens, Platon, Aristote, etc. Locke, Malebranche, Condillac, ne sont que des hommes orgueilleusement ignorants. Enfin M. le médecin des écuries veut bien nous apprendre qu'il a découvert le suc nerveux qui lie la matière à l'esprit, et que le siége de l'âme est dans les méninges. Ensuite l'auteur se remercie de nous avoir montré les principes cachés de cette prodigieuse influence de l'âme sur le corps et du corps sur l'âme, influence qui jusqu'à lui avait été un secret impénétrable. Après quoi, notre savant révélateur termine ses trois tomes par une invocation à J.-J. Rousseau : Prête-moi ta plume, pour célébrer toutes ces merveilles; prête-moi ton talent enchanteur de montrer la nature dans toute sa beauté...

Malgré ses quatre-vingt-trois ans, Voltaire s'était un peu égayé aux dépens de ce grand médecin, digne d'être exorcisé par Molière. Le vieil ermite de Ferney avait osé lui remontrer que : « quand on n'a rien de nouveau à dire, sinon que l'âme est dans les méninges, on ne doit pas prodiguer le mépris pour les autres et l'estime pour soi-même, à un point qui révolte tous les lecteurs.

Le cœur de Marat n'était pas plus tendre que sa tête n'était saine, mais il avait une terrible mémoire. Ne pouvant faire couper le cou à Voltaire, il se vengea comme nous avons vu, et légua cette vengeance aux sacristains de l'avenir, qui se sont fait honneur de l'accepter.

Quelle leçon ! Voltaire écrasé, injurié, par l'oppresseur d'en haut et l'oppresseur d'en bas, par deux fanatiques, deux fous d'orgueil ! Il en sera toujours ainsi. Jusqu'à ce que les hommes soient *éclairés et libres*, Voltaire sera méconnu et honni, calomnié et persécuté, parce que son nom et son œuvre signifient lumière, liberté, justice, tolérance, humanité.

FIN

ERRATA

—

Page 28, ligne 26 : de laquelle il dit *pour* il a dit.
— 49, — 4 : même fretin *pour* menu fretin.
— 65, — 19 : Arouët n'était *pour* Arouët n'est.
— 65, — 22 : et Patouillet *pour* ou Patouillet.
— 85, — 37 : autant d'horreur *pour* une égale horreur
— 115, — 2 : 1826 *pour* 1726.
— 121, — 6 : terre *pour* terres.
— 147, — 20 : donna *pour* donne.
— 178, — 40, 42 : par-oin *pour* part-soin.
— 183, — 13 et 14 : la plus *pour* le plus.
— 210, — 14 : des vos *pour* de vos.
— 230. — 16 et 17 : avec laquelle *pour* dont elle.
— 243, — 40 : Mouchy *pour* Mouhy.
— 248. — 25 : entraver le bien *pour* l'entraver dans le bien.
— 271, — 31 : le *pour* quel est le
— 273, — 2 : connue *pour* inconnue.
— 275, — 33 : celu *pour* celui.
— 279, — 1 : s *pour* si.
— 281, — 22 : les maux *pour* ces maux.
— 294, — 24 : le joux *pour* le joug.
— 372, -- 9 : et la *pour* ne la.
— 372, — 13 pas (à supprimer).
— 382, — 6 : un tel *pour* un pareil.
— 460, — 13 armes pour larmes.

TABLE

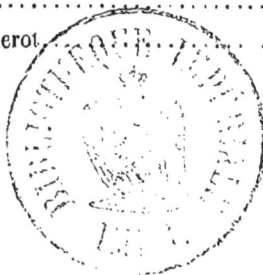

Imprimerie L. Toinon et Ce, à Saint-Germain.

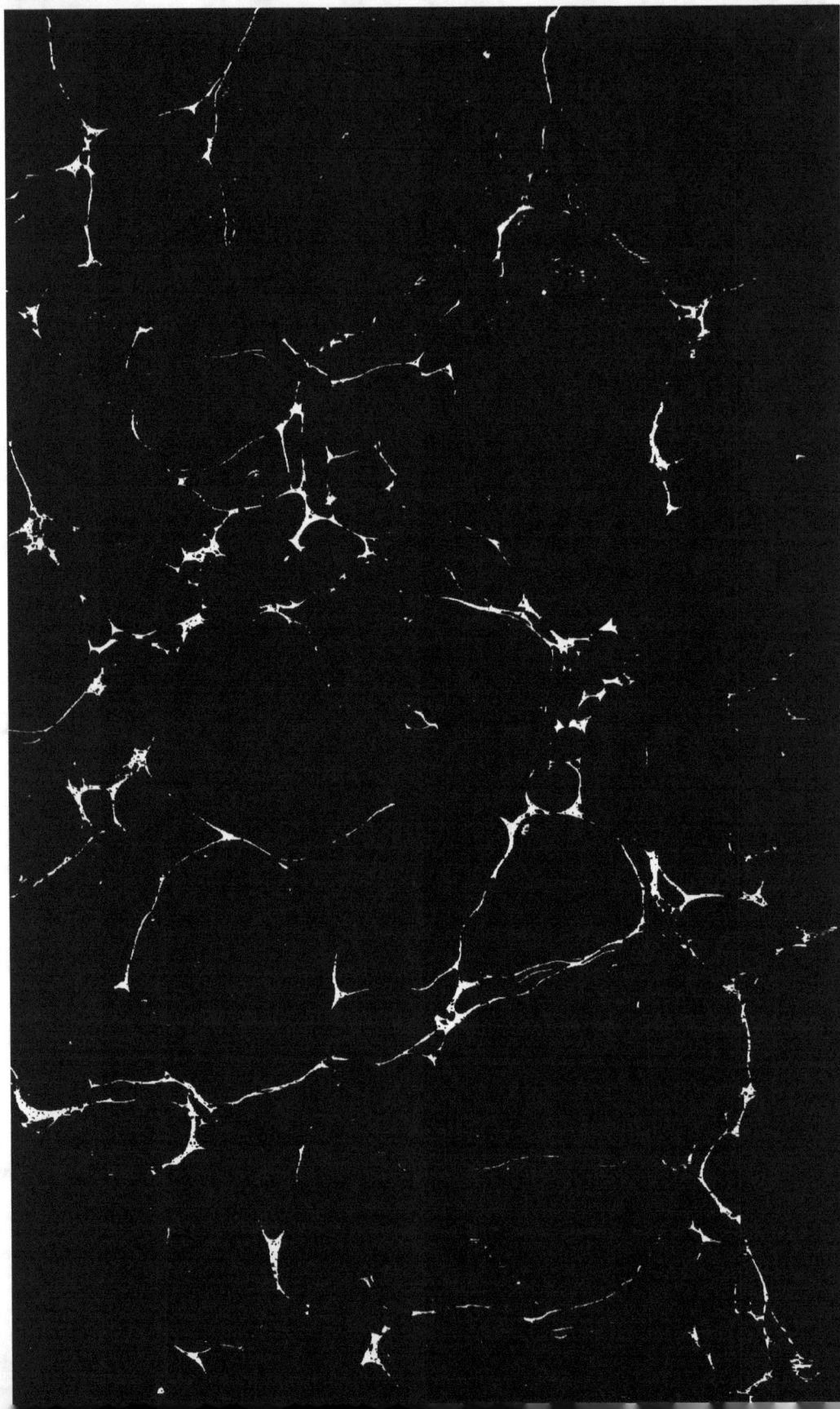

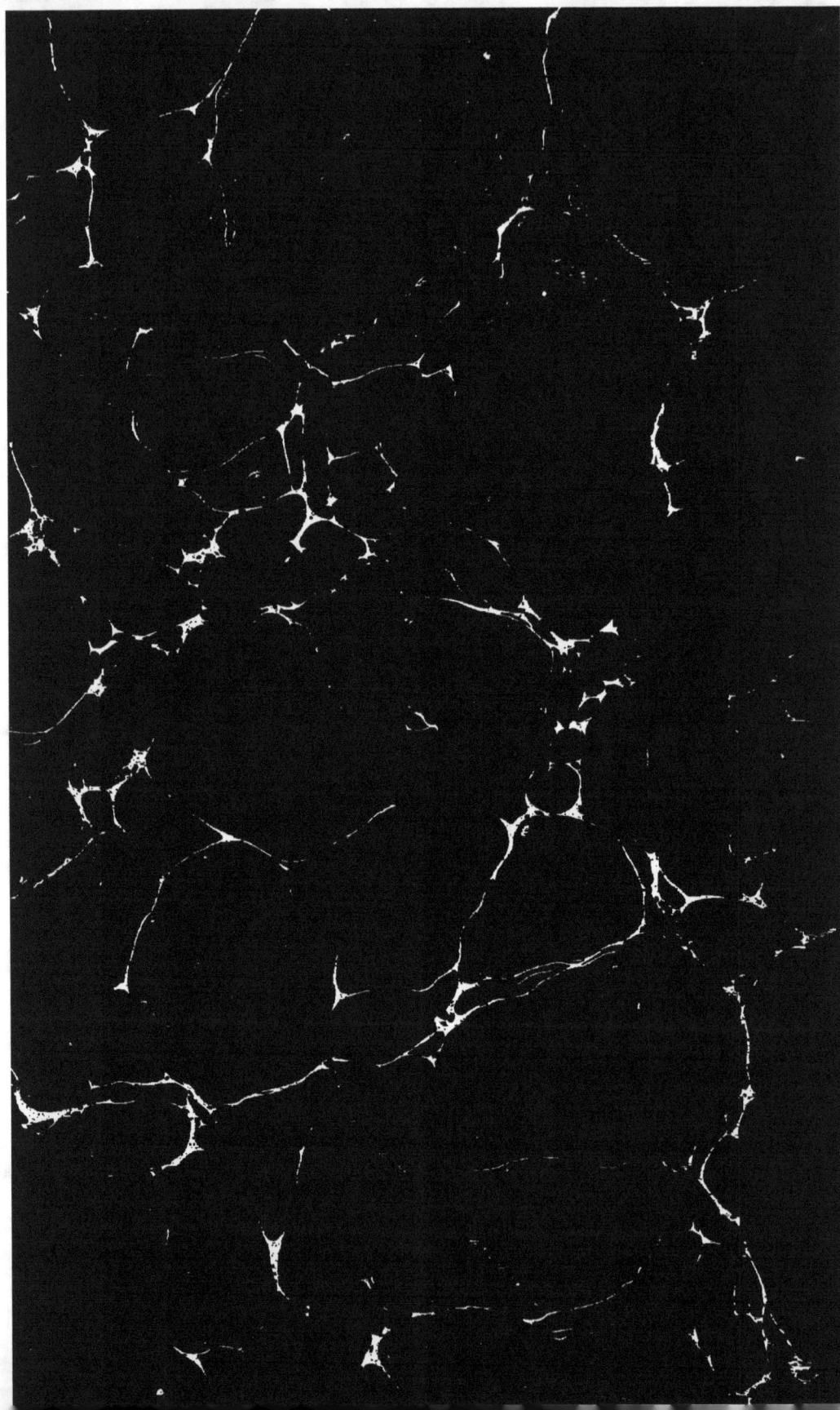

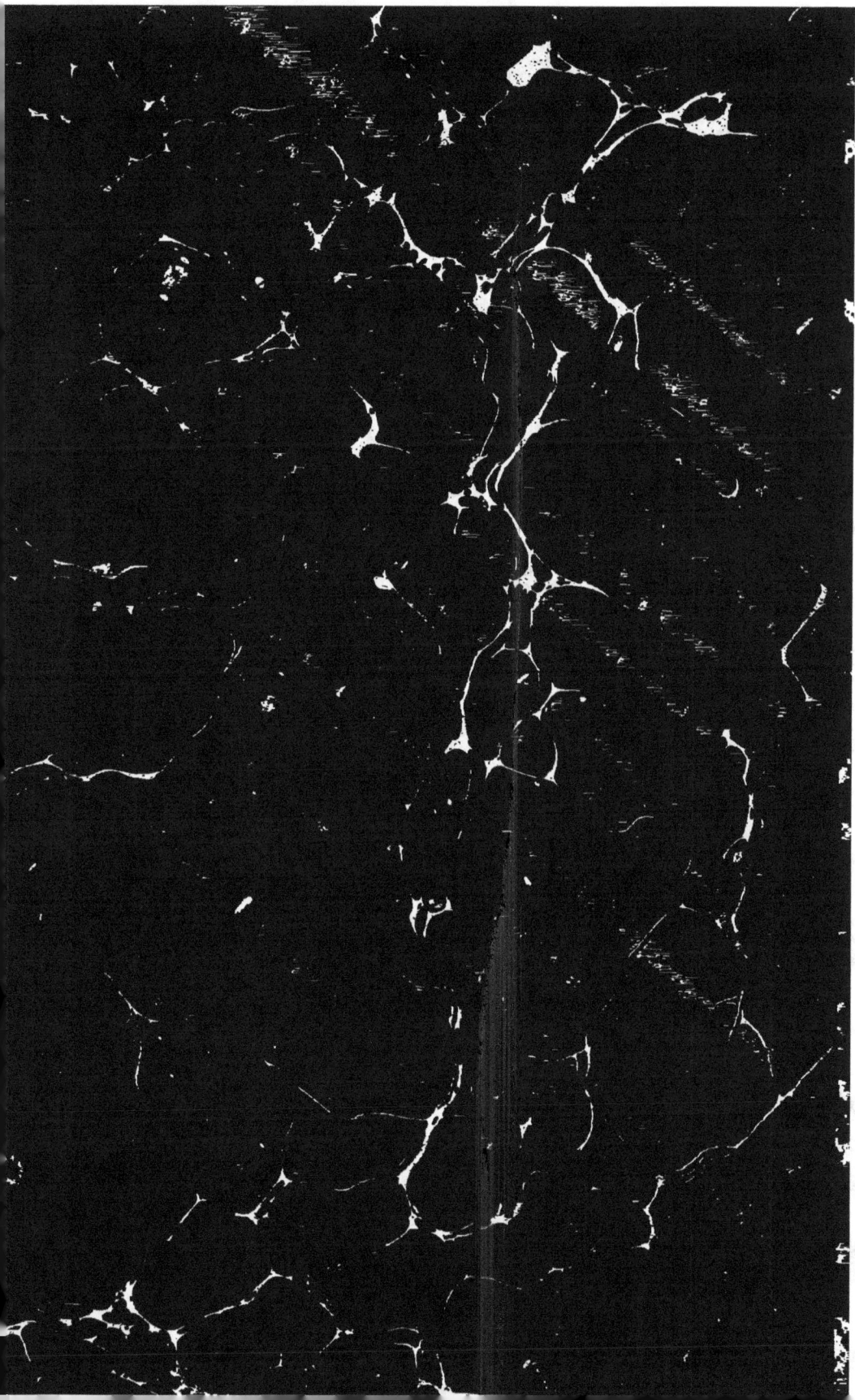

www.ingramcontent.com/pod-product-compliance
Lightning Source LLC
Chambersburg PA
CBHW050544270326
41926CB00012B/1912